SV

Dirk Baecker
Beobachter unter sich

Eine Kulturtheorie

Suhrkamp

Bibliografische Information der Deutschen Nationalbibliothek
Die Deutsche Nationalbibliothek verzeichnet diese Publikation
in der Deutschen Nationalbibliografie; detaillierte bibliografische
Daten sind im Internet über http://dnb.d-nb.de abrufbar.

Erste Auflage 2013
© Suhrkamp Verlag Berlin 2013
Alle Rechte vorbehalten, insbesondere das des öffentlichen Vortrags sowie der Übertragung durch Rundfunk und Fernsehen, auch einzelner Teile. Kein Teil des Werkes darf in irgendeiner Form (durch Fotografie, Mikrofilm oder andere Verfahren) ohne schriftliche Genehmigung des Verlages reproduziert oder unter Verwendung elektronischer Systeme verarbeitet, vervielfältigt oder verbreitet werden.
Satz: Hümmer GmbH, Waldbüttelbrunn
Druck: Druckhaus Nomos, Sinzheim
Printed in Germany
ISBN 978-3-518-58590-0

Inhalt

Vorwort 9

Das Wissen der Beobachter 17
    Die Form 17
    Arithmetik 18
    Algebra 24
    Wiedereintritt 42
    Kalküle 64

Eine Frage der Form 76
    Die Idee 76
    Die Skepsis 93
    Das Subjekt 106
    Das System 120

Schwierigkeiten mit der Negation 141
    Die Implikation 141
    Der Widerstreit 148
    Die Handlung 161
    Die Ungewissheit 178
    Die Technik 193

Eine Archäologie der Medien 199
    Ökologien 199
    Symbole 210
    Medien 228
    Überschüsse 257

Das Ganze der Gesellschaft 274
    Ergänzungen 274
    Intrigen 286
    Autopoiesis 296

Abbildungsverzeichnis 304
Sachregister 305

Make a jazz noise here.

(Frank Zappa, 1991)

Vorwort

Dies ist ein Buch über nichts. Es handelt von keinem bestimmten Gegenstand, versucht seinem Leser keine besonderen Meinungen nahezulegen und enthält keine Einladung, sein Leben zu ändern. Stattdessen ist es eine Übung. Es ist eine Übung in Kulturtheorie, wenn Kulturtheorie heißen darf, den Blick dafür zu öffnen, dass unsere Beobachtung der Welt nicht unbeeinflusst von anderen Beobachtern ist, die die Welt anders beobachten. Das gilt unter Menschen, die gelernt haben, mit kultureller Diversität zu rechnen. Und es gilt im Verhältnis zu Körpern, Gehirnen, Bewusstsein, sozialen Systemen und künstlich intelligenten Maschinen und Algorithmen, deren Eigensinn zu respektieren jede Kulturtheorie fordert und jede Kulturkritik nicht bedingungslos akzeptiert. Wie wir Menschen die Welt beobachten, ist durch dieses Verhältnis zu anderen Menschen und weiteren Beobachtern bereits vielfach konditioniert, bevor wir beginnen, darauf aufmerksam zu werden, dass wir Beobachter sind und die Wahl haben, mithilfe welcher Unterscheidungen wir die Welt und uns beobachten.

Wie sich herausstellen wird, sind Beobachtungen von Beobachtern nur kulturell angemessen zu berücksichtigen, wenn man lernt, ihre und unsere Negationen positiv in Rechnung zu stellen. Das heißt nicht, dass wir jede Negation begrüßen müssen, aber es heißt, dass wir die Beweglichkeit begrüßen können, die wir mithilfe von Negationen gewinnen.

Die Übung dieses Buches benennt, zählt und ordnet weder uns noch die Beobachter, mit denen wir es zu tun haben. Stattdessen entwirft sie eine Theorie des Beobachters, die die Bedingungen nennt, unter denen er oder sie oder es sich an den Spielen und Intrigen der Welt beteiligen kann. Diese Theorie hat Heinz von Foerster gefordert, um in der Lage zu sein, die Konsequenzen aus den Entdeckungen der Ideologiekritik, der Relativitätstheorie, der Quantenphysik, den Philosophien des Bewusstseins und der Sprache, der Psychoanalyse und der gödelschen Mathematik ziehen zu können. Und das Formkalkül von George Spencer-Brown ist der gegenwärtig am weitesten entwickelte Ansatz, dieser Forderung nachzukommen. Doch in der Luft liegt diese Theorie spätestens seit Kant seine Kritik der Vernunft als eine Erkenntniskritik zur Überwindung der ontologischen Wahrheitsprämissen der alteuropäischen Metaphysik geschrieben hat und Fichte und Hegel daraus eine Philosophie der leeren Selbstreferenz und der unendlichen Rekursion der Form abgeleitet haben.

Unsere Übung versucht nicht, eine Geschichte der Theorie des Beobachters zu erzählen. Dazu hätte ich weiter ausholen und ausführlicher kontextualisieren müssen. Stattdessen versuche ich, so nah wie möglich an einem qualitativen Verständnis von Mathematik zu bleiben und die Theoreme zu sammeln, die sich für eine Theorie des Beobachters als hilfreich erweisen. Das Stichwort der Übung ist insofern ernst zu nehmen, als es sich bei diesem Buch um ein Arbeitsbuch handelt. Es lädt zu Anwendungen ein, die es selbst nicht versucht. Es lädt zur Ergänzung weiterer Theoreme, auch zu Hinweisen zum besseren Verständnis der ausgewählten Theoreme und nicht zuletzt zu einer schärferen Umsetzung dieser Theoreme in mögliche Modelle und Formalismen ein, die es selbst noch nicht leistet. Für mich persönlich markiert das Buch eine Schwelle, jenseits derer nur noch die Anwendung weiterführt.

Überraschend ist für mich, wie nahtlos sich Spencer-Browns Kalkül in die Tradition der Philosophie des deutschen Idealismus einfügen lässt, ohne sich dieser an irgendeinem Punkt unterwerfen zu müssen. Überraschend ist für mich auch, wie leicht es fällt, das Verhältnis von Kulturtheorie und Gesellschaftstheorie neu und zugleich im Einklang mit wichtigen Motiven der Tradition zu bestimmen, wenn man sich auf einen Begriff der Negation einlässt, der die Negativität nicht zweiwertig in ihrer Bewegung stoppt, sondern reflexiv in ihre Bewegung entfaltet. Mithilfe von Gotthard Günthers *Beiträge(n) zur Grundlegung einer operationsfähigen Dialektik* (so der Titel einer dreibändigen Sammlung seiner Aufsätze) ist es überdies möglich, den von Aristoteles bis Hegel eher unklaren Begriff der Bewegung durch ein Verständnis der Vernetzung und Verschaltung von Unterscheidungen innerhalb einer Form zu ersetzen. Von Günther stammt auch der nur selten aufgegriffene Hinweis auf die Möglichkeit, sich neben Positivsprachen auch Negativsprachen vorzustellen, die den Akzent nicht auf Ontologien, sondern auf Reflexionen legen.

Nicht ganz so überraschend ist, dass die soziologische Theorie in dieser Übung vor allem dort zu ihrem Recht kommt, wo sie explizit diagrammatisch vorgeht, wie im Fall von Talcott Parsons, explizit mit Unterscheidungen und deren Formen rechnet, wie im Fall von Niklas Luhmann, und explizit mit der Ungewissheit rechnet, die sich aus dem freien Spiel mit dem Wechsel und der Reinterpretation von Unterscheidungen im Netzwerk der Unterscheidungen ergibt, wie im Fall von Harrison C. White.

Ursprünglich hatte ich dieses Buch geplant, um in einem quasi-mathematischen Modus zu beweisen, dass das Soziale, wo auch immer es auftritt, seine Form ausschließlich im Medium einer selbst geschaffenen Kontingenz gewinnt. Und ich hatte angenommen, dass für den Gewinn der Form und die Produktion der Kontingenz ein einziger Mechanismus ausreicht, nämlich die Einführung des Beobachters als Beobachter. Denn Beobachter sind immer nur doppelt und damit uneindeutig zu bestimmen: objektiv durch die Beobachtungen, mit denen sie aufwarten, und subjektiv durch die Setzungen der Unterscheidungen, denen sie ihre Beobachtungen verdanken. Nimmt man hinzu, dass Beobachter nur durch Beobachtungen identifiziert werden können, die auf die Unterscheidungen des Beobachters zurückgerechnet werden können, der sie vornimmt, liegt auf der Hand, dass der Beweis damit schon fast vollbracht ist. Denn damit werden die objektiven Beobachtungen ihrerseits subjektiviert und wird das Subjekt, auf das man zurechnen will, ungreifbar.

Das Buch enthält einige Spuren der Absicht dieses Beweises, aber es erfüllt sie nicht. Ich will sie jedoch nicht verheimlichen, denn möglicherweise fällt der Zugang zur Übung etwas leichter, wenn man um sie weiß. Vielleicht ist auch der hier nicht gelungene Beweis zugleich ein Beleg dessen, was bewiesen werden sollte.

Jedenfalls fasziniert mich die Idee, einen Unmöglichkeitsbeweis sozialer Eindeutigkeit vorlegen zu können, weil dieser Beweis meines Erachtens den Umgang mit der Komplexität der Gesellschaft von irreführenden Erwartungen entlasten würde. Ich vermute jetzt, nach Abschluss des Buches, dass der von mir gewünschte Beweis ausgerechnet von jener Kultur tagtäglich und überaus praktisch erbracht wird, die man so gerne zu den freiwilligen Leistungen einer Gesellschaft rechnet.

Auch deswegen ist dies eine Übung zur und in Kulturtheorie. Sie erlaubt es mir, dank der in jede Kulturtheorie spätestens seit Pufendorf, Vico, Rousseau und Herder eingebauten Multireferentialität auf Zustände des Bewusstseins, des Körpers und der Gesellschaft (die sich wechselseitig glücklich und unglücklich machen können, wie man seit Rousseau formulieren kann) einen gleichsam ökologischen Ansatz zu einer Formtheorie zu verfolgen, die auf keine sachlichen, zeitlichen oder sozialen Präferenzen und Prioritäten vorab festgelegt ist. Expliziert man diese Kulturtheorie überdies im Rahmen einer Theorie des Beobachters, kann man sehen, dass der Kulturbegriff in den vergangenen Jahrzehnten auch deswegen so diffus geworden ist, weil er sich nicht etwa mit der Zurechnung auf eine Diversität menschlicher Kulturen überfordert, sondern mit der Verweigerung der Entfaltung seiner ökologischen Multireferentialität unterfordert hat. Kultur lässt sich nicht im Unterschied zu Natur, Technik oder Gesellschaft bestimmen, und dies schon gar nicht, um dann in diesen Unterschied den mit sich befriedeten und zu seiner wahren Bildung berufenen Menschen einzuhängen. Sondern Kultur ist der Umgang mit Natur, Technik und Gesellschaft im Widerstreit zu deren jeweils allzu positiven Bestimmungen. Sie ist selber Natur, Technik und Gesellschaft, jedoch als deren Negativität und damit immer in einer begrenzten Reichweite. Kennzeichen des kultivierten Menschen ist nicht dessen Einklang mit sich selbst, sondern dessen reflexive, um nicht zu sagen rebellische Unruhe.

Die kulturelle Geste verlangt, dass man die Beobachter auf sich beruhen lässt und nur mit ihren Beobachtungen rechnet. Das erlaubt es uns, ebenfalls eher implizit als explizit jenen Humanismus zu korrigieren, der ebenso emanzipativ wie entzaubernd nur noch menschliche Beobachter zählt und Geister, Götter und Teufel aus deren Universum vertreibt. Das hatte sicherlich den Vorteil, dass Stellen frei wurden, die von der Gesellschaft und ihrer Politik, Wirtschaft, Wissenschaft, Kunst und Erziehung (die Religion hatte das Nachsehen) sowie vom Unbewussten und Über-Ich des menschlichen Bewusstseins besetzt werden konnten, aber es hatte zugleich den Nachteil, dass außer den Menschen und ihren Verhältnissen niemand mehr vorkam. Versprechen und Drohung einer künstlichen Intelligenz zwingen uns, diese Position zu korrigieren; und wir tun es gerne, denn so kommen auch Tiere, Pflanzen und Bakterien, Institutionen, Techniken und Praktiken, Ideen, Mythen und Geschichten als mögliche Beobachter eigenen Typs in den Blick. Wie gesagt, wir werden sie in diesem Buch weder auflisten noch einkreisen noch bestimmen. Wir belassen es bei der kulturellen Geste. Wir sind sie Beobachtern schuldig, denen in der Erziehung, in der Seelsorge, in der Therapie, im Sport und in der Liebe, in der Pflanzenzucht und Viehzucht nicht immer getreu jenen Standards begegnet wird, wie sie unter Pferdeflüsterern und Küheverstehern üblich sein mögen.[1]

Diese Geste gilt im Übrigen auch gegenüber Autor und Leser dieses Buches. Auch sie sind Beobachter, die nur an ihren Beobachtungen zu fassen sind. In welchem Zustand eines träumenden Bewusstseins, einer wachen Aufmerksamkeit, eines unbestimmten Gefühls, einer vertretbaren Meinung, eines ausgearbeiteten Textes, einer politischen Entscheidung, einer religiösen Hoffnung, eines wirtschaftlichen Interesses, eines ästhetischen Stils, einer pädagogischen Absicht oder einer wissenschaftlichen Disziplin dieser Text zustande gekommen ist und gelesen wird, wer will das wissen?

An unseren Beobachtungen werden wir kenntlich. Das bedeutet für mich nicht zuletzt, dass ich mich bei einigen Adressen be-

---

1 Siehe zu Letzterem Martin Ott, *Kühe verstehen. Eine neue Partnerschaft beginnt*, Lenzburg: Faro im Fona Verlag 2011.

danken möchte, ohne die ich weder den Anlass noch die Geduld noch die Gelegenheit gehabt hätte, mich einigermaßen ausführlich mit Fragen der Kultur zu beschäftigen. Freunde in Berlin, vor allem Carlo Barck und Anselm Haverkamp, wiesen mich Mitte der 1990er Jahre darauf hin, dass es an der Zeit sei, die Bielefelder Aversion gegenüber jeglichem Kulturbegriff zu überwinden oder zumindest ihren Gründen auf die Spur zu kommen. Ohne diesen Anstoß hätte ich nicht entdeckt, dass die Diffusität des Kulturbegriffs sein theoretisches Potenzial ebenso sehr verdeckt wie in sich trägt. Redakteure in den Kulturredaktionen von Zeitungen, Rundfunk- und Fernsehanstalten, vor allem Jochen Greven, Thomas Zenke, Aurel Schmidt, Karl Schmitz, Hanspeter Krüger, Brigitte Granzow, Axel Schnorbus, Peter Kemper, Stephan Krass, Ingo Arend, Harry Nutt, Volker Panzer, Gert Scobel, Dirk Knipphals, Uwe Justus Wenzel und Christoph Heim, betrauten mich mit Feuilletons, ohne dass ich recht gewusst hätte, welche Perspektive ich dabei jeweils einnahm. Fernsehgespräche mit Alexander Kluge und Roger de Weck brachten mir nahe, dass es auf dieses Wissen auch nicht unbedingt ankommt. Umgekehrt verdanke ich Heiner Müller, Carl Hegemann und Freunden und Bekannten am Theater die Einsicht, dass eine Betrachtung von Organisation und Management im kulturellen Gegenlicht wiederum für Künstler interessant sein kann.

Kollegen an der Universität Witten/Herdecke, vor allem Elmar Lampson, Dirk Rustemeyer, Angela Martini, Jörn Rüsen, Matthias Kettner und Ingo Reihl, gaben mir die Gelegenheit, darüber nachzudenken und es auszuprobieren, wie eine Fakultät für Kulturreflexion auszusehen hätte. Die Studierenden, die sich mit uns auf dieses Experiment eingelassen haben, haben unsere Ideen nicht nur ausgebadet, sondern mit ihrer Neugier, ihrem Einspruch und ihrer Ungeduld erheblich vorangetrieben. Schon zuvor hatten andere Kollegen an der Universität Witten/Herdecke, vor allem Michael Hutter, Birger P. Priddat und Michael Bleks, den Eindruck, dass eine soziologische Perspektive auf einem betriebswirtschaftlichen Lehrstuhl, der sich in der Kooperation mit der Bertelsmann AG mit Fragen der Unternehmenskultur beschäftigt, nicht schaden könne. Schon hier stellte sich in der Arbeit mit Studierenden im Unternehmen heraus, dass es schwerfällt, einem Management zu erklären, dass Maßnahmen der Unternehmenskultur wegen ihres normativen Charakters dann wirken, wenn sie nicht wirken. Mit Mathias Riepe, Athanasios Karafillidis und Studierenden konnte ich in weiteren Forschungs- und Beratungsprojekten die Einsicht vertiefen, dass Unternehmen ein mehr als gespanntes Verhältnis zur kulturellen Thematisierung ihrer Organisation unterhalten.

Mit Rudi Wimmer und Fritz B. Simon konnte ich das Management Zentrum Witten gründen, um auch in Management und Beratung die Denkfigur des Zusammenhangs des Unterschiedenen auszuprobieren. Immer wieder konnten wir feststellen, dass die Fähigkeit vieler Organisationen, Negativsprachen des Sortierens von Beobachtern und Beobachtungen zu praktizieren, nur von ihrer Fähigkeit übertroffen wird, sich den Zugang zu dieser Praxis auf der Ebene der Reflexion zu versperren. Wolfram und Martin Burckhardt konzipierten mit mir zusammen einen Buchtitel für eine Aufsatzsammlung, *Wozu Kultur?*, deren Wozu auch für weitere Aufsatzsammlungen den Versuch auf den Punkt brachte, Positivsprachen und Negativsprachen ineinander zu verschränken. Bei meiner Neurodermitis bedanke ich mich nicht wirklich, aber dass sie als eine mir immer anschauliche Negativsprache auf der Ebene des Organismus zu verstehen ist, ist kaum zu bezweifeln.

Ueli Mäder gab mir an der Universität Basel die Möglichkeit, am Leitfaden des Formkalküls eine Vorlesung über die Kulturtheorie zu halten. Und Kollegen an der Zeppelin Universität in Friedrichshafen, vor allem Karen van den Berg, Nico Stehr und Stephan Jansen, haben aus bis heute nicht geklärten Gründen Vertrauen in die Entscheidung, dass ein Lehrstuhl für Kulturtheorie und -analyse meine Arbeit fördern und zugleich der Universität nützen könne. Ohne dieses Vertrauen hätte ich vielleicht doch meine Zeit dazu genutzt, mich darauf einzulassen, einen Weg zu suchen, den Formkalkül in einem Computerprogramm zu implementieren. Gut möglich allerdings, dass das gar nicht geht.² Jochen Greven und Carlo Barck sind in diesem Jahr verstorben. Ich widme das Buch ihrem Andenken.

Basel, im Dezember 2012

---

2 Online sind zwei Versuche zu finden, Spencer-Browns Begriff der Form in die Programmiersprache Haskell beziehungsweise in eine der Wolfram-Formen zu übersetzen, siehe sigfpe, »Laws of Form: An Opinion«, ⟨blog.sigfpe.com/2006/06/laws-of-form-opinion.html⟩, June 28, 2006; und Michael Schreiber, »Computational Equivalence: Spencer-Brown Form 110«, ⟨www.wolframscience.com/conference/2004/presentations/material/mschreiber-computational.nb⟩ (Folie 2); Eric W. Weisstein, »Spencer Brown Form«, *MathWorld. A Wolfram Web Resource*, ⟨mathworld.wolfram.com/Spencer-BrownForm.html⟩. Weitere Versuche, Spencer-Browns Form als einen Funktor zu verstehen, der über eine uneindeutige (implikative, dialektische, selbstreferentielle) Negation aus Bestimmtheit Unbestimmtheit und aus Unbestimmtheit Bestimmtheit errechnet, sind möglicherweise zu erwarten.

Das Wissen der Beobachter

Die Form

Beobachte Beobachter.

Nenne *Kultur* die Anerkennung der Position eines Beobachters unter dem Gesichtspunkt der Kontingenz dieser Position.

Nenne *Gesellschaft* den Anlass, die Art und Weise und das Ergebnis der Auseinandersetzung dieser Beobachter um ihre Position zueinander.

Nenne *Wissen* jeden Einsatz innerhalb dieser Auseinandersetzung. Nenne *Nichtwissen* das Wissen um ein Nichtwissen.

Unterscheide Beobachter anhand der *Unterscheidungen*, die sie treffen.

Unterscheide zwischen drei Möglichkeiten, eine Unterscheidung zu treffen. (1) Beobachter können Unterscheidungen wiederholen; Unterscheidungen werden dadurch bestätigt und dank dieser Bestätigung entweder selbstverständlich oder auffällig. (2) Beobachter können Unterscheidungen kreuzen und sich so die Möglichkeit eröffnen, eine neue Unterscheidung zu treffen. (3) Beobachter können Unterscheidungen in den Raum der Unterscheidung wieder einführen und auf ihre Form hin beobachten.

Nenne *Form* im Anschluss an George Spencer-Brown (a) die Innenseite einer Unterscheidung zusammen mit (b) ihrer Außenseite, (c) der Teilung zwischen den beiden Seiten und (d) dem Raum, der von der Unterscheidung hervorgerufen und in Anspruch genommen wird. Nenne Form die Einheit der Differenz von Disjunktion und Konjunktion: eine Komplexität.

Nenne *Form* deine Unterscheidung der Unterscheidung eines Beobachters.

Nenne die Markierungen der Innenseite, der Außenseite, der Teilung und des Raums der Unterscheidung im Hinblick auf die Möglichkeit ihrer Variation das *Medium* der Unterscheidung. Medien koppeln die Elemente einer Unterscheidung lose, das heißt als Möglichkeit, während Formen dieselben Elemente fest koppeln, zur Wirklichkeit einer Form. Medien können nur anhand von Formen beobachtet werden.

Beachte, dass auch der *Beobachter* nur anhand von Formen beobachtet werden kann. Nichtidentisch mit der Innenseite, der Außenseite und dem Raum der Unterscheidung, die er trifft, ist er ausschließlich mit der Teilung der beiden Seiten und damit mit der Operation, dem Vollzug der Unterscheidung zu identifizieren. Er ist mit dem, was er einschließt und ausschließt, sowie mit dem Raum, den er besetzt, auch für sich selbst verwechselbar und behält doch gegenüber all dem die Freiheit, jederzeit eine andere Unterscheidung zu treffen.

Die Beobachtung ist eine *Handlung*, die sich dem Zugriff auch des Beobachters entzieht. Aber er trifft mit seinen Beobachtungen Unterscheidungen; und an diese Unterscheidungen können andere Beobachter anknüpfen oder von ihnen absehen. Die Beobachtung zweiter Ordnung inklusive der Selbstbeobachtung des Beobachters tritt an die Stelle eines direkten Zugriffs auf die Welt.

Nenne *Wissen* eine Handlung, die eine Unterscheidung als einen Zusammenhang entfaltet.

Arithmetik

Wissen ist Wissen von Beobachtern. Es ist das Ergebnis einer Bezeichnung im Rahmen einer Unterscheidung im Kontext einer Form. Während Beobachter erster Ordnung tun, was sie tun, beobachten Beobachter zweiter Ordnung sie im Hinblick auf ein Wissen, das abhängig von anderen Bezeichnungen im Rahmen anderer Unterscheidungen für den Beobachter zweiter Ordnung ein anderes wäre, obwohl der Beobachter erster Ordnung nach wie vor nur tut, was er tut, auch wenn er jetzt etwas anderes tut.

Wissen ist ein Wissen von der Form in der Form.

Das Formkalkül von George Spencer-Brown, entwickelt, um die Boolesche Algebra auf einen Operator zu reduzieren und zugleich um Möglichkeiten der Selbstreferenz, der Paradoxie und der Zeit zu erweitern,[1] konzipiert das Wissen von Beobachtern als ein Wissen um Bezeichnungen (indications) und Unterscheidungen (distinctions). Eine Bezeichnung trifft eine Unterscheidung und bezeichnet die eine Seite dieser Unterscheidung im Unterschied zur anderen Seite. Mit der Bezeichnung ist daher auch die Möglichkeit gegeben, die Seiten der Unterscheidung zu wechseln beziehungsweise zu kreuzen (cross), wie Spencer-Brown formuliert. Das Wissen von Beobachtern ist das Wissen um Bezeichnungen im Kontext von Unterscheidungen. Alles Weitere hängt davon ab, ob und wie es den Beobachtern gelingt, bei ihren Bezeichnungen das Wissen um ihre Unterscheidungen mitzuführen.

---

1 Siehe G. Spencer Brown, *Laws of Form*, London: Allen & Unwin 1969; danach weitere Ausgaben in anderen Verlagen mit jeweils neuen Vorworten und Anhängen, seit 1994 unter dem Namen G. Spencer-Brown. Deutsche Übersetzung von Thomas Wolf: George Spencer-Brown, *Gesetze der Form*, Lübeck: Bohmeier 1997. Ich zitiere im Folgenden die fünfte englische Ausgabe: George Spencer-Brown, *Laws of Form*, Leipzig: Bohmeier 2008, jeweils unter der Chiffre »*Laws of Form* (1969)«, weil ich mich auch bei anderen Quellen bemühen werde, die Veröffentlichungsdaten der zitierten Literatur in Klammern mitzunennen. Wörtliche Zitate übernehme ich aus der deutschen Übersetzung von Thomas Wolf, zitiert unter der Chiffre »*Gesetze der Form* (1997)«. Das Buch wurde von Mathematikern überwiegend skeptisch bis ablehnend rezipiert, meist mit dem Argument, es liefere nur eine Neuformulierung der Booleschen Algebra. Siehe etwa Paul Cull, William Frank, »Flaws of Form«, in: *International Journal of General Systems* 5 (1979), S. 201-211. Die Erweiterung der Booleschen Algebra um Argumente der Selbstreferenz, der Paradoxie und der Zeit wurde vor allem in der Systemtheorie positiv gewürdigt. Siehe vor allem Heinz von Foerster, »Laws of Form«, in: *Whole Earth Catalog* (Spring 1969), S. 14 [dt. Übersetzung in: Dirk Baecker (Hrsg.), *Kalkül der Form*, Frankfurt am Main: Suhrkamp 1993, S. 9-11]; Louis H. Kauffman, »Self-Reference and Recursive Forms«, in: *Journal of Social and Biological Structures. Studies in Human Sociobiology* 10, Heft 1 (1987), S. 53-72; und Niklas Luhmann, »Die Paradoxie der Form«, in: Baecker (Hrsg.), *Kalkül der Form*, S. 197-212. Weitere Lektürehilfen und Auseinandersetzungen finden sich in: Baecker (Hrsg.), *Kalkül der Form*; ders. (Hrsg.), *Probleme der Form*, Frankfurt am Main: Suhrkamp 1993; und in Tatjana Schönwälder-Kuntze u. a., *George Spencer Brown. Eine Einführung in die »Laws of Form«*, 2. überarb. Aufl., Wiesbaden: VS Verlag für Sozialwissenschaften 2009.

Das Formkalkül gibt uns eine einfache Möglichkeit, das Wissen von Beobachtern in mathematischen Gleichungen zu notieren, mit denen sich zunächst arithmetisch und später algebraisch rechnen lässt. Jede Markierung einer Unterscheidung

$$\overline{}|$$

ist die Markierung eines Beobachters. Denn nur Beobachter treffen Unterscheidungen. Und jede Unterscheidung setzt einen Beobachter voraus, der sie trifft. Auf der arithmetischen Ebene des Formenkalküls sind Unterscheidungen und damit Beobachter die Konstanten des Kalküls.

Jede Markierung ist die Markierung einer Unterscheidung, die Spencer-Brown mit dem Namen Cross bezeichnet,[2] um darauf hinzuweisen, dass es sich um eine Operation des Kreuzens entweder von der unmarkierten Seite der Unterscheidung auf die markierte Seite oder umgekehrt handelt. Dieses Kreuzen bringt die Unterscheidung hervor, um die es geht, und bezeichnet eine der beiden Seiten der Unterscheidung im Unterschied zur anderen Seite. Dieses Kreuzen ist die Aktivität des Beobachters, der identisch ist mit der Operation, die er vollzieht. Beobachten ist, anders gesagt, eine Praxis. Nur deswegen können andere Beobachter an Beobachtungen anschließen und sie fortsetzen. Nur deswegen können Beobachter Beobachtungen beobachten und deren Unterscheidungen zugunsten keiner Unterscheidung und dann möglicherweise zugunsten anderer Unterscheidungen aufheben. Und nur deswegen können sich Beobachter einfinden, die sich in die Ordnung bereits getroffener Unterscheidungen einfügen oder versuchen, vorgefundene Ordnungen einer eigenen Ordnung zu unterwerfen.

Als Beobachter erster Ordnung haben Beobachter drei Möglichkeiten, miteinander umzugehen. Sie können mit ihren Unterscheidungen aneinander anschließen, sie können ihre Unterschei-

---

2 *Laws of Form* (1969), S. 5.

dungen aufheben, und sie können ihre Unterscheidungen ineinander verschachteln.

Beobachter schließen aneinander an, indem sie Unterscheidungen wiederholen. Markierungen werden wiederholt und damit bestätigt. Gemäß dem ersten der beiden Laws of Form, dem Law of Calling, ist die Wiederholung einer Unterscheidung identisch mit dem Treffen der Unterscheidung, ändert also nichts an deren Wert.³ Sie wird notiert in der Form der Kondensation:⁴

Die Form der Kondensation beziehungsweise, in der Gegenrichtung von rechts nach links gelesen, der Bestätigung liegt allen Beobachtungen zugrunde, deren Praxis darin besteht, an das anzuschließen, was bereits geschieht, und dadurch als das zu bestätigen, als das es geschieht.

Beobachter heben ihre Unterscheidungen auf, indem sie die Bezeichnungen widerrufen und zurück in den unmarkierten Zustand wechseln. Gemäß dem zweiten der beiden Laws of Form, dem Law of Crossing, ist die Aufhebung einer Unterscheidung weder mit dem Treffen der Unterscheidung noch mit dem Widerruf, sondern mit dem unmarkierten Zustand identisch, ändert also den Wert der Unterscheidung. Sie wird notiert in der Form der Aufhebung:⁵

Die Form der Aufhebung beziehungsweise, in der Gegenrichtung von rechts nach links gelesen, der Kompensation ist eines der Geheimnisse des Erfolgs des Formenkalküls in der Rezeption durch

---

3 Ebd., S. 2.
4 Ebd., S. 4.
5 Ebd., S. 5.

die Kybernetik und die Systemtheorie. Denn diese Form erschließt der Mathematik und daran anschließend der Logik erstmals die Möglichkeit des Rechnens nicht nur mit einer Nullstelle, sondern mit dem unmarkierten Zustand, der Leere, dem Nichts. Sie ist die Voraussetzung dafür, Ausdrücke bilden zu können, in denen Beobachter innerhalb der Form auf die unbezeichnete Seite wechseln und somit eine Unterscheidung treffen können, die nichts bezeichnet. Die Bedingung hierfür ist auch hier die Bewegung innerhalb einer Form. Es gibt das Nichts für einen Beobachter nur in der Abhängigkeit von Etwas. Aber, und das ist der entscheidende Punkt, nichts garantiert, dass der Beobachter aus der Bezeichnung des Nichts wieder zurückkehrt zum ursprünglichen Etwas. Er kann eine neue Unterscheidung setzen und so ein neues Etwas bezeichnen, zugunsten der wieder mitlaufenden Bezeichnung eines Nichts, das jetzt streng genommen ein neues Nichts ist.

In dieser Innovation der mathematischen Bezeichnung des Nichts auf der unvermeidbar mitlaufenden Außenseite jeder Unterscheidung besteht Spencer-Browns Schritt über die Boolesche Algebra hinaus.[6] Booles Algebra besteht aus zwei Zeichen, 1 für

---

6 Die Möglichkeit, die Außenseite der Unterscheidung unmarkiert zu lassen beziehungsweise als zunächst unmarkiert vorauszusetzen, unterscheidet Spencer-Browns Formkalkül von zwei früheren Versuchen, die Boolesche Algebra auf nur einen Operator zu reduzieren. Charles Sanders Peirce, »A Boolean Algebra with One Constant« (1880), in: Charles Hartshorne, Paul Weiss (Hrsg.), *The Simplest Mathematics, Collected Papers of Charles Sanders Peirce*, Bd. 4, Cambridge, MA: Harvard UP 1933, S. 13-18, schlägt eine Notation vor, die mit einer Paarung oder Kopula auskommt: Für jede wahre Aussage A schreibe man: A. Für jede unwahre Aussage $\sim A$ schreibe man $A\,A$. Und für zwei unwahre Aussagen A und B schreibe man $A\,B$. Und Henry Maurice Sheffer, »A Set of Five Independent Postulates for Boolean Algebras, with Applications to Logical Constants«, in: *Transactions of the American Mathematical Society* 14 (1913), S. 481-488, führt eine K-Regel der Kombination, |, ein, den später so genannten Sheffer-Stroke, und definiert, dass immer dann, wenn a und b K-Elemente sind, auch $a \mid b$ ein K-Element ist. Beide Versuche starten mit Aussagen und minimieren die Anforderungen an eine Notation, Aussagen miteinander zu kombinieren. Spencer-Brown hingegen startet mit der Operation, die es primär erlaubt, zu Aussagen zu kommen: »We take as given the idea of distinction and

Universe und 0 für Nothing; Spencer-Browns Arithmetik benötigt nur noch ein Zeichen, die Markierung des Cross, ⌐, für beide Werte der Unterscheidung.

Und schließlich können Beobachter ihre Unterscheidungen ineinander verschachteln, indem sie ihre Unterscheidungen in derselben Tiefe des Raums aneinanderhängen oder in unterschiedlichen Tiefen des Raumes einander über- und unterordnen. Die beiden Gesetze des Formenkalküls können dann dazu genutzt werden, beliebig komplizierte Ausdrücke, wie etwa Ausdruck e,[7]

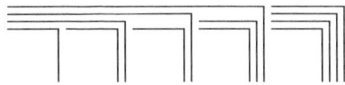

auf einen einfachen Ausdruck zu reduzieren, der entweder mit dem markierten Zustand, ⌐, oder mit dem unmarkierten Zustand, , identisch ist – im Fall des Ausdrucks e mit dem markierten Zustand.

Umgekehrt können einfache Ausdrücke durch anschließende Unterscheidungen expandiert werden, ohne ihren Wert zu ändern.

Auf der Ebene der Arithmetik, das heißt des Rechnens mit Konstanten, unterscheidet Spencer-Brown zwei Initiale des Kal-

---

the idea of indication, and that we cannot make an indication without drawing a distinction. We take, therefore, the form of distinction for the form.« *Laws of Form* (2008), S. 1. Siehe unter Berücksichtigung von Peirce's Idee der existential graphs auch Louis H. Kauffman, »The Mathematics of Charles Sanders Peirce«, in: *Cybernetics and Human Knowing* 8 (2001), S. 79-110; und zu Spencer-Browns Rückführung der Booleschen Algebra auf eine Mathematik der Unterscheidung auch ders., »Boolean Algebra«, in: *Semiotica* 195 (1995), S. 152-156; und ders., »A Mathematician's Glossary of Terms for Non-Mathematicians«, in: *Semiotica* 195 (1995), S. 157-167. Der Sheffer-Stroke gilt auch als eine Vorlage für den NAND-Operator in der Booleschen Algebra: *nicht und*, und führt, wenn man dies als eine sich selbst widerlegende Aussage liest (aber im Rahmen welcher Logik?), direkt zu Spencer-Browns Mark of Distinction.

7 *Laws of Form* (1969), S. 14.

küls, nämlich Zahl und Ordnung.[8] Zählen geschieht durch Bestätigen und Kondensieren, das heißt durch Wiederholen der Markierung oder Reduktion von Wiederholungen auf das Wiederholte. Ordnen geschieht durch das Aufheben oder Streichen einer Markierung durch das Zurückkreuzen auf den unmarkierten Wert oder umgekehrt durch die Kompensation eines unmarkierten Werts durch eine sich selbst aufhebende Markierung.

Algebra

Auf der algebraischen Ebene des Formenkalküls werden zusätzlich zu den Konstanten Variablen eingeführt, etwa von der Form $a, b \ldots$ oder $p, q, r \ldots$. Diese Variablen stehen ihrerseits für bereits getroffene und ineinander verschachtelte Unterscheidungen.

Nichts hindert uns daran, die Worte eines Satzes wie auch jeden Satz eines Textes oder die Texte eines Diskurses usw. in diesem Sinne als Variablen zu lesen, die sich Bezeichnungen und Unterscheidungen eines Beobachters verdanken. Die Notation, die wir hier mit Spencer-Brown einführen, ist insofern nur einen Schritt der Konstruktion von der Umgangssprache entfernt. Sie macht uns die Umgangssprache in ihrer verbalen wie auch in ihrer gestischen und mimischen Form und einschließlich ihrer semiotischen Varianten in Fachsprachen, in der Musik, in Bildern und in mathematischen Gleichungen und Codes als Setzen von Bezeichnungen im Rahmen von Unterscheidungen im Kontext einer Form lesbar.

Dank einer seit Jahrtausenden und Jahrhunderten bereits laufenden Praxis der Verschachtelung von Unterscheidungen sind diese Sprachen jedoch zu komplex, um ohne einen immensen Aufwand in die Ausdrücke des Formenkalküls übersetzt werden zu können. Spencer-Browns Kalkül liefert nur die allerersten Schritte, um dem Zusammenhang von Bezeichnung, Unterscheidung und Form auf die Spur kommen zu können.

---

8 Ebd., S. 9f.

Auch wir werden uns im Folgenden Fragen des Wissens, der Kultur und der Gesellschaft nur in allerersten Schritten nähern können, gleichsam auf der Suche nach den Grundbausteinen einer Architektur, die uns in jedem einzelnen Fall eines Satzes, Textes oder Diskurses, eines Bildes, einer Musik, einer Gleichung oder eines Codes bereits mit einer undurchschaubaren Komplexität konfrontiert.

Immerhin jedoch wünschen wir uns Leser, die die Ausdrücke des Formenkalküls als Ausdrücke komplexer Semantiken und Strukturen und die Sätze eines Textes wie auch den Text als Verlegenheitsformen auf der Suche nach mathematischen Gleichungen lesen können. Verlegenheitsformen deswegen, weil diese Sätze und Texte ihre jeweiligen Beobachter nicht oder allenfalls umständlich mitbenennen, ganz zu schweigen von ihrer Unfähigkeit, ihre Konstruktionen einer Beobachtung zweiter Ordnung offenzulegen. Mit Sätzen und Texten bewegen wir uns auf der Ebene von Variablen, die vielfach weder auf die ihnen zugrunde liegenden Unterscheidungen noch auf ihre wechselseitigen Abhängigkeiten im Rahmen von Zahl und Ordnung hin durchsichtig sind.[9] Auch deswegen experimentieren die Künste mit literarischen, poetischen, bildlichen und gestischen Sätzen und Texten, die auch nicht viel durchsichtiger sind, aber immerhin die Aufmerksamkeit auf andere Aspekte der Architektur von Bezeichnung, Unterscheidung und Form verschieben und damit diese Architektur ins Blickfeld rücken können.

Auf der algebraischen Ebene des Kalküls verwenden wir Variablen, die ihrerseits, so kompliziert sie auch sein mögen, entweder auf den markierten Wert oder den unmarkierten Wert zurückgeführt werden können. Im ersten Fall bezeichnen sie etwas, im

---

9 In der Sprache der Mengenlehre erzwingt dieses Interesse an Mannigfaltigkeiten den Übergang von geschlossenen zu generischen Mengen, so Alain Badiou, *L'être et l'événement*, Paris: Seuil 1988, und ders., *Court traité d'ontologie transitoire*, Paris: Seuil 1998, beziehungsweise zu offenen Mengen, so Xin Wei Sha, »Topology and Morphogenesis«, in: *Theory, Culture & Society* 29 (2012), S. 220-246.

zweiten Fall kompensieren sie die Bezeichnung von nichts durch eine sich selbst aufhebende Unterscheidung. Auch dies gilt wie immer für einen Beobachter, selbst wenn es nicht explizit gesagt wird. Spencer-Brown empfiehlt, sich jede beliebige Form ihrerseits als Markierung durch eine Bezeichnung im Rahmen eines ungeschriebenen Kreuzens vorzustellen,[10] so dass man durch eine weitere Beobachtung, die die getroffene Unterscheidung ausschreibt, versuchen kann, dem Beobachter auf die Spur zu kommen, der diese Unterscheidung trifft.

Noch auf der Ebene der Arithmetik beweist Spencer-Brown zwei Theoreme, das Theorem der Invarianz und das Theorem der Varianz, die er anschließend als Initiale der Algebra des Formenkalküls zugrunde legt.

Das Theorem der Invarianz,[11]

$$\overline{\overline{p}\ \overline{p}} =$$

bestätigt, dass sich auch im Umgang mit Variablen an den beiden Gesetzen der Form nichts ändert, insofern die sich selbst aufhebende Wiederholung der Variable p identisch ist mit dem nichtmarkierten Zustand.

Das Theorem der Varianz hingegen,[12]

$$\overline{\overline{pr}\ \overline{pr}} = \overline{\overline{p}\ \overline{q}}\, r$$

formuliert, dass Varianten eines Ausdrucks einander äquivalent sind, wenn ihre Variablen anders verteilt werden, ohne an ihrer Unterscheidung im Verhältnis zueinander etwas zu ändern. Wenn pr und qr jeweils unterschieden und noch einmal gemeinsam unterschieden werden, ist dies äquivalent der Unterscheidung von p

---

10 *Laws of Form* (1969), S. 6.
11 Ebd., S. 18.
12 Ebd., S. 19f.

und *q* zunächst einzeln und dann zusammen im Kontext der Setzung von *r*.

Die Initialen der Algebra nennt Spencer-Brown Position und Transposition.[13] Die Position ermöglicht im Anschluss an das Theorem der Invarianz ein Rechnen mit Variablen in der Form des Einsetzens (put in) und Herausnehmens (take out), die Transposition im Anschluss an das Theorem der Varianz ein Rechnen in der Form des Sammelns (collect) und Verteilens (distribute).

Dieses Rechnen ist das Rechnen eines Beobachters zweiter Ordnung. Er beobachtet gemäß dem ersten Initial einen Beobachter erster Ordnung und stellt fest, dass dieser durch das Aufrufen von Variablen im Kontext ihrer Aufhebung etwas bezeichnet, was sich auf nichts reduzieren lässt. Ohne zu schweigen, sagt dieser Beobachter erster Ordnung: nichts. Oder er beobachtet gemäß dem zweiten Initial wiederum einen Beobachter erster Ordnung und stellt etwa fest, dass die von diesem gesetzten Variablen, hier *p* und *q*, eine supplementäre Variable, hier *r*, mitaufrufen, die sich auch alleinstellen lässt, etwa um sie dort daraufhin untersuchen zu können, ob sie etwas oder nichts markiert.

Beobachtungen des ersten Typs erinnern an Verfahren der Ideologiekritik, des zweiten Typs an dekonstruktive Verfahren. Beide werden hier jedoch auch jeweils gegenläufig gelesen, so dass man es in der Gegenrichtung mit Verfahren der Mythenbildung beziehungsweise der Theoriekonstruktion zu tun bekommt.

Spencer-Brown listet neun Konsequenzen auf, die aus diesen beiden Initialen der Algebra auf der Grundlage der beiden Theoreme der Invarianz und Varianz gewonnen werden können und hier noch alle darauf beruhen, dass Konstanten und Variablen, also Beobachtungen erster Ordnung und Beobachtungen zweiter Ordnung, voneinander unterschieden werden können, zugleich jedoch, worauf Spencer-Brown in den Anmerkungen zu diesem Kapitel der *Laws of Form* hinweist,[14] ebenfalls darauf beruhen,

---

13 Ebd., S. 23.
14 Ebd., S. 72 ff.

dass Operanden als Operatoren und Operatoren als Operanden gelesen werden können. Jede Markierung setzt eine Bezeichnung, die ihrerseits eine Unterscheidung ist. Jeder Ausdruck ist die Konstruktion seiner eigenen Möglichkeit unter der Voraussetzung operierender Beobachter, die sich ihrerseits anhand der Bezeichnungen, die sie vornehmen, beobachten lassen.

Diese neun Konsequenzen enthalten für die methodische Ausarbeitung unseres Vorhabens einer Kulturtheorie der Gesellschaft wichtige Anregungen, so dass wir sie hier kurz vorstellen. Allerdings vermute ich, dass sie nur verständlich sind, wenn man ihnen eine Konvention voranstellt, die Spencer-Brown zwar nur im Anhang 2 seines Buches erwähnt, in dem es um eine spezifische Interpretation des Formenkalküls für Zwecke der klassisch zweiwertigen Logik geht,[15] die mir jedoch für die gesamte Lektüre des Kalküls hilfreich zu sein scheint. Ich will damit nicht nahelegen, den Kalkül als einen zweiwertigen Kalkül zu lesen. Das griffe schon deswegen zu kurz, weil jede Form minimal vier Werte aufweist: (1) die Innenseite der Markierung, (2) die Außenseite der Markierung, (3) die Operation der Unterscheidung der beiden Seiten und (4) den durch die Unterscheidung hervorgerufenen Raum der Unterscheidung. Im Gegenteil geht es mir eher darum, diese Konvention verwenden zu können, um ihren Inhalt, das Konzept der Negation, ebenfalls aus seiner Beschränkung auf eine zweiwertige Logik zu befreien.

Spencer-Brown jedenfalls schlägt als eine mögliche Interpretation seines Kalküls im Rahmen der Aussagenlogik folgende Übersetzung vor:

---

15 Ebd., S. 90 ff.

in Worten	im Aussagenkalkül	in der primären Algebra
nicht *a*	~*a*	$\overline{a}\,$
a oder *b*	*a* ∨ *b*	*ab*
a und *b*	*a* ∧ *b*	$\overline{\overline{a}\,\overline{b}\,}$
a impliziert *b*	*a* ⊃ *b*	$\overline{a}\,b$.

Diese Interpretation ist wie jede Interpretation eine engere Auslegung der im Formenkalkül grundlegender formulierten Setzungen. Insbesondere die Logik enthält auf der Ebene ihrer Aussagen Annahmen, die sowohl komplizierter als auch reduzierter sind als jene der mathematischen Ebene, auf der Spencer-Brown sein Formenkakül formuliert. Die Annahmen der Logik sind komplizierter, weil sie mit mehr Zeichen arbeiten, etwa ~, ∨, ∧ und ⊃, von weiteren hier zu schweigen; und sie sind reduzierter, weil sie auf ihrer Ebene das grundlegende Problem eines Ausgangs von *einer* Operation, die *zwei* Seiten und *vier* Werte setzt, nicht adressiert.

Dennoch ist es hilfreich, sich auf die engere Interpretation des Kalküls im Rahmen der Aussagenlogik einzulassen und dabei damit zu rechnen, dass alle vier Operatoren, die Negation, die Disjunktion, die Konjunktion und die Implikation, zum einen ihrerseits Operanden werden können, und zum anderen einen größeren strukturellen Reichtum offenbaren, als die Aussagenlogik in Rechnung stellt.

Wichtig sind für uns vor allem die Negation und die Implikation. Sie machen uns mit der ungewöhnlichsten Eigenschaft des Formenkalküls bekannt, eine Unterscheidung als einen Zusammenhang zu denken. Denn die Negation, ~*a* beziehungsweise $\overline{a}\,$, wie sie hier vorgestellt wird, ist im Rahmen der Form der Unterscheidung, die den unmarkierten Wert, das Nichts, die Leere bereits eingeführt hat, schlicht der Hinweis auf diesen unmarkierten Wert. Die Negation von *a* führt auf die Außenseite der Markierung von *a*, in den unmarkierten Zustand, der jedoch reicher als das Nichts der zweiwertigen Logik ist, weil er von der positiven Operation der Negation abhängig ist und weil er sich implizit unterscheidet, je nachdem, welche Variable negiert wird. Das ungeschriebene Kreuz, innerhalb dessen die Negation stattfindet, ist als Verweis auf einen ungenannten Beobachter inhaltlich bestimmter, als es die abstrakte Operation der zweiwertigen Logik abbilden kann und will.

Und so wie die Negation von *a* auf die Außenseite der Markierung von *a* führt, kann sich die Notation diese Eigenschaft der Markierung zunutze machen und auf der Außenseite der Markierung einen anderen Wert, etwa *b*, bezeichnen, der qua Negation von *a* impliziert wird.

Die Form der Unterscheidung ist eine Kopplung von Operation, Negation und Implikation. Das machen sich unsere Beobachter erster Ordnung zunutze, wenn sie ihre Unterscheidungen treffen; und dem kommen unsere Beobachter zweiter Ordnung auf die Spur, wenn sie nachrechnen, und zwar: im Rahmen eigener Unterscheidungen nachrechnen, für die dieselben Gesetze gelten wie für die Unterscheidungen der Beobachter erster Ordnung.

Es liegt dann auf der Hand, dass die logische Operation der Disjunktion, *a* oder *b*, in der primären Algebra *ab* notiert wird, denn Disjunktion bedeutet, dass es keine Unterscheidung gibt, die den Zusammenhang der beiden Variablen als einen Zusammenhang ihrer Unterscheidung rekonstruieren könnte. Trotzdem ist die Disjunktion der beiden Variablen algebraisch zu notieren. Sie sind für einen Beobachter zweiter Ordnung als zwei Variablen bezeichenbar, deren Disjunktion die Frage danach blockiert, welcher Unterscheidung sie sich verdanken. Ausgerechnet die Disjunktion verbirgt uns die Unterscheidung, doch immerhin können wir dies noch notieren. Man lese vor diesem Hintergrund die Sequenz von Variablen in der Form von Subjekten, Objekten, Prädikaten und Propositionen, wie sie in Sätzen der

Umgangssprache stehen, die ebenfalls ihren Beobachter verbergen.

Sehr viel aufschlussreicher als die Disjunktion ist die Konjunktion, *a* und *b*, die im Formenkalkül gemäß dieser Interpretation als

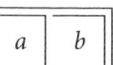

notiert wird und so die Negationen von *a* und *b* im Rahmen ihrer wechselseitigen Implikation wiederum negiert. Daran werden wir uns gewöhnen müssen: Die Negation von etwas ist als Verweis auf die unmarkierte Außenseite der Unterscheidung zugleich die Markierung der Unterscheidung, die auf ihrer Innenseite etwas bezeichnet. Man wüsste gerne, was Fichte und Hegel von diesen Konstruktionen gehalten hätten. Es scheint ihre Probleme im Umgang mit Subjektivität, Reflexivität und Negativität auf den Punkt einer Notation zu bringen, ohne sie deswegen unbedingt zu lösen. Aber darum ging es Fichte und Hegel auch nicht (wir kommen darauf zurück). Das eigentliche Ziel ist es, innerhalb von Unterscheidungen mit Unterscheidungen operieren zu können und dies durch Beobachtungen desselben Typs nachvollziehbar machen, das heißt kalkulieren zu können.[16]

Noch einmal: Wir müssen vorsichtig sein, wenn wir diese Interpretation des Formenkalküls für die Aussagenlogik nun wieder mit in den Kalkül hineinnehmen. Zwar haben wir unter der Hand auch die Aussagenlogik über ihre enge Zweiwertigkeit hinausgeführt und so ein wenig in die vierwertige und zweiseitige Form der Unterscheidung eingeordnet, aber das bedeutet, dass wir uns damit eventuell auf weitere Beschränkungen eingelassen haben, die uns daran hindern, den Reichtum des Formenkalküls

---

16 Wir werden unten, S. 189f., sehen, dass es einen mathematischen Begriff der Komplexität gibt, der logisch als Einheit der Differenz von Disjunktion und Konjunktion zu formulieren wäre.

entsprechend auszuloten. Diese Eventualität ist umso beunruhigender, als wir es in einer Kulturtheorie vielfach mit Formen zu tun bekommen, die als Formen der Semantik des Abendlandes ebenfalls auf eingeschränkte Formen der Zweiwertigkeit eingeschworen sind beziehungsweise in diesem Gewand ihre Darstellung finden. Wie können wir uns für unsere Versuche der Beobachtung zweiter Ordnung von Beobachtungen zweiter Ordnung in Kultur und Gesellschaft von diesen Glättungen befreien und einen hinreichenden Blick für das möglicherweise in diesen Glättungen nicht aufgehende Raffinement der Praxis unserer Beobachter bekommen?

Halten wir uns an den Text des Kalküls. Neun Konsequenzen entwickelt Spencer-Brown aus seinen beiden Initialen der Algebra, der Position und der Transposition. Schon die erste, so würde ich vermuten, verstehen wir nur vor dem Hintergrund der von uns hineingeschmuggelten Interpretation für Zwecke der Aussagenlogik. Sie trägt den Namen Reflexion und wird wie folgt notiert:[17]

$$\overline{\overline{a}\,|} = a$$

Sie ist wie alle weiteren Konsequenzen und wie jede Gleichung innerhalb des Formkalküls von rechts nach links und von links nach rechts zu lesen, was im Fall dieser ersten Konsequenz auf dasselbe hinausläuft. Die Lektüre der Gleichung von links nach rechts läuft für Spencer-Brown ebenso unter dem Namen Reflect wie die Lektüre der Gleichung von rechts nach links.

Da Spencer-Brown im Text seiner *Laws of Form* großen Wert auf die Etymologie seiner Begriffe legt, müssen und dürfen wir die Begriffe beziehungsweise Namen seiner Theoreme, Konsequenzen, Kanons und Regeln jeweils durchaus wörtlich nehmen. Um ein Gefühl für die Operationen zu gewinnen, die sprachlich und gedanklich vorgenommen werden müssen, um etwas »wört-

---

17 Siehe *Laws of Form* (1969), S. 23.

lich« zu verstehen, hilft es, sich die Demonstrationen (nicht: Beweise) vorzunehmen, mit denen Spencer-Brown seine Konsequenzen erläutert, und dazu wiederum die Erläuterungen zurate zu ziehen, die der Einführungsband von Tatjana Schönwälder-Kuntze, Katrin Wille und Thomas Hölscher sorgfältig ergänzt.[18] Die dafür erforderliche Geduld überfordert jedoch den vorliegenden Text, so dass der Leser gebeten werden muss, dies in Eigenarbeit zu tun, so wie der Autor nach besten Kräften versucht hat, dies vor und immer wieder auch während der Abfassung dieses Textes zu tun. Nach bald zwanzig Jahren der wiederholten Beschäftigung mit diesem Text fühle ich mich im Verständnis wie in der Auseinandersetzung mit ihm immer noch wie ein Anfänger und kann mich darüber nur insofern trösten, als mir im Laufe dieser Jahre auch die einfachen Zeichen der Addition, Subtraktion, Division und Multiplikation, »+«, »−«, »/« und »·«, zunehmend unverständlich geworden sind und mich auch Symbole wie »₷«, »∞«, »€«, »§«, »@« oder »♀« im Hinblick auf die Injunktionen, die sie jeweils enthalten, eher beunruhigen, ganz zu schweigen von so einfachen indexikalischen Worten wie »und«, »oder«, »du«, »ich«, »jetzt« und »hier«, die je nachdem, wann sie von wem wie in den Mund genommen werden, unterschiedliche Einladungen enthalten können. »Ja, aber« ist die Operation, die mir in dieser Zeit am wichtigsten geworden ist.

Aber gut, was ist eine Reflexion von *a*? Eine Negation von *a*, die die Negation negiert und das *a* wieder neu bezeichnet? Ja, natürlich. Allerdings darf man diese Negation wiederum nicht als Annihilation, Vernichtung, lesen, sondern muss sie als Verweis auf die Außenseite der Markierung, die mitlaufende Unterscheidung lesen, der seinerseits, als dieser Verweis, wiederum auf dessen Implikation der Innenseite der Markierung gelesen werden muss. Reflektieren heißt, etwas im Spiegel von etwas anderem zu sehen und dabei nicht etwa den Spiegel zu betrachten, sondern das, was sich darin abbildet. Man merkt, was dabei passiert. Inhalt und Bild der Variable verweisen aufeinander, werden unun-

---

18 Schönwälder-Kuntze u. a., *George Spencer Brown*.

terscheidbar und versetzen die Variable in eine ungewisse Oszillation ihrer selbst: a, markierter oder unmarkierter Zustand, ohne jeden hilfreichen Hinweis auf eine Unterscheidung, in der a stehen könnte. Spencer-Brown wird diese ungewisse Oszillation wenig später, wenn er versucht, die arithmetische und die algebraische Ordnung seines Kalküls zusammenzudenken,[19] und bevor er zu Gleichungen höheren Grades kommt, die für diese Oszillation Lösungen vorsehen,[20] seinerseits thematisieren.

Belassen wir es dabei. Eine Reflexion ist eine Markierung im Kontext einer sich selbst aufhebenden Unterscheidung mit dem Ergebnis einer ungewissen Setzung des Reflektierten. Das hätte Hegels Einsicht in die Reflexion, die nicht nur absichert, sondern zusätzlich den Boden unter den Füßen wegzieht, nicht besser formulieren können. Oder vielleicht besser, aber auch wesentlich ausführlicher. Spencer-Browns Ehrgeiz liegt hingegen darin, Sachverhalte, die bei früheren Autoren Dutzende und Hunderte von Seiten in Anspruch nehmen, auf eine Gleichung und eine Erläuterung in wenigen Zeilen reduzieren zu können.

Die zweite Konsequenz hört auf den Namen Generierung und liest sich in den beiden Richtungen von links nach rechts als Degenerieren und von rechts nach links als Regenerieren:[21]

$$\overline{ab}\,\rceil\, b = \overline{a}\,\rceil\, b$$

Lies: Die Disjunktion von a und b verweist über ihre Negation ebenso auf b wie a alleine. Der Ausdruck einer Form degeneriert, wenn er die Disjunktion verliert, die in der Negation wie Implikation vorausgesetzt werden, kann jedoch regeneriert werden, indem genau dies rückgängig gemacht wird.

Die dritte Konsequenz trägt den Namen Integration und ope-

---

19 *Laws of Form* (1969), S. 35 ff.
20 Ebd., S. 45 ff.
21 Ebd., S. 25.

riert von links nach rechts als Reduktion und von rechts nach links als Vermehrung:[22]

$$\overline{}\,\overline{a =}\,\overline{}$$

Auch hier muss man sich wieder daran halten, dass das Ziel der Rechenoperationen des Kalküls nicht die Errechnung bestimmter Inhalte ist, die vielmehr bereits durch die Formulierung des Ausdrucks selber geleistet wird, sondern die jederzeit nachzuweisende Möglichkeit, einen noch so komplizierten Ausdruck entweder auf den markierten oder den unmarkierten Zustand zurückrechnen zu können. Wird etwas bezeichnet? Dann gibt es auch einen Beobachter. Oder wird nichts bezeichnet? Dann hat man es nur mit Beobachtern zweiter Ordnung zu tun.

Im Fall der Integration wird gezeigt, dass die Erweiterung des markierten Zustands durch eine Variable wie immer ungewissen Werts nichts am markierten Zustand ändert. Denn dies gilt in beiden möglichen Fällen. Wenn die Variable selbst den markierten Zustand bezeichnet, wiederholt sie diesen nur; und wenn die Variable den unmarkierten Zustand bezeichnet, hat sie dem markierten Zustand nichts hinzuzufügen. Reduktion bedeutet, auf Variablen ungewissen Werts zu verzichten. Vermehrung bedeutet, dort Variablen beliebigen Wertes hinzufügen zu können, wo die Markierung bereits feststeht. Beides läuft wohl deswegen unter dem Namen Integration, weil in der einen Richtung der markierte Wert mit sich selbst integriert wird, ohne weitere Störung durch unsichere Kandidaten, und in der anderen Richtung der markierte Wert es sich durchaus leisten kann, eine Variable ungewissen Werts in die Form der Unterscheidung mitaufzunehmen.

Wir sehen schon jetzt, welche strukturelle und semantische Offenheit die Form der Unterscheidung mit sich bringt, wenn alles, was die Form zu entscheiden hat, die Frage ist, ob sie auf et-

---
22 Ebd., S. 26.

was oder auf nichts verweist, und wenn in jedem Fall dank der Form der Unterscheidung immer schon beides mitläuft.

Die vierte Konsequenz wird unter dem Namen Verdeckung von links nach rechts als Operation des Verbergens und von rechts nach links des Aufdeckens gelesen:[23]

$$\overline{a \mid b} \mid a = a$$

Wir bewegen uns in Heideggers Raum der Wahrheit, insofern diese unter ihrem griechischen Titel der Aletheia als Streit mit dem Verborgenen verstanden wird, in den man sich als Beobachter nur mit allen Vorsichtsmaßnahmen gegen die Gefahr, in das Geschäft des Verdeckens eingewickelt zu werden, einmischen kann: »›Wahrheit‹ ist niemals ›an sich‹, von selbst vorhanden, sondern erstritten. Die Unverborgenheit ist der Verborgenheit, im Streit mit ihr, abgerungen.«[24] Wie dies gemeint sein kann, sieht man im Formkalkül unmittelbar, weil jede in ihrem Wert ungewisse Variable als Selbstimplikation im Zuge ihrer Negation einer anderen Variable gelesen werden kann. Gängigerweise, so möchte man fast sagen, ist diese Komplexität verborgen, doch kann sie aufgedeckt werden, indem man ihren Implikationen nachgeht. Bemerkenswert ist, dass hierbei Konstanten ins Spiel kommen, die im verdeckten Zustand der implizierten Variablen nicht sichtbar sind. Genau das kann Beobachtung zweiter Ordnung heißen. Die Operation der Aufdeckung weist auf Unterscheidungen hin, die vom ungewissen Wert der Variablen profitieren, ihn aber auch er-

---

23 Ebd., S. 26f.
24 Siehe Martin Heidegger, *Parmenides* (1942/43), *Gesamtausgabe II. Vorlesungen 1923-1944*, Bd. 54, 2. Aufl., Frankfurt am Main: Klostermann 1992, S. 25. Dieser Streit muss damit rechnen, dass das Falsche, falsum, das Zu-Fall-Bringende, imperial aufgezwungen ist, wie Heidegger, S. 57ff., nicht ohne zeitgenössische Bezüge (und eine zu späte Einsicht?) unter Verweis auf eine Romanisierung des Griechentums erläutert, die uns noch heute über das von den Griechen gedachte Wesen des Wahren und Falschen täuscht.

zeugen, indem sie einen ebenso ungewissen Wert einer anderen Variable von ihm abgrenzen und diesem fraglichen Zustand ihr *a* entgegensetzen.

Die fünfte Konsequenz, Iteration, formuliert das für die Arithmetik geltende Law of Calling noch einmal auf der Ebene der Algebra:[25]

aa = *a*

Von links nach rechts wird diese Form iteriert, von rechts nach links reiteriert. Nehmen wir wieder, und vielleicht wieder allzu unvorsichtig, die Interpretation für Zwecke der Aussagenlogik zu Hilfe, werden wir allerdings vor einer zu schnellen Gleichsetzung gewarnt. Denn *aa* lässt sich auch als Disjunktion von *a* mit sich selbst lesen, als *a* oder *a*. Die Reiteration wäre dann die Markierung der Disjunktion, die Bezeichnung des »oder«, während die Iteration die Disjunktion unter den Tisch fallen lässt und die Variable setzt, als sei sie mit sich identisch.

Wir formulieren bewusst: »unter den Tisch fallen lassen«, denn auch Spencer-Brown weist darauf hin,[26] dass die Formen, denen wir hier nachgehen, allesamt zu problemlos mit ihrer Darstellung auf einem Blatt Papier und auf einer zweidimensionalen Fläche gleichgesetzt werden, obwohl wir es keinen Moment ausschließen können, dass eine Darstellung im gekrümmten Raum, als Tätowierung auf dem Oberarm eines Strafgefangenen oder als Zeichen im All, von dem Italo Calvinos Erzählung »Un segno nello spazio« erzählt,[27] angemessener wäre. Wohin kippt eine Disjunktion, wenn sie auf Messers Schneide dargestellt wird? Worauf verweist der ungewisse Wert einer Variablen, wenn sie auf einem Reuters-Bildschirm auftaucht? Wenn wir von der Praxis von Beobachtern erster Ordnung und zweiter Ordnung sprechen, dür-

---

25 *Laws of Form* (1969), S. 27.
26 Ebd., S. 70.
27 Siehe Italo Calvino, »Un segno nello spazio«, in: ders., *Le Cosmicomiche*, Torino: Einaudi 1965, S. 39-51 (dt. 1989).

fen wir nicht nur an die Räume denken, in denen Theorien formuliert werden. Und wir dürfen uns nicht nur Dimensionen vorstellen, die gerade eben noch anschaulich sind. Wir werden nicht darum herum kommen, uns unter die Verhältnisse zu mischen, wo sie zu finden sind, auch wenn das den vorliegenden Text und ihren Autor überfordert.

Die sechste Konsequenz, Erweiterung, ist ein gutes Beispiel, wenn auch nach wie vor im Raum der theoretischen Erkenntnis, für eine solche Möglichkeit, sich unter die Verhältnisse zu mischen. Von links nach rechts gelesen beschreibt diese Konsequenz die Operation der Kontraktion, der Verkürzung, von rechts nach links die Operation der Expansion, Ausdehnung:[28]

$$\overline{a \mid b} \; \overline{a \mid b} = a$$

Hier bekommen wir es überdies mit der Unterscheidung zwischen Teilung (division) und Spaltung, Trennung (cleavage, severance) zu tun.[29] Der Ausdruck auf der linken Seite enthält *eine* Form mit *zwei* Zuständen. Jede der beiden Zustände weist Teilungen auf, die, wie Spencer-Brown sagt, Unterscheidungen innerhalb eines Raums einführen, der andernfalls ununterschieden wäre. Dies verweist auf eine Eigenschaft des Kalküls, von der wir bislang keinen expliziten Gebrauch gemacht haben, die jedoch Niklas Luhmann wichtig war, nämlich auf die Möglichkeit, die Unterscheidung eines Beobachters als eine Unterscheidung zu sehen, die zusammen mit der Unterscheidung auch die Ununterschiedenheit des Raums betont. Luhmann sprach in diesem Zusammenhang von einer Unterscheidung, die die Welt »verletzt«. Dort, wo der Beobachter zweiter Ordnung die Verletzung erkennt, die der Beobachter erster Ordnung durch sein bloßes Operieren vornimmt, wird gleichzeitig ein Raum beobachtbar, der unverletzt wäre, wenn der Beobachter erster Ordnung dort nicht operieren

---

28 *Laws of Form* (1969), S. 27.
29 Vgl. ebd., S. 71.

würde. Das genau ist mit der Form der Unterscheidung gemeint. Sie macht auf Zustände aufmerksam, die dank der vorgenommenen Unterscheidung nicht mehr der Fall sind und zwar der Fall wären, aber nicht beobachtet werden könnten, wenn es die sie verletzende Unterscheidung nicht gäbe. Luhmann hat dies unter dem Stichwort der »unbeobachtbaren Welt« als Dilemma nicht zuletzt der künstlerischen Arbeit, die sich mit der Welt beschäftigen will, aber nur ihre eigenen Produkte zu sehen bekommt, beschrieben.[30]

Im Unterschied zu dieser Teilung, die dort Unterscheidungen einführt, wo in allen anderen Hinsichten Ununterschiedenheit herrscht, formt die Trennung oder Spaltung, so wieder Spencer-Brown, unterscheidbare Zustände, die damit auf verschiedene Ebenen hinweisen. Wir haben es bei der Konsequenz der Erweiterung demnach mit der Verkürzung zweier Zustände auf einen Zustand und in der Gegenrichtung mit der Expansion eines Zustands auf zwei Zustände zu tun. Die Gleichung wird gelöst, indem notiert wird, dass die beiden Zustände als einer reflektiert werden, und dann mittels der bereits eingeführten Schritte der Sammlung und Kürzung der Variablen gezeigt wird, dass die beiden Zustände auf der linken Seite der Gleichung der Variablen a auf der rechten Seite äquivalent sind. Die Variable b erweist sich bei der Kontraktion als redundant.

Die siebte Konsequenz, Staffelung, zeigt, wie man von rechts nach links eine Form machen und von links nach rechts brechen kann:[31]

$$\overline{\overline{a \mid b} \mid c} = \overline{ac \mid \overline{b} \mid c}$$

Wir haben Schwierigkeiten, für diese, die vorherige und die beiden abschließenden Konsequenzen Interpretationen zu finden,

---

30 Siehe Niklas Luhmann, »Weltkunst«, in: ders., Dirk Baecker und Frederick D. Bunsen, *Unbeobachtbare Welt. Über Kunst und Architektur*, Bielefeld: Haux 1990, S. 7-45.
31 *Laws of Form* (1969), S. 28.

da wir es hier mit mathematischen Überlegungen zu tun haben, von denen wir noch nicht wissen, ob wir sie in Überlegungen zur Struktur und Semantik von Kultur und Gesellschaft benötigen. Halten wir daher nur fest, dass eine Rangfolge der Variablen a, b und c, in der die Unterscheidung dieser Variablen in unterschiedlich tiefe Räume geordnet wird, aufgebrochen werden kann, indem durch Reflexion und Transposition zwei Zustände hergestellt werden, von denen der eine die Disjunktion von a und c markiert und negiert und der zweite die Konjunktion von b und c markiert und negiert. Zusammen genommen indiziert die Form auf der rechten Seite der Gleichung die Negation einer Disjunktion durch eine Konjunktion und damit die Implikation der Konjunktion durch die Disjunktion. Man ist versucht, den Titel dieser Konsequenz wörtlich zu nehmen, wozu Spencer-Brown auch immer wieder einlädt,[32] und als Hinweis darauf zu lesen, wie man eine Hierarchie herstellen kann. Eine wohlgeordnete Rangfolge einer Hierarchie, so lesen wir dann, kommt nur zustande, wenn Formen der Trennung und Formen der Kooperation miteinander kombiniert werden. Wir müssen es bei dieser Andeutung belassen, denn im luftleeren Raum mathematischer Konsequenzen gibt es keine testbaren empirischen Beispiele.

Das gilt auch die für achte und neunte Konsequenz, die modifizierte Transposition und die Kreuztransposition, die weitere Möglichkeiten der Sammlung und Verteilung von vier und mehr Variablen auf trennbare und wieder vereinbare Zustände demonstrieren:[33]

$$\overline{\overline{a \mid br \mid cr}} = \overline{a \mid b \mid c} \mid \overline{a \mid r}$$

$$\overline{\overline{\overline{b \mid r} \mid \overline{a \mid r} \mid \overline{x \mid r} \mid \overline{y \mid r}}} = \overline{r \mid ab \mid rxy}$$

---

32 Etwa ebd., S. 73 f.
33 Ebd., S. 28 f.

Man beachte, dass die Komplikationen dieser Ausdrücke nicht zuletzt auch daher rühren, dass hier Operationen des Zählens anhand von Trennungen und Operationen der Ordnung anhand von Teilungen ineinander überführt und auseinander entwickelt werden. Auch diese Möglichkeit können wir hier nur zur Kenntnis nehmen und nicht überprüfen. Immerhin jedoch verweist dies auf eine ebenso strukturelle wie semantische Abhängigkeit, dass sich nur zählen lässt, was bereits in irgendeine Reihenfolge geordnet ist, und nur ordnen lässt, was man vorher gezählt hat. Der Sinn dieser Einsicht liegt auch hier darin, darauf hinzuweisen, dass zum einen die Herstellung von Zusammenhängen wie denen der Zahl oder der Ordnung voraussetzt, dass man zuvor getrennt und geteilt hat, zum anderen jedoch nichts garantiert, dass sich die Teilung nicht als Trennung oder die Trennung als Teilung neu ordnet und zählt und man es so nach wie vor mit Unterscheidungen zu tun hat, die im Material der Beobachtungen erster Ordnung ein Spiel aufweisen, das den Beobachter zweiter Ordnung nur überraschen kann.

Dieses Kapitel der *Laws of Form* abschließend weist Spencer-Brown unter dem Titel »Klassifikation der Konsequenzen« darauf hin, dass diese Konsequenzen nicht eindeutig zu klassifizieren sind. Vielmehr käme es durch ihre Auflistung darauf an, gleichsam ein Gefühl dafür zu bekommen, welche Komplexität von Zuständen indiziert werden kann, wenn man Unterscheidungen, Trennungen und Ordnungen von Variablen betrachtet, deren Werte jeweils ungewiss im Hinblick auf ihre Reduzierbarkeit auf einen markierten oder einen unmarkierten Zustand sind. Deswegen unterscheidet Spencer-Brown hier wie bereits in Kapitel 3 auch noch einmal zwischen Crosses und Steps.[34] Crosses sind die Operationen von Beobachtern erster Ordnung, die Grenzen schaffen, also Unterscheidungen treffen, indem sie sie überschreiten. Steps hingegen sind die Errechnungen einer Form durch einen Beobachter zweiter Ordnung, der Reduktionen und Erweiterungen, Versammlungen und Verteilungen vornimmt, ohne

---

34 Siehe ebd., S. 30, und vgl. S. 7.

damit – es sei denn im Rahmen seiner eigenen Praxis – irgendwelche Grenzen zu überschreiten.

Ebenso konstant und robust wie die Unterscheidungen des Beobachters erster Ordnung ist offenbar die Unterscheidung zwischen Beobachtern erster und zweiter Ordnung. Ersterer trifft Unterscheidungen in ihrer Fassung als Crosses, Kreuzungen, letzterer bezeichnet Unterscheidungen in ihrer Fassung als Markers, Markierungen. Das wird uns bei Gleichungen zweiter Ordnung wieder begegnen.[35] Beobachter zweiter Ordnung können sich nur sicher sein, dass sie Beobachter erster Ordnung beobachten. Welche Zustände sie dabei beobachten, ob markierte oder nicht markierte, bleibt jedoch ebenso ungewiss wie ihre Versuche, diese Zustände zu errechnen, die dank der Abhängigkeit dieser Rechnungen von der Reihenfolge der Schritte unsicher sind.[36] Immerhin, so Spencer-Brown, lassen sich vielleicht nicht die Konsequenzen, aber doch die Ausdrücke selber klassifizieren, nämlich in integrale Ausdrücke des markierten Zustands und desintegrale Ausdrücke des unmarkierten Zustands. Und drittens gibt es folgerichtige (consequential) Ausdrücke, die auf Zustände hinweisen, die aus Zuständen unbekannter Bezeichnungen folgen,[37] wobei der Ausdruck der Folgerichtigkeit hier wiederum eher ironisch gemeint ist, insofern die Korrektheit der Konsequenz damit verwechselt werden kann, auf sicherem Boden zu stehen.

Wiedereintritt

Die *Laws of Form* von George Spencer-Brown handeln von einem Wissen von Beobachtern, das ebenso kreativ wie gebunden ist. Man kann Unterscheidungen jederzeit kreuzen oder sich damit bescheiden, sie zu markieren, landet damit jedoch in neuen Unterscheidungen, deren Möglichkeiten unklar sind. Der Sicherheit

---

35 Ebd., S. 53.
36 So wiederum ebd., S. 30.
37 Ebd.

jeder Praxis zumindest beim Vollzug einer Unterscheidung, die nicht sieht, was sie nicht sieht, entspricht die Unsicherheit einer theoretischen Betrachtung, obwohl und weil auch diese nur sieht, was sie sieht, und nur ahnt, was sie nicht sieht.

Der Kalkül, den Spencer-Brown entwickelt, verfährt selbst in der Manier jener Oszillation zwischen Markierung und Nichtmarkierung, von der er laufend handelt. So nähert sich der Kalkül seinem Höhepunkt und Abschluss, der Einführung von Gleichungen zweiter Ordnung in Kapitel 11, nicht ohne sich zuvor der Möglichkeiten vergewissert zu haben, Umstellungen von Variablen in beliebig tiefen Räumen vornehmen zu können, aus jedem Ausdruck einen äquivalenten Ausdruck mit nicht mehr als zwei Kreuzungen ableiten zu können, aus jedem Ausdruck einen äquivalenten Ausdruck ableiten zu können, in dem jede Variable nicht mehr als zweimal erscheint, innerhalb der Algebra auch arithmetisch rechnen zu können und es schließlich mit einer vollständigen und unabhängigen Algebra zu tun zu haben.[38] Wir wissen nicht, worauf wir uns verlassen können, aber darauf können wir uns verlassen.

Das Wissen der Beobachter, mit dem wir es in der Soziologie zu tun haben, ist ebenso wie in Spencer-Browns Kalkül immer schon ein Wissen, das sich selbst beobachtet. Hat man bisher dazu geneigt, dies für die theoretische Quelle allen Übels zu halten, so wird die Reflexivität des Wissens jetzt zum praktischen Fundament all unseres Handelns. Dieses Fundament wird paradoxerweise umso stabiler, je durchlöcherter es ist. Es hält nur, wenn es restlos verunsichert ist. Denn nur unter der Bedingung der Verunsicherung werden die Unterscheidungen beobachtbar, an die man sich dann noch halten kann. Nicht umsonst hat Spencer-Brown in den 1960er Jahren mit dem Psychiater Ronald D. Laing zusammengearbeitet.[39] An keiner Stelle hat sein Kalkül es

---

38 Siehe, der Reihe nach, ebd., S. 31 f., 33, 33 f., 35 ff., 41 ff. und 44.
39 Ronald D. Laing, *The Voice of Experience*, London: Allen Lane 1982 (dt. 1983), nennt Spencer-Brown in einer Liste am Ende des Buches unter den weiterführenden Autoren.

nur mit scheinbar technischen Lösungen abstrakt mathematischer Problemstellungen zu tun. Auch darauf macht die Lektüre von Schönwälder-Kuntze, Wille und Hölscher immer wieder aufmerksam. Überall geht es um Knoten, die neben ihren mathematischen auch materielle, psychologische und soziologische Eigenschaften aufweisen. Der Text des Kalküls behandelt laufend das Problem des Wissens von Beobachtern, das als dieses Wissen nur auf einer Metaebene festgehalten werden kann, obwohl es als dieses Wissen, alle Verschiebungen, Verkennungen und Verkürzungen, aber auch Erweiterungen, Offenbarungen und Wiederholungen in Rechnung gestellt, doch zugleich den Beobachter reproduziert, gehe es nun um sein Leben, sein Bewusstsein oder seine Kommunikation. Im jeweils nächsten Schritt entdeckt man eine Aussage auf der Metaebene als Vollzug einer primären Operation.

Deswegen sind auch die Überlegungen Spencer-Browns zum Übergang von der primären Arithmetik zur primären Algebra höchst aufschlussreich. Sie behandeln nichts Geringeres als die Frage, wie verlässlich jeweils der Rückschluss von der Algebra auf die Arithmetik ist, wenn innerhalb der Algebra ihrerseits arithmetisch gerechnet wird. Oder anders: Sie behandeln die Frage, wie man mit ungewissen, entweder markierten oder nichtmarkierten Werten, wie sie als Variablen der Algebra notiert werden, dennoch rechnen kann. Die Antwort auf diese Frage legt ein weiteres Mal die grundlegende Eigenschaft der Form der Unterscheidung, nämlich die Beobachtung der Unterscheidung als Zusammenhang, offen. Variablen können gerade dann, wenn ihre Werte ungewiss sind, errechnet werden, indem man versucht, ihre Unabhängigkeit voneinander im Kontext ihrer Abhängigkeit in den Blick zu nehmen. Variablen nehmen genau die Werte an, die sie im Rahmen ihrer Form, das heißt ihrer Unterscheidung von den Werten anderer Variablen annehmen können. Nichts anderes bezeichnet die Form der Unterscheidung. Im Zuge späterer Kommentare zu seinem Kalkül in den verschiedenen Vorworten zu den jeweiligen Neuauflagen der *Laws of Form* wird für Spencer-Brown daher das buddhistische Theorem der konditionierten

Koproduktion immer wichtiger.[40] Kein Wert einer Variable kann außerhalb der Form ihrer Unterscheidung bestimmt werden.

Das Brückentheorem im Kapitel 8 der *Laws of Form* formuliert daher,[41] dass die bereits eingeführten »folgerichtigen« Variablen, *v*, immerhin insofern bestimmt sind, als sie nur zwischen dem markierten und dem unmarkierten Zustand, den Grenzen ihres Wertes, oszillieren können.[42] Diese Oszillation ist jedoch von den Werten abhängig, die benachbarte Variablen annehmen. Dafür gibt es wiederum nur zwei Möglichkeiten. Die benachbarten Variablen können entweder den markierten oder den unmarkierten Zustand bezeichnen. Bezeichnen sie den unmarkierten Zustand, kann sich die Oszillation von *v* übertragen. In diesem Fall heißt der Raum, in dem dies geschieht, transparent; und der Wert der Grenze variiert. Bezeichnen sie den markierten Zustand, kann nichts übertragen werden. Der Raum, in dem dies geschieht, heißt in diesem Fall opak. Insofern als die Oszillation von *v* übertragen wird, wird auch der Wechsel zwischen Transparenz und Opazität übertragen, so dass weitere Abhängigkeiten zu anderen Variablen im Raum der Form der Unterscheidung aufgerufen und produziert werden. Das Prinzip der Transmission, das Spencer-Brown anschließend formuliert und beweist,[43] hält daher fest, dass der Raum außerhalb einer oszillierenden Variablen entweder transparent oder opak ist. Wir können demnach damit rechnen, dass grundsätzlich gilt, dass die unbestimmten Werte zweier Variablen innerhalb einer Form ihre jeweiligen Werte entweder übertragen oder nicht. Das heißt, ein weiteres Mal reduziert sich eine prinzipielle Ungewissheit auf die Alternative von nur zwei Möglichkeiten in einem allerdings mehrwertigen und ab jetzt vielfach oszillierenden Raum.

Jede Reduktion führt eine neue Komplexität ein. Und jede Lösung ruft Eigenschaften auf, die längst Gegenstand einer implizi-

---

40 Siehe G. Spencer-Brown, *Laws of Form*, Portland, OR: Cognizer Co. 1994, S. ix; und a. a. O. (1969), S. xviii und ixf.
41 *Laws of Form* (1969), S. 39.
42 Ebd., S. 30.
43 Ebd., S. 39 f.

ten Annahme waren. Man kommt deswegen bei der Lektüre des Buches über die Laws of Form nicht darum herum, immer wieder zurückzublättern, neu anzusetzen, mehrfach zu lesen und das Buch immer wieder einmal in den hintersten Winkel eines Bücherregals zu verbannen. Es ist dabei nicht uninteressant, dass man lange Zeit die besten Chancen hatte, das Buch antiquarisch zu erwerben: Offenbar war das Bedürfnis vieler Leser, sich von diesem Buch, das dank seiner Rezension durch Heinz von Foerster im *Whole Earth Catalog* 1969 die höchsten Erwartungen geweckt hatte und gut verkauft worden war,[44] auch wieder zu trennen, mindestens so groß wie das Bedürfnis, es anderen Lesern zur Verfügung zu stellen. Um die paar Pfund, Dollar, DM oder Euro, die man damit verdienen konnte, wird es ja wohl nicht gegangen sein.

Die beiden Beweise der Vollständigkeit und der Unabhängigkeit formulieren die Unterscheidung der primären Arithmetik und primären Algebra als die Form ihres Zusammenhangs. Vollständig ist die primäre Algebra dann, wenn jedes Theorem, das über die primäre Arithmetik bewiesen werden kann, auch als Konsequenz der primären Algebra demonstriert werden kann.[45] Und unabhängig sind die Initialen der primären Algebra dann, wenn weder die eine noch die andere als Konsequenz der jeweils anderen abgeleitet werden kann.[46] Spencer-Brown scheut keine Mühe, zusammenzuführen, was getrennt ist, und auseinanderfallen zu lassen, was zusammen gehört. In dieser doppelten Bewegung bewegt sich sein Kalkül.

Halten wir fest, was wir festhalten können: Auf der Ebene des sicheren Rechnens, der Arithmetik, haben wir es mit Konstanten zu tun, die wir gemäß eines Hinweises von Spencer-Brown auf einer Konferenz im Esalen Institute 1973 mit individuellen Beobachtern identifizieren:[47] »Dies ist die Differenz zwischen einer Al-

---

44 Siehe Heinz von Foerster, »Die Gesetze der Form«, in: Baecker (Hrsg.), *Kalkül der Form*, S. 9-11.
45 *Laws of Form* (1969), S. 41.
46 Ebd., S. 44.
47 So auf der Session 2 der American University of Masters Conference, Esa-

gebra und einer Arithmetik. In der Algebra geht es um Variablen; sie ist die Wissenschaft von den Beziehungen zwischen Variablen. Sie ist eine Wissenschaft der Beziehungen zwischen den Variablen, wenn man nicht daran interessiert ist oder sich nicht darum kümmert, für welche Konstanten sie stehen könnten. [...] Die Arithmetik ist eine Wissenschaft der Relationen zwischen Konstanten. [...] Die Theorie der Zahlen ist arithmetisch, hier geht es um eine geläufige Arithmetik. Die Theorie der Zahlen [...] ist die Wissenschaft von der Individualität der Zahlen. Ein Zahlentheoretiker kennt jede Zahl in ihrer Individualität. Er kennt die Beziehungen, in denen sie stehen kann und so weiter, jeweils als Individuum, als Konstante. Ein Algebraiker ist an der Individualität der Zahlen nicht interessiert; ihn interessiert die Allgemeingültigkeit der Zahlen. Er interessiert sich mehr für die Soziologie der Zahlen, die unabhängig von individuellen Zahlen zur Geltung kommt; er hat eine Regel aufgestellt, gemäß der diese Leute hierhin und dorthin gehen und so weiter; an den Individuen ist er nicht interessiert.« Dies ist sicherlich nicht die einzige Möglichkeit, die wir haben. Wir optieren hier, wenn man so will, idealistisch, indem wir als unbezweifelbar nur die Subjektivität des Ichs, das eine Beobachtung anstellt, setzen. Wir könnten auch versuchen, materialistisch zu optieren, und als konstant nur die Beobachtung zu akzeptieren, die auf beobachtbare Zustände referiert werden kann. Aber wir hätten dann das Problem, für diese Referenz einen Beobachter angeben zu müssen, und wären damit zurückverwiesen auf die idealistische Option. Deswegen halten wir es mit Karl Marx, dessen Kombination von historischer Analyse mit revolutionären Erwartungen es ihm ermöglicht, die idealistische und die materialistische Position sowohl auseinanderzuhalten als auch zusammen zu reflektieren.[48] Wir ersetzen

---

len Institute, Big Sur, CA, March 19.-20.1973, ⟨http://www.lawsofform.org/aum/session2.html⟩, Übers. DB.
48 Es fiele nicht schwer, die Materie, auf die Karl Marx und Friedrich Engels, »Die Deutsche Ideologie« (1845/46), in: *Werke*, Bd. 3, Berlin: Dietz 1958, rekurrieren, um die »Kopfgeburten« des Idealismus zu korrigieren, selbst als »Idee« im Sinne sowohl der kantschen Kritik der Vernunft als auch der

die revolutionären Erwartungen durch die Bezeichnung unmarkierter Zustände und erreichen so, dass der Beobachter sich durch seine eigenen Beobachtungen gezwungen sieht, sowohl auf sich und seine Entscheidungen als auch auf die Praxis, in der er sich bewegt, zu reflektieren.

Und wir halten fest, dass wir es auf der Ebene der ungewissen Variablen, der Algebra, immerhin mit dem robusten Unterschied zwischen Beobachtern erster Ordnung, die Grenzen kreuzen, und Beobachtern zweiter Ordnung, die Unterscheidungen markieren, zu tun haben. Wir können immer davon ausgehen, dass etwas geschieht, auch wenn wir in jedem einzelnen Fall ebenso wie insgesamt nicht wissen, ob es nicht vielmehr nichts ist. Die Lösung des Problems jeder einzelnen Unsicherheit wie auch der Unsicherheit insgesamt besteht, worauf Norbert Wiener aufmerksam gemacht hat,[49] in der Selektion einer Sequenz von Kontingenzen, in der man sich wie immer vorläufig bewegen kann. Wenn man allerdings wissen will, wer sich da bewegt, ist man in jedem einzelnen Fall auf die sich selbst evidente Subjektivität eines Beobachters angewiesen, der andere Beobachter beobachten oder sich selbst als Beobachter beobachten muss, um herauszufinden, dass seine Konstanz auf der Ebene ihrer Markierung eine Variable ist. Es bleibt beim von Fichte aufgeworfenen Problem: Das Subjekt ist und ist nicht ein Element der Reihe, die es betrachtet.[50] Das

---

hegelschen Dialektik zu verstehen, die sich daran bewährt, das Besondere der Arbeit in den Kontext des Allgemeinen der gesellschaftlichen Produktionsverhältnisse zu rücken. Siehe zur Abhängigkeit der materialistischen Einsätze der marxschen Analyse von philosophischen und politischen Rahmungen auch in aller Kürze Maurice Blanchot, »Les trois paroles de Marx«, in: ders., *L'Amitié*, Paris: Gallimard 1971, S. 115-117.

49 Siehe Norbert Wiener, *Cybernetics, or Control and Communication in the Animal and the Machine* (1948), 2. Aufl., Cambridge, MA: MIT Press 1961, S. 10.

50 Siehe Johann Gottlieb Fichte, *Grundlage der gesamten Wissenschaftslehre als Handschrift für seine Zuhörer* (1794), Hamburg: Meiner 1970, S. 20; und vgl. Immanuel Kant, *Kritik der reinen Vernunft* (1781/87), in: *Werke*, Bde. III-IV, hrsg. von Wilhelm Weischedel, Frankfurt am Main: Suhrkamp 1968, B 441. Daraus bezieht auch der Satz von Friedrich Schleiermacher, »Versuch einer Theorie des geselligen Betragens« (1798/99), in: ders.,

in diesem (vorherigen) Satz verwendete Und ist die Konstante, auf die wir uns verlassen. Alles andere betrachten wir unter der Vermeidung von Existenzaussagen als variabel.

Mit diesem sicheren Wissen um Konstanten und Variablen folgen wir nun Spencer-Brown in sein größtes Experiment, die Reduktion von endlichen auf unendliche Ausdrücke und damit die Ableitung von Konstanten und Variablen aus sich selbst. Man denke, obwohl sie von Spencer-Brown nicht erwähnt wird, an die Turing-Maschine, die unter Bedingungen einfacher (Lesen, Löschen, Schreiben, Weiterrücken), aber unendlicher Operationen alles errechnen kann, was sich errechnen lässt. Die robuste Unterscheidung zwischen Beobachtern erster Ordnung, Crosses, und Beobachtern zweiter Ordnung, Markers, wird in Gleichungen zweiter Ordnung in sich gespiegelt und als dritter, imaginärer Wert innerhalb der Form der Unterscheidung neu verankert. Die Pointe dieses Experiments liegt technisch in der Einführung von Selbstreferenz, Paradoxie und Zeit, inhaltlich jedoch darin, dass man als Leser des Kalküls wieder an dessen Anfang zurückgeführt wird und einsieht, dass man selbst einer jener Beobachter ist, die mit ihren Unterscheidungen identisch sind, wie Spencer-Brown es im letzten Kapitel des Kalküls noch einmal explizit vorführt und ausspricht.[51]

Der entscheidende Dreh lag von Anfang an beziehungsweise spätestens mit dem Law of Calling auf der Hand. Jede einzelne Bezeichnung-und-Unterscheidung ist äquivalent der Wiederholung dieser Bezeichnung-und-Unterscheidung.[52] Diese Wiederholung ist damit mindestens ebenso informativ wie die Bezeichnung und die Unterscheidung selbst, obwohl gerade die Wiederholung ungewiss werden lässt, was da eigentlich wiederholt wird. Sie ge-

---

Texte zur Pädagogik. Kommentierte Studienausgabe, Bd. 1, hrsg. von Michael Winkler, Jens Brachmann, Frankfurt am Main: Suhrkamp 2000, S. 15-35, hier: S. 25: »Niemand scheue sein Element«, seine Brisanz. Dieses Element ist nur insofern gegeben, als es nicht gegeben, sondern immer neu zu suchen und zu finden ist.
51 *Laws of Form* (1969), S. 57 ff., Zitat: S. 63.
52 Ebd., S. 2.

winnt als Wiederholung eine eigene Wirklichkeit, die mit der wiederholten Wirklichkeit nicht identisch sein muss, aber verwechselt werden kann. Ebendiese Komplikation schließt das Law of Calling aus, indem es als identisch setzt, was nicht identisch ist. Der Rest des Kalküls korrigiert den Fehler zugunsten der Einsicht, dass er unvermeidbar ist, und reformuliert das Negativum dieses Fehlers als Positivität eines mitlaufenden nichtmarkierten Zustands, einer Leere, eines Nichts. Dieses Nichts ist jedoch keine metaphysische, sondern eine physikalische, nämlich elektrotechnische Größe. Sie erlaubt den Switch, das Auswechseln einer Unterscheidung. Sie wird auf der Ebene von Gleichungen zweiter Ordnung zusammen mit der Selbstreferenz jeder Unterscheidung zum Thema. Von ihr her erklären sich die beschriebenen Konsequenzen der Algebra.

Denn wenn jeder Ausdruck einer Form der Wiederholung dieses Ausdrucks äquivalent ist, für die Anzahl der Wiederholungen kein Ende abzusehen ist und die Wiederholung durch Iteration, Reflexion, Transposition, Okkultation und erneute Reflexion Schritt für Schritt aus einer Trennung und Zählung in eine Unterscheidung und Ordnung der wiederholten Zustände umgewandelt werden kann,[53] dann werden die wiederholten Zustände zu den in der Form des Ausdrucks bezeichneten und zugleich gemachten Zuständen.

Sprechakttheoretisch würde man sagen, dass die Wiederholung aus der konstatierenden eine performative Aussage macht, wobei wir es hier entsprechend der Lektüre der Sprechakttheorie John L. Austins durch Jacques Derrida mit der Einsicht zu tun bekommen,[54] dass wir es dann, wenn der Unterschied zwischen konstatierenden und performativen Aussagen einmal getroffen ist, nur noch mit performativen Aussagen zu tun haben. Die Aussage »Dies ist ein Tisch« ist unabhängig vom Vollzug der Aussage nicht zu validieren. Davon handelt der Kalkül Spencer-Browns,

---

53 Ebd., S. 45 f.
54 Siehe J. L. Austin, *How to Do Things with Words*, London: Oxford UP 1962 (dt. 2002); und Jacques Derrida, *Glas*, Paris: Galilée 1974.

und davon handelt seither jede konstruktivistische Erkenntnistheorie.

Das Reentry der Unterscheidung in die Unterscheidung erschließt uns die Analyseebene, auf die wir mit unserem Versuch einer Kulturtheorie der Gesellschaft angewiesen sind. Wir haben es mit Beobachtern zu tun, die Beobachter beobachten und durch die Kreuzung, Markierung, Wiederholung, Verkürzung, Erweiterung, Verbergung, Aufdeckung, Generierung, Iteration, Ordnung, Zählung und erneute Umstellung von Unterscheidungen sich als diejenigen bestimmen und bestimmbar machen, die sich untereinander im Medium ihres Wissens in eine Position zueinander bringen. Einer der Haupteinsätze in diesem Spiel ist der Versuch der Brechung von symmetrischen durch asymmetrische Positionen, in denen die einen die anderen, aber letztere nicht erstere beobachten, doch ist keine Asymmetrie davor gefeit, nicht im nächsten Schritt wieder resymmetrisiert zu werden. Zu jedem denkbaren Zeitpunkt kann eine Ordnung in eine Zählung und eine Zählung wieder in eine Ordnung kippen.

Spencer-Brown nutzt seinen Dreh der Wiederholung der Form in die Form dazu, die Unbestimmtheit zu formulieren, die das eigentliche Thema des Kalküls ist.[55] Diese Unbestimmtheit ist nicht identisch mit der Ungewissheit jeder einzelnen Variable. Letztere kann man dadurch auflösen, dass man die Variable durch welche Beobachtung auch immer entweder auf den markierten oder unmarkierten Zustand zurückführt. Die Unbestimmtheit einer Reentry-Gleichung hingegen resultiert daraus, dass man sie ohne die Möglichkeit einer Entscheidung sowohl auf den markierten als auch auf den unmarkierten Zustand zurückrechnen kann. Sie hat zwei Lösungen, die einander als markierter und unmarkierter Zustand entgegengesetzt sind, in dieser Oszillation, in diesem Paradox allerdings zugleich einen neuen stabilen Zustand definieren. Dieser neue Zustand entzieht sich einer arithmetischen Berechnung, »da der Abstecher in die Unendlichkeit, den wir unternommen haben, um jene hervorzubringen [›jene‹, nämlich

---

55 *Laws of Form* (1969), S. 47; *Gesetze der Form* (1997), S. 50.

die Unendlichkeit, DB], uns unseren früheren Zugang zum vollständigen Wissen, wo wir uns in der Form befinden, verwehrt«.[56] Umso wichtiger ist es, so Spencer-Brown, sich daran zu erinnern, wie wir in diesen Zustand gelangt sind, denn die unendliche Sequenz der Zustände ändert nichts daran, dass jede einzelne Sequenz und jeder einzelne Zustand herausgelöst und um den Preis des Mitlaufens einer unmarkierten Außenseite der Form arithmetisch und algebraisch untersucht werden kann.

Zunächst einmal jedoch geht es um den neuen, paradox oszillierenden Zustand. Spencer-Brown nennt ihn den imaginären Zustand. Dieser Zustand ist ein Zustand der Form auf der Ebene ihres Wiedereintritts in sich selbst, muss also auch innerhalb der Form bezeichnet werden können, wenn der Kalkül tatsächlich vollständig und unabhängig sein soll.

Aber wie bezeichnet man einen imaginären Zustand, der weder mit dem markierten noch mit dem nichtmarkierten Zustand identisch ist, sondern zwischen beiden oszilliert? Spencer-Brown kann hier nur eine Lösung erfinden, oder besser: ausprobieren. Wieder muss er sich dabei auf ein gewisses Gespür verlassen, oder auch: den Mut zu einem Sprung haben, um auf eine Lösung stoßen zu können, die sich nur anschließend bewähren und als eine Lösung herausstellen kann, auf die man sich implizit bereits vorher verlassen hatte. Denn wir rechnen ja bereits mit Formen, so zumindest die Hypothese, die Spencer-Brown mit seinen Laws of Form aufstellt und der wir hier im Rahmen einer Wissenssoziologie dieser Formen folgen. Die Form wird als eine Denkfigur verstanden, die man erforschen kann, um ihren eigenen Voraussetzungen auf die Spur zu kommen. Deswegen haben diese Überlegungen die Form eines Kalküls. Die Form muss mit angebbaren Schritten aus sich selbst heraus entwickelt werden können und in sich hinein verwickelt werden können, doch sind diese angebbaren Schritte nicht die der Deduktion und Induktion, sondern, mit Charles Sanders Peirce gesprochen, der Abduktion.[57] Sie müs-

---

56 Ebd., S. 47f.
57 In: Charles Sanders Peirce, »Aus den Pragmatismus-Vorlesungen« (1903),

sen die Unterscheidungen ihrerseits kreuzen, mit Leerstellen arbeiten, neue Unterscheidungen treffen und sie in den Raum der Unterscheidung einführen. Das geht nur kreativ, muss sich allerdings mit jedem Sprung darauf verlassen, anschließend überprüfen und nachweisen zu können, welchen Möglichkeitsbedingungen der Sprung genügte. Man kann nicht springen und dies bereits für eine Leistung halten, denn damit würde man das Problem an einen Beobachter weiterreichen, der sich nun seinerseits dafür interessieren kann, den Voraussetzungen des Sprungs auf die Spur zu kommen, oder auch nicht.

Tatsächlich ist dies der Modus der Kreativität in Kultur und Gesellschaft. Man lässt die einen etwas ausprobieren und die anderen daraus ihre Schlüsse ziehen. Doch spätestens in der Kunst und in der Mathematik lässt man sich auf verteilte Spiele dieser Art nicht ein. Künstler und Mathematiker versuchen, im Medium ihrer Kunst und ihrer Mathematik ihren Voraussetzungen auf die Spur zu kommen, während sie sie Schritt für Schritt und hier und dort mit einem Sprung erweitern. Darin liegt die Faszination der Künste und der Mathematik für die, die sie betreiben, und für die, die ihnen dabei zuschauen. Das wirft jedoch umgekehrt auch ein Licht auf die Spiele der Familie, Organisation, Politik, Wirtschaft, Erziehung, Religion und auch der Fachwissenschaften, die sich allesamt im stärkeren Maße als Kunst und Mathematik immer auch auf Ressourcen, Voraussetzungen und Konsequenzen außerhalb des eigenen Spiels (und damit immer noch innerhalb der Form ihrer Spiele) verlassen, so sehr deren Verwaltung inklusive aller Entscheidungen über Übernahme oder Ablehnung und inklusive aller möglicherweise fatalen Modalitäten der Fehlerkorrektur dann auch wieder in die eigene Regie genommen wird.

Wie also bezeichnen wir den imaginären Zustand? Spencer-Brown springt – und landet in der Zeit. »Nachdem wir, wenn wir es vermeiden können, die Form nicht verlassen wollen, be-

---

in: ders., *Schriften zum Pragmatismus und Pragmatizismus*, hrsg. Karl-Otto Apel, Frankfurt am Main: Suhrkamp 1991, S. 337-426, hier: S. 393 ff.

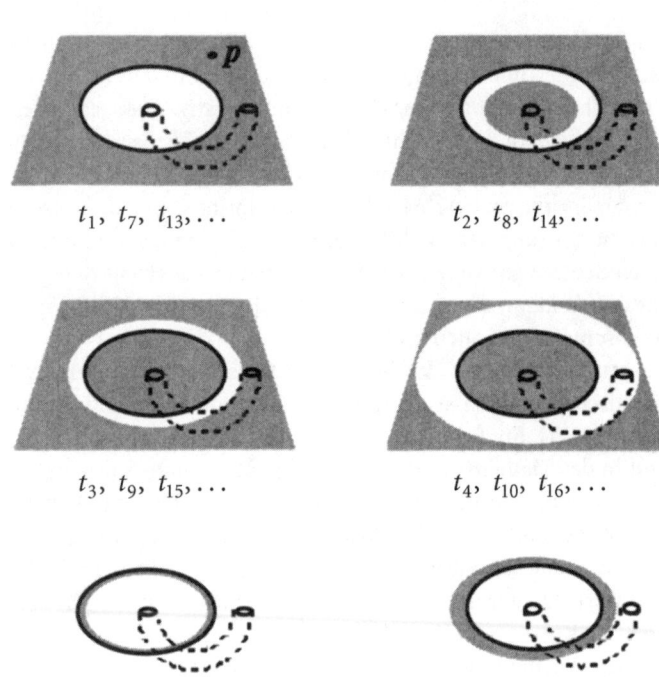

Abb. 1.1: *Zerstörung einer Unterscheidung durch einen Tunnel unter ihrer Fläche*

findet sich der Zustand, den wir ins Auge fassen, nicht im Raum, sondern in der Zeit.«[58] Aber was heißt das? Der Terminus Zeit wurde bisher nicht definiert, aber wenn der Kalkül seinem Anspruch gerecht werden will, kann Zeit nur aus Annahmen abgeleitet werden, die bisher bereits implizit, jedoch nicht explizit getroffen wurden. Spencer-Brown veranschaulicht seine Überlegung mit einem Bild (Abb. 1.1).[59]

Tatsächlich ist dies das erste Bild im Text des Kalküls, dem

---

58 *Laws of Form* (1969), S. 48; *Gesetze der Form* (1997), S. 51.
59 Ebd., S. 49.

drei weitere folgen, die ebenfalls Oszillationen veranschaulichen.[60] In Abbildung 1 sieht man (aber was heißt hier »sehen« und wer ist »man«?) eine untertunnelte Fläche, in der ein Kreis eine Grenze mit zwei Seiten derart markiert, dass ein Punkt, *p*, von der einen Seite nicht auf die andere Seite gelangen kann, ohne die Grenze zu kreuzen.[61] Dieser Punkt befindet sich zu einem Zeitpunkt t_1 im markierten Zustand und gerät dann ins Oszillieren, indem er die Unterscheidung zerstört, wie Spencer-Brown formuliert, das heißt, indem er jene Übertragungen seines unbestimmten Werts in Gang setzt, von denen wir bereits gehört haben. Der Ausdruck »Zerstörung« ist hierbei wiederum interpretationsbedürftig, denn die Grenze zwischen dem markierten und dem unmarkierten Zustand bleibt bestehen, wenn der Punkt den Tunnel nutzt, um von der einen auf die andere Seite zu gelangen. Das eigentliche Thema der Beobachtung ist hier also weder das Treffen noch die Aufhebung einer Unterscheidung, sondern ihre Zerstörung im Hinblick auf die Unterscheidbarkeit der Werte auf ihren beiden Seiten. Zum Zeitpunkt t_2 überträgt sich die Markierung, *m*, auf den unmarkierten Zustand, wodurch zu den Zeitpunkten t_3 und t_4 der zuvor markierte Zustand im Unterschied zum jetzt markierten Zustand seine Markierung verliert und zu den Zeitpunkten t_5 und t_6 die Grenze zwischen den beiden Zuständen neu in den Blick genommen werden muss, um zum Zeitpunkt t_7 den Ausgangszustand zu erreichen und den Zyklus von dort aus neu starten zu können. Sicherlich gibt es elektrotechnisch, mathematisch oder logisch auch noch wichtige Unterschiede zwischen den Zeitpunkten t_3 und t_4 sowie zwischen t_5 und t_6, die wir hier jeweils zusammengefasst haben, mir genügt es jedoch, für meine Zwecke und im Rahmen meines begrenzten Verständnisses der einschlägigen Vorgänge von einer Oszillation

---

60 Ebd., S. 50 und 52.
61 Vgl. die Formulierung *Gesetze der Form* (1997), S. 1: »[...] eine Unterscheidung wird getroffen, indem eine Grenze mit getrennten Seiten so angeordnet wird, daß ein Punkt auf der eine Seite die andere Seite nicht erreichen kann, ohne die Grenze zu kreuzen. Zum Beispiel trifft ein Kreis in einem ebenen Raum eine Unterscheidung.«

auszugehen, die nicht nur die beiden Werte, zwischen denen eine Variable oszilliert, betrifft, sondern damit auch die Variable selber in eine Schwingung versetzt, was immer das heißen mag. Immerhin muss eine Oszillation unterscheidungstechnisch ja nicht nur durch die beiden Zustände, zwischen denen die Oszillation stattfindet, bestimmt werden, sondern auch durch die Fähigkeit der Variablen, den Switch vorzunehmen, wofür gemäß dem Prinzip der Transmission wiederum die Nachbarschaft der Variablen im Raum ihrer Unterscheidung verantwortlich gemacht werden muss.

Die Zerstörung der Unterscheidung durch den Tunnel ist jedoch nur ein Bild. Worauf es ankommt, ist die Veranschaulichung der Sequenz einer Übertragung von Werten, vermutlich ohne damit in Anspruch zu nehmen, die Sequenz von sechs Zeitpunkten in irgendeiner Hinsicht festschreiben zu wollen. Worauf es ankommt, ist der Gewinn eines Verständnisses von Zeit. Niklas Luhmann hat unterstrichen, dass die Oszillation darauf hinweist, dass das Treffen einer Unterscheidung Zeit verbraucht und mit diesem Verbrauch von Zeit diese Zeit allererst konstituiert.[62] Der Tunnel, der die Unterscheidung unterminiert, wie Spencer-Brown sagt,[63] weil er ihre Seiten miteinander verknüpft, ohne von der einen auf die andere Seite zu kreuzen, lädt dazu ein, die beiden Seiten im Zusammenhang und zugleich als unterschieden zu sehen (das heißt: als Form) und deswegen in der Form nach einer Form zu suchen, die beides zugleich ermöglicht. Diese Form ist die Zeit, weil Zeit zum einen vergeht, wenn eine Unterscheidung gekreuzt wird – man kann den einen Zustand nur nach dem anderen Zustand erreichen –, zum anderen jedoch die Zeit als Zusammenhang der getrennten Momente ihrerseits bezeichnet werden muss, wenn man sehen können will, dass man den einen Zustand nur erreichen kann, wenn man zuvor im anderen gewesen ist.

Der Tunnel ist der Ort, in dem man der Zeit als eines eigenen,

---

62 So Luhmann, *Die Paradoxie der Form*.
63 *Laws of Form* (1969), S. 50.

eben imaginären Zustands gewahr wird, in dem noch nicht ist, was wird, nicht mehr ist, was war, und dennoch genau das ist, was ist. Hegel sprach in der Wissenschaft der Logik von einer Idealität, die Übergang sei:[64] Übergang von einer Unendlichkeit in eine Endlichkeit, die als doppelte Negation von Sein und Dasein nur als Fürsichsein gefasst werden könne. Wenn wir das Sein als unmarkierten, aber mitlaufenden Zustand, das Dasein als markierten, jedoch sich selbst zugunsten der Form, in der es steht, negierenden Zustand deuten, dann ist das Fürsichsein in der Tat als die sich entdeckende Subjektivität des eine Unterscheidung treffenden Beobachters zu lesen, womit einmal mehr die Nähe von höchst unterschiedlichen Versuchen, unsere gängige Logik mit einer Reflexion auf ihre Voraussetzungen zu unterfangen, aufgewiesen wäre. Aber darauf kommt es uns hier nicht an. Wichtig ist der Hinweis auf den imaginären oder idealen Zustand, der zwar eingenommen werden kann, wie sowohl Hegel als auch Spencer-Brown zeigen, doch eben kein Zustand ist, der unabhängig von einem Bezug auf andere Zustände in der Form, in Sein und Dasein, gedacht werden könnte. Darauf wird es Spencer-Brown und uns in der Folge ankommen: Der imaginäre Zustand ermöglicht, erzwingt jedoch auch Entscheidungen. Man kann nicht in der Zeit als solcher verharren.

Wir mögen demnach konzeptionell einen großen Schritt getan haben, indem wir die Zeit eingeführt haben; in der Form jedoch haben wir nur einen kleinen Schritt gemacht: Wir haben sie untertunnelt. Der kleine Schritt kann den großen Schritt nun allerdings darüber informieren, dass *die* Zeit nichts anderes *ist* als der Moment der Beobachtung einer Oszillation im Hinblick auf die Sequenz der von dieser Oszillation realisierten Werte und den jeweiligen Wechsel, Switch, Übergang in der oszillierenden Variable. Wollen wir mehr über die Zeit wissen, müssen wir fragen, welche Beobachter hier mit welchen Unterscheidungen unterwegs

---

64 Siehe Georg Wilhelm Friedrich Hegel, *Wissenschaft der Logik. Die Lehre vom Sein* (1832), neu hrsg. von Hans-Jürgen Gawoll, eingel. von Friedrich Hogemann, Walter Jaeschke, Hamburg: Meiner 1990, S. 151.

sind. Niklas Luhmann hat gezeigt, was Emile Durkheim bereits postuliert hat, dass man nichts Geringeres als die Sozialstruktur einer Gesellschaft in den Blick nehmen muss, um die Semantik zu verstehen, die sie im Hinblick auf ihr Zählen und Ordnen von Zeit, von Vorher und Nachher, von Ewigkeit und Flüchtigkeit, von Vergangenheit, Gegenwart und Zukunft jeweils in Anspruch nimmt, um die Orte zu bezeichnen, von denen aus in vielfacher Verschränkung Entscheidungen für Unterscheidungen möglich sind.[65]

Zeit wird damit zu einem endogenen Faktor der Form der Unterscheidung, wie bereits der Raum nur als ein solcher endogener Faktor zu denken ist. Exogene Faktoren gibt es so oder so nur als Hinweise von Beobachtern, die mit diesen Hinweisen innerhalb ihrer Formen Benennungen und Übertragungen vornehmen sowie Transparenz und Opazität herzustellen versuchen. Als dieser endogene, aus der Form für die Form entwickelte Faktor kann die Zeit nun weiter qualifiziert werden. Spencer-Brown spricht zunächst von der Frequenz einer Oszillation, die entweder von der Länge des Tunnels (bei konstanter Geschwindigkeit) oder der Geschwindigkeit der Übertragung (bei konstanter Länge) abhängig ist[66] und möglicherweise so etwas wie den strukturellen Reichtum, aber auch die mögliche Überforderung andeutet, mit der eine in sich selbst wiedereintretende Form sich, das heißt ihren Beobachter, konfrontieren kann. Zugleich kann man versuchen, die Länge des Tunnels oder die Geschwindigkeit der Übertragung zu variieren, um diesen Reichtum und diese Überforderung zu modifizieren. So könnte man sich vorstellen, dass die aktuelle

---

65 Siehe Niklas Luhmann, *Gesellschaftsstruktur und Semantik. Studien zur Wissenssoziologie der modernen Gesellschaft*, 4 Bde., Frankfurt am Main: Suhrkamp 1980-1995; Emile Durkheim, *Les formes élémentaires de la vie religieuse*, Paris: Alcan 1912, »Introduction. Objet de la recherche. Sociologie religieuse et théorie de la connaissance«; und vgl. den Hinweis auf diese Stelle bei Theodor W. Adorno, »Philosophie und Soziologie« (1960), hrsg. von Dirk Braunstein, in: ders., *Nachgelassene Schriften*, Abt. IV, Bd. 6, Frankfurt am Main: Suhrkamp 2011, S. 98 f.
66 Siehe wiederum *Laws of Form* (1969), S. 49.

gesellschaftliche Situation auf einem Höhepunkt der weltweiten Schuldenkrise des Kapitalismus unter anderem dadurch gekennzeichnet ist, dass die Politik den Tunnel zu verlängern versucht, während die Geld- und Kapitalmärkte die Geschwindigkeit der Übertragung erhöhen. Und die Geschäftsbanken stecken mitten drin und leugnen, dass sie mit dem Bau des Tunnels irgendetwas zu tun haben. Schönwälder-Kuntze, Witte und Hölscher machen überdies darauf aufmerksam, dass die Länge des Tunnels ihrerseits eine endogene Variable der Form ist, weil sie von der Anzahl der unterwanderten Crosses und der Tiefe des Raumes, die dabei unterminiert werden muss, abhängig ist.[67]

Eine zweite Qualifizierung der Zeit liefert das Stichwort der Schnelligkeit (velocity), die Spencer-Brown insofern von der Geschwindigkeit (speed) unterscheidet, als sie neben der Geschwindigkeit auch eine Richtung hat, die etwa dafür sorgt, dass die Sequenz der sechs genannten Zustände in dieser Reihenfolge durchlaufen wird und nicht plötzlich von t_4 auf t_3 zurückspringt, statt auf t_5 vorzurücken.[68] Was auf diese Art ausgeschlossen wird, ist offenkundig umgekehrt möglich, wenn die Schnelligkeit nicht spezifiziert wird.

Eine dritte Qualifizierung schließlich benennt und variiert zugleich den Gewinn, den die Form aus ihrem Wiedereintritt in die Form und aus der Benennung der dadurch gewonnenen Unbestimmtheit (indeterminacy) als imaginären Zustand zieht.[69] Diese dritte Qualifizierung läuft unter dem Stichwort der Funktion und ist ein weiteres Mal ein Hinweis darauf, dass jede Form immer zugleich als Operand und als Operator gesehen werden kann: »Wir werden einen Ausdruck, der eine Variable v enthält, auch eine Funktion von v nennen. Wir sehen also Ausdrücke von Wert oder Funktionen von Variablen, entsprechend dem Standpunkt, von dem aus wir sie betrachten.«[70] Es versteht sich, dass die Alter-

---

67 Siehe Schönwälder-Kuntze u. a., *George Spencer Brown*, S. 184.
68 *Laws of Form* (1969), S. 49.
69 Ebd., S. 47.
70 Ebd., S. 49; *Gesetze der Form* (1997), S. 52.

native, von der hier die Rede ist, nicht nur zu unterschiedlichen Interpretationen führt, sondern jede der beiden möglichen Interpretationen laufend mit ihrer Alternative konfrontiert. Sie ist ein neuer Quellpunkt einer möglichen Oszillation und damit die Fortsetzung der Begründung der Form im Medium der Form auf der Ebene der Entscheidung, die folgerichtige Variable v entweder als Funktion ihrer Form oder diese Form als Funktion der Variablen v zu sehen. Es gibt innerhalb der Form keine Bezeichnung oder Zurechnung ohne eine mitlaufende und je nach Bedarf und Vermögen aufzurufende Attributionsambivalenz.[71]

Drei Funktionen nennt der Kalkül, die Oszillatorfunktion, die Gedächtnisfunktion und die Modulatorfunktion. Die Oszillatorfunktion bezeichnet eine Variable p, die zwischen ihren beiden Grenzen des markierten und des unmarkierten Zustands oszilliert:[72]

$$\overline{p}\,|\,p$$

In einem Einschub bestätigt Spencer-Brown noch einmal, dass die Oszillation im imaginären Zustand nicht etwa unwirklich ist. Sie ist im Raum unbestimmt und imaginär im Verhältnis zur Form, aber real im Verhältnis zur Zeit, damit im Bezug auf sich selbst bestimmt (Hegel: als Fürsichsein, idealer Übergang) und somit real in der Form.

Die Gedächtnisfunktion bezeichnet eine Funktion f, die immer wieder neu die Variablen a und b aufruft, also erinnert:[73]

$$\overline{fa\,|\,b\,|} = f$$

---

[71] Siehe Fritz Heider, *The Psychology of Interpersonal Relations*, London: Wiley 1958 (dt. 1977).
[72] *Laws of Form* (1969), S. 50.
[73] Ebd., S. 50 und 47.

Spencer-Brown spricht hier auch davon, dass es im Fall eines geradzahligen Wiedereintritts,

$$f = \overline{\overline{f}} \, \| = m$$

einen dominanten Wert gibt, m, im Fall eines ungeradzahligen Wiedereintritts,

$$f = \overline{\overline{f}} \, | = n$$

jedoch einen rezessiven, zurückweichenden, leeren Wert, n.[74] Der dominante Wert zwingt zur Erinnerung, der rezessive Wert zur Oszillation. Gleichungen mit einem ungeradzahligen Wiedereintritt widerlegen sich, solche mit einem geradzahligen bestätigen sich.[75] Da auch die Bestätigung einer Form im Rahmen ihrer Funktion als ihr eigenes Gedächtnis nicht ohne eine Oszillation im allerdings dominanten Wert zu haben ist, schlägt Spencer-Brown vor, für die »In-formation«, die hier stattfindet, den Begriff der Subversion zu verwenden.[76] Keine Information, so heißt dies zu diesem Zeitpunkt nicht mehr wirklich überraschend, ohne die Unterwanderung, ja Zerstörung der Unterscheidung, der sie sich verdankt, solange diese Unterwanderung, ja Zerstörung nur das rezessive Moment der Oszillation ist, das, wenn man so will, auch als kritische Überprüfung bezeichnet werden kann.

Die Modulatorfunktion schließlich stellt Spencer-Brown als eine erweiterte Gedächtnisfunktion vor. Sie erinnert sich nicht nur, sondern sie kann überdies zählen. Und sie tut dies, indem sie jede wiederholte Reaktion auf dasselbe Signal als eine andere, differente zählt.[77] Hierfür werden Wellenstrukturen und Schalt-

---

74 Vgl. zum Begriff des rezessiven Werts, ebd., S. 12.
75 Ebd., S. xviii und 81.
76 Ebd., S. 51 und 81.
77 Ebd., S. 53.

diagramme eingeführt, auf die wir zu diesem Zeitpunkt nicht eingehen müssen (und mangels Kompetenz auch nicht können).[78] Für uns wichtiger ist ein anderes Moment, auf das Spencer-Brown zum Schluss noch einmal eingeht, nämlich der Umstand, dass alle Wiedereintrittsfunktionen, die er unterschieden hat, inklusive der ihnen vorgängigen Einführung imaginärer Werte als oszillierender Zustände sich dem Schritt von endlichen zu unendlichen Ausdrücken verdanken. Dies aber bedeutet, dass wir es bei der Beobachtung bestimmter Ausdrücke immer mit Ausschnitten zu tun haben. Sollte es sich dabei um einen Ausdruck handeln, der innerhalb der Form in die Form wiedereingeführt wurde, empfiehlt es sich, diesen Ausdruck durch eine eigene Notation zu kennzeichnen:[79]

In diesem Fall, so Spencer-Brown weiter, ist die Teilung zwischen *a* und *b* kein Cross, sondern nur ein Marker. Das Reentry-Cross bezeichnet eine überschrittene und in ihren Raum der Unterscheidung wiedereingeführte Unterscheidung. Das Marker bezeichnet den Anlass, wenn man so will, den sich die Unterscheidung der Form für ihren Wiedereintritt gesucht hat.

Dieses Kapitel der *Laws of Form* endet mit einer Coda, die das nächste und letzte Kapitel als einen Blick zurück auf die Vereinbarung (agreement) ankündigt, mit der die Rechenlegung der Form der Unterscheidung begonnen hat.[80] Diese Vereinbarung stellt sich als Verabredung heraus, bei der Konstruktion dieser Form der Unterscheidung zunächst einmal nicht zwischen der Unterscheidung und ihrem Beobachter zu unterscheiden, sondern sie miteinander zu verwechseln, so wie jedes Gleichheitszeichen, das der Kalkül verwendet, ein Zeichen dafür ist, dass ein Beob-

---

78 Ebd., S. 54 f.
79 Ebd., S. 53.
80 Ebd., S. 56.

achter sich anschickt, die linke Seite der Gleichung mit der rechten Seite zu verwechseln.[81] Diese Verwechslung zusammen mit der Vereinbarung, sich an ihr nicht zu stören, sondern stattdessen gleichsam mit einer epistemologischen Unbedenklichkeitserklärung das ganze Unternehmen zu starten,[82] wird jetzt nicht zurückgenommen, das kann man nicht, aber mithilfe einiger »Experimente«, die die Gesetze der Form noch einmal aus der Operation der Bezeichnung-als-Unterscheidung-und-Markierung ableiten, offengelegt. Der letzte Satz des Textes vor einem Apparat mit Anmerkungen und Anhängen kann schließlich feststellen: »Nun sehen wir, daß die erste Unterscheidung, die Markierung und der Beobachter nicht nur austauschbar sind, sondern, in der Form, identisch.«[83]

Die Einschränkung »in der Form« markiert den maximalen Anspruch des Kalküls, aber auch seine Selbstbeschränkung. Denn natürlich steht es jedem Beobachter offen, nach einem Außen der Form zu suchen, in dem es ihm gelingt, nicht mehr mit seiner Unterscheidung identisch zu sein. Die erste Definition des Kalküls zusammen mit Italo Calvinos Erzählung vom Zeichen im Raum, die wir bereits erwähnt haben und die hier noch einmal zur Grundierung der Arbeit mit dem Kalkül empfohlen sein mag, sei jedoch als Warnung vor dieser Suche nach dem Außen der Form zitiert: »Unterscheidung ist perfekte Be-Inhaltung [Distinction is perfect continence]«, so heißt es.[84] Die Unterscheidung enthält – und dies »perfekt«, abgeschlossen – auch ihre Außenseite. Wer sich in die Unterscheidung bewegt und aus ihr wieder heraus, hat dort nur die Wahl, eine neue Unterscheidung zu treffen, gesetzt allerdings die Voraussetzung, dass der Beobachter etwas sieht, was sich im Wert unterscheidet und daher ein Motiv

---

81 Ebd., S. 57: Das Gleichheitszeichen steht für die Worte »is confused with«.
82 Ähnlich Niklas Luhmann, *Soziale Systeme. Grundriß einer allgemeinen Theorie*, Frankfurt am Main: Suhrkamp 1984, S. 30: »Die folgenden Überlegungen gehen davon aus, daß es Systeme gibt. Sie beginnen also nicht mit einem erkenntnistheoretischen Zweifel.«
83 *Laws of Form* (1969), S. 63; *Gesetze der Form* (1997), S. 66.
84 Ebd., S. 1; *Gesetze der Form* (1997), S. 1.

hat, die Unterscheidung auch zu treffen. Diese Voraussetzung allerdings ist identisch mit der Voraussetzung, dass eine Beobachtung stattfindet und einem weiteren Beobachter auffällt.

Kalküle

Ebenso rasch, wie Spencer-Brown die Zeitdimension des Sinns aufgerufen und eingeführt hat, um die Oszillation imaginärer Werte operativ verorten zu können, waren wir im vorherigen Abschnitt bereit, ihm zu folgen. Dies steht im Einklang damit, dass zeitliche Unterscheidungen wie vorher und nachher oder t_1, t_2, ... t_n traditionell bewährte Techniken des Umgangs mit Paradoxien sind. Raum und Zeit gelten als die beiden Dimensionen einer objektiven Welt, auf die man rekurrieren kann, wenn man es mit Unverständlichem, Widersprüchlichem oder Zweifelhaftem zu tun bekommt. Wird man zum Beispiel mit der Aussage konfrontiert, dass eine Brücke sowohl über einen Fluss führt als auch nicht führt, so ist dies eine sachlich widersprüchliche Aussage, die sich aufklären lässt, indem man darauf hinweist, dass die beiden Aussagen zu den Zeitpunkten t_1 und t_3 gelten, zwischen denen zum Zeitpunkt t_2 die Brücke zerstört worden ist.

Mit diesem entweder sachlichen oder zeitlichen Verweis auf eine objektive Welt ist man jedoch etwas zu schnell bei der Hand, um entweder die Verwirrung eines Beobachters aufzuklären oder den Streit zwischen verschiedenen Beobachtern zu schlichten, so dass wir zumindest dann, wenn wir systematisch auf die Differenz der Beobachter achten und mit Blick auf die Gleichsetzung von Beobachter und Unterscheidung auch bereit sind, die Nichtidentität des Beobachters mit sich selbst anzunehmen, einen Moment des Zögerns einbauen sollten. Kann es nicht sein, dass die Brücke deshalb über den Fluss führt und nicht führt, weil ich es mit einer Brückenphobie zu tun habe, die mich die Brücke durchaus sehen lässt, es mir jedoch zugleich verbietet, sie zu nutzen? Und kann es nicht ebenfalls sein, dass die Brücke zwar für die einen über den Fluss führt, für die anderen jedoch nicht, weil mitten auf der Brücke ein Wächter steht, der nach einer Legitimation fragt, die manche nicht haben? Denkt man an Karl Poppers Drei-Welten-Theorie der Unterscheidung einer physischen Welt 1 materieller Objekte von einer individuellen Welt 2 des Bewusstseins und einer kulturellen Welt 3 der Produkte des menschlichen Geistes und seiner Erfindungskraft,[85] könnte man auf die Idee kommen, dass auch Bewusstsein und Kultur als Adressen der Lokalisierung und Operationalisierung von Paradoxien in Frage kommen. Diese Idee wäre in der Tat nicht neu. Für das Bewusstsein hört sie auf die Namen Verrücktheit, Wahnsinn, Schizophrenie, für die Kultur auf die Namen Tradition, Aberglaube, Zwang.

Damit sollten wir uns jedoch nicht zu schnell zufrieden geben. Immerhin haben wir es hier mit einer Studie zur Differenz der Beobachter nicht nur unter sich, sondern auch mit sich zu tun. Beobachter können aufgrund verschiedener Unterscheidungen zu widersprüchlichen Auffassungen kommen; und sie können ihre Unterscheidungen wechseln und zu Auffassungen kommen, die untereinander im Widerspruch stehen. Diese Differenzen als Abweichungen von der Norm oder von der Vernunft abzuwerten und aus unseren Rechnungen zu streichen, setzt eine konsistent beschreibbare oder gestaltbare objektive Welt voraus, die wir seit den »modernen« Entdeckungen der kulturellen Vielfalt, des individuellen Eigensinns und der sozialen Dialektik nicht mehr voraussetzen wollen und seit den Hilfestellungen der Thermodynamik, Quantenphysik und mathematischen Logik auch nicht mehr voraussetzen müssen.

Stattdessen rückt die Möglichkeit einer Ergänzung der sachlichen und zeitlichen durch eine soziale Sinndimension in Reichweite, wie sie Niklas Luhmann schon fast sprichwörtlich hat werden lassen.[86] Die sachliche Sinndimension schließt die räumliche ein, wenn man mit Kant davon ausgeht, dass man die Raumdi-

---

85 Siehe Karl Popper, *Three Worlds. The Tanner Lecture on Human Values*, University of Michigan April 7, 1978, zitiert nach der Publikation im Internet: ⟨tannerlectures.utah.edu/lectures/documents/popper80.pdf⟩.
86 Siehe Niklas Luhmann, »Sinn als Grundbegriff der Soziologie«, in: *Jürgen Habermas und Niklas Luhmann. Theorie der Gesellschaft oder Sozialtech-*

mension benötigt, um Widersprüche zwischen Objekten zu vermeiden,[87] geht jedoch auch über sie hinaus, weil sie die Raumdimension ihrerseits in eine Innen- und eine Außenperspektive differenziert, so dass der Raum sachlich nicht nur als Stellenordnung, sondern auch als Perspektivenordnung in den Blick genommen wird. Überdies kann man die Gewichtung auch verschieben und im Anschluss an Spencer-Browns Raumbegriff den Raum ebenso durch die in ihm vorfindlichen Sachen wie umgekehrt die Sachen durch ihre Stellen im Raum spezifizieren. Die Zeitdimension des Sinns unterscheidet in erster Linie Ereignisse und in zweiter Linie Horizonte, so dass Differenzen, wie die zwischen vorher und nachher, t_i und t_{i+1}, Zeitlichkeit und Ewigkeit, Vergangenheit, Gegenwart und Zukunft, in sie eingetragen werden können.

Wichtig ist uns hier die Sozialdimension. Sie läuft implizit mit, seit wir von Beobachtern im Plural und von der Differenz der Beobachter unter sich reden. Dass ein Sachverhalt aus der Perspektive des einen Beobachters, nennen wir ihn Ich oder Ego, in Differenz und unter Umständen auch im Widerspruch zum »selben« Sachverhalt aus der Perspektive eines anderen Beobachters, nennen wir ihn Du oder Alter Ego, steht, ist das robuste empirische Faktum und Datum, von dem jede soziologische Forschung ausgehen kann. Dies ist nicht nur eine Erfahrung im Umgang der Geschlechter, Generationen, Konfessionen, Professionen, Ethnien und Nationen miteinander, sondern auch trotz aller Diskursethik, die die Verständigung will, die minimale Voraussetzung des kultivierten Umgangs miteinander. Kultiviert ist man dann, wenn man die Differenz der Beobachter als Differenz ihrer Position, ihrer Perspektive und ihrer Unterscheidungen anerkennt. Und einen entsprechend kultivierten Gesellschaftsbegriff hat man dann, wenn

---

nologie. Was leistet die Systemforschung?, Frankfurt am Main: Suhrkamp 1971, S. 25-100, hier: S. 48; und Luhmann, *Soziale Systeme*, S. 111 ff.

[87] Siehe Immanuel Kant, »De Mundi Sensibilis Atque Intelligibilis Forma et Principiis. Von der Form der Sinnen- und Verstandeswelt und ihren Gründen« (1770), *Werke* V, hrsg. von Wilhelm Weischedel, Frankfurt am Main: Suhrkamp 1958, S. 58 f.

man von einer Gesellschaft ausgeht, in der diese Differenz der Beobachter und ihrer Positionen sich sowohl vermindern als auch verstärken kann. Man kann sich verständigen, man kann sich aus dem Weg gehen, man kann sich bekämpfen.

Wie sähe das 11. Kapitel über Gleichungen zweiter Ordnung in Spencer-Browns *Laws of Form* aus, wenn man nicht in die Dimension der Zeit, sondern in die des Sozialen ausweichen würde? Ich vermute, dass man auch dann einen Tunnel bauen könnte, der allerdings nicht die Oszillation zwischen Momenten in der Zeit, $t_1, t_2, \ldots, t_n$, sondern zwischen Perspektiven von Beobachtern, $o_1, o_2, \ldots, o_n$, veranschaulichen würde. Diese Oszillation würde jedoch sehr schnell unhandlich, weil sie nicht zwischen homogenen Momenten der Zeit, sondern zwischen heterogenen Perspektiven von Beobachtern stattfände. Sie würde nicht scheinbar zwangsläufig auf den nächsten Moment, sondern kontingent auf die eine oder andere Perspektive rekurrieren. Man müsste Imitation und Rivalität, Animosität und Ressentiment, Konfliktbereitschaft und Harmoniebedürfnis als Variablen einbauen, die für ein hochgradige Nichtlinearität sorgen. Die Oszillation wäre ein Einstieg in Formen der Turbulenz, die jede Rahmung, jede Ordnung, jeden Austausch im Verhältnis zu deren dauernder Subversion unwahrscheinlich und deswegen zum Gegenstand beobachtbarer Bemühungen werden lassen. Frequenz und Schnelligkeit werden zum Maß für den Einbau von Formen der Unruhe und Formen der Steuerung. Zur Funktion wird jede Rahmung, die die Unbestimmtheit der Variablen in der sozialen Auseinandersetzung sowohl trägt als auch begrenzt. Die Oszillationsfunktion kann als Funktion der sozialen Asymmetrisierung im Dienst einer Rollenkomplementarität, die Gedächtnisfunktion als Funktion der kulturellen Tradierung im Dienst von Erinnern und Vergessen geschrieben werden. Die Subversion greift immer dann, wenn eine neue Beobachterperspektive in Rechnung gestellt wird und die bisherigen Werte der Variablen mit der neuen Perspektive abgestimmt werden. Und die Modulation ist der immer mitlaufende Versuch, zu zählen, welche Beobachter in Rechnung gestellt werden, und zu ordnen, welches Gewicht ihnen zukommt.

Es scheint durchaus möglich zu sein, die Diversität der Perspektiven der Beobachter in den Kalkül einzubauen, auch wenn die dank der Heterogenität der Beobachter im Unterschied zur Homogenität der Zeit erreichte Komplexität nicht mehr so ohne Weiteres in Schaltdiagramme des Typs geordnet werden kann, mit denen das 11. Kapitel der *Laws of Form* endet. Aber wenn dieser Einbau möglich ist, liegt die Vermutung nahe, dass er ebenso implizit von Anfang an mitlief wie das Faktum der Beobachtung, die Selbstreferenz der Unterscheidung und die Inanspruchnahme von Zeit.

In der Tat ist genau das der Fall. Der plötzliche Wechsel zwischen dem Wir des 1. Kapitels: »*Wir* nehmen die Idee der Unterscheidung und die Idee der Bezeichnung als gegeben an, und daß wir keine Bezeichnung vornehmen können, ohne eine Unterscheidung zu treffen. *Wir* nehmen daher die Form der Unterscheidung für die Form«,[88] dem, kaum gesetzt, in bester ontologischer Tradition auch noch eine Aussage unter Verwendung der Kopula Ist nahegelegt werden kann: »Unterscheidung *ist* perfekte Be-Inhaltung«,[89] und dem impliziten Du des 2. Kapitels, das sich mit einer Aufforderung konfrontiert sieht, der es zu folgen geneigt sein kann oder auch nicht: »Triff eine Unterscheidung«,[90] macht mit aller wünschenswerten Deutlichkeit klar, dass Autor und Leser dieses Kalküls sich zwar darauf einigen können, die folgenden Überlegungen für interessant zu halten, diese Einigung jedoch vor dem Hintergrund einer grundsätzlichen Differenz treffen. Man könnte auch etwas anderes tun, als dieser Aufforderung zu folgen; und vermutlich wird es im Laufe der Lektüre eher noch mehr Gründe geben, sich anderen Interessen zuzuwenden, wenn man merkt, dass mögliche eigene Erwartungen nicht erfüllt werden. Spätestens in dem Moment, in dem man direkt angesprochen wird, wird man sich fragen, ob man mitmachen will.

Konnte man im 1. Kapitel noch glauben, dass es sich bei den

---

88 So *Laws of Form* (1969), S. 1; *Gesetze der Form* (1997), S. 1, Hervorheb. DB.
89 Ebd., Hervorheb. DB.
90 Ebd., S. 3.

Laws of Form um ein Buch nach der Regel der meisten Bücher handelt, die von einem Autor geschrieben werden, um seine Perspektive dem geneigten Leser mit allen Bemühungen um Plausibilität und Validität nahezubringen, so entdeckt man im 2. Kapitel, dass man eine eigene Perspektive mobilisieren muss. Spätestens jetzt wird man daher noch einmal zurückblättern und sich fragen, ob man sich dem Wir des 1. Kapitels anschließen und der Kopula von Unterscheidung und perfekter Kontinenz über den Weg trauen möchte. »Draw a distinction« hieß für viele Leser dieses Buches, wieder aus dem markierten Raum der Unterscheidung des Buches herauszukreuzen und das Buch im unmarkierten Raum der Unterscheidung dem Bücherregal oder dem Antiquariat zu überlassen.

Im Übrigen unterstreicht Spencer-Brown die Möglichkeit, das Buch im Hinblick auf eine Differenz zwischen Autor- und Leserperspektive zu lesen und diese als Paradigma weiterer Beobachterdifferenzen zu nehmen, indem er noch in diesem 2. Kapitel seinen ersten »Kanon« einführt, einen »call to order«,[91] mit dem er regelt, was erlaubt ist, wenn man einmal der Aufforderung, eine Unterscheidung zu treffen, gefolgt ist. Diese Richtschnur fordert explizit, dass man ihr folgt, und ermöglicht daher implizit, dass man von ihr abweicht. Der Leser, dem der Autor hier die Wahl abspricht, entdeckt spätestens in diesem Moment, dass er diese Wahl hat und dass er sich in der Tat entscheiden muss und kann. Der Leser entdeckt sich selbst und kann darauf mehr oder minder erfreut reagieren. Er kann erfreut sein, dass er vom Autor angesprochen wird; er kann verärgert sein, dass er mit einem Text konfrontiert wird, in dem es um Entscheidungen geht und daher auch um Motive und Absichten und nicht schlicht, wie üblich in der Wissenschaft, um Wahrheit; und er kann nicht zuletzt seine Bereitschaft mobilisieren, dem Autor zu folgen, diese Bereitschaft jedoch auch in dem Sinne markieren, dass sie jederzeit wieder entzogen werden kann. Ein Kanon, so Spencer-Brown, legt fest, was erlaubt ist, ist also kein Freibrief. Er erlaubt es nicht, etwas

---

91 Ebd., S. 3, und vgl. S. 66.

zu konstruieren oder zu schaffen, sondern nur etwas nachzuvollziehen.

Und als sei es nicht genug, überhaupt von einem Kanon zu sprechen, lautet dieser erste Kanon von insgesamt neun Kanons: »what is not allowed is forbidden«, und trägt die Überschrift »convention of intention«, Übereinkunft einer Absicht.[92] Der Kanon regelt, was innerhalb des Kalküls erlaubt ist, wird jedoch von Spencer-Brown als eine Unterscheidung eingeführt, die außerhalb des Systems getroffen wird.[93] Er ist damit gleichzeitig eine Einladung, den Kalkül zu verlassen und außerhalb des Kalküls nach Motiven zu suchen, sich auf ihn einzulassen. Deutlicher kann man nicht sagen, dass der Kalkül bereits auf den ersten Seiten mit der Differenz und Divergenz der Beobachter rechnet, aber zunächst keinen Anlass hat, sie eigens zu thematisieren. Es genügt, dass Absichten angesprochen und eingeführt sind. Bei jedem weiteren Schritt muss es daher jetzt auch erlaubt sein zu fragen, mit welcher Absicht er unternommen wird und wovon er möglicherweise absieht. Sieht er von Aspekten ab, die einen Beobachter interessieren, steigt man aus dem Kalkül wieder aus.

Sicherheitshalber liefert Spencer-Brown direkt im Anschluss an die Einführung dieses ersten Kanons daher auch eine Reihe guter Gründe, sich auf den Kalkül einzulassen. Er führt »Wissen« als Wissen um eine Unterscheidung ein und definiert die »Form« im Hinblick auf das Absehen von Absichten schon fast beruhigend, in Wirklichkeit jedoch die maximale Unruhe vorbereitend als Form der Unterscheidung unter Einschluss der beiden Seiten der Unterscheidung, ihrer Trennung und des durch die Unterscheidung hervorgerufenen Raums der Unterscheidung.[94] Er regelt, dass man markierten Zuständen »Namen« geben kann, die ihrerseits die Markierung markieren. Er regelt, dass die Form mehrerer ineinander unterschiedener (das heißt verschachtelter) Unterscheidungen ein »Arrangement« genannt werden kann, das dann

---

92 Ebd., S. 3.
93 Ebd., S. 66.
94 Ebd., S. 3.

ein »Ausdruck« ist, wenn es seinerseits als Bezeichnung verwendet wird.[95] Es gibt nur eine »Relation« zwischen Unterscheidungen, nämlich diejenige, sich zu enthalten, vorausgesetzt sie befinden sich auf ihrer Innenseite und nicht auf ihrer Außenseite; und je mehr Crosses gekreuzt werden müssen, um eine Unterscheidung innerhalb eines Arrangements von Unterscheidungen zu erreichen, umso »tiefer« wird der Raum genannt, in dem diese Unterscheidung steht. Der flachste Raum, s_0, gilt als Raum, der unter einem ungeschriebenen (unwritten) Cross steht. Dieser flachste Raum gilt zugleich als der Raum, der als »pervasiver« Raum das gesamte Arrangement durchdringt, erfüllt und beherrscht.[96] Dies ist die Voraussetzung für die wesentlich später, nämlich erst im Rahmen der Einführung von Gleichungen zweiter Ordnung festgestellte Möglichkeit der Subversion und In-formation jeder Seite einer der Unterscheidungen innerhalb der Form durch jede andere Seite anderer Unterscheidungen inklusive der Außenseite der Form selber.

Der Kalkül nimmt uns an die Hand und weist uns zugleich darauf hin, dass es unsere eigene Aktivität ist, auf die es jetzt ankommt. In jedem nächsten Schritt mag es gute Gründe geben, weiter mitzugehen, oder mögen Alternativen in den Blick kommen, die attraktiver sind. Aber selbst wenn Letzteres gilt, haben wir Entscheidendes bereits jetzt gelernt, nämlich darauf zu achten, welche Unterscheidungen wir treffen, wie wir sie treffen und worauf wir uns dabei einlassen: auf eine Form, bestehend aus Innenseite, Außenseite, Trennung und pervasivem Raum der Unterscheidung.

Mit anderen Worten, wir haben gelernt, mit Unterscheidungen zu rechnen. Und wenn wir es gelernt haben, können wir auch darüber reden. Genau das tut das 3. Kapitel, »The conception of calculation«.[97] In diesem Kapitel kommt es zum verdichteten Auftreten von Kanons. Vier von ihnen werden jetzt eingeführt, ein

---

95 Ebd., S. 4.
96 Ebd., S. 6.
97 Ebd., S. 7 ff.

weiterer Kanon im 4. Kapitel, die restlichen drei wesentlich später. Im zweiten Kanon, »contraction of reference«, wird erlaubt, Aufforderungen des Typs »draw a distinction« so weit zu verdichten, dass sie noch befolgt werden können. Im dritten Kanon, »convention of substitution«, wird erlaubt, innerhalb eines Ausdrucks jedes Arrangement durch ein äquivalentes Arrangement auszuwechseln. Im vierten Kanon, »hypothesis of simplification«, wird erlaubt, als Wert eines Ausdrucks jenen Wert anzunehmen, der dem einfachsten Ausdruck entspricht, auf den der Ausgangsausdruck reduziert werden kann. Und im fünften Kanon, »expansion of reference«, schließlich wird erlaubt, Formen nicht nur zu vereinfachen, sondern auch zu expandieren, das heißt ohne Grenze, »without limit«,[98] zu unterteilen. Natürlich muss man wissen, was man durch eine Vereinfachung oder durch eine Erweiterung erreicht. »Im allgemeinen geht das Zusammenziehen der Referenz einher mit der Erweiterung des Gewahrseins [awareness], und eine Erweiterung der Referenz geht einher mit einem Zusammenziehen [contraction] des Gewahrseins.« Und Vorsicht: »Wenn das, was durch Gewahrsein getan wurde, mittels Regeln getan wird, müssen sich Formen der Referenz entwickeln (das heißt, sich teilen), um sich den Regeln anzupassen.«[99]

Bemerkenswert ist jedoch nicht nur, was hier erlaubt wird, sondern vor allem, dass es erlaubt wird. Denn dies wirft die Frage auf, wem es erlaubt wird. Wer soll diese Verdichtungen, Vereinfachungen und Erweiterungen vornehmen? Spencer-Brown wendet sich an ein unbestimmtes Du oder Ihr, das heißt an den Leser. Dieser Leser ist ein Beobachter, und zwar ein Beobachter, der sich zu Beginn der Lektüre des Kalküls noch mit dem Namen Ich anspricht und zu wissen glaubt, mit welchen Motiven er oder sie die Lektüre angefangen und dank welcher vorhandenen, während der Lektüre zu gewinnenden oder fehlenden Kompetenzen er oder sie weiterlesen oder aufgeben müssen. Er begegnet sich zum Abschluss der Lektüre, im 12. Kapitel, jedoch als

---

98 Ebd., S. 9.
99 Ebd.; *Gesetze der Form* (1997), S. 10.

besonderer Fall des allgemeinen Falls des Beobachters, und spätestens bei der zweiten Lektüre hat er gelernt, seine Beobachtungen anderer Beobachter in die Lektüre mit einfließen zu lassen und nach den Unterscheidungen anderer Beobachter zu fragen. Die Kanons richten sich an Beobachter, und zwar an unterschiedliche Beobachter jeder Art. Wer oder was sich an die Richtschnur dieser Kanons halten möchte, ist eingeladen mitzumachen. Sechsjährigen Menschen, so Spencer-Brown,[100] gelingt dies am besten, weil sie noch nicht durch Schulwissen verlernt haben, einfache Fragen zu stellen, aber das ist nur eine anekdotische Evidenz, die andere Erfahrungen nicht ausschließt.

Niemand ist ausgeschlossen, wenn er oder sie sich an den Kanon der Kanons halten und nur tun, was erlaubt ist. Die Pointe dieser Kanons jedoch liegt nicht darin, dass sie sich implizit an Beobachter wenden und es dabei ebenso implizit offenlassen, wen oder was man sich darunter vorstellen könnte. Sie liegt vielmehr darin, dass sie eine Vorstellung davon entwickeln, was diese Beobachter tun können, wenn sie sich beteiligen. Sie können rechnen. Sie können Verdichtungen, Vereinfachungen und Erweiterungen vornehmen und damit innerhalb des Kalküls Formen verändern. Spencer-Brown macht auch dies explizit, indem er jede Veränderung einen Schritt, Step, nennt und mit einem eigenen Zeichen,

$\rightarrow$,

notiert. Diese Schritte kann niemand anderer vornehmen als der Beobachter. Niemand anderer schreitet von einem Wertausdruck der Form zu einem anderen Wertausdruck der Form. Diese Schritte sind nicht identisch mit dem Treffen von Unterscheidungen. Sie sind Bewegungen innerhalb der Form im Rahmen der Unterscheidungen der Form. Sie sind das, was Spencer-Brown Kalku-

---

100 *Gesetze der Form* (1997), S. xv. Und siehe zur Erprobung (auch) der Mathematik Spencer-Browns in israelischen Kindergärten Moshe Klein, Doron Shadmi, »Organic Mathematics«, in: *International Journal of Pure and Applied Mathematics* 49 (1969), S. 329-340, hier: S. 333 und 337.

lationen nennt, »einen Vorgang, durch den sich eine Form infolge von Schritten in eine andere verwandelt [...]«.[101] Doch kann man dies wirklich von der Konstruktion einer Form unterscheiden? Noch lässt sich die Frage nicht beantworten, denn die Unterscheidung zwischen Crosses und Markers, die hier noch implizit ist, wird erst später eingeführt.[102] Doch die erforderliche Verwirrung lässt sich bereits stiften, wenn wir lesen, dass der gerade zitierte Satz fortgesetzt wird: »und nenne ein System von Konstruktionen [sic, DB] und Vereinbarungen, welches Kalkulation gestattet, ein Kalkül.«

Mit Kalkülen in diesem Sinne werden wir es im Folgenden zu tun haben. Ihre Initiale sind die bereits erwähnten Initiale der Zahl und der Ordnung. Die beiden Initiale zusammen ermöglichen einen Kalkül der Bezeichnungen, »calculus of indications«,[103] und liegen in dieser Form der primären Arithmetik zugrunde, die dann, wie gezeigt, in die primäre Algebra erweitert werden kann. Das Treffen von Unterscheidungen zusammen mit dem Beobachten der Form von Unterscheidungen nennen wir mit Spencer-Brown ein Kalkül. Es kombiniert Beobachtungen erster Ordnung mit Beobachtungen zweiter Ordnung der Unterscheidungen, die Beobachter erster Ordnung treffen.

Allerdings will ich nicht verschweigen, dass Spencer-Brown in seinen Anmerkungen und Vorworten von der Interpretation seines Kalküls, wie ich sie bislang vorgelegt habe, abweicht. Die Auflösung einer Paradoxie in der sozialen Sinndimension käme für ihn bewusst wohl nicht in Frage. Sein Kalkül läuft für ihn nicht darauf hinaus, errechnen zu können, in welche Auseinandersetzungen innerhalb derselben Form Beobachter auch noch unterschiedlicher Art miteinander verstrickt sein können. Ihm geht es darum, so in den Anmerkungen zum 12. Kapitel, ein Kalkül aufzuschreiben, das es ihm erlaubt, nachvollziehbar zu machen, wie es einem Universum im Physiker gelingt, sich selbst zu be-

---

101 *Laws of Form* (1969), S. 9; *Gesetze der Form* (1997), S. 10.
102 Siehe *Laws of Form* (1969), S. 53.
103 So ebd., S. 9.

obachten.[104] Ob es dabei irgendeine Rolle spielt, dass der Physiker eine Disziplin vertritt, die eine universitäre Disziplin unter anderen ist und daher auch aus ihrer disziplinären Auseinandersetzung mit anderen Disziplinen heraus zu verstehen ist, ganz zu schweigen von der Konkurrenz der Physiker untereinander, bleibt offen. Und auch sich selbst wie jede andere Person nimmt Spencer-Brown zumindest in der Einführung in das Buch aus einem Interesse am Kalkül vollständig heraus: »Aber während ich dieses Unterfangen unternommen habe, ist mir zumindest bewußt geworden (wie auch Boole bewußt geworden ist), daß das, was ich versuche zu sagen, nichts mit mir oder irgendjemand sonst auf der persönlichen Ebene zu tun hat.«[105] Ich vertrete im Folgenden in diesem Punkt eine gegenteilige Auffassung und berufe mich dabei auf Spencer-Browns Kalkül der Form.

---

104 Ebd., S. 85.
105 Ebd., S. xxi; *Gesetze der Form* (1997), S. xxxiv.

Eine Frage der Form

Die Idee

Aristoteles hat in seiner Schrift *Über die Seele* den entscheidenden Akzent gesetzt: Die Form ist nicht die Wirklichkeit, sondern die Bedingung ihrer Möglichkeit; die Form vollendet sich, indem sie sich in einem Medium bewegt und Unterscheidungen trifft.[1] Aristoteles unterscheidet zwischen erstens einer Seele als Vollendung (Entelechie) eines Lebens, zweitens diesem Leben als Bewegung und Wahrnehmung, drittens dem Körper als Möglichkeit des Lebens und viertens der Vernunft als mal tätigem, mal untätigem Nachdenken über den Unterschied zwischen Wahrnehmung und Wirklichkeit, denn Irrtum und Täuschung sind möglich.[2] Dies ist bereits eine Antwort auf die Frage Platons danach, wie ein Organismus möglich ist, wenn dieser zugleich offen für die Aufnahme und Abgabe von Energie und geschlossen in der kreisförmigen Erhaltung des eigenen Lebens sein muss, von sich unterschieden und mit sich identisch, wie dies Alfred North Whitehead übersetzt hat.[3] Die Pointe dieser Antwort ist die Leere des Selbst, das auf eine Welt angewiesen ist. Die christliche Religion, aber nicht nur diese, hat diese Leere als Schmerz, Elend und Verzweiflung ausbuchstabiert und vertieft und als Hinweis auf die Existenz Gottes ausgelegt; sie kam damit der Entwicklung einer Gesellschaft entgegen, die den Ichbezug des Individuums so sehr fordert wie die Auswechselbarkeit der Wirklichkeit, in der sich dieses Ich realisiert. Wir werden daher sehen, dass die Leere auch mit Lust, Witz und Vergnügen konnotiert werden kann.

---

[1] Aristoteles, *Über die Seele*, nach der Übersetzung von Willy Theiler bearbeitet von Horst Seidl, Hamburg: Meiner 1995, 429a, 419a.

[2] Siehe ebd., 412a, 403b, 430a, 418b.

[3] Siehe Alfred North Whitehead, *Process and Reality. An Essay in Cosmology* (1929), korr. Ausgabe, hrsg. von David Ray Griffin, Donald W. Sherburne, New York: Free Press 1979, S. xxii und 39f.

Jede Philosophie bewegt sich seither im Widerspruch zwischen der Leere eines Selbst und der Fülle einer Welt, die ohne dieses Selbst nicht nur nicht wahrgenommen werden könnte, sondern dieses Selbst, gleichwohl leer, in ihrer eigenen Fülle mit vorfindet. Großartige Versuche bringen diesen Widerspruch immer wieder neu auf den Punkt. Montaigne beobachtet die Nichtigkeit seiner Meinung beim Lesen großer Texte der Antike ebenso wie im schwankenden Ablauf des Tages: »Ich, der ich mich näher beobachte und stets im Blick behalte, wie eben einer, der nicht viel andres zu tun hat, [...] getraue mich kaum zu sagen, wieviel Unzulänglichkeit, ja Unvermögen ich in mir entdecke. Ich stehe auf so unsichren und wackligen Füßen, ich gerate so leicht ins Wanken und Schwanken und sehe die Dinge in so wechselhaftem Licht, daß ich mich nüchtern als einen andren empfinde denn nach dem Essen.«[4] Descartes radikalisiert den Zweifel auf der Suche nach Gewissheit und formuliert in einer seiner Meditationen: »Es scheint mir aber doch – und ich kann mich der Meinung nicht erwehren –, daß die körperlichen Gegenstände, deren Bilder im Bewußtsein entstehen und die von den Sinnen erkundet werden, viel deutlicher erkannt werden als jenes rätselhafte Meinige, das nicht bildhaft vorstellbar ist. Seltsam ist allerdings, daß ich Dinge, die mir klar als zweifelhaft, unbekannt, mir fremd bewußt sind, deutlicher erkenne als das Wahre, Bekannte, also mich selbst.«[5] Pascal konfrontiert die Selbstliebe (amour-propre) mit dem Elend der Zerstreuung, das man vorfindet, wenn man dieser Liebe nachgeht: »Der Zustand des Menschen: Unbeständigkeit, Langeweile, Unruhe.«[6] Spinoza entwirft eine Geometrie der

---

4 Michel de Montaigne, »Apologie für Raymond Sebond«, in: ders., *Essais* (1580), übers. von Hans Stilett, Frankfurt am Main: Eichborn 1998, S. 217-300, hier: S. 282.
5 René Descartes, *Meditationes de Prima Philosophia. Meditationen über die Erste Philosophie* (1641), lateinisch/deutsch, übers. und hrsg. von Gerhardt Schmidt, Stuttgart: Reclam 1986, S. 87f.
6 Blaise Pascal, *Gedanken* (1670), nach der endgültigen Ausgabe übertragen von Wolfgang Rüttenauer, mit einer Einführung von Romano Guardini, Birsfelden-Basel: Verlag Schibli-Doppler, o. J., S. 85, Nr. 194.

Affekte, in der man nie weiß, ob man will, was man hat, oder nur erkennt, was man will: »Der Wille und der Verstand sind ein und dasselbe.«[7] Usw.

Mit dieser philosophischen Tradition, die wir hier nur andeuten können, kann jede Ausarbeitung einer Theorie des Beobachters rechnen. Sie kommt der entscheidenden Einsicht einer solchen Theorie entgegen, den Beobachter mit seinen Beobachtungen einerseits identisch zu setzen und andererseits nicht zu verwechseln. Um diese Paradoxie kreist auch diese Philosophie, der eine Theologie sekundiert, die sich nicht scheut, die Paradoxie auszubauen, weil sie im Unterschied zur Philosophie deren Lösung bereits hat. Gott ist zum einen die Auflösung der Paradoxie, weil er als Schöpfer unverwechselbar mit seinen Beobachtungen identisch ist, und zum anderen jener ausgezeichnete Fall eines Beobachters, um dessen Beobachtungen man weiß, ohne ihn selbst beobachten zu können beziehungsweise zu dürfen.

Eine erste Ausarbeitung der Theorie des Beobachters, wenn auch noch nicht unter diesem Namen, verdanken wir der Philosophie des deutschen Idealismus, die mit Kant, Fichte, Schelling und Hegel um ihre Verpflichtung gegenüber der Religion und deren Gottesgedanken weiß, zugleich jedoch die Lehren aus einer Tradition der Philosophie zieht, die seit der Antike immer auch eine Philosophie der Natur (Physik) gewesen ist und in der Moderne ihre wichtigsten Impulse eben nicht mehr aus der verbotenen Beobachtung Gottes (zu der die Theologie einlädt, indem sie sie verbietet), sondern aus der Beobachtung des sich subjektivierenden Selbstbewusstseins des Menschen zieht. Die Philosophie der Natur findet in der Natur jene Lebewesen vor, denen Aristoteles eine Seele und denen die Moderne zumindest im Fall des Menschen eine Subjektivität zuspricht. Deswegen wird die Theorie des Subjekts, das sich selbst zugrunde liegt, ohne sich in sich bestimmen zu können, zum ersten Fall einer Theorie des Beob-

---

7 Benedictus de Spinoza, *Die Ethik* (1677), lateinisch/deutsch, rev. Übers. von Jakob Stern, Nachwort von Bernhart Lakebrink, Stuttgart: Reclam 2007, S. 233.

achters in jenem Sinne, der auch Spencer-Browns Formkalkül informiert.

Möglicherweise hat dies niemand radikaler verstanden als Johann Gottlieb Fichte, der in seinen immer wieder neu und anders ansetzenden Vorlesungen zur Wissenschaftslehre zum großen Vergnügen seiner Zeitgenossen darauf bestanden hat, dass das Subjekt, das Ich, keinen Zugang zur Wissenschaft fände, wenn es sich nicht zunächst einmal selber »setze« und alles andere, die Welt, als Nicht-Ich von sich unterscheide.[8] Nachdem Kant in der *Kritik der reinen Vernunft* die Vernunft als die Leistung eines transzendental in Kategorien des Raums und der Zeit abgesicherten Subjekts und damit jede Vorstellung, jede Synthesis eines Mannigfaltigen, sowohl als Eigenleistung dieses Subjekts wie als Vollzug eines außerhalb des Subjekts zu findenden Gemeinsinns bestimmt hatte, unternimmt es Fichte, dem Skandal dieser Philosophie nicht nur konstatierend, sondern performativ nachzugehen. Im zweiten Vortrag seiner Wissenschaftslehre von 1804 vermeidet er die zu Kalauern einladenden Formulierungen vom sich setzenden Ich des ersten Vortrags von 1794 und insistiert stattdessen darauf, dass seine Wissenschaftslehre nicht nur zu lesen und zu verstehen, sondern zuallererst von jedem Hörer für sich und in sich nachzuvollziehen sei.

Fichte macht den Versuch, seine Hörer Erfahrungen jenes Typs nachvollziehen zu lassen, wie sie die modernen Texte der Selbsterkundung des Bewusstseins etwa bei Descartes und Pascal vorexerziert haben. Sicherlich ebenso sehr konterkariert wie unterstützt durch die kommunikative Situation seines Vortrags verlangt er, dass seine Hörer ihm dabei folgen, wie er für sie eine Einsicht

---

8 Siehe Johann Gottlieb Fichte, *Grundlage der gesamten Wissenschaftslehre als Handschrift für seine Zuhörer* (1794), Hamburg: Meiner 1970; und vgl. Friedrich Heinrich Jacobi, *Jacobi an Fichte* (1799), in: ders., *Schriften zum transzendentalen Idealismus*, in: *Werke*, Bd. 2, hrsg. von Walter Jaeschke, Irmgard-Maria Piske, Hamburg: Meiner 2004, S. 188-225; und Jean Paul, »Clavis Fichtiana seu Leibgeberiana. Anhang zum I. komischen Anhang des Titan« (1803), in: ders., *Titan*, hrsg. von Norbert Miller, München: Hanser 1961, S. 1012-1056.

gewinnt, die sie nur selber gewinnen können: Zu dem Unbekannten, von dem seine Wissenschaftslehre handele, »könne keiner anders kommen, als so, daß es sich selber in ihm erzeuge; es erzeuge sich aber selber nur unter der Bedingung, daß *er selbst*, die Person, Etwas erzeuge, nämlich die Bedingung jenes Sicherzeugens der Einsicht«.[9] Nur unter der Bedingung des performativen Mitvollzugs ist jene wichtigste Einsicht seiner Wissenschaftslehre zu gewinnen, dass es keine Wissenschaft gibt, die nicht vom Denken allererst konstruiert werden müsste und somit nicht etwa im Sein, dem Gegenstand dieses Denkens, bereits beschlossen ist.

Man kann nur bedauern, dass seine getreuen Kritiker Jacobi und Jean Paul diesen zweiten Vortrag, der erst 1834 aus dem Nachlass publiziert wurde, nicht mehr studieren konnten. Denn an dieser Konstruktion des Wissens ist nichts trivial. Es gibt keine Vernunft, die nur darauf wartet, vom Subjekt vollzogen zu werden; und es gibt kein Sein, das als bereits bestimmt nur noch beschrieben werden müsste. Stattdessen gibt es einen »genetischen Punkt«,[10] der zu bedenken ist und der das »Wörtlein Ich, welches wohl zuletzt die einzige Ausbeute des Kantischen und, wenn ich nach ihm mich nennen darf, meines der Wissenschaft gewidmeten Lebens sein wird«,[11] in ein Verhältnis zu jenem X setzt, das Fichte ebenfalls von Kant übernimmt. Kant hatte seine Philosophie eines apriorisch arbeitenden Verstandes dadurch abgesichert, dass er von einem X sprach, das dieser Verstand postulieren muss, wenn er irgendein A in ein Verhältnis zu einem B setzen wolle, sei es als Ursache und Wirkung, sei es als Objekt und Prädikat.[12] Dieses X jedoch sei selber nicht der Erfahrung zu entneh-

---

9 Johann Gottlieb Fichte, *Die Wissenschaftslehre. Zweiter Vortrag im Jahre 1804*, hrsg. von Reinhard Lauth, Joachim Widmann, Hamburg: Meiner 1986, S. 4f.
10 So Fichte, *Die Wissenschaftslehre*, S. 33.
11 Ebd., S. 12.
12 Siehe Immanuel Kant, *Kritik der reinen Vernunft* (1781/87), in: *Werke* III-IV, hrsg. von Wilhelm Weischedel, Frankfurt am Main: Suhrkamp 1968, A 9f.; und vgl. Béatrice Longuenesse, *Kant et le Pouvoir de juger. Sensibilité*

men, da es so nicht mit Notwendigkeit gelten könne. Es müsse deswegen apriorisch gegeben sein.

Fichte misstraut der Antwort, die Kant auf das von ihm gestellte Problem gibt, übernimmt jedoch die Frage. Wie schon im ersten Vortrag von 1794 ist sein Ausgangspunkt die Frage, wie überhaupt als Grundlage einer Wissenschaft ein Satz wie $A = A$ behauptet werden könne.[13] Denn $A = A$ heißt ja nicht, dass A sei, sondern es heißt, dass jemand es als A setze: wenn A, dann A. Es müsse ein Zusammenhang zwischen A und A gefunden werden, und der könne seinerseits als X nur von einem Ich gesetzt werden, das damit auch das A und nicht zuletzt sich selber setzt. Der erste Vortrag verfolgt diesen Gedanken weiter bis in eine wechselseitige Aufhebung von Ich und Nicht-Ich, die so präzise, wie man sich dies vor dem Hintergrund des Formkalküls von Spencer-Brown nur wünschen kann, dadurch bestätigt und bewältigt wird, dass beide Seiten der Unterscheidung, jedoch nach wie vor verantwortet durch ein Ich, in ein »teilbares Ich« und ein »teilbares Nicht-Ich« entfaltet werden.[14]

Im zweiten Vortrag nimmt derselbe Gedanke eine andere Wendung, die auf den bereits genannten »genetischen Punkt« führt. Wieder wird das A, von dem etwas zu wissen wäre, in ein Verhältnis zum Denken, D, und zum Sein, S, gesetzt, diesmal jedoch mit Verweis auf Kant zusätzlich ergänzt durch den Hinweis, dass das A durch die Attribute xyz bestimmt sei, die ebenfalls sowohl auf D wie auf S zugerechnet werden könnten.[15] Im Anschluss daran kann die Problemstellung der Wissenschaftslehre in ein einziges Schema gebracht werden:[16]

---

et discursivité dans l'Analytique Transcendentale de la Critique de la Raison Pure, Paris: PUF 1993, S. xviii f. und 96 ff., die die Einführung des x als einzige Innovation Kants im Verhältnis zu der zu seiner Zeit etablierten Logik bezeichnet.
13 Siehe Fichte, *Grundlage der gesamten Wissenschaftslehre*, S. 12 ff.
14 Ebd., S. 30.
15 Fichte, *Die Wissenschaftslehre*, S. 17 ff.
16 Ebd., S. 33.

A
xyz · SD

Die Wissenschaftslehre, so Fichte, »stehe im *Punkte*«, bestimmter noch: im »Einheitspunkt« von Punkt und *A*. »Dieser Einheitspunkt kann nun allerdings unmittelbar, und in demselben verschwebend und aufgehend realisirt werden, und was wir als W.=L. innerlich (ich sage innerlich, und uns selber verborgen) sind, ist diese Realisation; aber er kann in seiner Unmittelbarkeit nicht ausgesprochen oder nachconstruirt werden; denn alles Aussprechen oder Nachconstruiren = Begreifen, ist in sich mittelbar.«[17]

Mit Spencer-Brown können wir sagen, was Fichte nicht sagen kann: Der Beobachter trifft eine Unterscheidung, mit der er identisch ist, ohne sich durch sie bezeichnen zu können, da er für diese Bezeichnung bereits die nächste Unterscheidung bräuchte, die ihn mit sich verschiebt.[18] Er ist der Punkt, der nicht zu greifen ist. Fichte sucht für das »Unbegreifliche« eine andere Antwort.[19] Er spricht vom »Licht«, das in *A*, *S*, *D* und *xyz* mit sich selbst in eine »Wechselwirkung« tritt und so ein »Durcheinander« erzeugt, das alle Konsequenz beisammen hält.[20] Von diesem Licht haben wir nur ein »Bild«.[21] Auch dieses Bild ist ein Durcheinander, und der Begriff, den wir uns von ihm machen, ist ein »abso-

---

17 Ebd.
18 Auf die Dopplung des Ichs in ein beobachtendes und ein beobachtetes Ich stellt auch Dieter Henrich, *Fichtes ursprüngliche Einsicht*, Frankfurt am Main: Klostermann 1967, ab, weicht dann jedoch in die Annahme aus, Fichte sei es um eine Theorie des Selbstbewusstseins gegangen, das in der Selbstsetzung seinen Angelpunkt habe. Mir scheint jedoch auch eine Lektüre möglich, der gemäß es Fichte darum ging, das Ich aus diesen Angeln herauszuheben und auf die unabschließbare Oszillation zwischen sich und der Welt zu verweisen, die dann »Wissen« heißt.
19 Fichte, *Die Wissenschaftslehre*, S. 36.
20 Ebd., S. 37 ff. und 75 f.
21 Ebd., S. 82. Vgl. zur zentralen Rolle des Bildes bei Fichte Günter Schulte, *Die Wissenschaftslehre des späten Fichte*, Frankfurt am Main: Klostermann 1971.

lutes *Durcheinander*«.[22] Übersetzen wir das »Licht« in Spencer-Browns »pervasiven Raum« und das »Durcheinander« in die in sich unterschiedene und oszillierend sich selber erinnernde Form, wird einsichtig, dass wir Fichte von hier aus nicht in seine Philosophie der Offenbarung folgen müssen (von seinem Nationalismus und Antisemitismus zu schweigen), sondern seine Problemstellung festhalten können, ohne seine eigenen Lösungen zu übernehmen.

Hegel bringt diese Philosophie des Subjekts, die wir als Vorgriff auf eine Theorie des Beobachters lesen, zum Abschluss.[23] Auch er profitiert von jener vom Christentum, vom Buddhismus, vom Islam und möglicherweise von jeder anderen Religion gepflegten Kunst, die Individualität als eitel und das Subjekt als leer zu erweisen, um den Menschen aus seiner Endlichkeit zu befreien, auf eine Unendlichkeit zu verweisen und mit einem Abso-

---

22 Fichte, *Die Wissenschaftslehre*, S. 85 und 86.
23 Die Sekundärliteratur zum deutschen Idealismus ist unüberschaubar. Hilfreich für den Einstieg sind Joachim Ritter, *Hegel und die französische Revolution*, Frankfurt am Main: Suhrkamp 1965; Dieter Henrich, *Hegel im Kontext*, Frankfurt am Main: Suhrkamp 1967; Schulte, *Die Wissenschaftslehre des späten Fichte*; ders., »Einleitung. Fichte damals und heute«, in: *Fichte. Ausgewählt und vorgestellt von Günter Schulte*, München: Diederichs 1996, S. 13-59; Thomas Sören Hoffmann, *Die absolute Form. Modalität, Individualität und das Prinzip der Philosophie nach Kant und Hegel*, Berlin: de Gruyter 1991; Hermann Schmitz, *Die entfremdete Subjektivität. Von Fichte zu Hegel*, Bonn: Bouvier 1992; Lothar Eley, *Fichte, Schelling, Hegel. Operative Denkwege im »Deutschen Idealismus«*, Neuried: ars una 1995; ders., *Grundzüge einer konstruktiv-phänomenologischen Kognitions- und Willenstheorie*, Würzburg: Königshausen + Neumann 2004; Katrin Wille, »Hegel über Unterscheidungen als Unterscheidungen. Eine unterscheidungstheoretische Lektüre der Phänomenologie des Geistes«, in: Wolfgang Neuser, Sönke Roterberg (Hrsg.), *Systemtheorie, Selbstorganisation und Dialektik. Zur Methodik der Hegelschen Naturphilosophie*, Würzburg: Königshausen + Neumann 2012, S. 51-78; und in unserem Zusammenhang vor allem Slavoj Žižek, *Psychoanalyse und die Philosophie des deutschen Idealismus* (1991/94), neue Ausgabe, übers. von Isolde Charim, übers. von Lydia Marinelli, Wien: Turia + Kant 2008 (die Originalausgaben waren unter den bezeichnenden Titeln »Le plus sublime des hystériques« – gemeint ist Hegel – und »Tarrying with the Negative« erschienen).

luten vertraut zu machen, insistiert jedoch zugleich darauf, dass die Philosophie eine Wahrheit in den Begriff fasst, die die Religion nur bezeugen kann.[24] Weit davon entfernt, den Trick des Priesters beerben zu wollen, die Menschen um ihre Schmerzen zu betrügen, um sie für den Trost und die Gnade Gottes empfänglich zu machen, wendet er sich gegen jede Ausflucht ins Heilige (insbesondere in dessen katholischen Varianten) und sucht unter dem Stichwort der »Sittlichkeit« nach einer für ihn noch im Staat gegebenen Möglichkeit, den Menschen ein Leben und ein Bewusstsein zu ermöglichen, das um seine Wahrheit weiß.[25] Auch bei Hegel schließt nichts aus, das sei an dieser Stelle unterstrichen, dass der Weltgeist in der Weltgeschichte des Weltgerichts auch über dieses Stadium der im Staat verwirklichten Sittlichkeit hinausgeht und in ein neues Stadium findet.[26]

Ebenso entscheidend wie diese Immanenz und Offenheit der Entwicklung des Geistes, sowohl geschlossen zum Begriff als auch konfrontiert mit Zufällen aller Art,[27] ist der Ausgangspunkt von einer Philosophie der Natur, die das Leben des Subjekts begründet, und zwar göttlich begründet, zugleich jedoch mit einem »unaufgelöste[n] Widerspruch« konfrontiert.[28] Im Verhältnis zum Geist ist die Natur nur negativ; in dieser Negativität jedoch sind jene Freiheit und Notwendigkeit verankert, als deren Entfaltung der Geist sich verwirklicht. Um diese Verschränkung von Freiheit und Notwendigkeit geht es der Philosophie des Subjekts bei Hegel. Um dieser Verschränkung auf die Spur zu kommen, spannt er die Entwicklung des Geistes zwischen die beiden Pole der Natur und des Absoluten. Und um diese *beiden* Pole in *eine* Entwicklung des Begriffs fassen zu können, schaltet er in seiner *Enzyklo-*

---

24 Siehe Georg Wilhelm Friedrich Hegel, *Enzyklopädie der philosophischen Wissenschaften im Grundrisse* (1830), hrsg. von Friedhelm Nicolin, Otto Pöggeler, 7. durchges. Aufl., erneut durchges. Nachdruck, Hamburg: Meiner 1975, Vorrede zur zweiten Ausgabe, §§ 1 und 573.
25 Ebd., § 552.
26 Ebd., §§ 548f.
27 Ebd., §§ 181ff.
28 Ebd., §§ 217, 248.

pädie der philosophischen Wissenschaften vor die Philosophie der Natur und die Philosophie des Geistes eine Wissenschaft der Logik.[29] In dieser Wissenschaft der Logik vollendet sich die Philosophie des Idealismus, weil hier streng spekulativ die Freiheit und die Notwendigkeit entwickelt werden, der Endlichkeit des Verstandes die Unendlichkeit der Vernunft gegenüberzustellen.[30] In dieser Gegenüberstellung beerbt die Philosophie die Religion, deren Gott sie als Idee bestimmt.

Hegel ist an dieser Stelle sehr vorsichtig. Er warnt davor, die Unendlichkeit ihrerseits als bestimmte Idee zu fassen und so auf das schlecht Unendliche einer Verstandesidee zu reduzieren. Es geht ihm nicht um die Suche nach einer konkreten Unendlichkeit, die dann als Jenseits unseres Diesseits bestimmt werden könnte. Sondern es geht ihm um die Idealität dieser Unendlichkeit und deswegen um eine Philosophie des Idealismus. Diese Philosophie verabschiedet sich nicht aus der wirklichen Welt, um sich spekulativ und intuitiv in anderen Gefilden zu bewegen und Wissenschaft des Übersinnlichen zu werden,[31] sondern sie sucht das vernünftig Unendliche in diesem Wirklichen selbst auf. Nur deswegen können wir Hegels *Enzyklopädie* im Zusammenhang einer Bestimmung des Formkalküls für Zwecke einer Kulturtheorie hier lesen. Nur deswegen ist Hegel für uns »pünktlich«, wie Lothar Eley sagen würde.[32] Hegel gibt zu, dass man das vernünftig Unendliche nicht »begreifen« und daher auch die Philosophie nicht »begreifen« kann;[33] aber man kann sich in ihr üben, kann Impulse aus der Gottesidee der Religion und der »Vielgötterei« der Kunst[34] beziehen und kann so jene Erkenntnis des Geistes

---

29 Siehe die »Philosophie der Natur«, ebd., §§ 245 ff., die »Philosophie des Geistes«, §§ 377 ff., und die »Wissenschaft der Logik«, §§ 19 ff.
30 So ebd., § 95.
31 So jedoch die Rekonstruktion von Eckart Förster, *Die 25 Jahre der Philosophie. Eine systematische Rekonstruktion*, Frankfurt am Main: Klostermann 2011.
32 In: Eley, *Fichte, Schelling, Hegel*, passim.
33 So Hegel, *Enzyklopädie*, § 573.
34 Ebd., § 559.

machen, auf die alleine es ankommt, auch wenn sie, obgleich die »konkreteste«, auch die »schwerste« ist.[35]

Das Formkalkül hilft uns, diese Erkenntnis des Geistes für uns nachzuvollziehen, wiederum übend und wohl kaum begreifend. Spencer-Browns Laws of Form erschließen sich ebenso nur durch ihren immer wieder neu erprobten Vollzug, wie auch die Religion und die Philosophie ihre Wahrheit laut Hegel nicht etwa aussprechen, sondern in Denkfiguren entweder bezeugen oder begreifbar machen. Diese Denkfiguren lesen sich, als hätten sie dem Formkalkül Pate gestanden. Für die Religion zitiert Hegel die christliche Dreifaltigkeitslehre, in der der Schöpfer als die substanzielle Macht (unmarked state), der Sohn als das vom allgemeinen Wesen Unterschiedene (marked state) und der Heilige Geist als die sich aufhebende Vermittlung, konkrete Einzelheit, Subjektivität (form) gedacht wird.[36] In der Religion haben wir es mit den drei und nur drei Momenten der Manifestation, Unterscheidung und Rückkehr in sich selbst zu tun,[37] von denen die *Laws of Form* dann nur noch zeigen müssen, dass sie je nach Umstand und Beobachter verdichtet und entfaltet werden können, ohne dass der Teufel eine andere Chance hat, als diese Bewegung im schlecht Unendlichen anzuhalten.

Und für seine eigene Philosophie zitiert Hegel die Denkfigur der Dialektik, die ebenfalls drei und nur drei Momente aufweist,[38] nämlich a) die Bestimmtheit und Unterschiedenheit des Verstandes, b) die dialektische Aufhebung der Bestimmtheit in ihr Gegenteil durch die Reflexion und c) der Gedanke der Einheit der Bestimmungen in ihrer Entgegensetzung durch die spekulative Vernunft, die ebenfalls ohne jede Verrenkung, so will mir scheinen, als Indication, Distinction und Reentry gelesen werden können. Anders als die Mathematik Spencer-Browns jedoch kann die Philosophie Hegels zeigen, dass die Beobachtung der

---

35 Ebd., § 377.
36 Ebd., § 567.
37 Ebd., § 566.
38 Vgl. ebd., §§ 80-82.

Form nicht in einem Zuge vollzogen werden kann, sondern Übergänge zwischen Gemütszuständen (Verstand, Reflexion, Vernunft) erfordert, die ihrerseits, wenn man so will, empirisch veranlasst sein müssen. Die Beobachtung der Form versteht sich nicht von selbst. Sie ist unwahrscheinlich. Hegel unterstreicht dies durch die Formulierung, dass auch der dritte Schritt ein konkreter ist und seinerseits eine »einfache, formelle Einheit« aufweist.[39] Ohne einen Beobachter, der sich ihrer annimmt und entsprechend beobachtet, ist die Vernunft verloren. Sie kann sich nicht um sich selber kümmern. Man kann sie aus den Augen verlieren. Sie braucht Gelegenheiten, Anlässe und Agenten. Man könnte auch sagen: Sie braucht ihre Praxis, für die seither die »Theorie« eine Zuständigkeit beansprucht und die »Universität« als unbedingter Ort ihrer Übung in Anspruch genommen wird.[40]

Glauben und Denken haben es daher immer schon mit einer Erkenntnis des Geistes zu tun. Da man dies jedoch deswegen nicht auch bereits wissen muss beziehungsweise sogar um die Wahrheit dieses Wissens wissen muss, konzipiert Hegel seine Philosophie insgesamt und die *Enzyklopädie der philosophischen Wissenschaften* nicht nur als eine weitere Denkfigur, die das Allgemeine des Allgemeinen auch in der Physik, Chemie, Psychologie und Anthropologie aufzuspüren vermag, nicht nur als Vollzug der Dialektik in ihrem Material und noch nicht einmal nur als Nachweis der Möglichkeit, auch in der Wissenschaft zu *denken*, sondern als wissenschaftlichen Beweis der Möglichkeit der Erkenntnis des Geistes. Das ist sein nicht abschließendes, sondern aufschließendes Unterfangen.

Wie führt Hegel diesen Beweis? Er führt ihn als Beweis der Freiheit und Notwendigkeit des Denkens – letztlich: im Umgang mit Unterscheidungen. Nur dafür benötigt er die Begrifflichkeit

---

39 Ebd., § 82.
40 Im Sinne von Herbert Marcuse, »Bemerkungen zu einer Neubestimmung der Kultur«, in: ders., *Kultur und Gesellschaft* 2, Frankfurt am Main: Suhrkamp 1965, S. 147-171, hier: S. 161 ff.; und Jacques Derrida, *L'Université sans condition*, Paris: Galilée 2001.

des Bestimmten und Unbestimmten, Besonderen und Allgemeinen, Endlichen und Unendlichen, Konkreten und Absoluten, die er in bester Manier einer Spencer-Brownschen Gleichung zweiter Ordnung immer nur als Momente ihrer eigenen Unterscheidung begreift. Denn »schief und unrichtig« und »mit Recht anstößig« wäre es, sie genauso wie Sein und Nichts oder Subjekt und Objekt einander gegenüberzustellen und ihre Verschiedenheit auszusprechen, ohne ebenso ihre Einheit zu betonen.[41] Aber auch um diese Einheit geht es nur als ein Moment des Umgangs mit Unterscheidungen. Denn so wichtig wie die Verschiedenheit und die Einheit ist die »*Unruhe* in sich« der Unterscheidung.[42]

Wie also, noch einmal, findet die Erkenntnis des Geistes zum Allgemeinen und wieder zurück zum Konkreten? Dass die Seele ein Schluss, eine Schließung, im Medium der Wirklichkeit ist, wie man Aristoteles' *Über die Seele* sicherlich zu grob zusammenfassen kann, ist für den Gedanken Hegels ebenso maßgebend[43] wie die nicht nur religiöse, aber religiös ausgebaute und ausgebeutete Entdeckung der Leere und Eitelkeit des Subjekts, das gleichwohl in seinem Fühlen, Erleben, Vorstellen und Erkennen das Bewusstsein einer eigentümlichen Freiheit hat.[44] Denn so kann er für die Erkenntnis des Geistes das Bewusstsein der Freiheit und der Notwendigkeit sowohl zum Ausgangspunkt als auch zum Endpunkt dieser Erkenntnis nehmen und danach fragen, wie das eine mit dem anderen verschränkt ist. Er konfrontiert das Ich, das »ganz leer, punktuell, einfach, aber tätig in dieser Einfachheit«[45] ist – »aber *Ich* bin darum doch ein ganz *Einfaches*, – ein

---

41 So Hegel, *Enzyklopädie*, § 88.
42 Ebd.
43 Siehe ebd., § 378. Und vgl. Friedhelm Nicolai, Otto Pöggeler, »Zur Einführung«, in: Georg Wilhelm Friedrich Hegel, *Enzyklopädie der philosophischen Wissenschaften im Grundrisse* (1830), hrsg. von Friedhelm Nicolin, Otto Pöggeler, 7. durchges. Aufl., erneut durchges. Nachdruck, Hamburg: Meiner 1975, S. IX-LII, hier: S. XL.
44 Hegel, *Enzyklopädie*, § 424.
45 So in Georg Wilhelm Friedrich Hegel, *Grundlinien der Philosophie des Rechts oder Naturrecht und Staatswissenschaft im Grundrisse. Mit Hegels*

bestimmungsloser Schacht«[46] –, mit dem »Genius«, der Fülle an Empfindungen, Bestimmungen, Interessen und Verhältnissen, in die dieses Ich zunächst »magisch«, dann »somnambul« eingespannt ist,[47] und fragt, wie unter diesen Verhältnissen, so verständig man auch immer sich in ihnen bewegen mag, eine Erkenntnis der Freiheit möglich ist. Auch hier gilt, dass die Antwort umso einfacher wird, je genauer man fragt. Weil das Subjekt leer ist, ist es frei. Weil es sich jedoch nur innerhalb der Wirklichkeit bestimmen kann, ist seine Freiheit zugleich eine der Notwendigkeit.

In der Terminologie von Hegel bestimmt sich das Subjekt als absolute Negativität, weil es zu jeder denkbaren, endlichen und verständigen Bestimmung das Andere einer auch anders möglichen Bestimmung mitdenken kann, und als vernünftig, weil es nur solche Bestimmungen realisieren kann, die es als mögliche Bestimmungen unter seinen Verhältnissen vorfindet. Mit Spencer-Brown kann man formulieren, dass das Subjekt als Beobachter auf der Ebene einer arithmetischen Konstante definiert ist, während es seine Beobachtungen auf der Ebene algebraischer Variablen realisiert. Es ist selbstreferentiell leer und fremdreferentiell zum einen frei und zum anderen notwendig gebunden an jene Beobachtungen, die Anschluss an andere Beobachtungen finden können. Diese vernünftige Selbstbestimmung des Subjekts im Medium zunächst des subjektiven, dann des objektiven und schließlich des absoluten Geistes schließt die Möglichkeit, dass das Subjekt »verrückt« wird, nicht aus, sondern ein, denn ver-

---

eigenhändigen Notizen und den mündlichen Zusätzen (1821), *Werke*, Bd. 7, Frankfurt am Main: Suhrkamp 1970, § 4.
46 Hegel, *Enzyklopädie*, § 403.
47 Ebd., §§ 405f. – Dieser Genius wird inklusive des somnambulen Umgangs mit ihm in Begriffen der ökonomischen Theorie ausbuchstabiert bei Gary S. Becker, »Irrational Behavior and Economic Theory«, in: *Journal of Political Economy* 70 (1962), S. 1-13; ders., »A Theory of the Allocation of Time«, in: *Economic Journal* 75 (1965), S. 493-517; ders., »A Theory of Social Interaction«, in: *Journal of Political Economy* 82 (1974), S. 1063-1093.

rückt ist es, angesichts dieser Verschränkung von Freiheit und Notwendigkeit an einem bestimmten Besonderen festzuhalten, das nicht seinerseits in die Bewegung der Totalität eingebettet, durch sie relativiert und wiederum auf das Allgemeine möglicher anderer Bestimmungen zurückbezogen wird.[48] Und »böse« ist es, gegen das Wahre an einem Endlichen festzuhalten,[49] so wie Mephistopheles Faust dazu verführt, an Gretchen festzuhalten, ohne das je andere Allgemeine zu respektieren, in das er und sie bestimmt sind.

Ganz im Sinne von Fichte und nach wie vor begründet in der Bestimmung der Subjektivität jeder Erkenntnisleistung durch Kant sind diese Freiheit und Notwendigkeit an nichts anderes als an die Entdeckung des Subjekts gebunden, dass es dies, aber auch etwas anderes denken und tun kann. Niemand kann ihm die Unterscheidung abnehmen, die es selber treffen muss. Kein Schritt führt aus der Unmittelbarkeit seines somnambulen Lebens, die nur Zufälligkeit aus der Zufälligkeit gewinnt, in die Freiheit seiner Notwendigkeit. Es muss die eigene Leere mit der Unendlichkeit der Möglichkeiten seiner Bestimmung konfrontieren, um sich vom Verstand zur Vernunft emanzipieren zu können. Es bewegt sich im Medium des Begriffs und der Idee, um laufend das eine mit dem anderen, die Freiheit mit der Notwendigkeit abgleichen zu können, deren Einheit, noch einmal, genau deswegen der Schluss ist: Wo auch immer er neu ansetzt, stößt er auf Einschränkungen, die vorzeichnen, wie es weitergeht.

Daher ist die Idee das Moment des Wiederauffindens des Unendlichen im Endlichen beziehungsweise, mit Spencer-Brown, die Beobachtung eines markierten Zustands im Kontext seiner Markierung und damit seiner unbestimmten Außenseite: »Die Logik ist die Wissenschaft der *reinen Idee*, das ist, der Idee im abstrakten Elemente des *Denkens*. [...] Die Idee ist das Denken nicht als formales, sondern als die sich entwickelnde Totalität seiner eigentümlichen Bestimmungen und Gesetze, die es sich selbst

---

48 Hegel, *Enzyklopädie*, § 408.
49 Ebd., § 386.

gibt, nicht schon *hat* und in sich vorfindet.«[50] Und daher ist der Begriff der laufende Rückbezug des Besonderen auf das Allgemeine und umgekehrt, beziehungsweise, mit Spencer-Brown, die Beobachtung der Form in der Form: »Der Begriff ist das *Freie*, als die *für sie seiende substanzielle Macht*, und ist *Totalität*, indem *jedes* der Momente *das Ganze* ist, das *er* ist, und als ungetrennte Einheit mit ihm gesetzt ist; so ist er in seiner Identität mit sich das *an und für sich Bestimmte*.«[51] Und es bleibt dabei, dass der Geist nie anders denn als seine eigene Manifestation bestimmt werden kann,[52] also durch nichts inhaltlich bestimmt ist, sondern nur in jener wechselseitigen Repulsion und Attraktion der Eins, die das Subjekt ist, und der Vielen, die die anderen Subjekte sind, die dann auch »bürgerliche Gesellschaft« heißen,[53] entfaltet werden kann.[54]

Die Philosophie des Subjekts, verstanden als Vorgriff auf eine Theorie des Beobachters, steht und fällt mit einem Verständnis des Denkens,[55] das in sich nichts findet, was es daran hindert, vom Endlichen ins Unendliche überzugehen, wieder zurückzufinden und diese Bewegung zu wiederholen, bis der Tod dem Schließen ein Ende setzt. Selbstverständlich kann und muss man dies als einen »selbstbezüglichen Prozess, der sich als wiederholte Positivierung eines zentralen Leeren artikuliert«,[56] lesen. Aber zugleich ist diese Leere eben nicht schlecht unendlich zu bestimmen, sondern als unmarkierter Zustand zu deuten, der das Kreuzen und damit auch Setzen jeder Unterscheidung in Gang setzt, gleichgültig, ob das Subjekt ihn in sich, in anderen oder in der Wirklichkeit findet. Die Leere des Subjekts ist nicht zentral, son-

---

50 So ebd., § 19; und vgl. §§ 14, 213.
51 So ebd., § 160.
52 Ebd., § 383.
53 So ebd., §§ 523 ff., sowie Hegel, *Grundlinien der Philosophie des Rechts*, §§ 182-256.
54 Hegel, *Enzyklopädie*, § 96 ff.
55 Siehe ebd., § 50.
56 So Žižek, *Psychoanalyse und die Philosophie des deutschen Idealismus*, S. 18.

dern dezentral. Sie ist die »absolute«, das heißt abstrakte Negativität,[57] die sich überall findet, wo eine Bestimmung gegen eine andere ausgewechselt werden kann. Ohne das Subjekt jedoch, das sich in Selbsterkenntnis übt und daraus eine Erkenntnis des Geistes gewinnt, käme sie nicht zur Erfahrung und könnte daher auch in kein Kalkül des Wissens eingebaut werden. Deswegen bestehen Fichte und Hegel gegen Spinoza darauf, dass das Subjekt, gedacht als Subjektivität des Individuums, aus der Reihe des Seienden herausspringt und nicht einfach positivistisch wieder in sie hineingefügt werden darf. Denn das hieße, die Vernunft an den Verstand aufzugeben und auf jene Dialektik zu verzichten, die darin besteht, das Endliche in sich aufheben und neu bestätigen zu können.[58]

Hegel entwirft die Logik als eine »Wissenschaft der absoluten Form«,[59] in der die Form selbst etwas Wahres ist und daher an ihr selbst »einen *Inhalt* haben« muss. Dieses Ziel kann die Logik nur erreichen, indem sie den Schluss als Schließung untersucht, überprüft und aufzeigt und so die Form als Totalität begreift, die nicht nur vollständig in sich reflektiert ist, sondern auch vollständig vom Begriff, der ein Moment ihrer selbst ist, entschlüsselt wird. Eine »absolute« Form ist die Form dann, wenn sie von allem anderen »losgelöst« nicht etwa das oberste, weil von allem anderen nicht bedingte und daher letztlich göttliche Prinzip ist, sondern Subjektivität und Objektivität übergreifendes, in sich selbst verankertes und sich auf sich beziehendes System ist. Der doppelte Bezug dieses Systems auf eine leere und unverzichtbare

---

57 Hegel, *Enzyklopädie*, § 115. Diese abstrakte Negativität bestimmt Slavoj Žižek, *Less Than Nothing. Hegel and the Shadow of Dialectical Materialism*, New York: Verso 2012, insbes. S. 905 ff., konkret als den Mangel, das Weniger-als-Nichts, auf das jede symbolische Ordnung stößt, sobald sie sich in sich zu bestimmen versucht. In diesem Mangel und nur hier berührt das Symbolische sich mit dem Realen.

58 Hegel, *Enzyklopädie*, § 81.

59 So Georg Wilhelm Friedrich Hegel, *Wissenschaft der Logik II (Die subjektive Logik oder die Lehre vom Begriff)* (1816), *Werke*, Bd. 6, Frankfurt am Main: Suhrkamp 1979, S. 267.

Subjektivität zum einen sowie die in jedem Moment der Endlichkeit reflektierte Idealität der Unendlichkeit zum anderen, beide aufgefasst als Momente einer ihrerseits absoluten Negativität, macht den Begriff dieses Systems zwar etwas unhandlich, zugleich jedoch empirisch fruchtbar.

Die Skepsis

Hegels ehrgeiziger Versuch, eine Wissenschaft der Logik als System zu entwickeln, in dem der absolute Geist sich aus den Momenten des subjektiven und des objektiven Geistes entfaltet und sich in diesen Momenten realisiert, konnte sich nicht durchsetzen. Auch sein Vorschlag, von »philosophischen« Wissenschaften zu sprechen, die in ihren Beobachtungen der Natur, der menschlichen Subjektivität, der Kunst, der Religion, der Gesellschaft und des Staates in Rechnung stellen, dass sie *denken*, sobald sie sich Begriffe machen, diese miteinander verknüpfen und auf einen Gegenstand beziehen, fand wenig Anklang. Mit dem Ende der Epoche der Philosophie des Idealismus verlor sich nicht nur der Mut zur Spekulation, sondern auch das Verständnis dafür, dass spekulative Momente in jeder Begriffsbildung enthalten sind, sobald diese auch nur um einen Deut darüber hinausgeht, einem Sachverhalt einen Eigennamen zu geben.

Wir versuchen hier jedoch nicht, eine Epoche zu würdigen. Uns geht es nur um Vorgriffe auf eine Theorie des Beobachters, und um solche insbesondere dann, wenn sie um einen Formbegriff kreisen, der mindestens einen Verweis auf eine Äußerlichkeit enthält, die dem Beobachter den Blick auf einen dennoch unterstellten Inhalt verstellt, der darüber hinaus jedoch auch auf die Beobachtung einer »inneren« Form zielt und oft das eine mit dem anderen verknüpfend eine Philosophie der Erkenntnis entwickelt, die sich unsicher ist, ob sie mit jeder Erkenntnis eher etwas über das erkennende Subjekt oder das erkannte Objekt zu erkennen gibt.

Das ist bereits das platonische Erbe des Formbegriffs. Platon hatte eine Philosophie der Form (eidôs) vertreten, zuweilen auch Idee (idéa), Gestalt (morphē), Beispiel (parádeigma), Wesen (ousía), Gattung (génos) oder Natur (physis) genannt,[60] die sich im *Sophistes* oder im *Timaios* wie eine Propädeutik zu den *Laws of Form* liest. So vertritt der Fremde im *Sophistes* eine dialektische Wissenschaft des Philosophen, klar zu unterscheiden von der Sophistik derer, die sich nur »wunder was Schwieriges« ausdenken,[61] die präzise jenes Interesse an Verwicklungen zum Ausdruck bringt, die bis zu Hegel und darüber hinaus als Herausforderung einer denkenden Wissenschaft wahrgenommen wird: »Das Trennen nach Gattungen und daß man weder denselben Begriff für einen andern noch einen andern für denselben halten, wollen wir nicht sagen, dies gehöre für die dialektische Wissenschaft? [...] Wer also dieses gehörig zu tun versteht, der wird *eine* Idee als durch *viele*, die einzeln voneinander gesondert sind, nach allen Seiten sich hindurch erstreckend genau bemerken, und *viele* voneinander verschiedene als von *einer* äußerlich umfaßte, und wiederum *eine* als durch *viele*, die insgesamt miteinander verbunden sind, im Eins verknüpfte, und endlich viele als gänzlich voneinander abgesonderte. Dies heißt dann, inwiefern jedes in Gemeinschaft treten kann und inwiefern nicht, der Art nach zu unterscheiden wissen.«[62] Und dass sich diese Dialektik nicht zu einer Lehre der Gattungen ordnen und beruhigen lässt, wird spätestens dann deutlich, wenn der Fremde darauf hinweist, dass sich in diesem Einen und Vielen die »fünf Hauptbegriffe« Ruhe, Bewegung, das Seiende, das Selbe und das Verschiedene sowohl trennen als auch vermischen[63] und dass so an allem Seienden ein

---

60 Vgl. Christian Schäfer, »Idee/Form/Gestalt/Wesen (*idea, eidos, morphê, parádeigma*)«, in: ders. (Hrsg.), *Platon-Lexikon. Begriffswörterbuch zu Platon und der platonischen Tradition*, Darmstadt: Wissenschaftliche Buchgesellschaft 2007, S. 157-165.
61 Platon, *Sophistes*, in: *Sämtliche Werke*, Bd. 3, übers. von Friedrich Schleiermacher, neu hrsg. von Ursula Wolf, Reinbek bei Hamburg: Rowohlt 1994, S. 253-335, hier: 259c.
62 Platon, *Sophistes*, 253d-e.
63 Ebd., 254b-255e.

Nichtsein Anteil hat, also selber seiend ist, das jedoch nicht als Entgegensetzung, sondern als ein Hinweis auf ein Verschiedenes zu verstehen ist.[64] Und vergessen wir nicht zu unterstreichen, dass der Gedankengang dieser Dialektik der Unterscheidung, Zusammensetzung und Zusammengehörigkeit des Verschiedenen zur Freude der Medientheorie am Beispiel des Alphabets und der Tonkunst entwickelt wird und zur Freude unserer Theorie des Beobachters nicht ohne den Hinweis startet, dass es zur Herstellung einer Gemeinschaft des Verschiedenen einer Kunst bedarf, dies nicht nur zu wissen, sondern auch zu tun.[65]

Und im *Timaios* lesen wir als Antwort auf die Frage, worin jene Gattung besteht, in der ein Werden stattfindet, das nicht mehr Nichtsein und noch nicht Sein ist,[66] dies seien die Formen in ihrer Gestaltung durch den Schöpfer: »[...] als jedoch Gott das Ganze zu ordnen unternahm, haben sich anfangs Feuer, Wasser, Luft und Erde, die aber bereits gewisse Spuren von sich selbst besaßen, durchaus in einem Zustande befunden, wie er bei allem, über welches kein Gott waltet, sich erwarten läßt. Diese von Natur also Beschaffenen formte Gott durch Gestaltungen und Zahlen. Daß er aus einem nicht so beschaffenen Zustande auf das möglichst schönste und beste sie zusammenfügte, diese Behauptung stehe uns durchgängig in allem fest.«[67] Seit Platon, so Klaus Oehler,[68] muss auch zählen und das heißt mindestens bis zwei zählen können, wer sich mit der Philosophie, das heißt mit der Idee des Guten, beschäftigen will.

Ordnung und Zahl wie auch die Frage danach, wer hier was aufgrund welcher Annahmen, anhand welcher Beispiele (Paradigmen) und in der Auseinandersetzung mit wem beobachtet, ist

---

64 Ebd., 257b und 259a.
65 Ebd., 253a.
66 Platon, *Timaios*, *Sämtliche Werke*, Bd. 4, übers. von Friedrich Schleiermacher, neu hrsg. von Ursula Wolf, Reinbek bei Hamburg: Rowohlt 1994, S. 11-103, hier: 50d-e.
67 Ebd., 53b.
68 Siehe Klaus Oehler, »Der entmythologisierte Platon«, in: ders., *Antike Philosophie und byzantinisches Mittelalter*, München: Beck 1969, S. 66-94.

seither mal implizit, mal explizit, mal nur in jenen, mal in anderen Hinsichten ein verlässlicher Bestandteil jeder Wiederaufnahme des Formbegriffs. Nur selten wird dabei wie bei Platon[69] und Hegel der Anspruch mitgeführt, ein »System« zu entwerfen, in dem das, was sich von sich aus zusammenstellt, ebenso sehr Moment des Ganzen ist wie der, der es dabei beobachtet. Doch das ändert nichts daran, dass der Formbegriff auch dann fasziniert, wenn der Leitfaden nicht das System, sondern mit Kant eher die skeptische Methode ist.[70] Diese Methode erschöpft sich nicht in einem alles (außer sich selbst) ablehnenden Skeptizismus, sondern ist darin Methode, dass sie Ideen ernst nimmt, wenn sie sich einstellen, dann jedoch ins Detail geht und Prädikate des Gegenstandes wie Motive des Beobachters im Einzelnen auseinanderdividiert und aufeinander bezieht.

Noch bevor Kant von Raum und Zeit als reinen Formen der Anschauung spricht[71] und eine Kritik der reinen Vernunft entwirft, die die Idealität dieser Formen nachweist und alles tut, um die Einsicht in ihre transzendentale Notwendigkeit herauszuarbeiten und zugleich davor zu bewahren, mit der Behauptung ihrer empirischen Existenz »vernünftelnd« verwechselt zu werden,[72] spricht der Earl of Shaftesbury von Formen der Natur und des Schönen, die nur dann vollkommen seien, wenn ihrer äußeren auch eine innere Form (eigentlich: nach innen gewendete oder auch innerliche Form, »inward form«) entspreche.[73] Doch nicht nur aus diesem Bezug einer äußeren auf eine innere Form, sondern auch aus einer offengehaltenen Frage danach, wer oder was diesen Bezug herstellen und sich vorstellen könne, erklärt sich der Einfluss des Grafen auf die Philosophie der Aufklärung

---

69 So Oehler, ebd.
70 So Kant, *Kritik der reinen Vernunft*, B 452 f.
71 Ebd., B 34 f.
72 Ebd., B 449.
73 Siehe Antony Ashley Cooper, Third Earl of Shaftesbury, *Characteristics of Men, Manners, Opinions, Times* (1711), hrsg. von Lawrence E. Klein, Cambridge: Cambridge UP 1999, S. 323, Übers. DB.

und die Kunst der Empfindsamkeit.[74] Denn was, so erläutert in der Form eines Gesprächs Theokles, der Gotteskundige, Philokles, dem Skeptiker, sei das Schöne, wenn nicht die Kunst, die etwas verschönere? »Die Kunst ist also das Schöne. [...] Und die Kunst ist das, was verschönt. [...] So dass das Verschönernde [the beautifying], nicht das Verschönte [the beautified], das wirklich Schöne ist.«[75] Doch gerade dann, wenn man diese Einsicht ergänzt durch die Unterscheidung von drei Arten von Formen, drei Ordnungen des Schönen, nämlich erstens »toten Formen« (dead forms), die schön sind, weil sie vom Menschen hergestellt werden, zweitens »formenden Formen [forming forms]«, die in sich selbst »Aktion, Erkenntnis [intelligence] und Operation« aufweisen, und drittens, im Singular, eine Form, »die nicht nur das formt, was wir bloße Formen nennen, sondern sogar die Formen, die formen [but even the forms which form]«,[76] bleibt offen, wer oder was die Quelle dieser Schönheit ist (»das, was sogar den Geist selbst gestaltet«[77]), denn es müsse ja neben dem, was wir schön finden, auch uns formen, die wir in der Lage sind, etwas schön zu finden und entsprechend zu formen.

Vor allem in Deutschland wirken diese Überlegungen im wahrsten Sinne des Wortes elektrisierend. Zusammen mit den Nachwirkungen des Mystizismus von Jakob Böhme, der auch von Hegel ausdrücklich gewürdigt wird, und den zeitgenössischen In-

---

74 Vgl. dazu Reinhold Schwinger, Heinz Nicolai, *Innere Form und dichterische Phantasie. Zwei Vorstudien zu einer neueren deutschen Poetik*, hrsg. von Karl Justus Obenauer, München: C. H. Beck 1935. Und siehe zu Konsequenzen eines historisch informierten Formbegriffs für die Theorie der Narration und der Metapher David Wellbery, »Contingency«, in: Ann Fehn u. a. (Hrsg.), *Neverending Stories. Toward a Critical Narratology*, Princeton, NJ: Princeton UP 1991, S. 237-257; ders., »Retrait/Re-entry. Zur poststrukturalistischen Metapherndiskussion«, in: Gerhard Neumann (Hrsg.), *Poststrukturalismus. Herausforderung an die Literaturwissenschaft*, Stuttgart: Metzler 1997, S. 194-207; ders., *Form und Idee. Skizze eines Begriffsfeldes um 1800*, Manuskript 2010/11.
75 So Shaftesbury, *Characeristics of Men, Manners, Opinions, Times*, S. 322.
76 Beide Zitate ebd., S. 323, Übers. DB.
77 Ebd., S. 324, Übers. DB.

teressen an den neuartigen Ideen des Magnetismus, Mechanismus und Chemismus, von Revolution und Evolution zu schweigen, bereiten sie einer Naturforschung, einer Lehre vom Schönen, einer Staats-, Verfassungs- und Wirtschaftslehre, Entdeckungsreisen, Briefwechseln und Universitätsreformen das Feld, die immer wieder um die Frage kreisen, welche Formen welche Mitteilungen enthalten, die man nie entziffern kann, ohne sich auch selbst zu entziffern. Dem kommt ein neues Interesse an »Kultur« entgegen, das der Einheit des Menschen ebenso wie der Vielfalt seiner Lebensformen gilt und sich mit dem »freien, aber schwachen Willen«[78] des Menschen ebenso beschäftigt wie mit der Paradoxie, dass die Steigerung dieser Freiheit in den Künsten und Wissenschaften von der Unterwerfung des Menschen unter die Dekadenz seiner verfeinerten Sitten, vergiftet vom »Wunsch [...], sich gegenseitig durch Werke zu imponieren«,[79] nicht zu trennen ist.

Aber selbst der Entwurf einer neuen Philosophie der Autorität durch Giambattista Vico, die das Eigene des Menschen vom Eigenen Gottes zu unterscheiden sich anschickt,[80] und die Kulturkritik eines Jean-Jacques Rousseau, die keine alten Register der Beschreibung des Unglücks der Menschen zieht, sondern vielmehr neu entwirft, sind in dieser »Zeit der Gärung«[81] mit empirischen Beobachtungen gespickt, die die Entfaltung der Gelehrsamkeit der Menschen ebenso anreichern wie seine kritische Auseinandersetzung mit sich selbst. So gewiss wie Gott die natürliche Welt, die Menschen jedoch die historische Welt geschaffen hätten, sagt Vico, so gewiss müssten »in den Modifikationen unse-

---

78 So Giambattista Vico, *Die neue Wissenschaft über die gemeinschaftliche Natur der Völker*, nach der Ausgabe von 1744 übers. und eingel. von Erich Auerbach [1924], 2. Aufl., mit einem Nachwort von Wilhelm Schmidt-Biggemann, Berlin: de Gruyter 2000, S. 78.
79 So Jean-Jacques Rousseau, »Über Kunst und Wissenschaft. Discours sur les Sciences et les Arts« (1750), in: ders., *Schriften zur Kulturkritik*, eingel., übers. und hrsg. von Kurt Weigand, Hamburg: Meiner 1983, S. 1-59, S. 7.
80 Siehe Vico, *Die neue Wissenschaft*, S. 140 ff.
81 So Johann Gottfried Herder, *Auch eine Philosophie der Geschichte zur Bildung der Menschheit. Beitrag zu vielen Beiträgen des Jahrhunderts* (1774), hrsg. von Hans Dietrich Irmscher, Stuttgart: Reclam 1990, S. 42.

res eigenen menschlichen Geistes ihre [nämlich der historischen Welt, DB] Prinzipien aufgefunden werden«.[82] Die Unterscheidung zwischen natürlicher und historischer Welt ist gleichsam nur der Rahmen für das eigentliche Forschungsprogramm, das den *Modifikationen* des Geistes mehr noch als diesem selber gilt. Und auch Rousseau bedient mit seiner Schuldzuweisung der Dekadenz an den Buchdruck (»die schrecklichen Wirren, die der Buchdruck in Europa schon verursacht hat«[83]) nicht nur einen Topos, der von Platon bis heute wirksam ist, sondern eben auch eine Fragestellung, die bis heute empirisch anregend ist, um nicht nur dieser, sondern auch anderen Kausalitäten nachzugehen.

Das Interesse an der Vielfalt der Lebensformen der Menschen liegt auch jener eigentümlichen Skepsis zugrunde, von der man nicht weiß, wie sehr Motive wissenschaftlicher Gelehrsamkeit bei Motiven einer Politik des Kolonialismus Anleihen nehmen und umgekehrt. Als gewiss, sagt Vico, könne nur das Einzelne gelten, das er mit Verweis auf die scholastische Tradition das »individuatum« nennt; wahr, wenn auch nicht gewiss, sei jedoch erst das Allgemeine, das Geschichtliche, Gemeinschaftliche und Gesellschaftliche, Comune, da aus diesem eben nicht nur das Einzelne spreche.[84] Das ist die Denkfigur, die seither jede Kulturtheorie bewegt, die ebenso wenig wie der Idealismus darum herumkommt, das Wahre und das Gewisse voneinander zu unterscheiden. Das Wahre, nicht das Wirkliche, ist die Abhängigkeit des Einzelnen von allem oder vielem anderen; das Gewisse hingegen ist das Einzelne, insofern es bestimmbar, aber noch nicht bestimmt ist. Es bedarf einer ganzen Wissenschaft, der Ethnologie, die folglich kaum eine andere Wahl hat, als begriffslos zu operieren, um das Einzelne der Völker vor den Zumutungen des auch politisch durchgesetzten Begriffs zu schützen.

Auch vor diesem Hintergrund ist Kants Plädoyer für eine skeptische Methode zu lesen. Wie Hegel nach ihm benennt auch

---

82 Siehe Vico, *Die neue Wissenschaft*, S. 125.
83 So Rousseau, *Über Kunst und Wissenschaft*, S. 53, Fn. 1.
84 Siehe Vico, *Die neue Wissenschaft*, S. 121.

Kant das Ich als eine »einfache und für sich selbst an Inhalt gänzlich leere Vorstellung [...], von der man nicht einmal sagen kann, daß sie ein Begriff sei, sondern ein bloßes Bewußtsein, das alle Begriffe begleitet«.[85] Wie ein weiteres Propädeutikum zu den Laws of Form liest sich, wenn Kant diesem Ich den Ehrentitel des *x* nicht vorenthält und unmittelbar fortfährt: »Durch dieses Ich, oder Er, oder Es (das Ding), welches denkt, wird nun nichts weiter, als ein transzendentales Subjekt der Gedanken vorgestellt = x, welches nur durch die Gedanken, die seine Prädikate sind, erkannt wird, und wovon wir, abgesondert, niemals den mindesten Begriff haben können; um welches wir uns daher in einem beständigen Zirkel herumdrehen, indem wir uns seiner Vorstellung jederzeit schon bedienen müssen, um irgendetwas von ihm zu urteilen; eine Unbequemlichkeit, die davon nicht zu trennen ist, weil das Bewußtsein an sich nicht sowohl eine Vorstellung ist, die ein besonderes Objekt unterscheidet, sondern eine Form derselben überhaupt, so fern sie Erkenntnis genannt werden soll; denn von der allein kann ich sagen, daß ich dadurch irgendetwas denke.« Das schließt nicht aus, dass man sich diesem Ich beobachtend zuwendet, doch dann bekommt man es nicht mit dem Bestimmenden, sondern mit dem Bestimmten, weil Bestimmbaren zu tun: »Nicht das Bewußtsein des *Bestimmenden*, sondern nur die des *bestimmbaren* Selbst, d. i. meiner inneren Anschauung (so fern ihr Mannigfaltiges der allgemeinen Bedingung der Einheit der Apperzeption im Denken gemäß verbunden werden kann), ist das *Objekt*.«[86] Kant war sich der Zumutung, die er mit dieser Auffassung vom transzendentalen Ich in die Welt setzt, wohl bewusst. Seitenlang sind die Erläuterungen, mit der die zweite Auflage der *Kritik der reinen Vernunft* diese Gedanken begründen. Vermutlich sind Schock und Faszination, die die Philosophie Kants um 1800 ausgelöst hat, auch in diesen Überlegungen begründet, die Fichte zu einer Wissenschaftslehre auszubauen versucht und Hegel zu einem System beruhigt.

---

85 So Kant, *Kritik der reinen Vernunft*, B 404.
86 Ebd., B 409.

Es geht uns hier nicht um die Geschichte der Philosophie, auch wenn ich nicht verschweigen will, dass mir deren Lektüre am Leitfaden der Laws of Form überraschend ergiebig zu sein scheint. Es geht um die Entwicklung des Formbegriffs und die Motive einer in diesem Begriff schon mitgedachten Theorie des Beobachters. Mit Kant, Fichte und Hegel können wir sagen, dass diese Theorie nicht darin bestehen kann, den Beobachter zum Gegenstand zu machen. Stattdessen besteht sie darin, eine Begrifflichkeit zu entwickeln, die ohne die Referenz auf den Beobachter und damit auch ohne die Referenz auf die Freiheit und Notwendigkeit des Beobachters nicht auskommt. Und Kant ist auch deswegen lehrreich, weil er die Tücken der Vernunft wie kein anderer kennt. Die Kritik der reinen Vernunft ist von vorneherein beides, Kritik im Sinne eines Aufweises der Schranken der Vernunft, die sie so gerne »vernünftelnd« überschreitet, wie auch Kritik im Sinne des Aufweises der spekulativen Notwendigkeit der Vernunft, zusammengefasst in die Benennung des transzendentalen und damit eben nicht empirischen Ortes dieser Vernunft.

Für den Formbegriff heißt dies, dass diesem seine Amphibolie, seine Zweideutigkeit, nachgewiesen wird, die darin besteht, dass man glaubt, ihn empirisch gebrauchen und mit den Mitteln des Verstandes kontrollieren zu können, während er tatsächlich ein Reflexionsbegriff und damit ein Begriff der transzendentalen Vernunft ist.[87] Form wie auch Materie, das Eine und das Verschiedene, das Einstimmige und das Widerstreitende sowie das Innere und das Äußere sind laut Kant allesamt Reflexionsbegriffe, die uns dabei helfen, uns selbst dabei zu beobachten, unter welchen Voraussetzungen – die wir selber treffen, als immer schon getroffene jedoch jeweils erst kennenlernen müssen, wenn unser Interesse ausnahmsweise den Bedingungen unserer Erkenntnis selber gilt – wir überhaupt etwas erkennen. Eine Reflexion »ist der Zustand des Gemüts, in welchem wir uns zuerst dazu anschicken, um die subjektiven Bedingungen ausfindig zu machen, un-

---

87 Siehe ebd., B 316 ff.

ter denen wir zu Begriffen gelangen können«.[88] Form und Materie, um uns auf diese beiden Reflexionsbegriffe hier zu beschränken, »sind zwei Begriffe, welche aller andern Reflexion zum Grunde gelegt werden, so sehr sind sie mit jedem Gebrauch des Verstandes unzertrennlich verbunden. Der erstere bedeutet das Bestimmbare überhaupt, die zweite dessen Bestimmung (beides in transzendentalem Verstande, da man von allem Unterschiede dessen, was gegeben wird, und der Art, wie es bestimmt wird, abstrahiert). Die Logiker nannten ehedem das Allgemeine die Materie, den spezifischen Unterschied aber die Form. In jedem Urteile kann man die gegebenen Begriffe logische Materie (zum Urteile), das Verhältnis derselben (vermittelst der Kopula) die Form des Urteils nennen. In jedem Wesen sind die Bestandstücke desselben (essentialia) die Materie; die Art, wie sie verknüpft sind, die wesentliche Form.«[89]

Die Form ist die Bedingung der Möglichkeit der Materie, insofern wir, die Beobachter, von dieser Materie irgendeine Art der Anschauung haben. Wie die Form ist auch die Materie kein Gegenstand des Verstandes, denn das hieße, dass sie sinnlich-empirisch angeschaut werden könnte, sondern der Vernunft, und das heißt, dass beide unserer Erkenntnis zugrunde liegen, insoweit diese sich einem Gegenstand zuwendet.[90] Wie die Materie ist die Form eine Idee, wie Kant mit Erinnerung an Platon, verbunden mit einer Warnung vor dessen »Geistesschwung«, formuliert; und als Idee ist sie zum einen »bloße Idee«, also etwas, was einem so in den Sinn kommen mag, ohne dass man wüsste, woher, und zum anderen bedroht vom Ideal, für das man schwärmt und das enttäuscht.[91] Die Topik der reinen Vernunft, die dieser demnach ihren Ort, Topos, zuweist, startet als transzendentale Ästhetik, die vom Raum und der Zeit als Formen der Anschauung handelt, geht über in die transzendentale Logik, die den Unterschied

---

88 Ebd., B 316.
89 Ebd., B 322.
90 Siehe ebd., B 333.
91 Ebd., B 370ff., 384, 595ff.

a priori geltender Begriffe und empirischer Vorstellungen benennt, entwickelt als transzendentale Analytik die Notwendigkeit von Verstandesbegriffen, die kategorial ordnen, was der Erkenntnis zugänglich ist, und entwirft schließlich eine transzendentale Dialektik, mit deren Hilfe sich die Vernunft in ihre eigenen Schranken weist.

Die Ideenlehre ist Teil dieser transzendentalen Dialektik. Hier handelt die Vernunft von ihrer Verführung durch sich selbst, deren erste Kant den Paralogismus nennt, nämlich die bereits zitierte Verwechslung des Subjekts mit einem empirisch auffindbaren und mit den Mitteln der Psychologie (Seelenlehre) beschreibbaren Objekt. Deren zweite nennt er die Antinomie der reinen Vernunft, nämlich die miteinander unauflösbar im Widerstreit liegenden Ideen des Dogmatismus auf der einen Seite (nach dem die Welt einen Anfang in der Zeit hat, Grenzen im Raum aufweist, sich aus Substanzen zusammensetzt, die aus einfachen Teilen bestehen, es neben der Kausalität der Natur auch eine Kausalität aus Freiheit gibt und nicht zuletzt ein notwendiges Wesen als Teil oder Ursache der Welt angenommen werden muss) und des Empirismus auf der anderen (der im Gegensatz dazu annimmt, dass die Welt in Ansehung von Zeit und Raum unendlich ist, es in der Welt nichts Einfaches gibt, keinerlei Freiheit in der Welt ist, sondern alles in ihr aus der Notwendigkeit der Natur heraus geschieht und keinerlei notwendiges Wesen weder in der Welt noch als ihre Ursache außerhalb ihrer existiert).[92]

Kant weist die Unentscheidbarkeit dieses Streits im Detail nach, unterstreicht jedoch, dass diese Unentscheidbarkeit nichts daran ändert, dass man auf die vom Dogmatismus und Empirismus aufgeworfenen Fragen gerne Antworten hätte, weil sie an das Selbstverständnis des Menschen selber rühren, wenn nicht sogar dieses schlüssig auf den Punkt bringen, so oder so. Und Kant verschweigt nicht, dass die Unentscheidbarkeit nichts daran ändert, dass man unwillkürlich und unausweichlich jeweils zur einen oder anderen Seite neigt, je nachdem ob man eher prak-

---

92 Siehe ebd., B 454ff.

tisch (dann dogmatisch) oder eher theoretisch (dann empirisch) in der Welt unterwegs ist. Kants eigene Sympathie legt er ebenfalls offen; sie gilt, wie man sich denken kann, zu drei Vierteln dem Empirismus (Unendlichkeit, keine einfachen Elemente, kein notwendiges Wesen) und zu einem Viertel dem Dogmatismus (Kausalität aus Freiheit). Der Kombination der beiden Positionen und ihrer Begründung werden dann die beiden anschließenden Kritiken der praktischen Vernunft und der Urteilskraft gewidmet sein.

Die Pointe dieser Auseinandersetzung mit dem Paralogismus und der Antinomie der Vernunft ist jedoch gerade nicht eine Ideenlehre, die als absolute Totalität, das heißt als Zusammenhang von Seelenlehre, Weltwissenschaft und Gotteserkenntnis alle metaphysischen Bedürfnisse endgültig stillen würde,[93] sondern eben der Entwurf jener skeptischen Methode, die von der Seelenlehre und der Gotteserkenntnis Abschied nimmt und die Weltwissenschaft nicht mehr als Wissenschaft der dann noch übrigen Totalität betreibt, sondern nur noch als Wissenschaft der dann noch möglichen Regeln der Erfahrung. Was hier in den Trümmern der Metaphysik übrig bleibt, ist allerdings aufregend genug und korrespondiert wiederum auf das Auffälligste mit dem Formkalkül.

Die Seelenlehre verschwindet in der Arithmetik der Unterscheidungen. Seelen beziehungsweise Beobachter sind die Invarianten eines Kalküls, die unter dessen Variablen nur dann einen Ort haben, wenn sie zum Gegenstand anderer Beobachter oder Seelen werden. Die Gotteserkenntnis und mit ihr die absolute Totalität von Seele, Welt und Gott verschwindet im unmarked state der Form und erfährt dort ihre im besten Sinne des Wortes metaphysische Würdigung. Der ganze Rest ist das Kalkül der Variablen, ebenso frei wie notwendig und unabschließbar. Kant spricht vom Aggregat, dessen Subjekt und unbedingte Voraussetzungen bestimmt unbestimmt sind,[94] dessen Zusammensetzung,

---

93 So ebd., B 391 ff.
94 Ebd., B 378 ff.

Teilung, Entstehung und Abhängigkeit jedoch umso mehr in den Fokus einer Erkenntnis rückt, die schlussfolgernd regressiv in der Zeit (die Zukunft bleibt unbekannt) und regressiv sowie progressiv im Neben- und Auseinander des Raumes den Bedingungen des Bedingten nachgeht.[95]

Aber auch für diese im Vergleich mit den Fragen der Metaphysik bescheidene Methodenlehre der Erkenntnis braucht man Ideen der Vernunft. Das ist Kants für uns maßgebende Einsicht. Man braucht sie, weil die Schlussfolgerungen regressiv wie progressiv nicht bereits mit dem Gegenstand gegeben sind. Man braucht sie, um beobachten zu können, was man einschließt und was man ausschließt, wenn man immer nah am Gegenstand einer Erkenntnis nachgeht. Man braucht sie, um sich als Beobachter, Subjekt der Erkenntnis, zu wissen. Und man braucht sie, um in der schlussfolgernden, den Gegenstand als Aggregat entwickelnden Beobachtung die eigene Freiheit zu begreifen, mit der man sich auf die Notwendigkeiten des Aggregats einlässt.

Der Grundsatz der Vernunft ist ein »Grundsatz der größtmöglichen Fortsetzung und Erweiterung der Erfahrung, nach welchem keine empirische Grenze für absolute Grenze gelten muß, also ein Principium der Vernunft, welches, als *Regel*, postuliert, was von uns im Regressus geschehen soll, und *nicht antizipiert*, was im *Objekte* vor allem Regressus an sich gegeben ist. Daher nenne ich es ein *regulatives* Prinzip der Vernunft, da hingegen der Grundsatz der absoluten Totalität der Reihe der Bedingungen, als im Objekte (den Erscheinungen) an sich selbst gegeben, ein konstitutives kosmologisches Prinzip sein würde, dessen Nichtigkeit ich eben durch diese Unterscheidung habe anzeigen und dadurch verhindern wollen, daß man nicht, wie sonst unvermeidlich geschieht (durch transzendentale Subreption [Erschleichung, DB]), einer Idee, welche bloß zur Regel dient, objektive Realität beimesse.«[96]

Die skeptische Methode erübrigt die Vernunft nicht, sondern

---

95 Ebd., B 441 ff. und 493 ff.
96 Ebd., B 537.

erweist sie als den Ort der freien Bewegung innerhalb der Notwendigkeiten der Bedingungen von Objekten, das heißt als Ort des Kalküls. Für Kant ebenso wenig wie für Spencer-Brown erschöpft sich dieser Ort nicht in der Mathematik eines Empirischen, die, wie Kant formuliert, seinerseits an Spinoza erinnernd, es nur mit *einer* Reihe von Bedingungen zu tun hätte, sondern er verweist auf die Intelligibilität einer Dynamik, in der der Beobachter mit seinen freien Setzungen eine eigene Kausalität, eine Reihe quer zur Reihe, begründet.[97] Und nicht nur das: Dank des Subjekts, des Beobachters, das nur gedacht, aber nicht erkannt werden kann,[98] ist diese Dynamik nicht nur intelligibel, sondern auch sensibel.[99] Wir beobachten ein Aggregat, indem wir uns Beobachter denken, die ihrem Namen gerecht werden, indem sie nicht nur Unterscheidungen treffen, sondern mit diesen Unterscheidungen Beobachtungen anstellen. Eine Theorie des Beobachters wäre mit Kant eine Theorie der freien, aber sensiblen und intelligiblen Unterscheidung. Erst Hegel jedoch wird der Vernunft des Beobachters wieder jenen Zugriff auf eine allgemeine Unendlichkeit attestieren, der zusammen mit der Freiheit der Entwicklung von Schlussfolgerungen im Regressus und Progressus des Bedingten auch deren Ressourcen begründet. Dem Verstand ist dieser Zugriff ein Rätsel, doch die Vernunft findet in ihm ihre transzendentale, den marked state der Form mit ihrem unmarked state verknüpfende Bedingung.

Das Subjekt

In der Auseinandersetzung mit der Philosophie des deutschen Idealismus wird das Subjekt zur Kippfigur. Je ausdrücklicher es explizit oder implizit auf Formen des Verstandes, der Vernunft, der Kunst, der Wissenschaft, der Familie, der Gesellschaft oder

---

97 So ebd., B 558 ff.
98 Ebd., B 568.
99 Ebd., B 566.

des Staats zurückbuchstabiert wird, desto offenkundiger wird, dass es in jeder dieser Formen nur aufgeht, weil es nicht in ihnen aufgeht. In jeder dieser Formen kann es immer nur zweifach bestimmt werden, als Moment der Setzung einer Unterscheidung und als Adresse der Beobachtung durch andere. Semantiken der Moral, der Nation, der Revolution und der Entscheidung versuchen, diese doppelte Bestimmung zur einfachen, aber beweglichen Identität zu verknüpfen, doch es bleibt immer ein Rest der »transzendenten« Setzung, der weder dem Subjekt noch seinen Beobachtern auflösbar ist. Ein Wahnsinn. Man vermutet Entfremdung, man arbeitet an der Befreiung und muss doch bald einsehen, dass das eine ohne das andere nicht zu haben ist.

Eingebettet in die Paradoxie der »Freiheit eines Christenmenschen«, von der Martin Luther gesprochen hat, wird das Subjekt, das sich von Gott beobachtet und verlassen weiß, zum ersten Fall jenes Beobachters, nach dessen Theorie wir suchen: »Eyn Christen mensch ist eyn fryer herr über alle Ding und niemandt unterthan. Eyn Christen mensch ist eyn dienstpar knecht aller ding und yderman unterthan.«[100] Luther beruft sich auf die Bibel, die von der freiwilligen Unterwerfung des Apostels, von der Liebe und vom auch für Christus geltenden Gesetz spricht,[101] sowie auf die zweierlei Natur des Menschen, dank derer nur sein Geist ihn innerlich frei (und fromm oder böse) machen kann, jede Äußerlichkeit, angefangen beim eigenen Leib, ihn jedoch sich und anderem untertan macht, und hat so das Paradigma des modernen Menschen geschmiedet, der in sich, so F. J. W. Schelling, in seiner »Finsternis«, das Gottesgeschenk der Freiheit, »das irritable Prinzip«, vorfindet, das ihm nun anheimstellt, sich durch das Böse verführen zu lassen oder für das Gute zu entscheiden.[102]

---

100 So Martin Luther, *Von der Freiheit eines Christenmenschen* (1520), *Studienausgabe*, hrsg. von Gesche Linde, Stuttgart: Reclam 2011, S. 20.
101 Luther zitiert 1. Korinther 9. 15, Römer 13. 8 und Galater 4. 4.
102 Siehe F. W. J. Schelling, *Über das Wesen der menschlichen Freiheit* (1809), hrsg. von Horst Fuhrmans, Stuttgart: Reclam 1964, S. S. 72, 80.

Doch nicht hier, in der Religion, wird an der ersten Theorie des Beobachters gefeilt, sondern, streng nach Kants Kritik der reinen Vernunft, in der Ästhetik. In der Religion ist die Sache ja bereits entschieden. Gott ist der Beobachter, der fromme Mensch weiß sich beobachtet, und nur die bösen Menschen schicken sich an, Unterscheidungen zu treffen, die außerhalb der Reichweite von Liebe und Gesetz liegen. In der Ästhetik jedoch entdeckt sich das Subjekt, affiziert durch die Sinnlichkeit des Gegenstandes, selbst, wenn auch für jedes Urteil angewiesen auf die Formen des Verstandes, die Synthesis des Mannigfaltigen am Leitfaden der Kategorien Quantität, Qualität, Relation und Modalität.[103] Nur das Individuum kann Geschmacksurteile fällen, niemand kann sie ihm nehmen und keine Regel der Vernunft, wie Kant gegen Baumgarten einwendet,[104] sie vorab bestimmen. Kant bestimmt daher in der *Kritik der Urteilskraft* die Ästhetik in ihrem empirischen Teil psychologisch und in ihrem spekulativen, nach den Ideen der Vernunft fragenden Teil transzendental, bevor er gleichsam sicherheitshalber eine eigene Philosophie der Geschmacksurteile entwirft, die vom »empirischen Wohlgefallen«, von »Reiz und Rührung« gereinigt werden, um erst in dieser verallgemeinerten Form anderen mitgeteilt und in dieser Mitteilung zugemutet zu werden.[105]

Niemand hat die Subjektivität des Individuums vor Fichte und Hegel radikaler gedacht als Kant; aber niemand hat diesem Individuum auch eine gefährlichere Falle gestellt. Mit der Formel des »reinen uninteressierten Wohlgefallens«, das in dieser, aber auch nur in dieser Form in der Gesellschaft seinerseits auf »Interesse« stößt,[106] befreit zum »Spiel« mit Schönem und Erhabe-

---

103 So Kant, *Kritik der reinen Vernunft*, B 106.
104 Ebd., B 36. Und siehe Alexander Gottlieb Baumgarten, *Theoretische Ästhetik. Die grundlegenden Abschnitte aus der »Aesthetica«* (1750/8), lateinisch/deutsch, übers. und hrsg. von Hans Rudolf Schweizer, Hamburg: Meiner 1983.
105 Immanuel Kant, *Kritik der Urteilskraft* (1790), Werke X, hrsg. von Wilhelm Weischedel, Frankfurt am Main: Suhrkamp 1968, hier: A 35ff.
106 Ebd., A 5f.

nem¹⁰⁷ und verlockt am Horizont von der »Idee der Glückseligkeit«¹⁰⁸ wie auch einer Kultur, die »zu beliebigen Zwecken überhaupt« befreit,¹⁰⁹ steht das Individuum letztlich vor der Wahl, sich zwischen seiner durchaus interessierten Lust und Unlust einerseits und der Vernunft andererseits zu entscheiden: »Man [nämlich diejenigen, die mich nach einem Urteil fragen, ob etwas schön sei oder nicht, DB] will nur wissen, ob die bloße Vorstellung des Gegenstandes in mir mit Wohlgefallen begleitet sei, so gleichgültig ich auch immer in Ansehung der Existenz des Gegenstandes dieser Vorstellung sein mag [eine Unterstellung, DB]. Man sieht leicht, daß es auf dem, was ich aus dieser Vorstellung in mir selbst mache, nicht auf dem, worin ich von der Existenz des Gegenstandes abhänge [ein Zugeständnis, DB], ankomme, um zu sagen, er sei *schön*, und zu beweisen, ich habe Geschmack. Ein jeder muß eingestehen, dass dasjenige Urteil über Schönheit, worin sich das mindeste Interesse mengt, sehr parteilich und kein reines Geschmacksurteil sei. Man muß nicht im Mindesten für die Existenz der Sache eingenommen, sondern in diesem Betracht ganz gleichgültig sein, um in Sachen des Geschmacks den Richter zu spielen.«¹¹⁰ Aber wer will das schon, den Richter spielen? Und was wird dadurch ausgeschlossen? Warum soll ich an dem, was mir gefällt, nicht interessiert sein? Um den Intellekt vor der Sinnlichkeit zu schützen?

Die Romantik heißt deswegen Romantik, weil sie den Gedanken an die Glückseligkeit und das Spiel mit Kultur, mit beliebigen Zwecken überhaupt, nicht aufgibt, jedoch die Vernunft aus der Sache heraushält und stattdessen jedem Individuum zumindest tendenziell und potenziell ein hochgradig interessiertes und dennoch gesprächsbereites Wohlgefallen attestiert. »Die Vernunft ist nur eine und in allen dieselbe: wie aber jeder Mensch seine eigne Natur hat und seine eigne Liebe, so trägt auch jeder seine

---

107 Ebd., A 42, 73 ff.
108 Ebd., A 383 ff.
109 Ebd., A 387.
110 So ebd., A 6 f.

eigene Poesie in sich«, liest man bei Friedrich Schlegel.[111] Romantisch, das heißt immer auch etwas schwärmerisch, ist der Gedanke, sich einen Kurzschluss zwischen Individualität und Glückseligkeit vorzustellen, der nicht über das Allgemeine der Vernunft kontrolliert und motiviert ist. Und romantisch ist der Versuch, für die Möglichkeit eines Kalküls, das nicht im Medium der Vernunft, sondern im Medium der Individualität selber operiert, in Romanen den Beweis anzutreten. Der Roman ist die erste reflexive Form, die äußerlich ungebunden und regellos, das heißt im Medium der Form, verstanden als Problem und nicht als Lösung, sich nicht mehr auf die Vernunft, sondern nur noch auf die Poesie und ihre Kritik verlässt. Gegenüber den Ansprüchen der Vernunft, insofern man ihnen nicht in die vielen Formen der Sinnlichkeit ausweichen kann, in jene »Vielgötterei«, die Hegel ebenso respektvoll (weil sie immerhin Religion hat) wie respektlos (weil sie sich der Strenge des Denkens verweigert) der Kunst ankreiden wird,[112] schützt nur die Ironie, die jedoch, und deswegen werden die Romantiker sie adeln, in jedem Roman, jedem Drama und jedem Gedicht zugleich eine Kritik des Bedingten ermöglicht, die das Unbedingte nie absolut, sondern nur als Unverständliches zulässt.[113]

Man muss, wie Walter Benjamin es vorgezeichnet hat, die Romantik Punkt für Punkt auf die Philosophie der Vernunft und ihrer Kritik zurückbuchstabieren, um zu sehen, dass sie nicht nur eine Praxis des Dramas, des Romans und der Dichtung lehrt, sondern auch ihre eigene Theorie enthält, die sich ebenso des »Ich-Bewußtseins« enthält wie ihr Vorbild, dessen Vernunftansprüche

---

111 So in Friedrich Schlegel, »Gespräch über die Poesie« (1800), in: ders., »Athenäums«-Fragmente und andere Schriften, hrsg. von Andreas Huyssens, Stuttgart: Reclam 1978, S. 165-224, hier: S. 165.
112 Siehe wiederum Hegel, Enzyklopädie, § 559.
113 Siehe Friedrich Schlegel, »Über die Unverständlichkeit« (1800), in: ders., Charakteristiken und Kritiken I (1796-1801). Kritische Friedrich-Schlegel-Ausgabe, Bd. 2, hrsg. von Hans Eichner, Paderborn: Schöningh 1967, S. 363-372.

sie gleichwohl ablehnt.[114] Diese Theorie ist eine Theorie des Witzes, wie sie punktgenau Jean Paul in seiner »Vorschule der Ästhetik« (deren Witz darin besteht, dass man danach der Schule nicht mehr bedarf, auf die sie angeblich vorbereitet) entwickelt hat.[115] Jean Paul warnt davor, Kants Entdeckung der Individualität des Geschmacksurteils beim Wort zu nehmen und sich »nihilistisch« der »Willkür der Ichsucht« zu überlassen.[116] Er warnt jedoch ebenso davor, sich wie manche Klassiker eher »materialistisch« nach wie vor in künstlerischen Werken der Nachahmung der Natur zu verschreiben, vielleicht modern ergänzt durch den Nachweis, dass auch die Natur ihre Individualität hat.[117] Stattdessen müsse man wie Schlegel davon ausgehen, dass jedem Menschen eine andere Natur erscheint und dass die Kunst daher darauf Wert legen muss, in Drama, Roman und Dichtkunst darzustellen, »*welche* Seele [je individuell, DB] die Natur beseele, ob ein Sklavenkapitän oder ein Homer«.[118]

Auf den Witz ist diese als Theorie der Beobachtung entwor-

---

114 Siehe Walter Benjamin, *Der Begriff der Kunstkritik in der deutschen Romantik* (1920), Gesammelte Schriften I, hrsg. von Rolf Tiedemann, Hermann Schweppenhäuser, Frankfurt am Main: Suhrkamp 1974, S. 7-122, Zitat: S. 40. Vgl. zur Poesie und Poetologie der Romantik ferner Winfried Menninghaus, *Unendliche Verdopplung. Die frühromantische Grundlegung der Kunsttheorie im Begriff absoluter Selbstreflexion*, Frankfurt am Main: Suhrkamp 1987; Werner Hamacher, *Entferntes Verstehen. Studien zu Philosophie und Literatur von Kant bis Celan*, Frankfurt am Main: Suhrkamp 1998; und Karlheinz Barck, »Art. Wunderbar«, in: ders. u. a. (Hrsg.), *Ästhetische Grundbegriffe. Historisches Wörterbuch in sieben Bänden*, Bd. 6, Stuttgart: Metzler 2003, S. 730-773, hier: S. 758 ff. Die Auffassung, dass die Seelen- und Geistergespräche der Romantiker eher buchstäblich-christlich als theoretisch-spekulativ zu nehmen sind, vertritt Heinz Schlaffer, *Die kurze Geschichte der deutschen Literatur*, München: Hanser 2002; ders., *Geistersprache. Zweck und Mittel der Lyrik*, München: Hanser 2012.
115 Siehe Jean Paul, *Vorschule der Ästhetik* (1804/13), nach der Ausgabe von Norbert Miller hrsg., textkri. durchges. und eingel. von Wolfhart Henckmann, Hamburg: Meiner 1990.
116 Ebd., S. 31.
117 Ebd., S. 34.
118 Ebd., S. 38.

fene, wenn auch immer noch nicht so genannte Theorie des Beobachters deswegen angewiesen, weil dieser am besten geeignet ist, zwei Dinge auseinanderzuhalten und aufeinander zu beziehen. Das eine ist der Mond, der wie das Allgemeine »in der weiten Nacht des Unendlichen« allen in gleicher Weise scheint.[119] Und das andere ist die Subjektivität des Subjekts, die sich nicht aus dem Allgemeinen, sondern aus dem Besonderen seines Blickwinkels ergibt. »Wenn der Nihilist das Besondere in das Allgemeine durchsichtig zerlässet – und der Materialist das Allgemeine in das Besondere versteinert und verknöchert –: so muß die lebendige Poesie eine solche Verunreinigung beider verstehen und erreichen, daß jedes Individuum sich in ihr wiederfindet, und folglich, da Individuen sich einander ausschließen, jedes nur sein Besonderes in einem Allgemeinen, kurz, daß sie dem Monde ähnlich wird, welcher nachts dem einen Wanderer im Walde von Gipfel zu Gipfel nachfolgt, zu gleicher Zeit auch einem anderen von Welle zu Welle, und so jedem, indes er bloß seinen großen Bogen-Gang am Himmel zieht, aber doch am Ende wirklich um die Erde und um die Wanderer auch.«[120]

Der Witz ist jene Übung von Scharfsinn und Tiefsinn, die im Allgemeinen dessen Konstitution durch das je besondere Individuum nachweist, indem der Scharfsinn Unähnlichkeiten im Ähnlichen und der Tiefsinn Ähnlichkeit im Unähnlichen aufzeigt.[121] Witz kommt aus dem althochdeutschen »wizzi«, das so viel bedeutet wie Wissen, verstanden als Resultat scharfer Beobachtung.[122] Jean Pauls Plädoyer für den Mondschein, in dessen

---

119 So ebd., S. 93.
120 Ebd., S. 46 f.
121 So ebd., S. 171 f.
122 Der Witz dieses Wissens kann auch ein praktischer sein, dank dessen es den Leuten gelingt, sich den Registern eines besonderen Allgemeinen zu entziehen und »läufig« zu werden, wie mit Rücksicht auf die soziologische Theorie Maren Lehmann, *Mit Individualität rechnen. Karriere als Organisationsproblem*, Weilerswist: Velbrück 2011, in historischen Studien zeigt. Siehe zu den Voraussetzungen und Konsequenzen einer Empfindlichkeit für Zufälle dies., *Unwahrscheinliche Ereignisse. Kommunikationsformen des Zufalls*, Berlin: Merve 2012.

poetischer Unendlichkeit die Objektwelt ihre Grenzen verliert und Geister gesehen werden können,[123] ist daher ebenso romantisch wie ironisch. Denn der Mondschein vertritt das Allgemeine und damit die wichtigste Idee des Idealismus in genau der Form, die eine scharfe Beobachtung nicht erlaubt. Im Witz lässt sich das Individuum vom Geistersehen der Vernunft nicht beeindrucken. Im Witz heilt das Individuum sich jedoch auch von jener Schwärmerei, die sich damit zufrieden gibt, die eigene Subjektivität entdeckt zu haben und ihr nun Nahrung zu geben. Natürlich kann man auch im Scharfsinn und auch im Tiefsinn schwärmen, aber dies nur um den Preis der Preisgabe von Beobachtungen, die es weder mit dem Allgemeinen noch mit dem Subjekt alleine zu tun haben, sondern sich aus beidem motivieren lassen, um den Blick auf ein Besonderes zu lenken und in seinen Unterschied zu setzen.

Die Pointe beginnt sich zu wiederholen, ist jedoch noch lange nicht ausgereizt. Eine Theorie des Subjekts, verstanden als erster Entwurf einer Theorie des Beobachters, hat zu ihrem Gegenstand nicht diesen Beobachter, sondern dessen Beobachtungen, eingespannt zwischen die beiden Negativitäten des Allgemeinen und des Ich. Besonders eindrucksvoll wird dies noch einmal im Begriff der »inneren Form« entfaltet, um die Wilhelm von Humboldts Sprachphilosophie kreist.[124] Angeregt auch durch Johann Gottfried Herders *Abhandlung über den Ursprung der Sprache*, der nicht den Mund, sondern das Ohr zum »erste(n) Lehrmeister der Sprache« erklärt und vom Ohr aus der »Kette der Zustände« nachgeht, die den Menschen, die »dunkel fühlende Auster«, allmählich zu jenen Worten befähigt, denen es dennoch nie gelingt,

---

123 So Jean Paul, *Vorschule der Ästhetik*, S. 124 und 93.
124 Siehe Wilhelm von Humboldt, *Über die Verschiedenheit des menschlichen Sprachbaues und ihren Einfluß auf die geistige Entwicklung des Menschengeschlechts*, Berlin: Königliche Akademie der Wissenschaften 1836; und vgl. speziell zum Begriff der »inneren Form« Otto Friedrich Bollnow, »Wilhelm von Humboldts Sprachphilosophie«, in: *Zeitschrift für Deutsche Bildung* 14 (1938), Nr. 3, S. 102-112.

seine Seele auszusprechen,[125] geht Humboldt dem Verhältnis von Selbsttätigkeit und Empfänglichkeit nach, das auch in der Sprache den Zugang des Menschen zur Welt und umgekehrt strukturiert.[126]

Und auch für Humboldt findet sich von der intellektuellen Tätigkeit des Ichs kaum eine Spur, obwohl sie ganz unvermeidlich aus der Sprache nicht wegzudenken ist: »Die Sprache ist das bildende Organ des Gedanken. Die intellectuelle Thätigkeit, durchaus geistig, durchaus innerlich, und gewissermaßen spurlos vorübergehend, wird durch den Laut in der Rede äußerlich und wahrnehmbar für die Sinne. Sie und die Sprache sind daher Eins und unzertrennlich voneinander. Sie ist aber auch in sich an die Nothwendigkeit geknüpft, eine Verbindung mit dem Sprachlaute einzugehen; das Denken kann sonst nicht zur Deutlichkeit gelangen, die Vorstellung nicht zum Begriff werden.«[127] Wie Vico rückt Humboldt »Modifikationen« in das Zentrum seines Interesses, in denen der Einfluss der Sprache auf das Denken, des Denkens auf die Sprache, der Geselligkeit auf den Menschen und der Menschen auf die Geselligkeit studierbar wird. Diese Modifikationen sind auch deswegen interessant, weil sie jeweils an scharf zu treffenden Unterscheidungen vornehmlich des Lauts kenntlich werden, die der Beweglichkeit des Verstandes nicht etwa im Wege stehen, sondern sie unterstützen: »Wie der Gedanke, einem Blitze oder Stoße vergleichbar, die ganze Vorstellungskraft in Einem Punkt sammelt und alles Gleichzeitige ausschließt, so erschallt der Laut in abgerissener Schärfe und Einheit. [...] Die schneidende Schärfe des Sprachlauts ist dem Verstande bei der Auffassung der Gegenstände unentbehrlich.«[128]

Als hätte er bereits die viel spätere Medientheorie Fritz Hei-

---

125 So Johann Gottfried Herder, *Abhandlung über den Ursprung der Sprache* (1772), *Sämmtliche Werke*, Bd. 5, hrsg. von Bernhard Duphan, Berlin: Weidmannsche Buchhandlung 1891, S. 1-147, hier: S. 48, 96 und 100.
126 So von Humboldt, *Über die Verschiedenheit des menschlichen Sprachbaues*, S. 52.
127 Ebd., S. 50.
128 Ebd., S. 50f.

ders¹²⁹ studiert (tatsächlich jedoch genügte es, sich mit Aristoteles' Seelenlehre auseinanderzusetzen), identifiziert Humboldt die Geformtheit der sprachlichen Elemente als Bedingung ihrer jeweils neuen Bestimmbarkeit, wenn nur die Voraussetzung gegeben ist, dass jedes dieser Elemente in eine »anfangs- und endlose Unendlichkeit« eingebettet ist,¹³⁰ aus der es jeweils die Anlässe und Möglichkeiten einer neuen Bestimmung bezieht. Teils fest, teils flüssig muss die Sprache in Bezug auf ihre Grammatik, ihre Regeln, ihren Wortschatz, ihre Artikulation, ihren Rhythmus und ihren Stil daher sein,¹³¹ um laufend neu Subjektivität des Ausdrucks und Objektivität des Sachverhalts aufeinander zu beziehen und auseinander zu entwickeln. Innere Form, auch »intellektuelle« Form,¹³² nennt Humboldt daher jene Eigenschaft der Sprache, die sie im Hinblick auf die Individualität der Sprecher wie der Sprachen, in denen diese sich national je unterschiedlich bewegen, bei allen Unterschieden doch auch immer wieder als Sprache kenntlich macht. Die innere Form ist identisch mit der jeweils neuen Bestimmbarkeit der äußeren Form und damit, wie bei Hegel, nicht inhaltlich bestimmt, sondern nur Manifestation dieser Bestimmbarkeit und dann auch Modifikation dieser Manifestation. Unnötig zu sagen, dass die »letzte Bestimmtheit« der Sprache weder in der inneren noch in der äußeren Form, sondern im »jedesmal Sprechenden«, »im Individuum« liegt,¹³³ das heißt: in der Form der Form.

Auch in der Folge hält der Formbegriff seine Nachbarschaft zu einer mitlaufenden Theorie der Unmöglichkeit einer Theorie des Subjekts. Das gilt für die Warenform bei Karl Marx, für die elementaren Formen des Verstehens (Erlebnis, Ausdruck und Verstehen) bei Wilhelm Dilthey, für die Formen der Vergesellschaf-

---

129 Nämlich Fritz Heider, *Ding und Medium* (1926), Neudruck Berlin: Kulturverlag Kadmos 2005.
130 So von Humboldt, *Über die Verschiedenheit des menschlichen Sprachbaues*, S. 61.
131 Ebd., S. 62.
132 Ebd., S. 91.
133 Ebd., S. 64.

tung bei Georg Simmel und die symbolischen Formen der Sprache, des Mythos und der Wissenschaft bei Ernst Cassirer. Marx »dezentriert«, wie man später sagen wird,[134] das Subjekt in eine Praxis, die nicht die eigene ist, aber revolutionär vielleicht wieder werden kann,[135] Dilthey in ein Leben, in dessen vielfältigen Bezügen das Individuum aufgeht,[136] Simmel in das unbestimmte Verhältnis vergesellschafteter und nicht-vergesellschafteter Seiten des Individuums[137] und Cassirer in jenen Geist einer Kultur, die vom Symbol umso weniger erreicht wird, je reicher ausgestaltet es ist.[138] Das müssen wir uns hier im Einzelnen nicht anschauen, weil uns Tenor und Pointe inzwischen bekannt sind.

Ebenso wichtig wie die Kontinuität dieses Gedankens bei aller Abweichung im Detail ist freilich, dass diesem Befund niemand

---

134 Siehe Vincent Descombes, *Das Selbe und das Andere. Fünfundvierzig Jahre Philosophie in Frankreich 1933-1978*, übers. von Ulrich Raulff, Frankfurt am Main: Suhrkamp 1981.

135 Siehe Karl Marx, Thesen über Feuerbach (1845), in: ders., Friedrich Engels, *Werke*, Bd. 3, Berlin: Dietz 1969, S. 5-7, etwa These 8: »Das gesellschaftliche Leben ist wesentlich praktisch. Alle Mysterien, welche die Theorie zum Mystizismus verleiten, finden ihre rationelle Lösung in der menschlichen Praxis und im Begreifen dieser Praxis.« Und zur Warenform ders., *Das Kapital. Kritik der politischen Ökonomie. Erster Band* (1867/90), Berlin: Dietz 1980, S. 49ff.

136 Siehe Wilhelm Dilthey, *Der Aufbau der geschichtlichen Welt in den Geisteswissenschaften* (1910), eingel. von Manfred Riedel, Frankfurt am Main: Suhrkamp 1981, etwa S. 158: »In dem beständigen Untergrund, aus dem die differenzierten Leistungen sich erheben, gibt es nichts, das nicht einen *Lebensbezug* des Ich enthielte. Wie alles hier eine Stellung zu ihm hat, ebenso ändert sich beständig die Zuständlichkeit des Ich nach dem Verhältnis der Dinge und Menschen zu ihm.« Und zum »Verhältnis von Erlebnis, Ausdruck und Verstehen« ebd., S. 157ff.

137 Siehe Georg Simmel, *Soziologie. Untersuchungen über die Formen der Vergesellschaftung* (1908), hrsg. von Otthein Rammstedt, Frankfurt am Main: Suhrkamp 1992, S. 51: »[...] daß der Einzelne mit gewissen Seiten nicht Element der Gesellschaft ist, bildet die positive Bedingung dafür, daß er es mit andern Seiten seines Wesens ist: die Art seines Vergesellschaftet-Seins ist bestimmt oder mitbestimmt durch die Art seines Nicht-Vergesellschaftet-Seins.«

138 So Ernst Cassirer, *Philosophie der symbolischen Formen. Teil 1*, Hamburg: Meiner 2001, S. 48.

mehr widerspricht, der sich hinreichend mit einer Begriffsanalyse beschäftigt hat, die in der christlichen Theologie, in der Philosophie des Idealismus und in der romantischen Kunstkritik verlässlich verankert ist. Sören Kierkegaard verlagert die Subjektanalyse in die Angst und die Entscheidung; Friedrich Nietzsche plädiert mit Blick auf einen Willen zur Macht dafür, nur noch von »Complexen«[139] zu reden und nicht mehr von Subjekten und Objekten; Sigmund Freud sieht im Subjekt nur noch die (Widerlegung der) Behauptung, dass die Erforschung des Gehirns und des Organismus jemals auf so etwas wie beider Einheit stößt; Martin Heidegger löst das Subjekt in die Sorge um ein Dasein auf, das im leeren Ruf seines Gewissens allenfalls hoffen darf, auf eine Lichtung im Sein zu treffen; und für Helmuth Plessner ist der Mensch Inbegriff einer ebenso exzentrischen wie plastischen Positionalität.[140]

---

139 So in: Friedrich Nietzsche, *Nachgelassene Fragmente 1885-1887. Kritische Studienausgabe*, Bd. 12, hrsg. von Giorgio Colli, Mazzino Montinari, München: dtv 1999, Fragment 65.
140 Siehe Sören Kierkegaard, *Der Begriff Angst* (1844), übers., eingel., komm. und hrsg. von Hans Rochol, Hamburg: Meiner 1984; ders., *Entweder – Oder* (1843), übers. von Heinrich Fauteck, München: dtv 1975; und mit dem Wiedereintritt der Unterscheidung in den Raum der Unterscheidung ders., *Das Tagebuch des Verführers*, in: ders., *Entweder – Oder*, S. 351 ff.; Sigmund Freud, *Die Traumdeutung* (1900), Frankfurt am Main: Fischer Taschenbuch 1991; Martin Heidegger, *Sein und Zeit* (1926), Tübingen: Niemeyer 1972, hier: §§ 54 bis 60; Helmuth Plessner, *Die Stufen des Organischen und der Mensch. Einleitung in die philosophische Anthropologie* (1928), 2., um Vorwort, Nachtrag und Register erw. Aufl., Berlin: Duncker & Humblot 1965. Auch Plessner, hier S. 292, formuliert den Topos der leeren Selbstreferenz des Ichs, mit dem wir es hier laufend zu tun haben: »Als Ich, das die volle Rückwendung des lebendigen Systems zu sich ermöglicht, steht der Mensch nicht mehr im Hier-Jetzt, sondern ›hinter‹ ihm, hinter sich selbst, ortlos, im Nichts, geht er im Nichts auf, im raumzeithaften Nirgendwo-Nirgendwann. Ortlos-zeitlos ermöglicht er das Erlebnis seiner selbst und zugleich das Erlebnis seiner Ort- und Zeitlosigkeit als des außerhalb seiner selbst Stehens, weil der Mensch ein lebendiges Ding ist, das nicht mehr nur in sich selber steht, sondern dessen ›Stehen in sich‹ Fundament seines Stehens bedeutet. Er ist in seine Grenze gesetzt und deshalb über sie hinaus, die ihn, das lebendige Ding, begrenzt.«

Wir belassen es bei diesen lexikalischen und unvollständigen Hinweisen, die keiner der genannten Positionen gerecht werden und dennoch andeuten, welchen Status das Subjekt in einer Theorie des Beobachters beanspruchen kann.

Auch die Nachkriegsphilosophie des 20. Jahrhunderts wird daran mit Theodor W. Adorno, Jacques Lacan, Jean-Paul Sartre, Emmanuel Lévinas, Gilles Deleuze, Michel Foucault und Jacques Derrida nichts ändern, sondern den Befund im Medium der Lektüren von Kant, Hegel, Marx und Freud nur bestätigen und ausbauen. Die philosophische Einsicht, der psychoanalytische Test und das historische Material haben sich dadurch ein weiteres Mal vertieft, so dass weitere Anhaltspunkte für empirische Analysen gefunden werden konnten. Auf diese empirischen Analysen kommt es uns hier jedoch im Moment nicht an. Wir haben uns einer Denkfigur vergewissert, die, so vertraut sie in einzelnen Zügen auch sein mag, bisher fachlich gebundene Wissenschaften nicht erreicht hat, sieht man davon ab, dass diese sich vorsichtshalber mit dem Subjekt schon gar nicht mehr beschäftigen.[141] Dem Subjekt hat das nicht geschadet, aber eine Theorie des Beobachters, die auf die Figuren der Subjektivität und der Selbstreferenz angewiesen ist, kann es dabei nicht belassen. Sie muss sich des Ortes vergewissern, an dem der Beobachter nicht nur rechnet, sondern auch verrechnet werden kann. Die Philosophie des Subjekts hat uns hier vor dem Hintergrund der Philosophien der Idee und der Skepsis und interessanterweise vielfach bereits im Kontext einer Arbeit mit einem Formbegriff wichtige Hinweise gegeben, die mit der aus dem Formkalkül stammenden Einsicht übereinstimmen, den Beobachter als invariante Konstante der Arithmetik der Beobachtung nur indirekt aussetzen zu können.

Den Autoren, aus deren Arbeiten wir in den ersten drei Abschnitten dieses Kapitels einige Überlegungen skizziert und an-

---

141 Siehe trotz dieses Dilemmas Andreas Reckwitz, *Das hybride Subjekt. Eine Theorie der Subjektkulturen von der bürgerlichen Moderne zur Postmoderne*, Weilerswist: Velbrück 2006.

gedeutet haben, ist gemeinsam, dass sie an der Bewegung des Gedankens nicht nur festhalten, sondern dieser Bewegung methodisch auf die Spur zu kommen versuchen. Sie arbeiten nicht nur im Medium des Sinns, wie es Luhmann als Medium eines unabschließbaren Verweisungsreichtums beschreibt,[142] sondern sie erkunden es, reichern es an und überprüfen es auf Möglichkeiten und Defizite. Sie sind an der Immanenz von »Sinnformen« interessiert, wie sie Dirk Rustemeyer versteht,[143] an einer Immanenz, die sich nicht mit der Reduktion auf einen Positivismus der Kongruenz von Begriff und Sachverhalt verwechselt. Denn eines ist es, so Hegel, eine Meinung zu haben, und etwas anderes, einen Begriff. Dem Begriff eignet gegenüber der Meinung, die immerhin ebenfalls Ausdruck von Subjektivität und damit von intelligibler Sensibilität ist, zweierlei: Er verknüpft einen Gedanken mit einer Totalität, auch wenn diese nicht absolut ist wie bei Hegel, sondern Grenzfigur eines weiteren möglichen Regressus und Progressus in der Kette der zeitlichen und räumlichen Bedingungen wie bei Kant, und er weiß um seine Setzung durch einen Beobachter, der im Begriff nicht nur intelligibel sensibel ist, sondern auch Bedingungen dieser intelligiblen Sensibilität kritisch überprüft. Im Begriff organisiert sich eine Meinung im Zusammenhang ihrer Bedingungen.

Es ist kein Zufall, dass den ausgewählten Autoren dieses Interesse am Denken des Gedankens gemeinsam ist. Ich habe sie deswegen ausgewählt, denn sie sind mir aus diesem Grund aufgefallen. Es gibt auch andere. Ausgewählt habe ich sie aber auch deswegen, weil sie zentralen Einsichten des Formkalküls entgegenkommen. Sie erlauben es daher, diesen Kalkül in eine Begriffstradition der Auseinandersetzung um – noch einmal mit Pla-

---

142 In: Luhmann, *Sinn als Grundbegriff der Soziologie*.
143 Siehe Dirk Rustemeyer, *Sinnformen. Konstellationen von Sinn, Subjekt, Zeit und Moral*, Hamburg: Meiner 2001; und im Anschluss ders., »Formen von Differenz – Ordnung und Systeme«, in: Friedrich Jaeger, Burkhard Liebsch (Hrsg.), *Handbuch der Kulturwissenschaften*, Bd. 1, Stuttgart: Metzler 2004, S. 76-91; und ders., *Oszillationen. Kultursemiotische Perspektiven*, Würzburg: Königshausen & Neumann 2006.

ton – eine dialektische Wissenschaft einzuordnen, die eine andere ist als die der formalen Logik und Mathematik. Ich glaube nicht, dass Spencer-Brown mit der Philosophie des deutschen Idealismus vertraut ist. Insofern können wir die Diskussion des Kalküls mit Verweis auf diese Philosophie möglicherweise auch erweitern. Überdies unterscheidet sich diese Philosophie um die Größenordnung einer sorgfältig durchgeführten Kritik der reinen Vernunft von den buddhistischen Eingaben, auf die Spencer-Brown sich in neueren Vorworten zu seinem Kalkül beruft.

Für unsere Suche nach einer Theorie des Beobachters ist entscheidend, dass wir dank des Subjektbegriffs, wie er aus der Destruktion der Metaphysik, der Kritik der Vernunft und dem Entwurf einer Wissenschaft der Logik philosophisch hervorgeht, dieses Subjekt als Beobachter setzen dürfen und müssen, ohne damit etwas anderes gewonnen zu haben als ein Paradigma dessen, was es heißt, ein Beobachter zu sein. Der Beobachter ist die Adresse für die Zurechnung von Beobachtungen, die von Beobachtern angestellt werden, für die dasselbe gilt. Sind wir damit in den Sackgassen einer Tautologie oder einer Paradoxie gelandet oder sind wir auf einen Zirkel gestoßen, der tautologisch robust, paradox kreativ und mit all dem durch ein Kalkül nachvollziehbar ist sowie durch Empirie belegbar wird?[144]

Das System

Wenn man bei Heinz von Foerster lesen kann, dass die beiden »wesentlichen Begriffssäulen einer Theorie des Beobachters«, »die Errechnung unendlicher Rekursionen« und die »Errechnung der Selbstreferenz«, endlich bereitstehen, um »mit aller Strenge ein

---

144 Siehe zu einer mit Tautologien und Paradoxien arbeitenden Epistemologie auch Gregory Bateson, *Mind and Nature. A Necessary Unity*, New York: Dutton 1979 (dt. 1982); ders., »Epistemologie, Rekursivität, Sprache. Einige Anmerkungen zu (m)einem Weltbild«, in: *Zeitschrift für systemische Therapie* 8 (1990), S. 165-172.

Begriffssystem zu erschließen, daß sich mit dem Beobachten und nicht nur dem Beobachteten befaßt«,[145] liegt auf der Hand, warum wir die Philosophie des deutschen Idealismus einen Vorgriff auf diese Theorie des Beobachters nennen. Ohne in diesen Hinsichten explizit zu werden, hat sich diese Philosophie in den zwischen Kritik und Spekulation oszillierenden Begriffen des Absoluten und des Subjekts bereits mit diesen beiden Eckpfeilern einer jeglichen Wissenschaft beschäftigt. Daran zu erinnern, gebietet nicht nur der Respekt, sondern es hilft auch dabei, die Theoriearchitektur der Kybernetik zweiter Ordnung, in deren Rahmen Heinz von Foerster seine Überlegungen anstellt, jenseits von auf den ersten Blick technischen Problemlösungen besser zu verstehen. Unsere Skizze bestimmter Aspekte der Philosophie Kants, Fichtes und Hegels und ihrer Übersetzung in das Kunstverständnis der Romantik ist daher nicht nur ein theoriebautechnisch möglicherweise verzichtbarer Umweg auf dem Weg zu einer Theorie des Beobachters, sondern auch eine hilfreiche Übung, um deren Motive, Hintergründe, möglichen Fallstricke und bisherigen Erfahrungen einbeziehen zu können.

Zugleich ist der Systembegriff damals und heute ein radikal anderer. Hatte Hegel mit Hölderlin und Schelling und im Anschluss an Kant noch ein »Systemprogramm« zu Papier bringen können, das auf »ein vollständiges System aller Ideen oder, was dasselbe ist, aller praktischen Postulate« zielte,[146] so hat der Systembegriff der Kybernetik zweiter Ordnung mit Vorstellungen der Vollständigkeit nichts mehr zu tun. Zwar ist es nicht uninteressant, darauf hinzuweisen, dass auch diese Kybernetik im Bewusstsein ihrer Arbeit an der Perspektivierung der eigenen Beobachterposition enge Bezüge zwischen theoretischen Ideen und

---

145 Siehe Heinz von Foerster, »Kybernetik der Kybernetik« (1979), in: ders., *KybernEthik*, übers. von Birger Ollrogge, Berlin: Merve 1993, S. 84-91, hier: S. 89.
146 Siehe Georg Wilhelm Friedrich Hegel, *Das älteste Systemprogramm des deutschen Idealismus* (1797), *Werke*, Bd. 1, Frankfurt am Main: Suhrkamp 1979, S. 234-237, hier: S. 234.

praktischen Postulaten sieht, die sich durchaus noch im Umkreis jener Ideen aufhalten, die auch das Systemprogramm nannte: die Idee eines Ichs, das aus sich, das heißt aus dem Nichts, eine Welt erzeugt, die Idee der Natur, die allerdings verlangt, der »an Experimenten mühsam schreitenden Physik einmal wieder Flügel [zu] geben« (das würden wir uns heute nicht mehr zutrauen), die Idee der Menschheit, die die Idee des Staats hinter sich lässt, und die Idee der Schönheit, die dem Philosophen jenen ästhetischen Sinn gibt, der es ihm ermöglicht, an einer Mythologie der Vernunft zu arbeiten, die auch für das Volk fassbar ist.[147] Doch ist es wegen dieser Ähnlichkeiten umso wichtiger, auf die Differenzen im Systembegriff hinzuweisen.

Die Kybernetik zweiter Ordnung, die Heinz von Foerster entworfen hat, spricht nicht mehr nur wie die Kybernetik erster Ordnung von Organismen, Maschinen, Systemen, die von außen untersucht, entworfen, geplant, gesteuert und kontrolliert werden, sondern von Systemen, die selber als Beobachter verstanden werden, mit denen der Kybernetiker, auch ein Beobachter, nur in Interaktion treten kann, um zu untersuchen, wie sie sich selber entwerfen, planen, steuern und kontrollieren, während sie mit weiteren Beobachtern in Interaktion sind, für die wiederum dasselbe gilt.[148] Daraus ergibt sich ein Systembegriff, der nichts mehr

---

147 So ebd., S. 234-236, Zitat: S. 234.
148 Die wichtigsten Aufsätze Heinz von Foersters sind gesammelt in: Heinz von Foerster, *Observing Systems*, mit einer Einführung von Francisco J. Varela, Seaside, CA: Intersystems 1981; ders., *Wissen und Gewissen. Versuch einer Brücke*, übers. von Wolfram K. Köck, hrsg. von Siegfried J. Schmidt, Frankfurt am Main: Suhrkamp 1993; ders., *KybernEthik*; ders., *Understanding Understanding. Essays on Cybernetics and Cognition*, New York: Springer 2003. Siehe auch seine Einführung in die Grundgedanken der Kybernetik zweiter Ordnung in ders., *Der Anfang von Himmel und Erde hat keinen Namen. Eine Selbstschaffung in 7 Tagen*, hrsg. von Albert Müller, Karl H. Müller, Nachdruck Berlin: Kadmos 2002. Für die Kybernetik erster Ordnung ist es schwer, maßgebende Texte zu nennen, da es sich eher um eine praktizierte Ingenieurswissenschaft handelt. Ausgangstexte der Kybernetik wie Norbert Wiener, *Cybernetics. Or Control and Communication in the Animal and the Machine* (1948),

mit einem System im Singular zu tun hat, geschweige denn mit einem Entwurf von Vollständigkeit, sondern überall dort ein System konzipiert, wo ein Rückschluss auf einen Beobachter vorgenommen werden kann, dem weitere Beobachtungen zugerechnet werden können. Nicht mehr das *eine* System, aber nach wie vor der Schluss, für dessen Operation sich Kant, Fichte, Hegel intensiv interessierten und dessen Intuition im Formbegriff immer mitlief (Shaftesburys »Aktion, Erkenntnis [intelligence] und Operation«), steht jetzt als Operation der Schließung im Zentrum der Aufmerksamkeit. Was sich schließt, ist ein System. Was einen Schluss identifiziert, muss ebenfalls ein System sein, da bereits die Identifikation ein Schluss ist. Und was schließt und sich damit schließt, ist ein Beobachter. Die Kopula »ist« ist hier erlaubt, da ihre ontologische Referenz nur noch die eines Beobachters sein kann, der mit ihr eine Beobachtung zu erkennen gibt.

Der Beobachter selbst ist das System, aber er ist nichts anderes als der Rückschluss von einer Beobachtung auf eine Einheit, der weitere Beobachtungen zugerechnet werden können. Er ist dieses System, weil dieser Rückschluss in jedem Moment in Rechnung stellt, dass die Einheit des Beobachters nicht benannt werden kann und die zu erwartenden Beobachtungen nicht vorherzusehen sind.

Erst jetzt sind wir hinreichend gewarnt, um einige vorsichtige Antworten auf die Frage zu geben, wen oder was man sich unter diesem Beobachter vorstellen kann und welche Eigenschaften ihm möglicherweise zugerechnet werden können. In der Philosophie des Idealismus und mehr noch in ihrer späteren Rezeption

---

2. Aufl., Cambridge, MA: MIT Press 1961, formulieren auch bereits Ideen der Kybernetik zweiter Ordnung. Siehe für die weiterführende Diskussion auch Heinz von Foerster (Hrsg.), *Cybernetics of Cybernetics. The Control of Control and the Communication of Communication* (1974), 2. Aufl., Minneapolis: Future Systems 1995; Claus Pias (Hrsg.), *Cybernetics/Kybernetik. Die Macy-Konferenzen 1946-1953*, 2 Bde., Zürich: diaphanes 2004; Albert Müller, Karl H. Müller (Hrsg.), *An Unfinished Revolution? Heinz von Foerster and the Biological Computer Laboratory. BCL 1958-1976*, Wien: echoraum 2007.

lief die Annahme immer mit, dass das Subjekt vielleicht doch als Individuum, Person, Mensch identifiziert werden kann, so dass diese Philosophie unter den Stichworten der Anschauung, des Verstandes, der Vernunft und des Geistes von einem Bewusstsein spricht, das wir Menschen uns zurechnen können, so sehr wir dann auch Anlass haben, seine Leistungen und Grenzen in die Sprache, die Geschichte, die Gemeinschaft, die Auseinandersetzung und die Anerkennung zu externalisieren (daher das Interesse an Psychologie, Geschichte und Anthropologie, aber auch die Vorsicht im Umgang mit ihnen). Doch diese Annahme lässt sich angesichts der Arbeit von Biologen und Neurophysiologen, vielleicht auch von Physikern und Ingenieuren nicht mehr halten. Diese Arbeit rechtfertigt einen abstrakten Subjektbegriff, der im Subjekt buchstäblich und wörtlich nur das sich selbst Zugrundeliegende sieht und sich für diesen abstrakten Begriff eine Fülle konkreter Beispiele vorstellen kann, nämlich Organismen, Zellen eines Organismus, das Gehirn, das Immunsystem, vielleicht auch andere Organe des Organismus, Moleküle, subatomare Strukturen, künstlich intelligente Maschinen, das Bewusstsein der Menschen, sicherlich auch anderer Tiere, und soziale Systeme, angefangen bei flüchtigen Begegnungen (encounters, gatherings), Familien, Stämmen und Verwandtschaftssystemen über Gruppen, Horden und Organisationen bis zu Gesellschaften, ihren Subsystemen und sozialen Bewegungen und der Weltgesellschaft.

Wir geben eine bewusst zusammengewürfelte Liste möglicher Systeme, verstanden als mögliche Beobachter, denn selbstverständlich sind wir auf dem Stand unserer Überlegungen hier nicht in der Lage, irgendeine wiederum »vollständige« Systematik zu liefern, die empirisch ausschöpfen könnte, welche konkreten Subjektivierungsinstanzen man sich gegenwärtig vorstellen kann. Die Theorie des Beobachters, an der wir hier arbeiten, hat im Gegenteil die Pointe, diese Liste allenfalls auf einer heuristischen Ebene der Anregung der Vorstellungskraft von Beobachtern zu geben, die die Absicht haben, in verschiedene Beobachtungsfelder zu gehen und sich dort konkret anzuschauen, mit welchen Beobachtern welche Beobachter anhand welcher Unterscheidungen rechnen. Überdies ist zuzugestehen, dass gegenwärtig nur für wenige Fälle bewährte Untersuchungen beobachtender Systeme bereits vorliegen; und auch diese sind, wie nicht anders zu erwarten, unter Systemtheoretikern – je nach deren Leitunterscheidungen – umstritten. So gilt gerade für den möglicherweise wichtigsten Fall, den Organismus, dass Biologen zwar sich selbst, aber nicht den Organismus als Beobachter konzipieren, während Soziologen ihn als Paradigma beobachtungsfähiger Systeme für eine allgemeine Theorie »autopoietischer« Systeme fruchtbar zu machen suchen, das mit Erfolg dann auch auf soziale Systeme und auf das Bewusstsein angewandt werden kann.[149]

Abgesehen davon, dass wir im vorliegenden Text im Medium der Kommunikation arbeiten, also offenbar das soziale System

---

149 Siehe maßgebend für eine Theorie der Autopoiesis des Lebens Humberto R. Maturana, Francisco J. Varela, *Autopoiesis and Cognition. The Realization of the Living*, Dordrecht: Reidel 1980; Francisco J. Varela, *Principles of Biological Autonomy*, New York: North Holland 1979; ders., *Kognitionswissenschaft – Kognitionstechnik. Eine Skizze aktueller Perspektiven*, übers. von Wolfram Karl Köck, Frankfurt am Main: Suhrkamp 1990; ders., *Ethisches Können*, übers. von Robin Cackett, Frankfurt am Main: Campus 1994; Humberto J. Maturana, *Was ist Erkennen?*, übers. von Hans Günter Holl, München: Piper 1994; ders., *Biologie der Realität*, übers. von Wolfram K. Köck, Frankfurt am Main: Suhrkamp 2000. Siehe speziell zu Immunsystemen: Francisco J. Varela, »Das zweite Gehirn unseres Körpers«, in: Hans Rudi Fischer u. a. (Hrsg.), *Das Ende der großen Entwürfe*, Frankfurt am Main: Suhrkamp 1992, S. 109-116; ders. u. a., »Cognitive Networks: Immune, Neural, and Otherwise«, in: Alan S. Perelson (Hrsg.), *Theoretical Immunology*, Bd. 2, Redwood City, CA: Addison-Wesley 1988, S. 359-375. Zu sozialen Systemen: Niklas Luhmann, *Soziale Systeme. Grundriß einer allgemeinen Theorie*, Frankfurt am Main: Suhrkamp 1984; ders., *Die Wissenschaft der Gesellschaft*, Frankfurt am Main: Suhrkamp 1990, insbes. Kap. 1 und 2 (sowie seine Studien zu Wirtschaft, Kunst, Recht, Religion, Politik, Erziehung, Protestbewegungen und Organisation); Elena Esposito, *L'operazione di osservazione. Costruttivismo e teoria dei sistemi sociali, prefazione di Niklas Luhmann*, Milano: Angeli 1992; Peter Fuchs, *Der Sinn der Beobachtung. Begriffliche Untersuchungen*, Weilerswist: Velbrück 2004. Und zum Bewusstsein: Niklas Luhmann, »Die Autopoiesis des Bewusstseins«, in: *Soziale Welt* 36 (1985), S. 402-446. Siehe Einstiege in die Diskussion auch in: Dirk Baecker (Hrsg.), *Schlüsselwerke der Systemtheorie*, Wiesbaden: Westdeutscher Verlag 2005.

der Gesellschaft, vielleicht auch der Wissenschaft – sollte das Buch Leser finden – reproduzieren, und abgesehen davon, dass wir dazu Leistungen des Gehirns, des Körpers und der Technik (Buchdruck, Bibliotheken, Zettelkasten, elektronische Textverarbeitung, Internetrecherche) in Anspruch nehmen, haben wir, Leser und Autor, jedoch keine Anhaltspunkte, auf die wir zurückgreifen könnten, um zu wissen, wen oder was wir hier als Beobachter identifizieren wollen. Wir sammeln Beobachtungen, und irgendwie sind wir auch daran beteiligt, dass Unterscheidungen getroffen werden, dank derer diese Beobachtungen gemacht werden können, aber dennoch ist fraglich, wer oder was diese Unterscheidungen trifft. Die Theorie des Beobachters ist die Theorie einer radikalen Subjektivierung, die es laufend ermöglicht, Ich zu sagen, ohne dass man wüsste, wer damit gemeint ist. Diese Paradoxie löst sich erst auf, wenn wir es mit konkreten Beobachtungen zu tun haben, die es uns ermöglichen, Zurechnungen auf Beobachter vorzunehmen, mit denen wir uns selbst ins Spiel bringen, denn jede dieser Zurechnungen wird nicht an den adressierten Beobachtern, sondern nur an uns selbst hängen bleiben.

Wichtiger als die Benennung der Beobachter, von Ross und Reiter, ist eine erste Auflistung ihrer Eigenschaften, soweit sie von der Philosophie des Idealismus in der Auseinandersetzung mit Ontologie, Theologie, Kunst und Staat sowie von der Kybernetik zweiter Ordnung und der Theorie sozialer Systeme in der Auseinandersetzung mit der Relativitätstheorie, der Quantenmechanik, der Psychoanalyse, der Sprachphilosophie und der Neurophysiologie zusammengestellt worden sind. Denn diese Liste unterfüttert nicht das Systemprogramm, sondern das Forschungsprogramm, das wir hier entwerfen.[150] Und auch hier beanspruchen wir nicht einen vollständigen Überblick über die Literatur, der

---

150 Das Forschungsprogramm ist im Übrigen nicht auf die Wissenschaft beschränkt. Längst haben sich auch das Theater, insbesondere das freie Theater und die Performancekunst seiner angenommen. Siehe etwa Gabriella Giannachi, *The Politics of New Media Theatre. Lifeo®™*, London: Routledge 2007.

jenseits der Reichweite der Leistung eines einzelnen Autors liegt, sondern konzentrieren uns auf einige Leitfragen.

Die beiden ersten sind nach wie vor die beiden »Begriffssäulen«, die die Kybernetik zweiter Ordnung mit der Philosophie des Idealismus gemeinsam hat, die Errechnung unendlicher Rekursionen und die Errechnung der Selbstreferenz. Schon die Philosophie des Idealismus hat geahnt, dass die beiden Begriffe letztlich auf einen Begriff reduziert werden können,[151] und zu Recht weist auch die Medientheorie darauf hin, dass sich mit den unendlichen Rekursionen, auf denen auch die Turing-Maschine beruht, Entscheidungsprobleme stellen, die nur durch den Eingriff von Selbstreferenz gelöst werden können.[152] »Selbstreferenz ist

---

151 Oder auch, mit Jacobi, *Jacobi an Fichte*, S. 203 f.: auf das Bild des Strickstrumpfs, mit dem er die Turing-Maschine vorwegnahm: »Um sich eine andere als die gewöhnliche empirische Vorstellung von dem Entstehen und Bestehen eines Strickstrumpfs zu machen, braucht man nur den Schluß des Gewebes aufzulösen, und es an dem Faden der Identität dieses Object-Subjects ablaufen zu laßen. Man sieht deutlich alsdenn, wie dieses Individuum, durch ein bloßes Hin- und herbewegen des Fadens, das ist, durch ein unaufhörliches Einschränken seiner Bewegung, und Verhindern, daß er seinem *Streben ins Unendliche hinaus* folgte – ohne empirischen Einschlag, oder sonst eine Beymischung oder zuthat, zur Wirklichkeit gelangte. [Absatz] Diesem meinem Strickstrumpf gebe ich Streifen, Blumen, Sonne, Mond und Sterne, alle mögliche Figuren, und erkenne: wie alles dieses nichts ist, als ein Product der, zwischen dem Ich des Fadens und dem Nicht-Ich der Drähte schwebenden productiven Einbildungskraft der Finger. Alle diese Figuren mit dem Strumpfwesen zusammen, sind, aus dem *Standpunkt der Wahrheit* betrachtet, der Alleinige nackte Faden. Es ist nichts in ihn gefloßen, weder aus den Drähten, noch aus den Fingern; Er allein und rein ist jenes Alles, und es in Allem jenen nichts außer ihm; Er ist es ganz und gar, nur – Mit seinen Bewegungen der Reflexion an den Drähten, die er, fortsetzend, behalten hat, und dadurch zu diesem bestimmten Individuum geworden ist.« Es könnte sein, dass auch der Scherz, den sich Jean Paul gegenüber Fichte und anderen leistet, dass die Philosophen das Ei immer früher ausblasen als ausbrüten [*Clavis Fichtiana seu Leibgeberiana*, S. 1025], für eine Begriffsbildung, die mit leerer Selbstreferenz rechnet, durchaus Modellcharakter haben kann.

152 Siehe Georg Christoph Tholen, »Die Zäsur der Medien«, in: Georg Stanitzek, Wilhelm Voßkamp (Hrsg.), *Schnittstelle. Medien und kulturelle*

das Unendliche in endlicher Gestalt!«, sagt, mit Ausrufezeichen, Louis H. Kauffman.[153] Wie also können wir uns einen Beobachter vorstellen, dessen Selbstreferenz seine unendlichen Rekursionen so unentscheidbar, obwohl laufend berechenbar unterbricht, wie diese Rekursionen seine Selbstreferenz?

Wenn ich es recht sehe, stehen uns für eine Antwort auf diese Frage gegenwärtig zwei Modelle zur Verfügung, Heinz von Foersters Epistemologie lebender Dinge und Spencer-Browns Laws of Form. Ich bin sicher, dass sich in der mathematischen Forschung vor allem Kauffmans, aber auch anderer, die sich mit Spencer-Browns Laws of Form beschäftigen,[154] sowie im weiten Forschungsfeld der Informatik, Semiotik, der Künstlichen Intelligenz, des Künstlichen Lebens, der Robotik und, diese nach Möglichkeit miteinander integrierend, der Theorie komplexer Systeme weitere Modelle finden lassen,[155] doch haben diese in meinen Augen bis-

---

Kommunikation, Köln: DuMont 2001, S. 32-50, der jedoch ebd., S. 33, nicht von Selbstreferenzen spricht, sondern (paradox spinozistisch?) von einer »sich selbst entzogene[n] Dazwischenkunft medialer Chocks und Einschnitte«, die jeden Gedanken daran, sich Maschinen instrumentell nach dem Muster von Zweck und Mittel vorzustellen, erübrigt. Siehe auch ders., *Die Zäsur der Medien. Kulturphilosophische Konturen*, Frankfurt am Main: Suhrkamp 2002.

153 Louis H. Kauffman, »Self-Reference and Recursive Forms«, in: *Journal of Social and Biological Structures. Studies in Human Sociobiology* 10 (1987), Nr. 1, S. 53-72, hier: S. 54, Übers. DB.

154 Siehe neben dem soeben zitierten Aufsatz etwa: Louis H. Kauffman, Francisco J. Varela, »Form Dynamics«, in: *Journal of Social and Biological Structures. Studies in Human Sciobiology* 3 (1980), S. 171-206; ders., »Knot Logics«, in: ders. (Hrsg.), *Knots and Applications*, Singapore: World Scientific Publ. 1995, S. 1-110; ders., »Arithmetic in the Form«, in: *Cybernetics and Systems* 26 (1995), S. 1-57; ders., »Boolean Algebra«, in: *Semiotica* 195 (1995), S. 152-156; und seine Kolumne »Virtual Logic« in der Zeitschrift *Cybernetics and Human Knowing*. Siehe ferner Diego L. Rapoport, »Surmounting the Cartesian Cut. Torsion Fields, the Extended Photon, Quantum Jumps, The Klein Bottle, Multivalued Logic, the Time Operator, Chronomes, Perception, Semiotics, Neurology and Cognition«, in: *Mind Science* (June 2010), ⟨http://vixra.org/abs/1006.0007⟩.

155 Ich denke vor allem an Forschung im Umkreis der *embedded systems* und *cyber physical systems*, eng verbunden mit Fragestellungen des *ubiquitous*

her bestenfalls den Status des Nachbuchstabierens der Notwendigkeit, aber auch Schwierigkeit, mit Selbstreferenz zu rechnen, und nicht den bereits ausgereifter Alternativen zu Heinz von Foerster und Spencer-Brown. Meist zögert man zudem, den beobachtenden Beobachter in die Modellierung beobachteter Beobachter mit aufzunehmen. Doch wenn man im Fall der Meteorologie, der man viele avancierte Modellierungstechniken verdankt, die Thermometer, Hygrometer und Barometer (im Gegensatz zu den Emissionen der menschlichen Zivilisation) nicht zu den Einflussfaktoren des Klimas und Wetters zählen muss, so ist dies im subatomaren Bereich so wenig der Fall wie im sozialen. Nichtlineare Modelle von Netzwerkdynamiken, insbesondere Schwarmtheorien,[156] versuchen dieses Defizit zu korrigieren, doch auch hier

---

computing: Thomas A. Henzinger, Joseph Sifakis, »The Discipline of Embedded Systems Design«, in: *Computer* 40 (October 2007), S. 32-40; Edward A. Lee, »Cyber Physical Systems. Design Challenges«, in: *IEEE International Symposium on Object Oriented Real-Time Distributed Computing (ISORC)*, Orlando, FL: IEEE 2008, S. 363-369; Mark Weiser, »The Computer of the 21st Century«, in: *Scientific American* 265 (September 1991), S. 78-89; und Adam Greenfield, *Everyware. The Dawning Age of Ubiquitous Computing*, Berkeley, CA: New Riders 2006. Siehe zur Theorie komplexer Systeme im Umgang mit neuerdings verfügbaren großen Datenmengen nur Didier Sornette, *Critical Phenomena in Natural Sciences, Chaos, Fractals, Self-Organization and Disorder. Concepts and Tools*, Heidelberg: Springer 2000; und Dirk Helbing (Hrsg.), *Managing Complexity. Insights, Concepts, Applications*, Berlin: Springer 2008.

156 Siehe Eric Bonabeau u. a., *Swarm Intelligence. From Natural to Artificial Systems*, New York: Oxford UP 1999. Wer mitschwärmt, plädiert daher für praktische Alternativen zur Theorie komplexer Systeme im Bereich des Ausbaus einer Allmende- beziehungsweise Creative-Commons-Infrastruktur, so David Weinberger, *Everything is Miscellaneous. The Power of the New Digital Disorder*, New York: Holt 2007, und ders., »The Machine That Would Predict the Future«, in: *Scientific American* 305 (December 2011), S. 32-37, oder für eine Modellierung der Gesellschaft nicht im Medium einer physikalischen Mathematik, sondern im Medium sozialer Bewegungen, etwa David Graeber, Andrej Grubacic, »Anarchism. Or The Revolutionary Movement of the Twenty-first Century«, in: *ZNet Vision and Strategy* (January 2004) ⟨http://www.zmag.org/znet/viewArticle/9258⟩.

legen die Beobachter typischerweise Wert darauf, nicht mitzuschwärmen.

Heinz von Foersters Epistemologie lebender Dinge geht vor dem Hintergrund neurophysiologischer Forschungsergebnisse seit Johannes Müllers Formulierung des Gesetzes der spezifischen Sinnesenergien nicht nur von einfach, sondern von doppelt geschlossenen Systemen aus, wenn es darum geht, seine Theorie des Beobachters auszuarbeiten. Müllers Gesetz lautet: »Die Sinnesempfindung ist nicht die Leitung einer Qualität oder eines Zustandes der äusseren Körper zum Bewusstsein, sondern die Leitung einer Qualität, eines Zustandes eines Sehnerven zum Bewusstsein, veranlasst durch eine äussere Ursache, und diese Qualitäten sind in den verschiedenen Sinnesnerven verschieden, die Sinnesenergien.«[157] Von Foerster formuliert als Proposition Nr. 11 seines Formalismus einer Epistemologie lebender Dinge: »Die Umwelt enthält keine Information: die Umwelt ist, wie sie ist.«[158] Das ist seither die Pointe jeder Systemtheorie, die als Theorie selbstreferentieller Systeme formuliert wird und wegen dieser neurophysiologischen Befunde auch formuliert werden muss: Systeme gibt es nur in der Differenz zu einer Umwelt, die keine Information enthält. Deswegen ist das System ein Beobachter, der die Information, mit der er rechnet, aus eigenen Operationen errechnet, für die es in der Umwelt Veranlassungen und auch eine Fülle von Ursachen, aber keine spezifischen Instruktionen gibt. Die Neurophysiologie, ihrerseits seinerzeit durchaus in der Auseinandersetzung mit der Philosophie,[159] postuliert den Beobachter in der

---

157 So in: Johannes Müller, *Handbuch der Physiologie des Menschen für Vorlesungen*, Bd. 2, Coblenz: Hölscher 1840, S. 254. Heinz von Foerster, *Der Anfang von Himmel und Erde hat keinen Namen*, S. 140 f., spricht vom Prinzip der undifferenzierten Codierung. Siehe auch ders., »Entdecken oder Erfinden. Wie läßt sich Verstehen verstehen?«, in: Ernst von Glasersfeld u. a., *Einführung in den Konstruktivismus*, München: Oldenbourg 1985, S. 27-68, hier: S. 41.

158 So in: Heinz von Foerster, »Bemerkungen zu einer Epistemologie des Lebendigen« (1974), in: ders., *Wissen und Gewissen*, S. 116-133, Zitat: S. 123.

159 Siehe Michael Hagner, Bettina Wahrig-Schmidt (Hrsg.), *Johannes Müller und die Philosophie*, Berlin: Akademie-Verlag 1992.

Auseinandersetzung mit dieser Umwelt als »irritables Prinzip« (Schelling), dessen unendliche Rekursionen und Selbstreferenz aus dem Mangel einer direkten Verknüpfung mit der Umwelt stattdessen eine Welt gewinnen. Die Irritation ist die Einheit der Differenz von unendlicher Rekursion und Selbstreferenz; sie zwingt den Beobachter, immer wieder neu auf sich selbst zurückzukommen, um zu ergänzen, zu korrigieren und zu streichen, was er gerade noch beobachtet hat.

Von Foersters Formalismus, dessen vorletzten Satz wir gerade zitiert haben, ist in Wirklichkeit eine weitere Übung für den (lesenden) Beobachter, sich selbst als irritablem Prinzip in der Auseinandersetzung mit sich und seinen Beobachtungen einer Umwelt, in der weitere Beobachter auftreten, auf die Spur zu kommen. Die Proposition Nr. 1 beginnt mit dem gesunden Menschenverstand oder auch mit dem einfachsten Fall einer Ontologie: »Die Umwelt wird erfahren als der Ort von Objekten, die stationär sind, die sich bewegen oder die sich verändern.«[160] Doch dann werden Schritt für Schritt die in dieser Proposition steckenden Annahmen zunächst der Invarianz und der Veränderung, dann der Möglichkeit, diese Invarianzen und Veränderungen im Beobachter zu repräsentieren, dann der Herstellung von Relationen zwischen diesen Repräsentationen, die wir Erkenntnisse von Objekten nennen, auf den Organismus zurückgeführt, der all dies tatsächlich leistet und dafür keine anderen Anhaltspunkte hat als seine eigenen Leistungen. Er errechnet die Relationen, denen er anschließend unter Umständen Gründe hat zu misstrauen.

Daraus wird in Proposition 8 die Konsequenz gezogen, dass ein Formalismus der Kommunikation, um sich auf die Relationen zwischen Organismen konzentrieren zu können, nicht etwa seinerseits Kommunikabilia (Symbole, Wörter, Botschaften) enthalten darf, denn damit würde das zu Erklärende in die Erklärung mit eingebaut. Die Kybernetik hat in anderen Fällen keine Schwierigkeiten mit zirkulären Argumenten, doch hier kommt

---

160 Siehe von Foerster, »Bemerkungen zu einer Epistemologie des Lebendigen«, S. 118.

es darauf an, Kommunikation als Relation zwischen Organismen aus der Sicht eines Beobachters zu beschreiben, der auf sich selber stößt, wenn er sich diese Sicht erläutern will, doch in sich nichts findet, was den Repräsentationen, die er laufend herstellt, entspricht. Stattdessen stößt er auf das unbestimmt rekursiv reflexive Personalpronomen »Ich«.

Ohne es zu erwähnen, entspricht dieser Ausgangspunkt nicht mehr dem irreführenden Sender/Empfänger-Schema der Kommunikation, das Claude E. Shannon und Warren Weaver ihrer mathematischen Kommunikationstheorie offenbar vornehmlich aus didaktischen Gründen vorangestellt haben, sondern dem Korrektursystem mit Beobachter, von dem Shannon für Fälle der Kommunikation unter Einschluss von Rauschen zuvor ausgegangen war (Abb. 2.1).[161] Orientiert an diesem Schema rücken To-Whom-It-May-Concern-Messages in den Mittelpunkt der Aufmerksamkeit der Kommunikationstheorie, seit auffällt, dass dieses Schema offenlässt, welche Konsequenzen die Korrektur einer Nachricht M' zugunsten der Nachricht M für wen haben könnte.[162]

---

161 Siehe dieses Schema in Claude Shannon, Warren Weaver, *The Mathematical Theory of Communication* (1949), Reprint Urbana, IL: Illinois UP 1963, S. 68; und zum Vorgängermodell dieses Schemas Claude E. Shannon, »A Mathematical Theory of Cryptography« (classified, 1946), declassified als: »Communication Theory of Secrecy Systems«, in: *Bell System Technical Journal* 28 (1949), S. 656-715, hier: S. 661. Siehe zur Geschichte dieses Schemas James Gleick, *Information. A History, A Theory, A Flood*, London: Fourth Estate 2011, S. 204 ff.; und vgl. Dirk Baecker, *Kommunikation*, Leipzig: Reclam 2005, S. 61 ff.

162 Siehe Norbert Wiener, »Discussion« (1949), in: Claus Pias (Hrsg.), *Cybernetics/Kybernetik. The Macy Conferences 1946-1953*, Bd. 1: *Transactions*, Zürich: diaphanes 2003, S. 72-97, hier: S. 82 f.; Paul Watzlawick, »Preface to the 1987 Edition«, in: Jurgen Ruesch, Gregory Bateson, *Communication. The Social Matrix to Psychiatry*, New York: Norton 1987, S. vii-ix, hier: S. vii; Erhard Schüttpelz, »To Whom It May Concern Messages«, in: Claus Pias (Hrsg.), *Cybernetics/Kybernetik. Die Macy-Konferenzen 1946-1953*, Bd. 2: *Essays und Dokumente*, Zürich: diaphanes 2004, S. 115-130. Und vgl. zu einer daran anschließenden Dekonstruktion des Sender/Empfänger-Modells Dirk Baecker, »Systemic Theories of Communication«, in: Paul Cobley, Peter J. Schulz (Hrsg.), *Handbook of Communication Sciences, vol. 1*, Berlin: de Gruyter, im Druck.

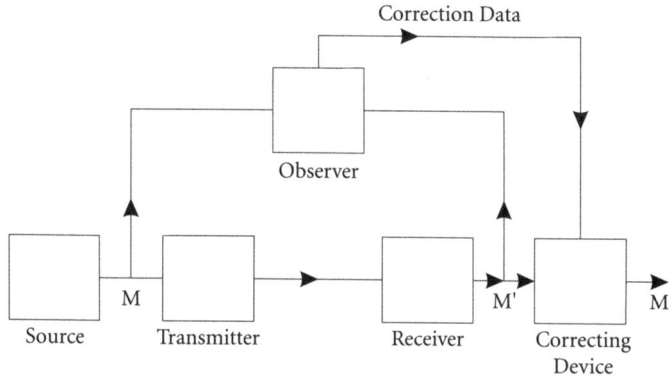

Abb. 2.1: *Claude E. Shannons Korrektursystem der Kommunikation mit Beobachter*

Der Beobachter hat keine andere Möglichkeit, so die Propositionen 9 und 10 in von Foersters Formalismus, als dennoch Schlussfolgerungen zu ziehen und aus den Irritationen, die sich in der Folge aus den eigenen Bewegungen ergeben, neue Schlussfolgerungen zu ziehen. Wiederholt er dies oft genug, ergibt sich die Einsicht von Proposition 11, die allerdings, wie wir jetzt sehen, paradox ist: »Die Umwelt enthält keine Information: die Umwelt ist, wie sie ist.« Die Kopula greift, hilft jedoch nicht weiter. Doch wenn die Umwelt ist, wie sie ist, so ist sie zumindest nach aller abendländischen Ontologie und dem gesunden Menschenverstand, der ihr folgt, der Ort von Objekten, »die stationär sind, die sich bewegen oder die sich verändern« (Proposition 1). Der Beobachter bewegt sich im Kreis, und das nennt sich Leben.

So weit die Erläuterung des Formalismus »in Prosa«.[163] Es folgt die Ausformulierung des Formalismus in der Form einer Mathematik unendlicher Rekursionen der Entfaltung einer Selbstreferenz, aus der wir leicht modifiziert für unsere Zwecke nur drei Ausdrücke und eine Gleichung zitieren.

---

163 So wiederum von Foerster, »Bemerkungen zu einer Epistemologie des Lebendigen«, S. 118.

Der Beobachter, *OB*, ist erstens ein Relator dritter Ordnung, der zwischen Repräsentationen, *R* und *S*, seiner Vorstellungen von Objekten, *R (OB(Obj))*, und von für ihn relevanten Ereignissen, *S (Eve(OB))*, eine Relation herstellt, die ihn als Beobachter, als Organismus, erhält:[164]

OB [Equ [R (OB (Obj)), S (Eve (OB))]].

Der Beobachter kommuniziert, zweitens, indem er zwischen Ereignissequenzen, Evs_1 und Evs_2, eine Relation der Kommunikation, *Com*, herstellt:[165]

OB (Com (Evs_1, Evs_2)).

Und drittens entwickelt der Beobachter eine Selbstreferenz, indem er ein Ich errechnet, das die Beobachtung einer Relation zwischen ihm und der Beobachtung seiner selbst ist:[166]

Equ [$OB^{(n+1)}$ Com ($OB^{(n)}$, $OB^{(n)}$)].

Wenn diese drei Ausdrücke gelten, lässt sich Information streng relativ als das Verhältnis eines Beobachters, *OB*, zur Repräsentation einer Umwelt, *D**, durch einen anderen Beobachter, *OB**, verstehen, der diese auf eine Domäne zurückrechnet,[167] die eine Relation aus einer Reihe möglicher Relationen zwischen seinen Repräsentationen der Umwelt, *D*, und dieser Umwelt, *E*, ist:[168]

Inf (OB, D*) ≡ Domain [Rel_x (D, E)], wobei x = 1, 2, 3, ... n.

---

164 Ebd., S. 128.
165 Ebd., S. 129.
166 Ebd., S. 132.
167 Der Ausdruck »Domäne« bezieht sich auf lat. dominium, Definitions-, Geltungs- und Herrschaftsbereich, zu unterscheiden vom imperium und vom sacerdotium, vom Reich und von der Kirche.
168 Ebd.

In einem anderen Aufsatz definiert von Foerster eine Umwelt, *E*, als die rekursive Errechnung einer triadischen Relation zwischen einer Welt, *W*, den kognitiven, das heißt sensorischen und motorischen Prozessen, mit denen sich ein Beobachter in dieser Umwelt orientiert, *C*, und den Beschreibungen, die der Beobachter von seiner Welt anfertigt, *D*, so dass:[169]

E = E (W, C, D).

Man kann verschiedene dyadische Relationen, *R*, isolieren und zum Beispiel $R_D(W, C)$ als Hinweis auf die Qualität der Beschreibungen, $R_C(W, D)$ als Hinweis auf das kognitive Potenzial des Beobachters als Ergebnis nicht zuletzt der selbst angefertigten Beschreibungen sowie $R_W(C, D)$ als Hinweis auf Wille und Handlung eines durch seine kognitiven Prozesse und seine Beschreibungen eingeschränkten Beobachters in der Welt untersuchen.

Entscheidend ist auch hier, dass ein rekursiver Formalismus entwickelt wird, der reicher ist als etwa die jeweils einsinnigen Beschreibungen der Physik, *D (W)*, der Psychologie, *D (C)*, oder der Philosophie, Linguistik und Soziologie, *D (D)*, die jeweils nicht mit Beobachtern rechnen, die ihr Weltverhältnis in Relation zu ihrem Weltverhältnis setzen, um sich in ihrer Umwelt variabel zu bewegen, dazu jedoch in ihren unendlichen Rekursionen immer wieder einen Umweg über eine Selbstreferenz nehmen müssen, die durch die Irritation orientiert, dass man es immer nur mit eigenen Beobachtungen zu tun hat und nie direkt mit der Umwelt oder gar der Welt.

Der Preis, den man für Konzeptionen dieser Art des Beobachters als System zahlen muss, lautet, dass man ihn nicht mehr mit sich identisch setzen kann, weder für sich noch für andere. Denn aufgefasst als System, *OB = S*, ist er seine eigene Funktion, *S*, seiner Auseinandersetzung mit sich selbst, *S*, und seiner Um-

---

169 Siehe Heinz von Foerster, »Computing in the Semantic Domain«, in: *Annals of the New York Academy of Sciences* 184 (1971), S. 239-241, hier: S. 239.

welt, E, so dass die minimale kybernetische Fundamentalgleichung gilt:[170]

Wenn $S = S (S, E)$, dann $S \neq S$.

Diese Bedingung der Nichtlinearität ist für den Beobachter zugleich die Voraussetzung dafür, dass er die Paradoxie der Gleichung, $S \neq S$, auf die in ihr enthaltene Identität hin lesen und eine Relation,

$S = Rel (S, S')$

herstellt, die ihn als mit sich identisch im Medium seiner Verschiedenheit bestätigt.

Die Dopplung von leerer Selbstreferenz und unendlicher Rekursion ist die Voraussetzung dafür, dass die für eine Ontologie mit sich identischer Subjekte und Objekte problematische Paradoxie des mit sich identischen und nicht-identischen Beobachtersystems in eine nicht nur unproblematische, sondern darüber hinaus kreative Ontogenese desselben Beobachtersystems entfaltet werden kann.[171] Kreativ ist diese Ontogenese schon deswegen, weil selbst die scheinbar unkreative Wiederholung einer Identität an der leeren Selbstreferenz keinen anderen Anhaltspunkt hat als den der Notwendigkeit einer Problemlösung.

Unser zweites Modell, Spencer-Browns Formkalkül, passt auf die Figur der Dopplung von leerer Selbstreferenz und unendlicher Rekursion, die Heinz von Foerster entwickelt hat, weil es ebenfalls in der Lage ist, zu zeigen, dass die Leere und die unendliche

---

170 Vgl. dazu ausführlicher Dirk Baecker, »Die Theorieform des Systems«, in: ders., *Wozu Systeme?*, Berlin: Kulturverlag Kadmos 2002, S. 83-110.
171 Siehe zum Begriff der Ontogenese von Foerster, *KybernEthik*, S. 99 ff., und zum Begriff der Entfaltung einer aus der Selbstreferenz resultierenden Paradoxie bereits Lars Löfgren, »Unfoldment of Self-Reference in Logic and Computer Science«, in: Finn V. Jensen u. a. (Hrsg.), *Proceedings from 5th Scandinavian Logic Symposium. Aalborg, 17-19 January 1979*, Aalborg: Institut for Elektroniske Systemer 1979, S. 205-229.

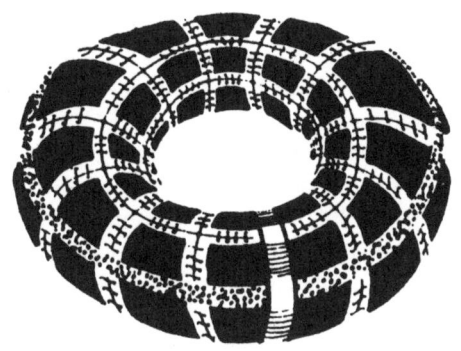

Abb. 2.2: *Heinz von Foersters »doppelte Schließung der nervösen und hormonalen Kausalkette«*

Rekursion letztlich dasselbe sind beziehungsweise auf dieselbe Idee verweisen. Um dies zu sehen, müssen wir zwei Ideen der Theorie geschlossener Systeme und des Formkalküls miteinander parallelisieren. Wir haben bisher nicht betonen müssen, dass die Kybernetik zweiter Ordnung ihre Systeme nicht nur als einfach, sondern als doppelt geschlossen ansieht.[172] Sie schließen Operationen an Operationen an, unterbrochen von nichts anderem als Irritationen; und sie bauen Strukturen auf, mit deren Hilfe der Anschluss von Operationen reguliert werden kann, können aber auch hier nur mithilfe eigener Regulationen diese Regulationen variieren und sind zudem dafür darauf angewiesen, über Irritationen darauf aufmerksam zu werden, dass bisherige Anschlüsse nicht passen. Zugleich lässt die Dopplung der Schließung die Systeme nicht auseinanderfallen, weil jede Regulation und jede Strukturveränderung der Regulation nur operativ vorgenommen werden können. Die Regulation steht zur Operation so quer wie das transzendentale Schema zur empirischen Anschauung, doch so wie dieses seine Leistung einer Synthese der Mannigfaltigkeit

---

172 So Heinz von Foerster, »Über das Konstruieren von Wirklichkeiten« (1973), in: ders., *Wissen und Gewissen*, S. 25-49, hier: S. 45 ff.; ders., »Kybernetik einer Erkenntnistheorie« (1974), in: ebd., S. 50-71, hier: S. 68 ff.

nur erbringen kann, wenn es in der empirischen Anschauung empirisch eingesetzt wird, so kann auch die Regulation nur regulieren, wenn sie zugleich als Operation auftritt, die Operationen mit Operationen verknüpft.

Trotz dieses Ineinandergreifens von operativer und regulativer Schließung, die von Foerster im geometrischen Bild des Torus veranschaulicht, der dadurch entsteht, dass ein senkrecht stehender Kreis um eine vertikale Achse rotiert, die außerhalb des Kreises liegt, bleibt es bei der Differenz von operativer und regulativer Schließung (Abb. 2.2).[173]

Leicht kann man sich vorstellen, die beiden Kreise des Torus gegeneinander zu verkanten; nicht ganz so leicht mag es sein, sich die Integration eines Möbius-Bandes (Abb. 2.3)

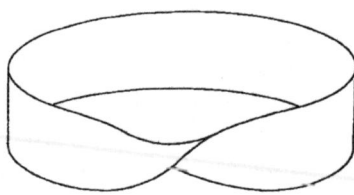

Abb. 2.3: *ein Möbius-Band*

in einen Torus vorzustellen, die zu einer Kleinschen Flasche führt (Abb. 2.4), doch von hier aus gelangt man in eine Welt der Knoten, in der Operation und Regulation laufend miteinander vertauscht und dennoch in jedem Moment voneinander getrennt werden können.[174] Der springende Punkt ist allerdings, dass man

---

173 Von Foerster, »Kybernetik einer Erkenntnistheorie«, S. 70.
174 Die Knotentheorie der Mathematik und der Kalkül sozialer Bindungen sind sich darin einig, dass die Überforderung der Vorstellungskraft kein Einwand gegen das praktische Funktionieren ist. Siehe nur Kauffman, *Knot Logics*; und R. D. Laing, *Knots*, New York: Vintage Books 1970. Und vgl. mit der Anregung, psychische Krankheiten als Schnitte in einen Torus, ein Möbius-Band oder eine Kleinsche Flasche zu verstehen, Jacques Lacan, »Of Structure as an Inmixing of an Otherness Prerequisite to Any Subject Whatever«, in: Richard Macksey, Eugenio Donato (Hrsg.), *The Languages*

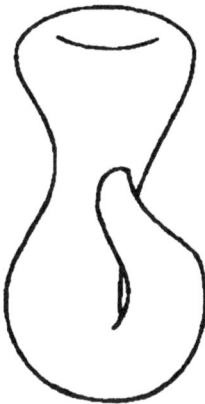

Abb. 2.4: *Eine (Fritz) Kleinsche Flasche*

sich in dieser Welt nur zurechtfindet, wenn man sich an ihr beteiligt. Man muss dem Mathematiker an der Tafel Schritt für Schritt bei seinen Demonstrationen folgen oder besser noch selbst mit dem Finger oder dem Stift auf dem Blatt einer Figur nachgehen. Man muss wie der Psychiater einen Knoten aus den Binnenperspektiven der Beteiligten aufbauen und diese Perspektiven aufeinander beziehen. Und selbst zum Verständnis der Relativitätstheorie hilft es, sich auf die Ebene des Phänomens zu begeben, um zu verstehen, welche Verwicklungen sich wie ergeben und wieder auflösen lassen.[175]

Doch all dies setzt voraus, dass man den Unterschied zwischen operativer und regulativer Schließung in das System wieder einführt und dort zugunsten der Beobachtung der Form, in der sich

---

    of Criticism and the Sciences of Man. The Structuralist Controversy, Baltimore: Johns Hopkins UP 1972, S. 186-200.
175 So beispielhaft Bruno Latour, »A Relativistic Account of Einstein's Relativity«, in: *Social Studies of Science* 18 (1988), S. 3-44; und, nicht viel unkomplizierter, ders., *Der Berliner Schlüssel. Erkundungen eines Liebhaber der Wissenschaften*, Berlin: Akademie Verlag 1996. Siehe auch Maren Lehmann, »Ratten im Labyrinth, oder: Lernen mit Theseus«, in: dies., *Theorie in Skizzen*, Berlin: Merve 2011, S. 98-116.

ein Beobachter bewegt, für den Moment ebenso wie prinzipiell unbestimmt werden lässt. Denn ohne die Unbestimmtheit stellt sich das Problem nicht; und ohne das Problem gibt es keine Lösungen, die die Differenz von Operation und Regulation wieder treffen, wieder einführen und erneut wieder unbestimmt werden lassen. Wir benötigen, mit anderen Worten, ein Formverständnis, das nicht mehr in transzendentalen Ideen ruht, auf keine absolute Totalität zielt und sich auch nicht im romantischen Witz erschöpft, sondern mit Referenz auf diese Denkfiguren zwischen der Arithmetik der Beobachter und der Algebra ihrer Beobachtungen unterscheidet und aus dieser Unterscheidung die Arrangements gewinnt, in denen Beobachter verschiedenen Typs sich ihre Welten konstruieren.

Der Beobachter ist ein System, das sich zu einer Form entfaltet, die identisch ist mit dem Kalkül von Anschlussoperationen. Ein Kalkül ist immer beides, Errechnung einer Operation und Errechnung der Anschlüsse dieser Operation und insofern: ihrer Regulation. Wir müssen einen weiteren Begriff einführen, den Begriff der Negativität, um zeigen zu können, wie der Kalkül das eine auf das andere bezieht. Innerhalb des Formkalküls erschließt die Negation jene Möglichkeiten der Implikation, die es erlaubt, aus Unterscheidungen eine Form zu errechnen.

Schwierigkeiten mit der Negation

Die Implikation

Wir müssen noch strenger formulieren. Nicht der Beobachter ist ein System, sondern die Beobachtung ist dann ein System, wenn sie rekursiv auf sich selbst Bezug nimmt. Der Beobachter ist nur die Adresse für die Zurechnung einer Beobachtung auf jemanden, der sie trifft. Er tritt damit immer schon zu zweit auf, nämlich einmal als Adresse einer Zurechnung und ein zweites Mal als derjenige, der die Zurechnung vornimmt. Wenn wir von einem Beobachter sprechen, haben wir es mit Beobachtungen zweiter Ordnung zu tun. Beobachter unter sich sind Beobachter, die ihre Existenz aus ihren Beobachtungen ableiten und nur die Existenz aus ihren Beobachtungen ableiten, die sie im Rahmen ihrer Unterscheidungen zu sehen bekommen. Sag mir, mit welchen Beobachtern du rechnest, und ich sage dir, wer du bist.

Die Erinnerung an die Philosophie des deutschen Idealismus hat uns in unserer Interpretation des Formkalküls von George Spencer-Brown ein Stück weitergebracht. Wir wissen jetzt, dass sich eine Form zwischen zwei Negativitäten entfaltet, deren eine die leere Selbstreferenz des Subjekts und deren andere die unendliche Rekursion der Idee ist. Hegels Idee der absoluten Totalität haben wir mithilfe der skeptischen Methode Kants auf einen Reflexionsbegriff reduziert, der es dem Beobachter ermöglicht, seine eigenen Beobachtungen »ästhetisch« und »dialektisch« zu kontrollieren, das heißt sowohl die Synthese des Mannigfaltigen[1] als auch das Hinausgehen über die Einseitigkeiten des Verstandes[2] je-

---

[1] So Immanuel Kant, *Kritik der reinen Vernunft* (1781/87), *Werke* III-IV, hrsg. von Wilhelm Weischedel, Frankfurt am Main: Suhrkamp 1968, B 77.
[2] So Georg Wilhelm Friedrich Hegel, *Enzyklopädie der philosophischen Wissenschaften im Grundrisse* (1830), hrsg. von Friedhelm Nicolin, Otto Pöggeler, 7. durchges. Aufl., erneut durchges. Nachdruck, Hamburg: Meiner 1975, § 81.

weils in ihren Operationen und ihren Resultaten zu überprüfen. Zugleich haben wir Kants Ausweichen auf die transzendentale Ebene regulativer Ideen mithilfe von Fichtes Philosophie der Setzungen und Hegels Philosophie der Immanenz der Überschreitungen zugunsten einer Suche nach derjenigen empirischen Ebene korrigiert, auf der zusammen mit den jeweiligen Erkenntnisakten auch deren Regeln historisch, kulturell und gesellschaftlich entstehen und je nach Bedarf, wenn auch nie nach Belieben, verändert werden.[3]

Mit dieser wechselseitigen Korrektur von Kants Ästhetik und Hegels Dialektik haben wir uns eine ganze Reihe von Auswegen versperrt, die in der Nachfolge von Kant und Hegel ausprobiert worden sind. Neue Kandidaten für ein transzendentales Apriori, etwa das Leben (Dilthey), die Intersubjektivität (Husserl), die Werte (Scheler) oder die symbolischen Formen (Cassirer), gelten uns ebenso als Bewegungen innerhalb einer empirisch beschränkten und empirisch sich überschreitenden Form wie neue Kandidaten einer absoluten Totalität, etwa die revolutionäre Praxis (Marx), der hegemoniale Kompromiss (Gramsci) oder der kontingente Entwurf (Sartre). Von den Begründungszusammenhängen der Philosophie müssen wir uns verabschieden und uns stattdessen einer Soziologie und Ökologie der Formen zuwenden. Die Soziologie ermöglicht es uns, unsere eigene Beobachterrolle im Medium der Sprache nicht aus den Augen zu verlieren, und die Ökologie schärft unseren Blick zugunsten der Beobachtung von Beobachtern nicht nur humaner und sozialer, sondern auch physischer, organischer und technischer Provenienz.

Bevor wir uns dieser Soziologie und Ökologie der Formen zu-

---

3 Wir können mit Otfried Höffe, *Kants Kritik der reinen Vernunf. Die Grundlegung der modernen Philosophie*, München: Beck 2004, hier: S. 342, als These Kants festhalten: »Auf der transzendentalen Ebene geht es um ein (a priori) regelbestimmtes Subjekt und eine regelförmige Gesellschaft zugleich.« Aber dies gilt mit Kant unter der Bedingung, dass es diese transzendentale Ebene empirisch nicht gibt. Mit regelbestimmten Subjekten und einer regelförmigen Gesellschaft haben wir es immer nur als Entwurf von Beobachtern zu tun.

wenden können, müssen wir einen weiteren Gedanken ausbauen, den uns sowohl unsere Interpretation des Formkalküls als auch unsere Lektüre der Philosophie des Idealismus vorgibt. Wir müssen uns mit der Negation, verstanden als Implikation, und mit der Rolle der beiden Negativitäten der leeren Selbstreferenz und der unendlichen Rekursion, verstanden als Subversionen der Form, beschäftigen, um besser zu verstehen, wie es den Beobachtern immer wieder neu gelingt, Beobachtungen von Beobachtern anzustellen, ohne sich mit diesen, sowohl mit den Beobachtungen als auch den Beobachtern, zu verwechseln.

Ein Verständnis der Negation als Implikation ist in der Philosophie und Logik durchaus verbreitet.[4] Bereits für Platon und Aristoteles ist die Negation ein Instrument, um das Verschiedene als Verschiedenes im Zusammenhang des Verschiedenen fassen zu können. So sagt der Fremde im *Sophistes*: »Wenn wir Nichtseiendes sagen, so meinen wir nicht, wie es scheint, ein Entgegengesetztes vom Seienden, sondern nur ein Verschiedenes. [...] Wir wollen also nicht zugeben, wenn eine Verneinung gebraucht wird, daß dann Entgegengesetztes angedeutet werde, sondern nur soviel, daß das vorgesetzte ›Nicht‹ etwas von den darauf folgenden Wörtern, oder vielmehr von den Dingen, deren Namen das nach der Verneinung Ausgesprochene ist, Verschiedenes andeute.«[5] Und

---

4 Siehe hingegen zu den Schwierigkeiten der physikalischen, mathematischen und rechnerischen (computational) Interpretation von Negation nur Roger Penrose, *The Road to Reality. A Complete Guide to the Laws of the Universe*, New York: Vintage 2004, S. 65; und Stephen Wolfram, *A New Kind of Science*, Champaign, IL: Wolfram Media 2002, S. 1158. Möglicherweise sind mathematische Notationen innerhalb der Logik dafür mitverantwortlich, dass man den Zusammenhang von Negation und Implikation aus den Augen verliert. Dann sind Peirces, Sheffers und Spencer-Browns Arbeiten an der Booleschen Algebra die überfällige Korrektur. Siehe zur Diskussion der Frage, was man in Mathematik und Logik »anschreiben« kann und was möglicherweise nicht, auch Christina Weiss, *Form und In-Formation. Zur Logik selbstreferentieller Strukturgenese*, Würzburg: Königshausen & Neumann 2006.

5 Platon, *Sophistes, Sämtliche Werke*, Bd. 3, übers. von Friedrich Schleiermacher, neu hrsg. von Ursula Wolf, Reinbek bei Hamburg: Rowohlt 1994, S. 253-335, hier: 257b.

Aristoteles schreibt in der Metaphysik: »[...] denn der Gegensatz ist ein Unterschied, der Unterschied aber eine Verschiedenheit.«⁶ Auch Gottlob Frege schreibt, dass die Verneinung eine Aussage ist, die einer Ergänzung bedarf: Die Verneinung bedarf »einer Ergänzung durch einen Gedanken. Die beiden Bestandteile [nämlich die Verneinung und der Gedanke, der sie ergänzt, DB], wenn man diesen Ausdruck gebrauchen will, sind ganz ungleichartig und tragen in ganz verschiedener Weise zur Bildung des Ganzen bei. Jener ergänzt; dieser wird ergänzt. Und durch dieses Ergänzen wird das Ganze zusammengehalten.«⁷

Ebenso vertraut ist der Gedanke, dass die Negation die Aussage eines Beobachters ist, so offen dann auch wieder die Frage ist, ob dieser Beobachter als ein externer Beobachter zu denken ist, der sich von außen einen Reim auf die Dinge zu machen versucht, oder ein interner, der im Sachverhalt selber verneint.⁸ Ludwig Wittgenstein radikalisiert diese offene Frage in ihre eigene Unentscheidbarkeit und stellt fest, dass unter der Bedingung, dass die Zeichen »p« und »~p« dasselbe sagen können, »dem Zeichen ›~‹ in der Wirklichkeit nichts entspricht.«⁹ Das geht uns zu weit, doch entspricht es ebenfalls einer seit Kant verbreiteten Tendenz, die Negation, wenn überhaupt, dann positiv zu deuten. Kants gleichnamiger Versuch, den Begriff der negativen Größen in die Weltweisheit einzuführen, geht von der These aus: »Denn es sind die negativen Größen nicht Negationen von Größen [...], sondern etwas an sich selbst wahrhaftig Positives, nur was dem

---

6 Aristoteles, *Metaphysik. Schriften zur Ersten Philosophie*, übers. und hrsg. von Franz F. Schwarz, Stuttgart: Reclam 1970, hier: 1004a.
7 Gottlob Frege, »Die Verneinung – eine logische Untersuchung« (1918/19), in: ders., *Logische Untersuchungen*, hrsg. und eingel. von Günter Patzig, 5. Aufl., Göttingen: Vandenhoeck & Ruprecht 2003, S. 63-83, hier: S. 79.
8 Philosophie und Logik haben im Anschluss daran versucht, »contraries« und »contra*dict*ories« zu unterscheiden, wie es scheint, mit wenig Erfolg. Siehe etwa Laurence R. Horn, *A Natural History of Negation*, Stanford, CA: CSLI Publications 2001.
9 So Ludwig Wittgenstein, *Tractatus logico-philosophicus* (1921), Frankfurt am Main: Suhrkamp 1963, Nr. 4.0621.

anderen entgegengesetzt ist.«[10] Nur so könne man die Beraubung (privatio) und den Mangel (defectus, absentia) als reale Entgegensetzungen verstehen.[11]

In Schwierigkeiten gerät Kant erst in dem Moment, in dem er auch das Aufhören als eine solche Entgegensetzung zu denken versucht. Dieses sei ein negatives Entstehen und ein gutes Beispiel hierfür der Versuch, eine lustige Vorstellung durch eine ernsthafte zu verdrängen: »Ich sage demnach: ein jedes Vergehen ist ein negatives Entstehen, d. i. es wird, um etwas Positives was da ist aufzuheben, eben so wohl ein wahrer Realgrund erfordert, als um es hervorzubringen wenn es nicht da ist. [...] Es kostet wirkliche Anstrengung, eine zum Lachen reizende lustige Vorstellung zu vertilgen, wenn man sein Gemüt zur Ernsthaftigkeit bringen will.«[12] Das negative Entstehen muss negativ gedacht werden, wie Kant spätestens dann zugibt, wenn er sein Beispiel umdreht und in der *Kritik der Urteilskraft* das Lachen »als ein[en] Affekt aus der plötzlichen Verwandlung einer gespannten Erwartung in nichts« bestimmt.[13] Selbst wenn die Negationen positiv sind, also realiter auftreten, können sie allen anderen Positivitäten nicht ein-

---

10 Immanuel Kant, »Versuch, den Begriff der negativen Größen in die Weltweisheit einzuführen« (1763), *Werke*, Bd. II, hrsg. von Wilhelm Weischedel, Frankfurt am Main: Suhrkamp 1968, S. 775-819, hier: S. 781.
11 Ebd., S. 790 ff.
12 Ebd., S. 803.
13 So Immanuel Kant, *Kritik der Urteilskraft* (1790), *Werke*, Bd. X, hrsg. von Wilhelm Weischedel, Frankfurt am Main: Suhrkamp 1968, hier: B 225. Im Anschluss an Hegel ergänzt Jean Paul, *Vorschule der Ästhetik,* nach der Ausgabe von Norbert Miller hrsg., textkri. durchges. und eingel. von Wolfhart Henckmann, Hamburg: Meiner 1990, hier: §§ 26 ff., Kants Definition des Lachens zu einer Definition des Humors als Vernichtung, doch damit auch Markierung der unendlichen Vernunft durch den endlichen Verstand (§ 33): »Wenn der Mensch, wie die alte Theologie tat, aus der überirdischen Welt auf die irdische heruntershauet: so zieht diese klein und eitel dahin; wenn er mit der kleinen, wie der Humor tut, die unendliche ausmisset und verknüpft: so entsteht jenes Lachen, worin noch ein Schmerz und eine Größe ist.« »Daher kommt dem Humor jene Liebe zum leersten Ausgange, indes der Ernst mit dem Wichtigsten epigrammatisch schließet [...].«

fach addiert werden. Man kann ihr Minus-Zeichen nicht einfach unter den Tisch fallen lassen. Niemand weiß, so Kant, ob die Bestimmungen, die der Verstand in der Welt vornimmt, im Zusammenhang der Entgegensetzungen, die er ebenfalls verfügt, nicht letztlich ein »Fazit« ergeben, »das dem Zero gleich ist«. Denn: »Das Ganze der Welt ist an sich selbst nichts, außer in so ferne es durch den Willen eines andern etwas ist.«[14] Der rechnende Verstand findet seine Grenze im Willen eines anderen. Was ist das für ein Wille? Und wie und warum liegt er jenseits der Bestimmungen und Entgegensetzungen des Verstandes?

Die Negation bringt ein Element der Beobachtung ins Spiel, das in der Implikation, im Hinweis auf das Verschiedene nicht aufgeht. Spencer-Browns Interpretation der Negation als Implikation, die uns gute Dienste geleistet hat, ist eine Interpretation für die Zwecke der Logik und im Rahmen ihrer Sprache. Möglicherweise ist diese Interpretation jedoch für andere Zwecke zu eng. Möglicherweise ist der Erwartungsstopp, den die Negation verfügt (Sie: »Ich gehe *nicht* mit dir ins Kino«),[15] nicht darauf zu reduzieren, dass man dies jetzt auch noch weiß (Er: »Aha«). Möglicherweise hat die Negation, wenn man sie aus ihrem Spiel in der Tabelle der Wahrheitswerte befreit, noch andere Dimensionen der Bezeichnung von etwas. Vielleicht ist das, worauf sie positiv verweist, ein nicht unbedingt positiv hingenommener Streit in der Sache, um die Sache und zwischen Beobachtern. Möglicherweise ist sie der Hinweis auf einen Beobachter, der es sich herausnimmt, eine Zählung abzubrechen und im nächsten Moment eine neue anzufangen (Sie: »Lass uns essen gehen«). Dann kommt es jedoch darauf an, sich den Moment des Erwartungsstopps, der Unterbrechung genauer anzuschauen. Denn dies ist der Moment, der eine Null einführt und damit auf den Beobachter verweist, von dem es abhängt, ob und wie es danach weiter-

---

14 So Kant, »Versuch, den Begriff der negativen Größen in die Weltweisheit einzuführen«, S. 811.
15 So Harald Weinrich, *Textgrammatik der deutschen Sprache*, 4. rev. Aufl., Hildesheim: Olms 2007, S. 861 ff.

geht.¹⁶ Er ist der andere, dank dessen Willen etwas sein kann. Die Negation zählt nicht nur, wenn auch negativ, sie ordnet auch, dies jedoch im Streit, das heißt mit offenem Ausgang. Bei der Null, die sie setzt, kann es unter Umständen auch bleiben. Dann geht man auseinander, ohne eine Möglichkeit der Fortsetzung gefunden zu haben. Vielleicht ist sie auch zu schwach, um ihren Hinweis auf den Beobachter durchzusetzen. Dann bleibt es bei dem Moment der Unterbrechung, und kurz danach zählt man wieder, wie man vorher auch gezählt hat. Aber auch das wäre ein Hinweis auf den Beobachter, wenn auch auf denjenigen, der sich nicht die Unterbrechung, sondern die unterbrochene Reihe zurechnet.¹⁷

Selbst wenn man mit Edmund Husserl festhält, dass auch der Widerstreit eine Form der Synthesis ist, hat diese Synthesis doch nicht einfach die gleiche Form wie die der Erfüllung einer Erwartung: »Die [widerstreitende, DB] Anschauung ›stimmt‹ zur Bedeutungsintention nicht, sie ›streitet‹ mit ihr. Widerstreit ›trennt‹, aber das Erlebnis des Widerstreites setzt in Beziehung und Einheit, es ist eine Form der *Synthesis*. War die frühere Synthesis [durch die Erfüllung der Erwartung, DB] von der Art der Identifizierung, so ist die jetzige von der Art der Unterscheidung (über einen anderen positiven Namen verfügen wir leider nicht).«¹⁸ Husserls Verlegenheit ist nachvollziehbar. Wie kann man das, was die Unterscheidung trennt, zugleich als Form der Synthesis be-

---

16 Siehe zur Null als Indikation des Beobachters auch Brian Rotman, *Signifying Nothin. The Semiotics of Zero*, New York: St. Martin's Press 1987 (dt. 2000), hier: S. 13.
17 Deswegen kann Harald Weinrich, »Über Negation in der Syntax und Semantik«, in: ders., *Positionen der Negativität, Poetik und Hermeneutik*, Bd. VI, München: Fink 1975, S. 39-63, hier: S. 53 f., das Ja als das Nullmorphem, Ø, ein Morphem der Syntax, kein Lexem der Semantik, bezeichnen, das wie das Nein ein »Signal der Kommunikationssteuerung« (S. 56) ist. Mit dem Ja wie mit dem Nein verweisen Beobachter auf sich, allerdings: verschiedene Beobachter, und sie weisen unter Umständen in verschiedene Richtungen.
18 Edmund Husserl, *Logische Untersuchungen* (1900/01), mit einer Einführung und einem Namen- und Sachregister von Elisabeth Ströker, Hamburg: Meiner 2009, S. 575.

zeichnen? Doch andererseits: Wer soll oder muss worüber beruhigt werden, indem man für das, worum es hier geht, einen positiven Namen findet?

Der Widerstreit

Die Negation ist nicht negativ. Sie ist nicht schlecht, nicht böse, nicht falsch und auch nicht unwahr. Sie ist erstens die Implikation von etwas anderem. Interpretieren wir diese Implikation jedoch nicht logisch, sondern dialektisch, das heißt nicht nur als eine Aussage, sondern als eine Bewegung von einer Aussage zur nächsten und wieder zurück, dann ist eine Negation der Verweis auf etwas anderes, das insofern, als der Verweis Teil der Bestimmung eines etwas ist, dieses Etwas mit dem anderen infiziert (inqualiert, sagt Jacob Böhme). Etwas ist dann nicht mehr, was es ist, sondern es ist etwas in Abhängigkeit von etwas anderem. Die Negation setzt somit zweitens kontingent. Sobald das, was die Negation impliziert, durch etwas anderes ausgetauscht wird, habe ich es auch mit einem anderen Etwas zu tun. Die Negation ist somit drittens der Ansatzpunkt für eine Konditionierung. Wenn man das, was die Negation impliziert, austauscht, erhält man auf dem Umweg über die Negation ein anderes Etwas.

Das Schlechte, Böse, Falsche und Unwahre wird damit frei für positive Bestimmungen. Es teilt mit dem Guten, dem Richtigen und dem Wahren die Eindeutigkeit, das heißt das Stillstellen der Aussage, das Absehen von Kontingenz, den Verzicht auf Konditionierung. Das Gute und das Böse, das Wahre und das Falsche bestehen darin, dass sie sich nicht zur Diskussion stellen. Ihre Bewertung steht fest. Hat man sie bestimmt, kann man nur das Thema wechseln oder in den Modus des Lobes beziehungsweise der Verurteilung wechseln.

Das Negative jedoch ist aufgeladen mit einem Widerstreit, der es zweideutig macht, so zweideutig allerdings wie das Positive, solange es Gegenstand einer Unterscheidung ist, deren Form, das heißt Innenseite, Außenseite und Setzung der Trennung, mitbeobachtet wird. Dennoch werden das Positive und das Negative hier nicht dasselbe. Denn das Positive ist Element einer Form, von dem aus andere Werte mitbestimmbar werden, während das Negative Element einer Form ist, das dadurch, dass es durch andere Werte mitbestimmt wird, seine Bewertung ändern kann. Gotthard Günther hat Positivsprachen und Negativsprachen darin unterschieden, dass Positivsprachen nur Aussagen kennen, die sie zählen, reihen und ordnen, während Negativsprachen jeden Wert einer Aussage dadurch bestimmen, dass er »eine Reflexionsgeschichte hinter sich hat, die in seine Definition eingehen muss«.[19] Eine Positivsprache spricht in Aussagen, eine Negativsprache in Reflexionsgeschichten. Erstere entscheiden den Widerstreit, Letztere legen ihn offen. Beides ist fruchtbar, denn im ersten Fall kann man mit Entscheidungen weiterarbeiten, im zweiten Fall bekommt man Bedingungen zu Gesicht, die man versuchen kann, anders zu würdigen, auszutauschen, abzufinden oder sonstwie in eine kontingent konditionierende Reflexion mithineinzunehmen oder aus ihr herauszulösen.

Den Widerstreit hat Kant als einen Reflexionsbegriff beschrieben, der nicht auf Entgegensetzungen in der Sache, sondern auf Entgegensetzungen in den Erscheinungen einer Sache für ein Subjekt verweist.[20] Wie so oft bei Kant weiß man nicht, ob der Widerstreit mit dieser Referentialisierung auf das Subjekt, den Beobachter, entschärft oder verschärft werden soll. Vermutlich liegt in dieser Unentscheidbarkeit die Pointe des Widerstreits. Man muss

---

19 So Gotthard Günther, »Martin Heidegger und die Weltgeschichte des Nichts«, in: ders., *Beiträge zur Grundlegung einer operationsfähigen Dialektik*, Bd. 3, Hamburg: Meiner 1980, S. 260-296, Zitat: S. 289. Und vgl. ders., »Identität, Gegenidentität und Negativsprache«, in: *Hegel-Jahrbuch* 1979, Köln: Pahl-Rugenstein 1980, S. 22-88. Friedrich Nietzsche, *Zur Genealogie der Moral. Eine Streitschrift* (1887), Frankfurt am Main: Insel Taschenbuch 1991, S. 72 (Zweite Abhandlung, § 13), hatte festgestellt: »alle Begriffe, in denen sich ein ganzer Prozeß semiotisch zusammenfaßt, entziehn sich der Definition; definierbar ist nur das, was keine Geschichte hat.« Günther würde sagen, dass Nietzsche dabei nur an positivsprachliche Definitionen gedacht hat.
20 Siehe Kant, *Kritik der reinen Vernunft*, B 320 f.

ihn ernst nehmen, weil er etwas über das Verhältnis von Sachverhalt und Beobachter aussagt und in dieser Form auf anschließende Klärungen verweist, die jederzeit erneut in den Widerstreit getrieben werden können.

Da wir es im vorliegenden Text nur mit Beobachtungen von Beobachtern zu tun haben, also nur mit Sachverhalten für Subjekte, an denen diese Subjekte Unterscheidungen treffen, die wiederum Sachverhalte für weitere Beobachter sind, können wir die »Amphibolie«,[21] gegen die sich Kant mit seiner Unterscheidung zwischen Begriffen von Gegenständen einerseits und Reflexionsbegriffen andererseits wendet, Letztere auf »Zustände des Gemüts« beziehend,[22] nicht begrifflich entscheiden. Stattdessen wird sie für uns zu einem Element des Sachverhalts selber, wenn auch insofern zu einem ausgezeichneten Element, als sie wie bei Kant auf Beobachter verweist. Der Widerstreit ruft eine Negativsprache auf, die erkennbar nur von Beobachtern gesprochen werden kann, während die Positivsprache so tut, als handele sie objektiv von Sachverhalten, die Beobachter nur entweder richtig oder irrig einschätzen.

Der Widerstreit macht Beobachter beobachtbar, wenn auch, nach wie vor, nur anhand ihrer Beobachtungen, die auf Beobachter verweisen, die dank ihrer Unterscheidungen diese Beobachtungen vornehmen. Und der Widerstreit ermöglicht (manche mögen sagen: erzwingt) den Wechsel von einer Logik der Zweitwertigkeit zu einer Logik, Dialektik und Ästhetik (im Sinne Kants) der Mehrwertigkeit. Gotthard Günther zieht diese Konsequenz und

---

21 Amphibolie wörtlich genommen ist die Möglichkeit, »beidseits« (griech. amphi) zu »werfen« (griech. ballein). Georg Wilhelm Friedrich Hegel, *Grundlinien der Philosophie des Rechts oder Naturrecht und Staatswissenschaft im Grundrisse. Mit Hegels eigenhändigen Notizen und den mündlichen Zusätzen* (1821), Werke, Bd. 7, Frankfurt am Main: Suhrkamp 1970, § 15, sprach von einem »sich in allen Einfällen Herumwerfen« – unter Bezug auf eine Freiheit, die sich als bloße Willkür missversteht, verführt vom »unendlichen Ich«, das »über allen Inhalten« steht (§ 14). Mit Blick auf die Interferenzphänomene der Partikel der Quantenphysik würde man das beidseits Werfen heute etwas offener bewerten.
22 Kant, *Kritik der reinen Vernunft*, B 316.

widmet sein Lebenswerk dem Versuch, die Beschränkung der klassischen, »aristotelischen« Metaphysik auf die beiden Werte des Seins (das ist, was es ist) und des Denkens (das entweder richtig oder falsch erkennt und im letzteren Fall belehrt werden muss) zu überwinden und sich eine »polykontexturale« Welt vorzustellen und sie zu modellieren, in der jede Kontextur auf ein Subjekt verweist, das sich in dieser Kontextur seine spezifische Welt entsprechend seiner Unterscheidungen zurechtlegt und gestaltet.[23] Eine Konsequenz daraus ist der Wechsel von der Vorstellung einer hierarchisch geordneten Welt, an deren Eindeutigkeit mit den Mitteln der klassischen Negation gearbeitet werden kann, zur Vorstellung einer heterarchisch geordneten Welt, in der jeder Beobachter die Wahl zwischen der Akzeption und der Rejektion einer Unterscheidung hat, also entweder mitmacht oder seine eigene Welt konstruiert, und dies entweder in dieser oder in jener Hinsicht, in einigen Hinsichten oder in vielen Hinsichten. Die heterarchisch geordnete Welt ist eine komplexe Welt, die durch widerstreitende Formen zirkulär, das heißt mit dem Gewinn einer unendlichen Rekursion geordnet ist.

Bei Kant wie bei Günther kommen die Beobachter nicht nur dadurch ins Spiel, dass sie je nach Gemüt, Laune oder Willkür mal diese Unterscheidung, mal jene treffen, oder mal diese an-

---

23 Siehe Gotthard Günther, *Idee und Grundriß einer nicht-Aristotelischen Logik. Die Idee und ihre philosophischen Voraussetzungen* (1957), 3. Aufl., Hamburg: Meiner 1991; ders., *Beiträge zur Grundlegung einer operationsfähigen Dialektik*, 3 Bde., Hamburg: Meiner 1976, 1979 und 1980. Siehe zum Vergleich des Formkalküls Spencer-Browns mit der mehrwertigen Logik Günthers auch die Beiträge von Elena Esposito, »Ein zweiwertiger nicht-selbständiger Kalkül«, und Rudolf Kaehr, »Disseminatorik. Zur Logik der ›Second Order Cybernetics‹«, beide in: Dirk Baecker (Hrsg.), *Kalkül der Form*, Frankfurt am Main: Suhrkamp 1993, S. 96-111 und S. 152-196. Bis heute ist die Frage offen, ob der Wiedereintritt in der Konzeption Spencer-Browns über den Kalkül hinausführt und nur durch eine Struktur der Mehrwertigkeit aufgefangen werden kann oder nicht vielmehr in den Kalkül zurückführt und dort die Entfaltung der Form mitträgt. Möglicherweise ist diese Frage unentscheidbar, so dass auch diese Alternative die Struktur einer Komplexität hat.

nehmen und mal jene ablehnen, sondern wesentlich zwingender dadurch, dass die Entgegensetzungen des Widerstreits, den sie inszenieren, einen Nullwert beziehungsweise eine Leerstelle produzieren, die als »Erwartungsstopp« (Weinrich) Beobachter auf den Plan rufen, die dort mit neuen (inklusive der alten, dann aber kontingent neu konditionierten) Unterscheidungen weitermachen, wo es im Moment nicht weitergeht. Das ist die wichtigste Leistung der Negation. Sie kann nicht nur Leerstellen als unbestimmte Außenseiten einer Unterscheidung implizieren und so dazu aufrufen, dort wählbare Bestimmungen vorzunehmen, wo es bislang keine gibt, sondern sie kann auf dem Umweg über den Widerstreit auch dort eine Leerstelle produzieren, wo man es bislang mit einer eindeutigen Bestimmung zu tun zu haben glaubte. Günther entwirft Kenogramme, Tabellen von Leerstellen, als Grundlage von Morphogrammen, Tabellen von Bestimmungen. Und auch bei ihm sind nicht die Beobachter, sondern nur ihre Beobachtungen Elemente dieser Tabellen. Auch bei ihm können Beobachter nur bestimmt werden, wenn sie zum Gegenstand von Beobachtungen gemacht werden, die auf diejenigen Beobachter zurückfallen, die glauben, mit ihren Unterscheidungen entsprechend beobachten zu können.

Der Widerstreit lässt offen, wie es weitergeht, verlangt jedoch, dass es weitergeht.[24] Dieser »ästhetische« Aufruf von Beobachtern und der »dialektische« Aufruf der Fortsetzung einer Reflexionsgeschichte gilt für Dilemmata, die entschieden werden müssen, ebenso wie für Tetralemmata, in denen sich eine Reflexion auf

---

24 So auch Jean-François Lyotard, *Der Widerstreit*, übers. von Joseph Vogl, München: Fink, 1987, S. 142: »Verketten [von Sätzen oder auch Diskursen, DB] ist notwendig, eine Verkettung nicht. Sie kann aber für triftig erklärt werden.« Die Minimalbedingung jeder Beschreibung eines linguistischen oder sozialen Phänomens, wenn nicht jeden Phänomens, lautet daher mit Bertolt Brecht, »Das Janein« (1940/41), in: *Schriften 2, Große kommentierte Berliner und Frankfurter Ausgabe*, Bd. 22.2, Berlin und Frankfurt am Main: Aufbau und Suhrkamp 1993, S. 669: »Die Handhabbarkeit einer Beschreibung hängt davon ab, ob das Ja-Nein in ihr ist und ob das Ja-oder-Nein genügend bestimmt ist in ihr.«

die Realität entfaltet, die Unbestimmtheit, Selbstreferenz und Paradoxie, bei Bedarf auch die Schizophrenie und den Wahnsinn nicht scheut, sondern sucht,[25] um im Medium der Beobachtung von Beobachtern eine Theorie zu entwickeln, die ihre eigene Praxis ist, wir können auch sagen: eine Technik zu entwerfen, in der eine Welt erkundet werden kann.

Nicht-aristotelisch im scholastischen Sinne des Wortes, das heißt unter Verweis weniger auf Aristoteles selbst als auf die Schulen des Mittelalters, die mit seiner Hilfe die Welt zu ordnen und die Kommunikation über sie zu regeln versuchten (unter Einschluss von Rätseln, Monstern und Ausnahmen, die in der Renaissance dann ihrerseits zur Regel wurden),[26] können wir auch sagen, dass der Widerstreit uns aus der Welt eines einsinnigen Sinns befreit und mit der Notwendigkeit und Möglichkeit der jeweils wechselnden Bewertung konfrontiert. Alfred Korzybski kann deswegen eine Theorie nicht mehr des (hier als eindeutig sinnvoll verstandenen) Sinns, sondern der Evaluation fordern.[27] Diese Theorie der Evaluation, eine Theorie der auf Beobachter im Medium unendlicher Rekursionen zurückzurechnenden und von diesen generierten Formen im Sinne Spencer-Browns, arbeitet nicht mehr mit den Aristoteles zugeschriebenen drei Sätzen der Identität, des Widerspruchs und des ausgeschlossenen Dritten:

---

25 Im Sinne von Ulrich Blau, *Logik der Unbestimmtheiten und Paradoxien*, Heidelberg: Synchron Wissenschaftsverlag der Autoren 2008, S. 17 ff.; Matthias Varga von Kibéd, »Aspekte der Negation in der buddhistischen und formalen Logik«, in: *Synthesis Philosophica* 10 (1990), S. 581-591; ders., Insa Sparrer, *Ganz im Gegenteil. Tetralemmaarbeit und andere Grundformen Systemischer Strukturaufstellungen – für Querdenker und solche, die es werden wollen*, 2. korr. Aufl., Heidelberg: Carl-Auer-Systeme 2000, S. 77 ff.

26 Siehe zur Geschlossenheit und dann Auflösung der »Schultradition« Niklas Luhmann, *Die Gesellschaft der Gesellschaft*, Frankfurt am Main: Suhrkamp 1997, S. 950 ff.

27 Siehe Alfred Korzybski, *Science and Sanity. An Introduction to Non-Aristotelian Systems and General Semantics* (1933), 5. Aufl., Lakeville, CT: Institute of General Semantics 1994, S. xxxi. Deleuzes und Luhmanns Sinnbegriff, das sei hier sicherheitshalber festgehalten, stellt bereits auf diese evaluative Dimension ab, indem Sinn als Selektion im Medium von Verweisungen, als Differenz im Verhältnis zu einer Serie gedacht wird.

$$A = A$$
$$\neg\,(A \wedge \neg A)$$
$$A \vee \neg A$$

Für Aristoteles ist der Satz vom Widerspruch nur gültig, wenn man nicht annimmt, dass wir es mit einer Welt der Akzidenzen zu tun haben, in der man bis ins Unbegrenzte fortschreiten kann, um jede einzelne Akzidenz aus anderen Akzidenzen zu bestimmen.[28] Der Satz vom ausgeschlossenen Dritten gilt nur, wenn man kein Mittleres zwischen den beiden Gliedern eines Widerspruchs annimmt,[29] was sich Aristoteles jedoch durchaus vorstellen kann, sobald mit der Seele nicht nur das Sein, sondern auch dessen Wahrnehmung eigensinnig mit ins Spiel kommt.[30] Und auch der Satz der Identität, wenn er sich denn überhaupt bei Aristoteles so lesen lässt, wird dadurch eingeschränkt, dass er nur von Dingen gilt, die sich, weil sie nicht aus anderen zusammengesetzt sind, nicht anders verhalten können als so, dass die Meinung von ihnen entweder immer wahr oder immer falsch ist.[31]

Die Einschränkungen der drei Sätze, die Aristoteles vornimmt und die die Scholastik natürlich nicht überlesen hat, sondern zum Anlass der Schärfung ihrer Fundamente gegen diese Einschränkungen genommen hat (so lange es eben ging und so lange Heterodoxien und Häresien dadurch sowohl eingeladen als auch abgelehnt werden konnten), sind Beschreibungen der Welt, mit der wir es heute zu tun haben. Wir kennen keine Substanzen, die wir

---

28 Aristoteles, *Metaphysik*, 1007a-b.
29 Ebd., 1011b.
30 Siehe Aristoteles, *Über die Seele*, nach der Übersetzung von Willy Theiler bearbeitet von Horst Seidl, Hamburg: Meiner 1995, 425b.
31 So Aristoteles, *Metaphysik*, 1051b. Dass A = A, so Martin Heidegger, »Der Satz der Identität« (1957), in: ders., *Identität und Differenz*, 8. Aufl., Pfullingen: Neske 1986, S. 9-30, gilt nur unter der doppelten Bedingung, dass das A sich mit sich selber vermittelt, nämlich einigt, und dass wir es auch so wahrnehmen. Deswegen ist der Satz der Identität unser Satz, mit dem wir uns das und dem Sein stellen. Vgl. zur eingeschränkten Reichweite der drei Denkgesetze auch James Danaher, »The Laws of Thought«, in: *The Philosopher* LXXXII, Heft 1 (2004), S. 3-7.

den Akzidenzen gegenüberstellen könnten.[32] Wir haben es ständig mit einem Mittleren zu tun, das die Dinge sich und uns vermittelt, so dass es der Widerspruch ist, der uns die Dinge erkennbar macht.[33] Und nichts können wir uns vorstellen, das nicht anders auseinandergesetzt und wieder zusammengesetzt werden könnte, so sehr uns jede Technik auch darüber belehrt, dass wir es hier nicht mit Spielräumen der Beliebigkeit zu tun haben. Aber Limitationalität im Sinne der Begrenzung von Spielräumen ist etwas anders als Identität.

Wenn wir den Widerstreit als Zugang zur Wirklichkeit und zur Rolle der Beobachter in dieser Wirklichkeit ernst nehmen, können wir die aristotelischen Sätze durch drei kybernethische Sätze ersetzen,[34] die für Beobachter unter sich in einer polykontexuralen Welt gelten, die Sätze der Paradoxie, der Ambivalenz und der Kontrolle:

$$a \neq a$$
$$a \wedge \neg a$$
$$a \vee a$$

Diese drei Sätze, die wir mit kleinem *a* schreiben, weil sie eher Heuristiken als Gesetze sind, formulieren, dass kein *a* aus der Perspektive verschiedener Beobachter mit sich identisch ist, dass für jedes *a* daher auch gilt, dass es ist, was es nicht ist, und dass man bei jedem Rekurs auf *a* daher immer die Überprüfung mitlaufen

---

32 Siehe auch Ernst Cassirer, *Substanzbegriff und Funktionsbegriff. Untersuchungen über die Grundfragen der Erkenntniskritik* (1910), Nachdruck Darmstadt: Wissenschaftliche Buchgesellschaft 1980.
33 Siehe hierzu auch Moth Stygermeer, *Während Sokrates schweigt. Der zweite Anfang der Philosophie in Platons Dialog Sophistes*, Berlin: Tenea 2005; ders., *Mittel und Verwendung. Von der Struktur jeglicher Wirklichkeit*, Berlin: Tenea 2011.
34 Unter Verweis auf Heinz von Foerster, *KybernEthik*, übers. von Birger Ollrogge, Berlin: Merve 1993, und dort insbesondere die Entwürfe einer Metaphysik des Unentscheidbaren (S. 60 ff.), einer Ontogenetik statt einer Ontologie (S. 92 ff.) und einer Lethologie des Unwissbaren (S. 126 ff.) im Kontext nach wie vor einer Theorie des Beobachters (S. 84 ff.).

lassen sollte, ob es sich noch um dasselbe *a* handelt, mit dem man es zuvor zu tun zu haben glaubte. In der Notation des Formkalküls können wir die drei Sätze zusammenfassen zu einem einzigen:

$$a = \overline{a\,|}$$

Das heißt, *a* ist die Bezeichnung von *a* im Rahmen einer Unterscheidung, die eine unbestimmte Außenseite impliziert, die nichtidentisch mit *a* ist, während sie das *a* als *a* in seiner Identität bestimmt.

Laut Jacob Böhme und Hegel, der sich auf ihn beruft,[35] löst ein Widerstreit eine nicht zu leugnende Qual als Bewegung (Quelle) einer Qualität bei Beobachtern aus. Niklas Luhmann verdanken wir eine genauere Vorstellung, wie diese Qual in der empirischen Praxis der Arbeit an Bestimmungen aussieht. Luhmann führt das Konzept des Doppelkreislaufs ein, »die himmlische Metapher [des Kreislaufs, der Ökonomie, DB] beibehaltend«,[36] um zunächst für

---

35 Siehe Hegel, *Wissenschaft der Logik*, S. 109; und vgl. Jacob Böhme, Morgen-Röte im Aufgangk (1612/56), *Werke*, hrsg. von Ferdinand von Ingen, Frankfurt am Main: Deutscher Klassiker Verlag 2009, I. und II. Capittel.

36 So Niklas Luhmann, *Die Wirtschaft der Gesellschaft*, Frankfurt am Main: Suhrkamp 1988, S. 135; und vgl. ders., *Politische Theorie im Wohlfahrtsstaat*, München: Olzog 1981, S. 42 ff.; ders., *Die Politik der Gesellschaft*, hrsg. von André Kieserling, Frankfurt am Main: Suhrkamp 2000, S. 264 f. Die Metapher des Kreislaufs mag himmlischer Herkunft sein, die Metapher des Doppelkreislaufs jedoch ist kosmologischer und mystischer Herkunft. Bereits Empedokles, *Fragmente* 15, 25 et passim, spricht vom Kreislauf der Elemente unter der Einwirkung von Liebe und Streit beziehungsweise Hass. Siehe *Die Vorsokratiker* II, griechisch/deutsch, hrsg. von Jaap Mansfeld, Stuttgart: Reclam 1986, S. 75 ff. So schreibt Böhme, *Morgen-Röte im Aufgangk*, S. 55: »Dieser zweyfache quell / böß und gut in allen dingen / herrühret alles auß den sternen / dan wie die creaturen auff erden sein in ihrer *qualität* / also auch die sternen. [...] Es ist nicht in der Natur / da nicht gutes und böses innen ist / es wallet und lebet alles in diesem zweyfachen trieb [...].« Auf Empedokles beruft sich auch Sig-

die Politik, später für die Wirtschaft Sozialkalküle zu beschreiben, in denen die Macht mit der Ohnmacht und die Zahlungsfähigkeit mit der Zahlungsunfähigkeit im genauen Sinne des Wortes rechnet. Der Widerstreit resultiert hier kurz gefasst daraus, dass der Mächtige jemand anderen ohnmächtig macht und dadurch unter Umständen zu einer Opposition einlädt, die ihn seine Macht kosten kann, beziehungsweise ein Unternehmer sich verschulden muss, um sein Vermögen steigern zu können, ein Arbeiter sich ruinieren muss, um seinen Arbeitsplatz zu erhalten, ein Konsument zahlungsunfähig wird, wenn er gegen Geld seinen Konsum sicherstellt, oder ein Bankier die Einlage eines Kunden früher zurückzahlen muss, als er die entsprechenden Mittel aus dem Kredit, den er gegeben hat, zurückerhält.

Von einem Doppelkreislauf ist hier tatsächlich nur unter der himmlischen Voraussetzung zu reden, dass die Konsequenzen jeder der angesichts des Widerstreits »zweier Richtungen, zweier Sinnprägungen zugleich«[37] zu treffenden Entscheidungen sich »ökonomisch« (im Sinne der wohlgeordneten Ökonomie der Ordnung des Schöpfers[38]) ausgleichen. Lässt man die unsichtbare Hand aus dem Spiel, hat man es mit riskanten Entscheidungen unter widerstreitenden Bedingungen zu tun, die jedoch und immerhin umso besser kalkuliert werden können, je genauer man den Widerstreit erstens kennt und zweitens in ein Netzwerk einbettet, in dem die Kalküle verschiedener Beobachter sich aufeinander abstimmen und eventuelle Querschläger draußen halten (so lange es eben geht). Man kann von »Institutionen« sprechen,

---

mund Freud, »Die endliche und unendliche Analyse« (1937), in: ders., *Zur Dynamik der Übertragung. Behandlungstechnische Schriften*, eingel. von Hermann Argelander, Frankfurt am Main: Fischer Taschenbuch 1992, S. 129-168, hier: S. 160 ff., für seine Vorstellung von den beiden Urtrieben des Eros und der Destruktion.
37 So Gilles Deleuze, *Logik des Sinns* (1969), übers. von Bernhard Dieckmann, Frankfurt am Main: Suhrkamp 1993, S. 15.
38 Siehe zu dieser antiken und bis heute nachwirkenden Vorstellung Giorgio Agamben, *Herrschaft und Herrlichkeit. Zur theologischen Genealogie von Ökonomie und Regierung* (2007), übers. von Andreas Hiepko, Frankfurt am Main: Suhrkamp 2010.

wenn eine solche Abstimmung von Kalkülen rund um einen dann entsprechend formatierten Widerstreit gelingt.[39]

Für einen zum Doppelkreislauf geformten Widerstreit gibt es viele Beispiele auch außerhalb von Politik und Wirtschaft. Das bekannteste ist sicherlich das der Doppik, der doppelten Buchführung, die jeden Eintrag auf einem Habenkonto mit einem Eintrag auf einem Sollkonto doppelt, und dies nicht nur, um über den Saldo eine Kontrolle der Additionen zu erreichen, sondern auch, um die Konsequenzen jeder unternehmerischen Entscheidung immer in mindestens zwei Richtungen lesen zu können, in die Richtung der Verpflichtungen gegenüber Kapitalgebern, Arbeitskräften und Kunden, aber auch gegenüber dem eingekauften Sachkapital (mit Spielräumen der Endogenisierung und Exogenisierung auftretender Kosten), sowie in die Richtung des Vermögens, das bei entsprechender Bewirtschaftung der Verpflichtungen zu erhalten oder zu gewinnen ist.[40]

Techniker, die ihre Entwürfe zum Funktionieren bringen, indem sie sich immer wieder überlegen, unter welchen Bedingun-

---

39 Etwa im Sinne von Mary Douglas, *Wie Institutionen denken* (1986), übers. von Michael Bischoff, Frankfurt am Main: Suhrkamp 1991, S. 114: »Institutionen erzeugen dunkle Stellen, an denen nichts zu erkennen ist und keine Fragen gestellt werden.« Konsequenterweise hat Denken es im Verhältnis zu Institutionen dann »mehr mit Intervention als mit Darstellung zu tun«. So ebd., S. 87f.

40 Siehe zur Diskussion der doppelten Buchführung als eine der Grundlagen (neben der Firma als Rechtseinheit und der Ditta als Krediteinheit) der Ausdifferenzierung von kapitalistisch rechnenden Unternehmen Werner Sombart, *Der moderne Kapitalismus. Historisch-systematische Darstellung des gesamteuropäischen Wirtschaftslebens von seinen Anfängen bis zur Gegenwart* (1916), 3 Bde., Nachdruck München: dtv 1987, hier: Bd II, S. 110ff.; und vgl. Dirk Baecker, »The Writing of Accounting«, in: *Stanford Literature Review* 9 (1992), S. 157-178. Man weiß, dass Buchhalter, die dank der Doppik in zwei Sinnrichtungen zugleich sehen können, wegen ihrer daraus resultierenden Sprache jahrhundertelang für »verrückt« gehalten wurden, noch vor den Polytechnikern und den wirklichen Narren, so Auguste Detœuf laut Raymond de Roover, »Preface«, in: *La comptabilité à travers les âges. Exposition à la Bibliothèque Royale Albert Ier, Bruxelles*, Katalog hrsg. von Ernest Stevelinck, Brüssel: Ed. Pragnos 1970, S. ix-xiv, hier: S. xii.

gen sie nicht funktionieren, sind ein weiteres Beispiel.[41] Aber welche Religion kämpft nicht mit dem Glauben an einen Gott, dessen Existenz zugleich zu bezweifeln ist? Welche Erziehung versucht nicht, dort den Funken der Einsicht zu zünden, wo aktuell nur Unbelehrbarkeit zu beobachten ist? Welche Wissenschaft rechnet nicht damit, genau das falsifizieren zu müssen, was gerade noch validiert werden konnte? Welche Liebe wirbt nicht gerade dann erfolgreich um die Gegenliebe, wenn sie damit rechnet, dass Liebe und Gegenliebe durchkreuzt werden können? Welche Interaktion rechnet nicht mit dem Nein, um das Ja wahrscheinlicher machen zu können?[42] Welche Organisation rechnet nicht genau dort mit einem Scheitern, wo ihre letzten Hoffnungen liegen? Welche Protestbewegung weiß nicht, dass sie von derselben Gesellschaft abhängig ist, gegen die sie protestiert? Und welche Gesellschaft beobachtet sich nicht laufend unter der Prämisse des Verstoßes gegen die eigene durchaus ernst genommene Kultur?

Die Beispiele ließen sich vermehren.[43] Der Widerstreit, zuwei-

---

41 Siehe Dirk Baecker, »Der Ingenieur«, in: *Merkur* 54, Heft 11 (November 2000), S. 1089-1101, wiederabgedruckt in ders., *Nie wieder Vernunft. Kleinere Beiträge zur Sozialkunde*, Heidelberg: Carl-Auer-Systeme 2008, S. 197-213, mit Referenz auf Alfred Sohn-Rethel, »Das Ideal des Kaputten. Über neapolitanische Technik« (1921), in: Bettina Wassmann, Joachim Müller (Hrsg.), *L'Invitation Au Voyage. Zu Alfred Sohn-Rethel*, Bremen: Wassmann 1979, ohne Paginierung.

42 Siehe den Menschen zuungunsten anderer Intelligenzen möglicherweise überschätzend zum Nein als der »Matrix der sozialen Beziehungen auf menschlichen Niveau« René A. Spitz, *Nein und Ja. Die Ursprünge der menschlichen Kommunikation* (1957), 2. Aufl., Stuttgart: Klett 1970, Zitat: S. 123. Vgl. zur Negation als einer spezifisch sprachlichen Ressource: Kenneth Burke, »A Dramatistic View of the Origins of Language«, in: *The Quarterly Journal of Speech* 38 (1952), S. 251-264, und 39 (1953), S. 446-460. Siehe auch zum Verweben des lebensunwirklich Nichtigen in den Ernst des Daseins Joachim Ritter, »Über das Lachen«, in: *Blätter für deutsche Philosophie* 14 (1940), S. 1-21.

43 Andererseits haben wir uns mit diesen Beispielen bereits an die Liste gut erforschter Sozialsysteme gehalten, wie sie Luhmann, *Die Gesellschaft der Gesellschaft*, Kap. 4, noch einmal zusammengefasst hat. Und ich verzichte hier darauf, der Frage nachzugehen, ob die Begriffe der Antimaterie und des Quantenbits (Überlagerung der beiden Zustände 0 und 1) Hinweise

len auch Paradoxie genannt, sitzt jeweils im Zentrum eines Sozialkalküls, das mit dem Eigensinn der Kommunikation im Medium polykontexturaler Beobachtungen rechnet und sich für dieses Kalkül allenfalls in seinen Darstellungen nach außen auf die Wahrheiten von Positivsprachen, für jede eigene Entscheidung jedoch nur auf die Reflexionsgeschichten von Negativsprachen verlässt. Die Husserlsche Verlegenheit im Umgang mit den negativen Aspekten eines Widerstreit ist damit natürlich nicht vom Tisch. Sie wird von vielen Akteuren geteilt, die daher immer dann, wenn sie einen Widerstreit oszillierend, reflektierend und letztlich mit einem Sprung entschieden haben, von »Intuition« sprechen. Das klingt positiv, ist jedoch nichts anderes als eine Negativsprache, die sprechen zu können viele Akteure auch vor sich selber eher geheim halten.

Es bleibt daher bei der Einsicht von Luhmann, dass die »Einrichtung von Negierbarkeit« eine der anspruchsvollsten Errungenschaften der Gesellschaft ist und dass man darüber hinaus die Evolution der Gesellschaft tout court als eine »Evolution des differenzierten Negierens« beschreiben könne.[44] Doch dabei ist die Rücksicht auf »negationslose Steuerungsebenen«[45] wie etwa

---

darauf enthalten, dass auch in der Physik Phänomene eines Doppelkreislaufs zu finden sind.

44 So Niklas Luhmann, »Über die Funktion der Negation in sinnkonstituierenden Systemen«, in: Harald Weinrich (Hrsg.), *Positionen der Negativität, Poetik und Hermeneutik*, Bd. VI, München: Fink 1975, S. 201-218; und ders., »Negierbarkeit«, ebd., S. 460-462, hier: S. 460; und ders., »Sinn als Grundbegriff der Soziologie«, in: Jürgen Habermas und Niklas Luhmann, *Theorie der Gesellschaft oder Sozialtechnologie. Was leistet die Systemforschung?*, Frankfurt am Main: Suhrkamp 1971, S. 25-100, Zitat: S. 99. Die Einrichtung von Negierbarkeit wird ihrerseits in der Paradoxie abgesichert, dass jeder Sinn negierbar, Sinn selber jedoch nicht negierbar ist, da die Negation ihrerseits wieder Sinn hat. So ders., *Soziale Systeme. Grundriß einer allgemeinen Theorie*, Frankfurt am Main: Suhrkamp 1984, S. 96.

45 Luhmann, »Über die Funktion der Negation in sinnkonstituierenden Systemen«, S. 210. Als eine negationslose Steuerungsebene eignet sich nicht zuletzt die Negation selber, wenn die Beobachtung von Georg Simmel, *Soziologie. Untersuchungen über die Formen der Vergesellschaftung* (1908),

die Intuition, aber auch die Autorität, die Vergangenheit, der Glaube an den Fortschritt oder auch nur die Karriere mindestens so wichtig und unwahrscheinlich wie die jeweils punktgenaue Formatierung des Widerstreits.

Die Handlung

Der Widerstreit überfordert die Beobachtung, stoppt sie und fordert heraus zu einer Handlung, die die Blockade überwindet. Nichtnegierbar ist, dass auch in der Situation der Blockade etwas geschehen muss, offen, aber nicht frei wählbar ist, was genau geschehen kann.[46] Nichtnegierbar sind die Funktion der Handlung, das Ereignis der Handlung und die Technik der Handlung, mit der sie Funktion und Ereignis verknüpft, aber auch variabel hält. Wir beschäftigen uns in diesem und in den nächsten beiden Abschnitten mit diesen drei Ebenen der Nichtnegierbarkeit. Sie heben unsere bisherigen Einsichten in die Rolle der Negation und der Negativität nicht auf, sondern sie vertiefen sie, indem auch die Nichtnegierbarkeit nicht streng logisch als Aufhebung der Negation, sondern ästhetisch als Aufruf weiterer Beobachter und dialektisch als Variation einer Reflexionsgeschichte gedacht wird. Die Nichtnegierbarkeit garantiert nicht, dass jeder Widerstreit zu einem guten Ende glücklich aufgelöst werden kann, sondern sie garantiert, dass er fortgesetzt werden kann, in-

---

hrsg. von Otthein Rammstedt, Frankfurt am Main: Suhrkamp 1992, S. 533-538, zutrifft, dass Verbote und Ablehnungen ein Kollektiv zuverlässiger einigen als positive Ziele. Je zuverlässiger dies gilt, desto schwerer fällt es, diese Art von Negativität ihrerseits zu negieren.

46 Siehe zum Widerstreit als Widerspruch auch Luhmann, *Soziale Systeme*, S. 488 ff., mit der Bestimmung des Widerspruchs als Einschluss des Sozialen in den Gegenstand der Wissenschaft *und* »extrem verkürzte, pure Selbstreferenz« (S. 493). Beides zusammen konstituiert »heikle Ereignisse«, so Maren Lehmann in einem Vortrag auf dem Sommerfest der Zeppelin-Universität am 8. September 2012, weil unscharf gehalten wird, ob die weiterführende Zurechnung eher den Beobachtern oder ihren Beobachtern gelten kann.

dem man ihm ausweicht und so dem Doppelkreislauf weiteres Material zuführt.

Der Widerstreit überfordert den Beobachter, indem er ihn wie die Paradoxie mit zwei einander ausschließenden Beobachtungen konfrontiert, deren erste die zweite impliziert, und umgekehrt: Wenn du deine Macht zu steigern versuchst, riskierst du, sie zu verlieren; und du verlierst deine Macht, wenn du nicht versuchst, sie zu steigern. Wie immer die logische Interpretation des Widerstreits aussieht, ob als Kontradiktion ($a \wedge \neg a$) oder als Antinomie ($a \rightarrow \neg a$), sieht sich der Beobachter herausgefordert, den einen Gedanken mit dem anderen zusammenzudenken. Und obwohl und während es zwei Gedanken sind, die einander ausschließen, entdeckt er, dass er keine Alternative hat. Der Informationswert der Paradoxie, sagt Klaus Krippendorff, ist deswegen unendlich.[47] Er ist unendlich, weil es keine Verteilung von Möglichkeiten gibt, deren Wahrscheinlichkeit untereinander relativ und proportional bestimmt werden könnte. Weil er unendlich ist, überfordert er den Beobachter. Er kann sich ausrechnen, solange er sich an eine der beiden Beobachtungen hält, *dass* er etwas tun muss, weiß aber nicht, sobald er beide Beobachtungen zusammen nimmt, *was* er tun kann. Alternativlos ist der Beobachter mit der Einsicht konfrontiert, dass ihm Beobachtungen nicht weiterhelfen. Er muss etwas tun, um aus dem Teufelskreis auszubrechen und ihn dadurch mit neuen und ebenso partikularen wie situativ angemessenen Informationen zu versorgen.

Die Handlung kann aus der Beobachtung nicht errechnet werden. Im Gegenteil, je präziser der Beobachter sich mit den widerstreitenden Bedingungen seines Handelns auseinandersetzt, desto evidenter wird, dass er sich entscheiden muss, ohne für die Entscheidung eine andere Rechtfertigung zu haben als die Notwendigkeit der Auflösung einer unauflösbaren Situation. An dieser Stelle unserer Überlegungen sind unsere beiden Leitgedanken der leeren Selbstreferenz und der unendlichen Rekursion nicht onto-

---

47 Siehe Klaus Krippendorff, »Paradox and Information«, in: *Progress in Communication Sciences* 5 (984), S. 45-71.

logisch, aber ontogenetisch verankert.[48] Der Beobachter ist frei, weil er frei sein muss. Er muss in der Lage sein, aus der Reihe der Bestimmungen einer Situation durch den Verstand herauszuspringen, die Unterscheidung, die ihn mit dem Dilemma konfrontiert hat, abzulehnen und sich im Vertrauen auf einen Zufall, der ihm zu Hilfe kommt,[49] nicht einmal für etwas zu entscheiden, sondern schlicht etwas zu tun, was eine neue Reihe eröffnet, die dasselbe Dilemma in einer anderen Konstellation reproduziert.

Die Ästhetik Kants und die Dialektik Hegels sprechen an der Stelle ihrer Beschreibung der Notwendigkeit der Freiheit von einem freien Willen, der sich einen praktischen Inhalt gibt,[50] und stellen damit die Freiheit des Willens ebenso quer zur Notwendigkeit der Natur wie die Praxis quer zur Theorie. Gotthard Günther greift beider Gedanken auf und formuliert eine Kybernetik der Subjektivität, in der der freie Wille durch Rejektion der einen und Akzeption einer anderen Unterscheidung Reflexionsgeschichten variieren kann, ohne dafür an etwas anderes gebunden zu sein als an die Notwendigkeit der Variation im Moment einer möglichen Blockade.[51] Und wir wissen aus Kants Bestimmung der Amphibolie der Reflexionsbegriffe, dass die Identifikation einer Blockade weder logisch noch ontologisch abgesichert sein muss, sondern im »Gemüt« des Subjekts bereits hinreichend motiviert sein kann.

Die Philosophie kann den freien Willen des Subjekts nur aus einer Praxis heraus begründen, die quer zu allen Begründungen steht. Die Auflösung des Widerstreits durch eine Handlung ver-

---

48 Siehe wiederum zu dieser Unterscheidung von Foerster, *KybernEthik*, S. 92 ff.
49 In der Tradition steht für das Vertrauen auf Abweichungen, die rechtzeitig einer Handlungsfolge zu Hilfe kommen, die ihrerseits Abweichungen produziert, der Name Lukrez.
50 Siehe etwa Kant, *Kritik der reinen Vernunft* (1781/87), B 558 ff. und, unter Berufung auf Platon, B 371 ff.; sowie Hegel, *Enzyklopädie*, § 481.
51 Siehe etwa Gotthard Günther, »Als Wille verhält der Geist sich praktisch«, in: ders., *Beiträge zur Grundlegung einer operationsfähigen Dialektik*, Bd. 3, S. 255-259.

weist auf einen Widerstreit, der nicht aufgelöst werden kann. Aber das ist nur konsequent. Man kann aus der Reihe nicht herausspringen, indem man den Sprung aus der Reihe deduziert. Die Freiheit ist zwar notwendig, aber als Freiheit notwendig.

Auch an dieser Stelle hilft uns Günthers Idee der Negativsprache einen wichtigen Schritt weiter. Wenn es darum geht, aus dem Widerstreit, den man auch so beschreiben kann, dass er eine Positivsprache und eine Negativsprache ineinander blendet, auszusteigen, so kann es sich bei diesem Ausstieg nur um den Einstieg in die Variation einer Reflexionsgeschichte handeln. Eine Variation einer Reflexionsgeschichte ist jedoch identisch mit dieser Reflexionsgeschichte selber, da diese von nichts anderem handelt als von ihrer eigenen Variation in der Geschichte ihrer Rejektionen und Akzeptationen beziehungsweise in der Geschichte der morphogrammatischen Ausbeutung von Kenogrammen. Damit hat die Reflexionsgeschichte genau die Qualität (Qual und Quelle), die wir suchen, um die Praxis des freien Willens wiederum theoretisch fassen zu können. Denn eine Reflexionsgeschichte ist nichts anderes als die Geschichte des Auftretens und der Auflösung des Widerstreits. Sie ist die Geschichte, wie Günther formuliert,[52] des Auftretens von Identitätsproblemen, Kontingenzen und Umwertungen im Medium des Zählens, die schließlich identisch ist mit der Geschichte der Entwicklung einer Technik im Umgang mit den Problemen, die die Geschichte stellt.

Wieder geht es um den Gewinn unendlicher Rekursionen, gewonnen aus immer neuen Bestimmungen der leeren Selbstreferenz. Mit Spencer-Brown kann man formulieren, dass es um den Gewinn von Unbestimmtheit im Medium von Oszillation und Gedächtnis geht. Entscheidend ist die Identität der Problemstellungen im Verein mit der Varianz möglicher Lösungen. Diese Identität enthält die Chance einer Ontogenese. Sie spekuliert nicht auf eine Ontologie im metaphysischen Sinne, sondern allenfalls

---

52 Siehe wiederum Günther, »Martin Heidegger und die Weltgeschichte des Nichts«, S. 289 ff.; sowie ders., »Identität, Gegenidentität und Negativsprache«.

auf eine jener »ontologies«, von denen die Computerwissenschaften sprechen.[53] Sie ist und bleibt das Angebot eines Beobachters, Beobachtungen zu sortieren, die sich auch anders sortieren lassen.

Wie aber, so ist dann zu fragen, sind Handlungen zu verstehen, die das Ergebnis eines freien Willens sind und sich praktisch auf Reflexionsgeschichten einlassen, die theoretisch gleichwohl zu beschreiben sind? Ein mögliches Modell, an das man hier denken kann, ist Talcott Parsons' Modell des Handlungssystems, das heißt: der Handlung *als* System. Parsons' Ausgangspunkt sind allenfalls indirekt die Problemstellungen der Philosophie des Idealismus, wenn er sich mit Bezug auf einige »europäische Autoren« wie Werner Sombart, Emile Durkheim, Alfred Marshall und Max Weber (Georg Simmel und Ferdinand Tönnies werden aus diesem Verbund erst einmal herausgenommen) der Aufgabe stellt, eine »voluntaristische Theorie« des Handelns zu schreiben, doch ist es angesichts dieses Bezugs keine Überraschung, dass das Schema, das er entwickelt, viele der Elemente enthält, die auch für ein Formkalkül maßgebend sind.[54] So sieht das »conceptual scheme«, das Parsons entwirft, einen Akteur, eine Zielsetzung, eine Situation und Beziehungen zwischen diesen Elementen vor, die die aus ihnen resultierende Konstellation als Einheit, als »unit act«, zu analysieren erlauben.[55] Der Akteur ist zugleich ein Agent, das heißt, er agiert nicht unabhängig von den Bedingungen, mit denen er es zu tun hat. Parsons legt deshalb Wert darauf, den »unit act« von vorneherein innerhalb eines »frame of reference« zu

---

53 Etwa Dieter Fensel, *Ontologies. A Silver Bullet for Knowledge Management and Electronic Commerce*, 2. Aufl., Berlin: Springer 2003.
54 Siehe Talcott Parsons, *The Structure of Social Action. A Study in Social Theory with Special Reference to a Group of Recent European Writers* (1937), Reprint New York: Free Press 1968; und die postume Veröffentlichung der ursprünglich als Kapitel XVIII dieses Buches geplanten Überlegungen: ders., »Georg Simmel and Ferdinand Tönnies. Social Relationships and the Elements of Action«, in: *Teoria Sociologica. Quaderni semestrali patrocinati dall'Istituto di Sociologia dell'Università di Urbino* 1 (1993), S. 45-71.
55 So Parsons, *The Structure of Social Action*, S. 43 ff.

unterscheiden, der die deskriptiven Elemente einer Praxis aufzulisten erlaubt, innerhalb derer die Handlung analysiert werden soll.[56]

Dieser Referenzrahmen enthält ausschließlich wählbare Bedingungen: Der Akteur und Agent ist einer unter vielen, die Zielsetzung ist per definitionem wählbar, die Situation ist je nach Perspektive anders zu bestimmen, und auch die Beziehungen zwischen diesen Elementen sind insofern wählbar, als jede Bestimmung eines Elementes zu variieren erlaubt, wie ein anderes Element bestimmt wird. Notwendig ist nur der unit act selber in der angegebenen Zusammensetzung, frei jedoch ist die Bestimmung der Elemente, wenn auch in Abhängigkeit von der Bestimmung der anderen Elemente. Parsons unterstreicht für seine theoretischen Absichten Aspekte, die auch für uns wichtig sind. So gibt die Zielsetzung der Handlung nicht nur eine Struktur, sondern zugleich ein Kontingenzbewusstsein, wenn man so formulieren darf, weil das Ziel erreicht oder verfehlt werden kann und weil es in Konkurrenz zu anderen Zielen steht. Eine zielorientierte Handlung oszilliert per definitionem in ihren Absichten. Zweitens impliziert die Zielsetzung eine zeitliche Differenz zwischen der Gegenwart, in der man sich für ein Ziel entscheidet, einer Vergangenheit, auf die man sich zur Begründung dieses Ziels möglicherweise beruft, und einer Zukunft, die wie gewünscht eintreten oder mit Überraschungen aufwarten kann. Auch dies macht in der Situation, in der man sich befindet, auf Wählbarkeiten und Unbestimmtheiten aufmerksam, die sich wechselseitig verunsichern und nur auf diesem Umweg begründen. Drittens kann man sich in der Sache, mit der man es zu tun haben glaubt, irren, so dass die Situation bereits in der Situation mit dem Bewusst-

---

[56] Siehe mit deutlichen, wenn auch implizit bleibenden Bezügen hierzu die »five key terms of dramatism« bei Kenneth Burke, *A Grammar of Motives* (1945), Reprint Berkeley, CA: California UP 1969: act, scene, agent, agency und purpose. In einem Addendum zur zweiten Auflage 1968 schlägt Burke passend zur zeitgenössischen Situation, die in genau diesem Aspekt Differenzierungen vornahm, einen ergänzenden sechsten Begriff vor: attitude (ebd., S. 443).

sein eines möglichen Korrekturbedarfs aufgeladen ist. Und viertens ist der Referenzrahmen des Schemas subjektiv, indem er die Situation aus dem Blickwinkel eines Akteurs und Agenten betrachtet, für den seine eigenen körperlichen und geistigen Kräfte Teil der Situation sind und somit auch für Parsons keine Eigenschaften des Subjekts, sondern selber Bedingungen der Situation, in der es sich bewegt.

Elemente des Gedächtnisses listet Parsons unter dem Titel einer »normativen Orientierung« der Situation auf, die es erlauben, das Richtige vom Falschen zu unterscheiden, und dafür auf eine Kultur verweisen, die Parsons in einem eigenen »telischen« Subsystem des Handlungssystems verortet. Auf Fragen der Kultur kommen wir im folgenden Kapitel zurück, deswegen lasse ich diesen Aspekt hier auf sich beruhen.

Parsons baut seine Handlungstheorie, seine Theorie der Handlung als System, in der Folge aus, indem er für die Palette der Wählbarkeiten so genannte »pattern variables« formuliert und die Nichtnegierbarkeiten innerhalb der Reflexionsgeschichten, die wir mit seiner Hilfe beschreiben können, als Funktionen dieses Handlungssystems ausbuchstabiert. Die »pattern variables« strukturieren für Parsons Orientierungsdilemmata der Situation, kleine Doppelkreisläufe, so können wir auch sagen, die als Formen des Widerstreits in jede Situation eingelassen sind und zu einem Handeln zwingen, ohne es zu determinieren:[57] In jeder Situation kann sich jeder Akteur entweder affektiv oder affektiv neutral verhalten, das heißt Belohnung aus der Situation selber oder aus späteren Situationen erwarten; zweitens kann (eigentlich müssten wir sagen: muss) sich jeder Akteur in jeder Situation entweder egoistisch oder kollektiv, das heißt an den Zielsetzungen entweder seines jeweiligen Subsystems oder denen eines übergeordneten Systems orientieren; drittens kann sich der Akteur in jeder Situation entweder partikular und »appreciative« (wertschätzend,

---

57 Siehe Talcott Parsons, Edward A. Shils, »Categories of the Orientation and Organization of Action«, in: dies. (Hrsg.), *Toward a General Theory of Action*, Cambridge, MA: Harvard UP 1951, S. 53-109, hier insbes. S. 76 ff.

aber auch: genussvoll) oder universalisierend und kognitiv, mit Kant und Hegel kann man auch sagen: entweder verständnisvoll oder vernünftig, orientieren, das heißt die Situation als das schätzen, was sie ist, oder sie kontextuieren und dadurch relativieren; viertens hat jeder Akteur in jeder Situation die Wahl, ob die sozialen Charakteristika der Situation eher als von anderen zugeschriebene »quality complexes« oder als selbst geschaffene »performance complexes« zu sehen sind; und fünftens hat jeder Akteur in jeder Situation die Wahl, bestimmte Anforderungen der Situation eher als funktional diffus anzusehen, so dass ihnen in jedem Fall zu begegnen ist, oder als funktional spezifisch, so dass man sich genauer überlegen kann, ob, wie und wann man ihnen begegnet.

Man kann sich leicht vorstellen, diese auf fünf »pattern variables« begrenzte Liste zu einer reichhaltigen Tabelle situativer Fähigkeiten auszuarbeiten, in der Beobachter aller Art die unterschiedlichsten Chancen haben, auf ihre Beobachtungen und auf sich aufmerksam zu machen beziehungsweise von ihnen und sich abzulenken. Fünf Alternativen lassen sich nach dem kleinen Einmaleins der Kombinatorik zu einhundertzwanzig (5!) konkreten Situationen entfalten, die theoretisch nur noch abstrakt, aber praktisch höchst konkret bewältigt werden können.

Der Zweck der Formulierung dieser »pattern variables«, das muss noch einmal unterstrichen werden, besteht darin, *eine einzelne* Handlung, und zwar *jede einzelne* Handlung soziologisch in ihrem »frame of reference« beschreiben zu können, so wie auch jeder Akteur in jeder Situation ein Gefühl dafür hat, wer was warum tut. Der analytische Zugriff und das empirische Verständnis verwenden selbstverständlich nicht dieselbe Sprache, aber das sollte für Parsons und auch für uns nichts daran ändern, dass man in der Sprache der Theorie Beobachtungen von Formen formulieren kann, die man, geeignete Settings vorausgesetzt, den Akteuren in ihren Situationen zum Abgleich vorlegen kann.

Zugleich besteht die Pointe dieser Handlungstheorie darin, dass sie die Dilemmata und Unbestimmtheiten einer Situation beschreibt, die zu einer Wahl zwingen, die selbst nicht Gegenstand der Wahl ist. Jede der Alternativen der »pattern variables« ist negierbar, doch sie selbst sind es nicht. Parsons gibt dieser Ebene der Nichtnegierbarkeiten der Selektion von Handlungen auch den Namen der Funktion. Es ist nicht immer klar, wie Parsons diesen Begriff selber verstanden hat, geschweige denn, wie er innerhalb der Soziologie insgesamt verstanden werden kann. Unklar ist, ob er im mathematischen Sinne Beziehungen zwischen Variablen oder auch im biologischen Sinne Wirkungen finaler (teleologischer) Ursachen beschreiben soll; und unklar ist auch, ob er strukturfunktionalistisch oder systemtheoretisch verstanden werden soll, das heißt entweder Strukturen Funktionen zuweist, die sie in den Augen eines Beobachters (Wissenschaftlers) erfüllen, oder das System funktional als Form der Suche nach (und als Vergleich von) Lösungen mehr oder minder selbst gestellter Probleme zu beschreiben erlaubt.[58] Wir lassen uns auf diese Diskussion hier nicht ein, sondern interpretieren sie als einen Ausdruck des Widerstreits in der Sache im Widerstreit der Theorie. Für uns genügt es, uns an den mathematischen Begriff zu halten und von Funktionen immer dann zu sprechen, wenn Abhängigkeiten zwischen Variablen beschrieben werden sollen.[59] Und es genügt uns ebenfalls, auch Parsons eher diesen als einen teleologischen Begriff zu unterstellen, obwohl die Differenz zwischen Sozialsystem und Kultursystem, die Parsons aufmacht, bestens geeignet ist, teleologischen Überlegungen Tür und Tor zu öffnen.

---

58 Siehe zu dieser Diskussion A. R. Radcliffe-Brown, »On the Concept of Function in Social Science« (1935), in: ders., *Structure and Function in Primitive Society. Essays and Adresses*, mit einem Vorwort von E. E. Evans-Pritchard, Fred Eggan, London: Cohen & West 1952, S. 178-187; Robert K. Merton, »Manifest and Latent Functions« (1949), in: ders., *Social Theory and Social Structure*, erg. und erw. Aufl., New York: Free Press 1968, S. 73-138; Kingsley Davis, »The Myth of Functional Analysis as a Special Method in Sociology and Anthropology«, in: *American Sociological Review* 24 (1959), S. 757-772; Niklas Luhmann, »Funktion und Kausalität« (1962), in: ders., *Soziologische Aufklärung. Aufsätze zur Theorie sozialer Systeme*, Bd. 1, 4. Aufl., Opladen: Westdeutscher Verlag 1974, S. 9-30; ders., »Funktionale Methode und Systemtheorie« (1964), in: ebd., S. 31-53.
59 Siehe auch Korzybski, *Science and Sanity*, S. 133 ff.

Parsons war darum bemüht, seine Analyse der »pattern variables« mit seinem Vierfelderschema der Funktionen wiederum *jeder einzelnen* Handlung zu verknüpfen,[60] doch sind diese Details für uns hier nicht entscheidend, zumal wir uns im Zweifel bezüglich einer durchkonstruierten Theorie an dieser Stelle eher für eine lose Kopplung zwischen den Orientierungsdilemmata auf der einen Seite und nichtnegierbaren funktionalen Anforderungen an jede Handlung auf der anderen Seite entscheiden würden. Dieses Vierfelderschema jedenfalls steht für Parsons weder in der Sache der modernen Gesellschaften, die er analysiert, noch in seiner Theoriekonstruktion zur Disposition.[61] *Jede* Handlung, so Parsons, die nach wie vor bestimmt ist als »unit act«, bestehend aus Akteur, Zielsetzung, Situation und Beziehungen zwischen diesen Elementen, doch nun zusätzlich differenziert wird in Bezüge auf einen Organismus, ein Persönlichkeitssystem, ein Sozialsystem und ein Kultursystem, muss funktional die Forderungen aller vier Bezugssysteme erfüllen, bevor sie zustande kommen kann. Oder umgekehrt formuliert: Die Orientierungsschwierigkeiten jeder Handlung in grundsätzlich sozial überfordernden und vielfach sachlich und zeitlich unbestimmten Situationen kön-

---

60 Siehe vor allem Talcott Parsons, Robert F. Bales, »The Dimensions of Action-Space«, in: dies. u. a., *Working Papers in the Theory of Action*, Glencoe, IL: Free Press 1953, S. 63-109, inklusive hier, S. 96, eine der seltenen expliziten Forderungen im Werk von Parsons, die Rolle des Beobachters in der Analyse mitauszuweisen: »The point of origin for a observer's analysis of a system of action process, then must be such as to *include himself in the system being analyzed*. This means, in social systems terms, that the *role* of the observer must be explicitly analyzed and treated as part of the system.«

61 Siehe hierzu und zum Folgenden Talcott Parsons, »Some Problems of General Theory in Sociology« (1970), in: ders., *Social Systems and the Evolution of Action Theory*, New York: Free Press 1977, S. 229-269; und ders., »A Paradigm of the Human Condition«, in: ders., *Action Theory and the Human Condition*, New York: Free Press 1978, S. 352-433. Eine der reifsten Ausarbeitungen und Anwendungen der Theorie des Sozialsystems innerhalb der Theorie des Handlungssystem findet sich in: ders., Neil J. Smelser, *Economy and Society. A Study in the Integration of Economic and Social Theory* (1956), Reprint London: Routledge & Kegan Paul 1984.

nen nur gelöst werden, wenn und indem es der Handlung gelingt, sich in diesen vier Hinsichten auf die vier Bezugsysteme zu bestimmen.

Man kann sich leicht vorstellen, dass Parsons die Soziologie bereits mit der Formulierung der Aufgabenstellung überforderte, ganz zu schweigen vom Entwurf von Forschungsprogrammen, die diese Aufgabenstellung in den verschiedenen Feldern der Soziologie begonnen hätten umzusetzen. Man spricht vom Parsonsschock einer theoretischen Überforderung, von dem sich die Soziologie letztlich bis heute nicht erholt hat, zumal die Varianten einer Fortsetzung dieses Programms, die Niklas Luhmann und Harrison C. White in der Folge entwickelt haben, die Überforderung eher bestätigten als milderten. Die Soziologie reagierte, wie es dieses Programm, hätte es sich ästhetisch und dialektisch beim Begriff des Widerstreits rückversichert, auch vorhersehen hätte können: Man lehnte die Alternativen, in denen man sich hätte bewegen müssen, ab und wählte stattdessen die Handlung: die empirische Sozialforschung, die jedoch, je weniger sie noch auf theoriegeleitete Fragestellungen Bezug nimmt, desto mehr in die Bedeutungslosigkeit abrutscht, so sehr sie andererseits Abweichungen vom Erwarteten aufspürt, die wiederum für die Theorie, so sie noch betrieben wird, interessant sind.

Vielleicht ist die Zeit für eine Wiederentdeckung von Parsons jedoch allmählich gekommen. Immerhin fasziniert, wie genau sein Vierfelderschema ebenso wie schon die Konzeption des »unit act« der Handlung selber nicht nur auf die Begriffe achtet, die die Felder und Elemente jeweils bezeichnen, sondern auch die Trennungen, wenn nicht sogar die Trennstriche, zwischen den Feldern in den Blick nimmt und nach deren empirischem Status fragt. Das Vierfelderschema gewinnt damit eine diagrammatische Qualität,[62] die so explizit ist wie jene der Notation des Formkal-

---

62 Auch das müsste heute wieder interessieren. Siehe nur Petra Gehring u. a., »Diagrammatik und Philosophie? Eine Einführung«, in: dies. (Hrsg.), *Diagrammatik und Philosophie. Akten des 1. Interdisziplinären Kolloquiums der Forschungsgruppe Philosophische Diagrammatik*, 15-16. 12. 1988 an der Fern-

küls,⁶³ weil in jedem einzelnen Fall gefragt werden kann, wie die Trennstriche von wem gezogen werden und welche Handlungen etwa in der Form von Grenzprozessen, aber auch der Bezugnahme von Handlungen auf symbolische Tauschmedien die Felder diesseits und jenseits der Trennstriche miteinander verknüpfen. Darüber hinaus müsste Parsons im weiten Feld der Kognitionswissenschaften für zahlreiche Anknüpfungspunkte sorgen können, da er wie bislang kaum ein anderer Wissenschaftler in der Lage war, Fragestellungen zu entwickeln, deren Referenz gleichzeitig auf den Organismus, die Psyche, das Sozialsystem und, wenn davon unabhängig, das Kultursystem zielte, sowie darüber hinaus, im System der Human Condition, Bezugnahmen auf Physik, Chemie, Philosophie und Theologie einbaute, wie man dies seit Hegel nicht mehr versucht hat. Offenbar sind damit zumindest gegenwärtig auch die Kognitionswissenschaften überfordert, zumal diese drohen, ihren multireferentiellen Zugang zu Organismus, Psyche und Kultur aus den Augen zu verlieren und allenfalls bireferentiell Gehirnforschung und Psychologie miteinander zu kombinieren.

Parsons jedenfalls entwickelte aus einer Kreuztabelle ein Vierfelderschema, das nichtnegierbar jeder Handlung die Erfüllung

---

universität Hagen, Amsterdam: Rodopi 1992, S. 7-12; Sybille Krämer, »Operative Bildlichkeit. Von der ›Grammatologie‹ zu einer ›Diagrammatologie‹? Reflexionen über erkennendes Sehen«, in: Martina Heßler, Dieter Mersch (Hrsg.), *Logik des Bildlichen. Zur Kritik der ikonischen Vernunft*, Bielefeld: transcript 2009, S. 94-122; Dirk Rustemeyer, *Diagramme. Dissonante Resonanzen. Kunstsemiotik als Kulturtheorie*, Weilerswist: Velbrück Wissenschaft 2009; Matthias Bauer, Christian Ernst, *Diagrammatik. Einführung in ein kultur- und medienwissenschaftliches Forschungsfeld*, Bielefeld: transcript 2010; Maren Lehmann, »Die Diagrammatik der Form«, in: Klaus Bernsau u. a. (Hrsg.), *Management als Design? Design als Management? Intra-, inter- und transdisziplinäre Perspektiven auf die Gestaltung von ökonomischer, ästhetischer und moralischer Lebenswelt*, Regensburg: InCodes Verlag 2012, S. 127-159.

63 Siehe dazu meinen Versuch der Übersetzung des Vierfelderschemas in die Notation des Formkalküls in Dirk Baecker, »Kulturelle Orientierung«, in: Günter Burkart, Günter Runkel (Hrsg.), *Luhmann und die Kulturtheorie*, Frankfurt am Main: Suhrkamp 2004, S. 58-90.

der Funktionen Anpassung (A, adaptation), Zielerreichung (G, goal-attainment), Integration (I, integration) und Erhaltung latenter Wertmuster (L, latent-pattern maintenance and conflict management) zuweist. Jede der vier Funktionen weist im denkbaren Widerstreit mit der Situation und untereinander jeder einzelnen Handlung Dilemmata, vielleicht sogar Unentscheidbarkeiten zu, deren Lösung darin besteht, dass die Handlung wie auch immer, etwa im Rahmen der Alternativen der »pattern variables«, Lösungen für ihre funktionalen Beiträge findet. Der Widerstreit ist hier nicht nur einfach, sondern vielfach erwartbar mit eingebaut, weil jede der vier Funktionen auch aufgerufen werden kann, um spezifische Handlungsangebote abzulehnen. Man leistet keinen Beitrag zur Integration, wenn damit nicht eigene (des Individuums oder der Gruppe) Ziele erreicht werden können. Man ist nicht willens, sich um die Auflösung von Konflikten zu bemühen, wenn damit die Anpassung eines Systems an seine Umwelt eher erschwert als erleichtert wird usw. Ebenfalls erwartbar ist dabei natürlich, und auch dies unterstützen die »pattern variables«, dass man sich in einigen Funktionen mit eher symbolischen Beiträgen zufrieden gibt, damit für andere Funktionen überhaupt Lösungen gefunden werden können.

So oder so hat die einzelne Handlung einen immensen voluntaristischen Spielraum, beschrieben durch die Kombinatorik von pattern variables und Funktionen des Handlungssystems, die der einzelnen Handlung zugleich fast keinen Spielraum lassen. Der Widerstreit hat eine selbstähnliche Struktur. Er zieht sich von der Handlung ins System bis in die Theorie. Robuster geht es nicht. Und auch wenn die Theorie sich selbst mit dieser Kombinatorik überfordert, muss man doch auch sehen, dass die Praxis, folgt man der Theorie, für viele der aufgeworfenen Probleme offenbar Lösungen gefunden hat. Wie in der physikalischen Theorie werden auch durch die soziologische Theorie von Parsons theoriegeleitet Probleme aufgeworfen, nach deren Entsprechung man in den empirischen Daten nur noch zu fahnden braucht. Parsons' eigene Schriften sind empirisch so ergiebig, weil er selbst sich an dieses Rezept bereits gehalten hat. Er hat empirisch gesucht, was er theoretisch bereits gefunden hat. Und ihm stand kein Large Action Collider zur Verfügung.

Wir wollen und müssen dieses Theorieprogramm hier nicht fortsetzen. Für uns ist nur entscheidend, dass die soziologische Theorie schon einmal einen Weg gefunden hatte, die Amphibolie des Widerstreits theoretisch und damit in der Beschreibung praktischer Probleme und empirischer Daten fruchtbar werden zu lassen und mit einer voluntaristischen Handlungstheorie zu verknüpfen. Und selbst wenn man das Programm nicht in jeder Selektion der fünf pattern variables (warum fünf?) oder der vier Handlungsfunktionen (warum vier?) überzeugend findet, so kann man doch, wie Niklas Luhmann herausgearbeitet hat, elegant an Parsons' Minimalprogramm festhalten.[64] Dieses Minimalprogramm sieht ein einziges sich laufend aus den eigenen Lösungen reproduzierendes Problem der Entscheidung für Handlungen vor, nämlich das Problem der doppelten Kontingenz, demgemäß Ego und Alter Ego jederzeit in die Situation geraten können, nichts zu tun, solange nicht der andere sich auf eine Interpretation der Situation wie auch immer andeutungsweise festlegt.[65]

Und es kommt mit einem einzigen Lösungsschema aus, nämlich jenes der beiden Analyseachsen, die der Kreuztabelle zugrunde liegen, die die vier Funktionsfelder definiert, die Achse internal to human condition versus external to human condition

---

[64] Siehe Niklas Luhmann, »Talcott Parsons. Zur Zukunft eines Theorieprogramms«, in: Zeitschrift für Soziologie 9 (1980), S. 5-17; und vgl. ders., »Warum AGIL?«, in: Kölner Zeitschrift für Soziologie und Sozialpsychologie 40 (1988), S. 127-139.

[65] Siehe Talcott Parsons u. a., »Some Fundamental Categories of the Theory of Action. A General Statement«, in: Talcott Parsons, Edward Shils (Hrsg.), Toward a General Theory of Action, S. 3-29, hier: S. 15 f.; Luhmann, Soziale Systeme, Kap. 3; in der ökonomischen Theorie und insbesondere in der Spieltheorie ist das Problem als Sherlock Holmes/Moriarty-Paradox bekannt, wenn auch nicht so fruchtbar umgesetzt wie in der Soziologie. Siehe Oskar Morgenstern, »Vollkommene Voraussicht und wirtschaftliches Gleichgewicht«, in: Zeitschrift für Nationalökonomie 6 (1935), S. 337-357, hier: S. 344 ff.

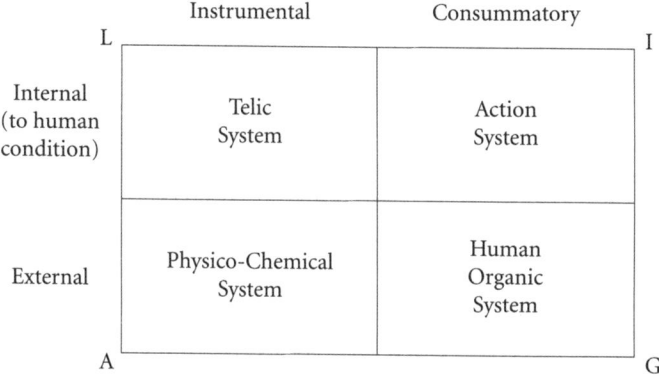

Abb. 3.1: *Das General Paradigm der Human Condition*

sowie die Achse instrumental versus consummatory (Abb. 3.1).[66] Das Handlungssystem kommt in diesem Schema gleichsam zweimal vor, da es zum einen seinen eigenen Ort dort hat, wo das telische, das physiko-chemische, das menschliche Organsystem und es selbst im Handlungssystem integriert werden, und zum anderen von ihm aus, von seiner Beobachterposition aus, es selbst wie auch die anderen drei Systeme im Gesamtsystem der Human Condition konzipiert und konstruiert werden.

Luhmann schlägt ohne Rücksicht auf die Beschränkung auf vier Felder und ihre Benennung vor, Handlung, Erleben und Kommunikation entsprechend der beiden Achsen grundsätzlich als Problemlösung in der Dimension der sachlichen Systemdifferenzierung (internal/external) und der zeitlichen Systemreproduktion (instrumental/consummatory) zu postulieren und zu analysieren.[67] Das würde bedeuten, dass man für jede Handlung, jedes Erleben und jede Kommunikation annehmen könnte, dass sie dazu beitragen, ein System von seiner Umwelt zu unterscheiden, und dazu beitragen, eine Zukunft von einer Gegenwart zu

---

66 Siehe Parsons, »A Paradigm of the Human Condition«, S. 361.
67 So Luhmann, »Talcott Parsons. Zur Zukunft eines Theorieprogramms«, S. 14.

unterscheiden. Das wäre die Theoriefigur, mit der man an empirische Daten herangeht, indem dann entsprechend zum einen danach gesucht werden kann, wie sich das Problem jeweils stellt, und zum anderen danach, wie es gelöst wird. Das wäre ein besonderer Fall der allgemeinen Vorgehensweise der Systemtheorie, empirische Phänomene in einem ersten Zugriff nicht als Phänomene aufzugreifen, die möglicherweise Probleme schaffen, sondern als Phänomene, die offenbar ein Problem gelöst haben, denn andernfalls gäbe es sie nicht. Welches Problem, ist dann die Frage. Und eine mögliche Blickrichtung ist: das simultan auftretende Problem der Ausdifferenzierung und Reproduktion eines Systems.

Man beachte, dass auch dieses Minimalprogramm eine beachtliche Komplexität sozialer Phänomene erschließt, da jedes dieser Phänomene auf seinen Systembezug und seinen Umweltbezug, auf seinen Zukunftsentwurf und auf seine bereits gegenwärtig befriedigenden, sinnerfüllenden Aspekte hin untersucht werden kann. Jeder dieser Aspekte stellt unter Umständen anspruchsvolle Forderungen, die alle anderen Aspekte unter einen erheblichen Druck setzen können, auch wenn wiederum auch hier symbolische oder imaginäre Lösungen ebenso im Bereich des Möglichen sind wie reale Beiträge. Tatsächlich wird man diesen Unterschied zwischen realen und symbolischen Beiträgen jedoch nur in seltenen Fällen und auch dann nur unter der Angabe einer Beobachterreferenz treffen können, da es nicht darum geht, ob einzelne Handlungen wirklich leisten, was sie behaupten, sondern nur darum, ob die Behauptung hinreicht, in den anderen Dimensionen weiter nach Lösungen suchen zu können. Und wiederum gilt auch für das Minimalprogramm, dass man sich im Verhältnis der vier Aspekte und unter Verweis auf das jeweils zu lösende Problem der doppelten Kontingenz jede Lösung im Bereich realer, kompensatorischer, erpresserischer, kollusiver, intriganter, drohender und verführerischer Beiträge vorstellen kann. Wie gesagt, nur die Konditionierung ist entscheidend, nicht deren reale Deckung, obwohl auch nach dieser rascher gefragt werden kann, als es vielen Akteuren lieb sein mag.

Mit einem seiner frühesten Verweise auf das Formkalkül von

Spencer-Brown schlägt Luhmann in seinem Aufsatz zur Zukunft von Parsons' Theorieprogramm sogar vor, den zweiten Aspekt von Parsons' Minimalprogramm, also die Unterscheidung von Ausdifferenzierung und Reproduktion, in die Begrifflichkeit des Kalküls umzusetzen und von Crossing im Fall der Ausdifferenzierung und Calling im Fall der Reproduktion zu sprechen.[68] Denn ein System kann nur ausdifferenziert werden, wenn jede Handlung beziehungsweise Kommunikation zwischen Umweltbezug (Fremdreferenz) und Systembezug (Selbstreferenz) hin und her kreuzt. Und es kann nur reproduziert werden, wenn iterativ und rekursiv wieder aufgerufen wird, was bereits zuvor aufgerufen wurde.

Wir werden diese Option im Auge behalten, halten hier jedoch nur diesen Abschnitt beschließend fest, dass mit Parsons' Handlungstheorie – in welcher Vertiefung oder Verschiebung auch immer – in jedem Fall ein leistungsfähiges Instrument bereitsteht, um Reflexionsgeschichten zu analysieren, die sich aus dem Umgang mit Formen des Widerstreits ergeben, die in sozialen Systemen endemisch sind. Die beiden Fragen nach der Freiheit des Willens und den Lösungen der Praxis haben wir damit hoffentlich nicht aus den Augen verloren, sondern theoretisch so fruchtbar gemacht, dass wir gespannt sein können, welchen Überraschungen wir im empirischen Feld begegnen werden. Wir postulieren wie Kant und Hegel den freien Willen als Form des Umgangs mit dem Widerstreit. Es kommt jetzt nur noch darauf an,

---

68 So ebd., S.14. Luhmann bezweifelt, dass Parsons seine Theorie bereits als Theorie selbstreferentieller Systeme verstanden hat (wir haben auf die Stelle hingewiesen, an der Parsons die Beobachterabhängigkeit seiner Theorie unterstrichen hat), und fordert deswegen, dass man die Unterscheidung von Ausdifferenzierung und Reproduktion als wiedereintrittsfähige Unterscheidung formulieren müsse, die im System vom System getroffen wird. Diese Aufgabe hat er zufriedenstellend wohl erst 17 Jahre später im Aufsatz »Die Kontrolle von Intransparenz«, in: Heinrich W. Ahlemeyer, Roswita Königswieser (Hrsg.), *Komplexität managen. Strategien, Konzepte und Fallbeispiele*, Wiesbaden: Gabler 1998, S. 51-76, gelöst. Siehe auch die englische Übersetzung »The Control of Intransparency«, in: *Systems Research and Behavioral Science* 14, Heft 6 (1997), S. 359-371.

ihn auch empirisch nachzuweisen, wenn dafür nicht die bisherige Menschheitsgeschichte bereits ausreicht.

Die Ungewissheit

Talcott Parsons' Handlungstheorie hat unter der Hand nicht nur weitere Beobachter eingeführt, das Verhaltenssystem (behavioral system), die Psyche (personality system), das Sozialsystem (social system) und die Kultur (cultural system) (Abb. 3.2),[69] sondern auch bereits Hypothesen entwickelt, anhand welcher Unterscheidungen diese Beobachter ihre Ausdifferenzierung und Reproduktion im Kontext des Handlungssystems, das heißt aus der Sicht eines weiteren Beobachters, der jetzt nicht mehr wie noch bei Kant aus der Mannigfaltigkeit der Sinnlichkeit Erkenntnis synthetisiert, sondern aus dem Widerstreit funktionaler Anforderungen Handlungen gewinnt, sicherstellen. Parsons unterstreicht seinen anthropozentrischen Zugang schon deswegen, weil es seit Einsteins Relativitätstheorie auch in der Wissenssoziologie erforderlich ist, den »point of view of the observer« zu explizieren,[70] stellt diesen jedoch seinerseits in den Rahmen einer Unterscheidung, auf deren Außenseite Beobachter in den Blick kommen, die nicht anthropozentrisch unterscheiden, sondern selbstreferentiell von den Belangen des Organismus, der Psyche und der Kultur ausgehen, während sie sich fremdreferentiell an Handlungen beteiligen und aus Handlungen ihrerseits Reproduktionsleistungen beziehen.

Parsons nimmt das Sozialsystem für Integrationsleistungen des Handlungssystems insgesamt in Anspruch, weil es das einzige ist, das unter Rekurs auf das Kultursystem und dessen Werte Symbolisierungen bereitstellen kann, die den Anspruch erheben können, Unterscheidungen anderer Systeme im Rahmen eigener Un-

---

69 Ein Ausschnitt der Abbildung in Parsons, »A Paradigm of the Human Condition«, S. 382.
70 Ebd., S. 361.

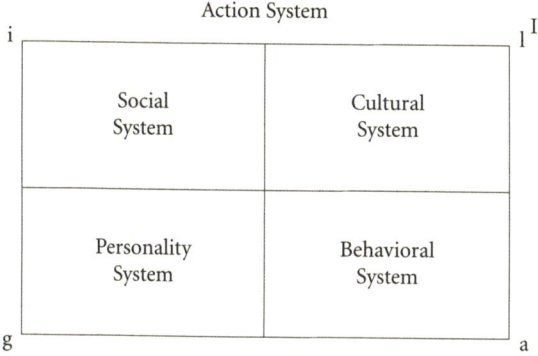

Abb. 3.2: *Das Handlungssystem im General Paradigm der Human Condition*

terscheidungen abzubilden. Das entspricht dem Verfahren, dem wir ebenfalls folgen, auch wenn wir vorsichtig mit dem Anspruch sind, die Symbolisierung mit Integration gleichzusetzen. Wieweit man diesem Anspruch folgen kann, wird nicht zuletzt vom Integrationsbegriff abhängen, den man verwendet. Wenn Integration heißen kann, dass das Sozialsystem die drei übrigen Systeme des Handlungssystems (Kultur, Verhaltenssystem und Persönlichkeit) und dieses wiederum die drei übrigen Systeme der Human Condition (telisches System, physiko-chemisches System und menschlicher Organismus) (Abb. 3.3)[71] mit Formen des Widerstreits konfrontiert, die diese zu freien Entscheidungen zwingen, deren Rahmen die Reproduktion der Systeme in ihrem Zusammenhang ist, dann trifft das auch die Konzeption, die wir hier verfolgen. Doch müssen wir dann auch feststellen, dass wir weit davon entfernt sind, auch empirisch zu verstehen, was wir aus der Theorie ableiten.

So anregend das Tableau ist, das Parsons aus seiner Kreuztabelle entwickelt, so sehr ist es einerseits an den damaligen Stand des Wissens (1970er Jahre) gebunden und andererseits dadurch einge-

---

[71] Siehe die Abbildung ebd., S. 382.

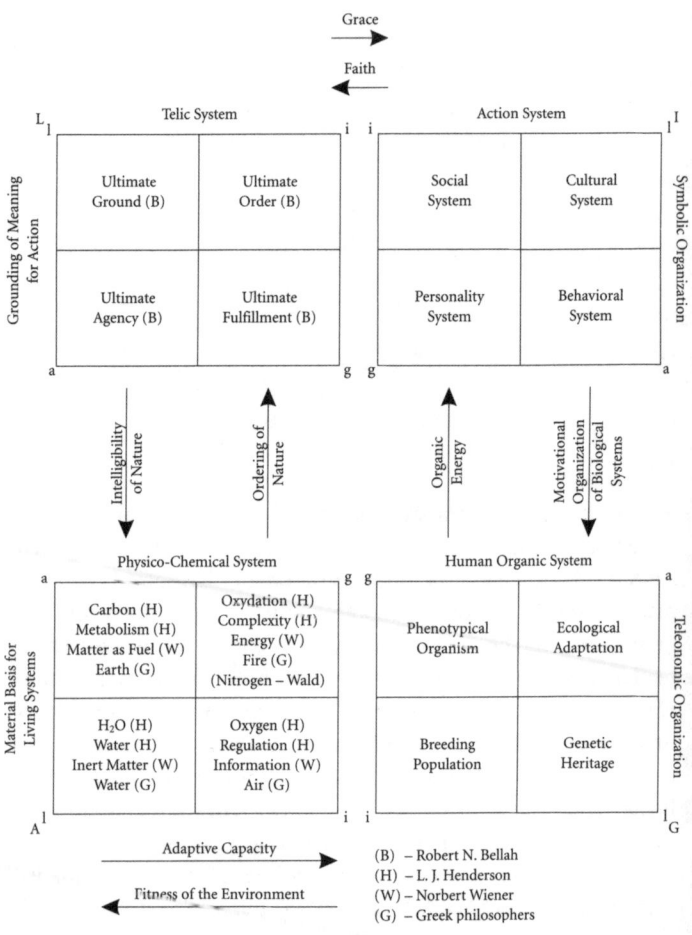

Abb. 3.3: *Das General Paradigm der Human Condition, ausgearbeitet*

schränkt, dass es den Widerstreit, wenn man so will, nicht frei im System zirkulieren lässt. Stattdessen lokalisiert es im telischen System eine jeweils höchste und letzte Ordnung, Begründung, Handlungsfähigkeit und Erfüllung, aus denen von Priestern, Philosophen und Intellektuellen für das Kultursystem Werte abgeleitet werden können, die jeden Konflikt zugunsten der Verwirklichung einer menschlichen Ordnung beruhigen können. Das ist so attraktiv wie aristotelisch gedacht, entspricht jedoch wohl kaum einem jüngeren ökologischen Bewusstsein, das dem Widerstreit nicht nur eine größere Hartnäckigkeit zutraut, sondern auch die integrativen Symbolisierungen, die das Sozialsystem erbringt, eher pessimistisch als optimistisch auf dessen durchaus eingeschränkte Perspektiven zurückbuchstabiert.

Dennoch können wir das Auftauchen neuer Beobachter und die Beobachtung der Unterscheidungen, die diese Beobachter möglicherweise treffen, registrieren, um die Überlegungen, die wir hier anstellen, allmählich mit einem dann auch korrigierbaren empirischen Gehalt anzureichern. Parsons stellt sich den Organismus des Menschen als einen Beobachter vor, auch wenn er diesen Begriff für andere Systeme als das Sozialsystem nicht verwendet, der offenbar im Kontext der Unterscheidung von Zielsetzungen beobachtet. Der Organismus will seine eigene Reproduktion, integriert sich zu diesem Zweck in die Population ähnlicher Organismen, greift im Falle von Konflikten der Reproduktion des Phänotyps auf sein genetisches Erbe zurück und passt sich währenddessen ökologisch an seine physische, chemische, telische und Handlungsumwelt an. Das mag sein, folgt jedoch in jedem einzelnen Punkt Unterscheidungen, die im Sozialsystem der Menschen entwickelt worden sind und dort von der Biologie, der Medizin, der Therapie, aber auch von Familien, die sich über Möglichkeiten der pränatalen Diagnostik, der Organtransplantation, der Sterbebegleitung und ähnliche Fragen Gedanken machen, verwaltet werden.

Unser Wissen über die Beobachtungsfähigkeit des natürlichen, physisch-chemischen Systems hängt davon ab, wie wir diese Natur beobachten. Hier ist nicht nur strittig, ob ein physisch-chemischer Komplex überhaupt als System verstanden werden kann, sondern auch, wie dieses System rekonstruiert wird, wenn es denn als solches verstanden wird. Parsons beobachtet deswegen nicht die Physik und die Chemie, sondern er beobachtet andere Beobachter, die griechische Philosophie (G), die Kybernetik Norbert Wieners (W) und seinen Harvard-Kollegen, den Chemiker, Biologen und Physiologen L. J. Henderson (H), um Hypothesen über die Unterscheidungen der Natur abzuleiten und sie seiner Kreuztabellierung zu unterwerfen.[72] Halten wir uns etwa an die Kybernetik, dann will diese Natur die Erhaltung von Energie, integriert sich im Medium der Information, passt sich an die materiellen Gegebenheiten noch verfügbarer Energien an und löst auftretende Konflikte unter Verweis auf die Restriktionen der Materie. Es liegt auf der Hand, dass dieses Wissen ebenso viel über die Natur wie über die diese Natur beobachtende Gesellschaft aussagt. Wir verzichten daher an dieser Stelle auf jede weitere Generalisierung und Überprüfung der beobachteten Unterscheidungen und verweisen stattdessen auf den exemplarischen Wert der Analysen von Parsons, deren Fortsetzung im Rahmen konkreter Fälle man sich nur wünschen kann.

Dasselbe gilt für das telische System, dessen Beobachtung Parsons ebenfalls im Medium der Beobachtung zweiter Ordnung vornimmt. Hier beobachtet er seinen Schüler, den Religionssoziologen Robert N. Bellah, im Hinblick auf dessen Vermutungen über die Letztbegründungsstruktur der telischen Ordnung des menschlichen Lebens auf Erden und kommt zu dem Ergebnis, dass es diesem System um Erfüllung geht, eingeschränkt durch die Integrationserfordernisse einer Ordnung, angepasst an die Reichweite eines freien Willens und letztlich reguliert durch Gründe, die Parsons nicht zögert, mit Bellah und Kant transzendental zu verorten. Auch diese Hypothesen lassen wir hier auf sich beruhen, so sehr auf der Hand liegt, wie ergiebig eine Religionssoziologie und eine Soziologie von Letztbegründungsphilosophien sind, die sich dafür interessieren, wer anhand solcher Unterscheidungen beobachtet und mit diesen Beobachtungen welche Ver-

---

72 Die Beobachtung von Beobachtern ist im Übrigen auch in der Physik ein gängiges Verfahren der Theoriebildung, wie ein Blick etwa auf Stephen W. Hawking, *Eine kurze Geschichte der Zeit. Die Suche nach der Urkraft des Universums*, eingel. von Carl Sagan, übers. von Hainer Kober, Bernd Schmidt, Reinbek b. Hamburg: Rowohlt 1988, gut zeigen kann.

hältnisse zu strukturieren und welche Widerstreitigkeiten anzuregen oder zu beruhigen sucht.

So oder so beeindruckt, wie geschickt sich Parsons im Medium der Beobachtung von Beobachtern bewegt, was sich weiterhin zeigt, wenn er die vier Funktionen des Persönlichkeitssystems mithilfe der Psychoanalyse von Sigmund Freud und die jeweils vier Funktionen der vier Subsysteme des sozialen Systems (Politik, Wirtschaft, Integrationssystem und Treuhandsystem) mithilfe der einschlägigen Wissenschaften rekonstruiert, nicht ohne dabei deren Fragestellungen anhand seiner Unterscheidung von Ausdifferenzierung und Reproduktion erheblich zu vertiefen sowie anhand empirischer Daten praktische Lösungen im Gegenstand aufzuzeigen, die jenseits der Unterscheidungen dieser Wissenschaften liegen.[73]

Dennoch verlassen wir Parsons' Überlegungen zum Handlungssystem im Rahmen der Human Condition an dieser Stelle und gehen noch einmal einige Schritte zurück, um für unsere Suche nach dem Negationspotenzial von Beobachtern sowie nach den Nichtnegierbarkeiten, die parallel zum Ausbau dieses Negationspotenzials eingeführt werden, eine größere Beweglichkeit zu gewinnen, als sie uns das Vierfelderschema von Parsons sowie sein ebenso aristotelisches wie kantsches Vertrauen auf eine telische Ordnung des menschlichen Lebens auf dieser Erde geben können. Wir ersetzen den Ordnungsgedanken von Parsons durch die beiden Theoriefiguren des Ereignisses und des Netzwerks bei Niklas Luhmann und Harrison C. White und versuchen so, uns dem Moment der Ungewissheit weiter zu nähern, das spätestens dann auftritt, wenn ein Widerstreit auf sich aufmerksam macht und noch lange nicht absehbar ist, welche Probleme Handlungen

---

73 Ein Beispiel dafür ist die Beschreibung der Rolle von Kapital, Banken (differenziert in Geschäfts- und Notenbanken) und Gewerkschaften an der Schnittstelle von Wirtschaftssystem und Politiksystem in Parsons u. a., *Economy and Society*. Zur Rezeption Freuds siehe Talcott Parsons, »Social Structure and the Development of the Personality. Freud's Contribution to the Integration of Psychology and Sociology« (1958), in: ders., *Social Structure and Personality*, New York: Free Press 1964, S. 78-111.

schaffen, die auf einen freien Willen zurückgreifen, um Unentscheidbarkeiten dennoch zu entscheiden.

Die Beobachtung von Ereignissen erlaubt die Unterscheidung von Vorher und Nachher, die Beobachtung von Netzwerken die Unterscheidung von Abkopplung und Einbettung (»decoupling« und »embedding«).[74] Beide passen somit zu unserem Verständnis des Beobachters als System, das sich auskoppelt und sich auf sich und seine Umwelt bezieht, indem es beobachtet, und das sich reproduziert, indem es mit jeder Beobachtung an vorherige Beobachtungen anschließt und auf künftige Beobachtungen vorausgreift. Dieses bereits erwähnte Minimalprogramm einer Systemtheorie des Beobachters erinnert im Übrigen an eine frühe Einsicht der Soziologie, die bei Auguste Comte die beiden Dimensionen der Statik und der Dynamik unterschied und aufeinander bezog, um jedes soziale Phänomen jederzeit aus dem Schnittpunkt seiner Bemühung um einen »Konsens« mit gleichzeitig gegebenen Verhältnissen einerseits und um ein Schritthalten mit der eigenen Entwicklung andererseits zu erklären.[75] Man beachte, dass von Comte über Parsons bis zu Luhmann und White die Kreuzung der Sachdimension (Ausdifferenzierung) mit der Zeitdimension (Reproduktion) die Sozialdimension des Sinns jeweils offenlässt, so als wolle man der Entscheidung aus dem Weg gehen, ob in der Sozialdimension eher die Probleme oder die Lösungen für den wechselseitigen Bezug aller drei Dimensionen aufeinander zu erwarten sind. Tatsächlich gewinnt man so einen hinreichenden Spielraum, um beides zuzulassen, während man gleichzeitig, ohne dies eigens zu reflektieren, die Zurechnungen der Beobachtung von Sachverhalt und Zeitverhalt auf Beobachter, die untereinander in sozialen Beziehungen stehen, offenlässt. Ausgerech-

---

74 Siehe hierzu und zum Folgenden Luhmann, *Soziale Systeme*, insbes. S. 77 ff. und 388 ff.; und Harrison C. White, *Identity and Control. A Structural Theory of Action*, Princeton, NJ: Princeton UP 1992, S. 17 ff. et passim.

75 So Auguste Comte, *Die Soziologie. Die positive Philosophie im Auszug* (1830/42), hrsg. von August Blaschke, Leipzig: Kröner 1933, S. 83 f.; vgl. ders., *Leçons sur la sociologie. Cours de philosophie positive, Leçons 47 à 51*, hrsg. von Juliette Grange, Paris: Flammarion 1995, S. 95 f.

net die Wissenschaft, die nach sozialen Beziehungen, das heißt nach Beziehungen der Abhängigkeit zwischen unabhängigen Teilnehmern fragt,[76] lässt die Charakterisierung dieser Teilnehmer, der Beobachter, auf sich beruhen und schreibt so erst deren Unabhängigkeit fest.

Dieser Praxis folgen wir hier, zumal sie es ermöglicht, die Ungewissheit, die sich aus dem fraglichen Gelingen der Ausdifferenzierung ebenso ergibt wie aus dem fraglichen Gelingen der Reproduktion, als ein Problem zu definieren, das Beobachter zugleich anzieht und abstößt. Nur dort, wo Ausdifferenzierung und Reproduktion fraglich sind, kann man Beiträge leisten, die die eigene Unabhängigkeit nicht gefährden und so den freien Willen unterstreichen, der erforderlich ist, um sich auf das Problem einzulassen. Und nur dort, wo Ausdifferenzierung und Reproduktion immerhin möglich sind, kann die eigene Abhängigkeit unter der Bedingung der Unabhängigkeit zugunsten der eigenen Ausdifferenzierung und Reproduktion gestaltet werden. Wir haben es, wie Michel Serres ohne jede negative Konnotation sagen würde, mit der Entstehung und Erhaltung parasitärer Beziehungen zu tun, in der jeder Beobachter der Parasit einer Beziehung ist, die von anderen Beobachtern unterhalten werden, für die dasselbe gilt.[77]

Die Ungewissheit hat die interessante Eigenschaft, den aktuellen Zustand, den Moment einer fraglichen Ausdifferenzierung und fraglichen Reproduktion, negativ zu setzen, ohne selbst negiert werden zu können. Gewissheiten lassen sich bestreiten, Ungewissheiten nicht. Das ist seit Descartes eine Grunderfahrung der Moderne. Die Ungewissheit kann zu einem Gedächtnis ausgebaut werden, indem das Erinnern und Vergessen von Ereignissen strukturellen, nämlich ebenfalls bezweifelbaren Wert gewinnt.[78] Und sie kann zur Oszillation ausgebaut werden, indem

---

76 So Niklas Luhmann, *Einführung in die Systemtheorie*, hrsg. von Dirk Baecker, Heidelberg: Carl-Auer-Systeme 2002, S. 92.
77 So Michel Serres, *Le parasite*, Paris: Grasset 1980 (dt. 1981).
78 Siehe Niklas Luhmann, »Zeit und Gedächtnis«, in: *Soziale Systeme* 2 (1996), S. 307-330; und vgl. Reinhart Koselleck, »Darstellung, Ereignis und Struk-

mit jeder Verknüpfung in einem Netzwerk andere Verknüpfungen in den Blick kommen, die für eine oder für beide Seiten der Verknüpfung interessanter als die aktuelle sein können. Deswegen unterscheidet White in seinem Entwurf eines möglichen »uncertainty calculus« zwischen sozialen Beziehungen, in denen der eine dem anderen ausweichen kann, weil alternative Beziehungen möglich sind, und kultureller Ambiguität, dank derer man riskiert, in derselben Beziehung mit neuen Interpretationen konfrontiert zu werden und es so mit einer neuen Beziehung zu tun zu bekommen.[79]

Beide Dimensionen der Ungewissheit, Gedächtnis und Oszillation, erlauben es, sich auf Reflexionsgeschichten einzulassen, ohne darauf verzichten zu müssen, sie mit neuen Erfahrungen und Erwartungen anzureichern. Wieder hat man es mit einem ausbaufähigen Negationspotenzial zu tun, ohne dass geleugnet werden könnte, dass sowohl Ereignisse ungewiss erinnert und erwartet werden als auch Netzwerke ungewiss oszillieren. Und die Pointe an diesen Überlegungen ist, dass die Negativsprache selber für den Einzug dieser nichtnegierbaren Struktureigenschaften des Gedächtnisses und der Oszillation verantwortlich gemacht werden kann, so dass ein weiteres Mal der Widerstreit als robuste, fehlerfreundliche und selbstreparaturfähige Struktur erscheint.

Um diese Lockerungsübungen der soziologischen Theorie gegenüber der von Parsons entworfenen Schematik festzuhalten und dabei unser Interesse weder an der Notwendigkeit des freien Willens noch an der unendlichen Rekursion der Idee aus den Augen zu verlieren, nehmen wir gegenüber der Theorie von Parsons eine weitere Begriffssubstitution vor. Wir ersetzen nicht nur die Ordnung durch das Ereignis und das Netzwerk, sondern auch die kybernetische Hierarchie, die sein Vierfelderschema gegenläufig durch einen Energiefluss von unten nach oben (A->G->I->L)

---

tur«, in: ders., *Vergangene Zukunft. Zur Semantik geschichtlicher Zeiten*, Frankfurt am Main: Suhrkamp 1979, S. 144-156.
79 So Harrison C. White, *Identity and Control. A Structural Theory of Action*, Princeton, NJ: Princeton UP 1992, S. 17 ff.

und einen Informationsfluss von oben nach unten (L->I->G->A) ordnet, durch zwei ebenfalls aus der Kybernetik stammende Begriffe, nämlich die Begriffe der Rekursivität und der Komplexität.

Beide Begriffe formulieren eine Negationsbereitschaft und die nichtnegierbaren Antworten auf sie. Rekursivität heißt, dass sich ein System nicht ausdifferenziert und reproduziert, wenn keine Beobachtung in diesem System auf vorherige und folgende Beobachtungen zurück- und vorausgreift, und nur ausdifferenziert und reproduziert, wenn dies der Fall ist. Und Komplexität heißt, dass sich ein System nicht ausdifferenziert und reproduziert, wenn es nicht komplex mit einer komplexen Umwelt konfrontiert ist, und nur ausdifferenziert und reproduziert, wenn dies der Fall ist. In beiden Fällen bearbeitet die Ungewissheit sich selbst. Beides gilt immer dann, wenn wir es mit selbstreferentiellen Systemen zu tun haben, die darauf angewiesen sind, ihre leere Selbstreferenz durch unendliche Rekursionen zu entfalten. Und beides ist nicht tautologisch, geschweige denn trivial, weil die Bedingungen zum einen darauf hinweisen, dass man Rekursivität und Komplexität nicht jeweils durch etwas anderes ersetzen kann (auch nicht die eine durch die andere), und zum anderen offenlassen, durch welche Rekursionen und durch welche Komplexität die Ausdifferenzierung und Reproduktion jeweils geleistet wird.

Rekursivität ist die Grundlage jeder Realitätskonstruktion durch einen Beobachter. Nur insofern er davon ausgehen kann, dass sich in seinen Beobachtungen Bestimmtes wiederholt, sich Anderes auf eine mehr oder minder nachvollziehbare Art ändert und sowohl Bestimmtes als auch Anderes auf eine erwartbare Weise wieder auftreten wird, hat ein Beobachter es mit einer Wirklichkeit zu tun, bestehe diese nun in Objekten, sprachlichen Symbolen, wiedererkennbaren Partnern oder der eigenen Wiedererkennbarkeit als Ich.[80] Aber: Was sich wiederholt, *muss* sich

---

80 Siehe hierzu Heinz von Foerster, »Gegenstände: greifbare Symbole für (Eigen-)Verhalten« (1976), in: ders., *Wissen und Gewissen. Versuch einer Brücke*, hrsg. von Siegfried J. Schmidt, übers. von Wolfram K. Köck, Frank-

nicht wiederholen, so dass ein Ausbleiben der Wiederholung genügt, um eine Unsicherheit zu schaffen, die je nach den Verhältnissen, in denen der Beobachter operiert, mehr oder minder leicht ausgeweitet werden kann. Generalisierungen helfen dabei, Objekte, Symbole und Partner so weit gegenüber möglichen Abweichungen zu abstrahieren, dass sie trotz dieser Abweichungen wiedererkannt werden können, aber dabei riskiert man, zu weit zu generalisieren und zu viel Identität zu unterstellen, so dass man unempfindlich wird und nicht reagiert, wenn Reaktionen erforderlich wären, oder nicht weit genug zu generalisieren, so dass bereits kleinste Abweichungen verunsichern. Auch hier sind es gerade diejenigen Techniken, die Gewissheiten herstellen, die das System empfindlich (irritabel) gegenüber Störungen machen.

Komplexität ist nicht leicht zu definieren, zumal es zahlreiche miteinander konkurrierende Definitionen gibt. Bewährt sind die Definitionen von Komplexität als Überforderung des Beobachters durch ein Phänomen, das viele heterogene Elemente in wechselnden und sich im Zeitablauf ändernden Relationen untereinander aufweist, zugleich Einheit und Vielfalt, zugleich Unordnung und Regelmäßigkeit aufweist und offenbar dank Selbstorganisation in der Lage ist, Probleme seiner Reproduktion zu lösen, ohne dass der Beobachter in der Lage wäre, nachzuvollziehen, wie es das tut.[81] Komplexen Phänomenen werden überdies gerne selbstregulierende Prozesse im Medium der Abweichungskontrolle, aber auch Abweichungsverstärkung, nichtlineare Reproduktionsdynamiken, dissipative Strukturen und kritische Schwellen zugeschrie-

---

furt am Main: Suhrkamp 1993, S. 103-115; ders., »Epistemologie der Kommunikation«, in: ebd., S. 269-281; ders., »Kybernetik der Kybernetik«, in: ders., *KybernEthik*, S. 84-91; ders., »For Niklas Luhmann: ›How Recursive is Communication?‹«, in: ders., *Understanding Understanding. Essays on Cybernetics and Cognition*. New York: Springer 2003, S. 305-323.

81 Siehe dazu Warren Weaver, »Science and Complexity«, in: *American Scientist* 36 (1948), S. 536-544; Edgar Morin, »Complexity«, in: *International Social Science Journal* 26 (1974), S. 555-582; Niklas Luhmann, »Haltlose Komplexität«, in: ders., *Soziologische Aufklärung 5: Konstruktivistische Perspektiven*, Opladen: Westdeutscher Verlag 1990, S. 59-76; Murray Gell-Mann, »What Is Complexity?«, in: *Complexity* 1 (1995), S. 16-19.

ben,[82] jeweils mit der bereits Lukrez zugeschriebenen Pointe, dass die Abweichungen, die das System gefährden, es zugleich ernähren.[83] Wir optieren hier für eine etwas anders gelagerte Definition, von der wir nicht wissen, ob und wie sie sich mit den gängigen Definitionen vereinbaren lässt. Sie greift auf das Verständnis komplexer Zahlen in der Mathematik zurück. So hat bereits Diophantos von Alexandrien laut John Stillwell den Vorschlag gemacht, komplex jene Zahlen zu nennen, die nur durch ein Zahlenpaar ausgedrückt werden können, dessen beide Zahlen sich nicht aufeinander reduzieren lassen.[84] Das gilt etwa für die später

---

82 So etwa Magoroh Maruyama, »The Second Cybernetics. Deviation-Amplifying Mutual Causal Processes«, in: *American Scientist* 51 (1963), S. 164-179 und 250A-256A; Ilya Prigogine, »Order through Fluctuation. Selforganization and Social System«, in: Erich Jantsch, Conrad H. Waddington (Hrsg.), *Evolution and Consciousness. Human Systems in Transition*, Reading, MA: Addison-Wesley 1976, S. 93-133; Per Bak, Kan Chen, »Self-Organized Criticality«, in: *Scientific American* 264, Heft 1 (1991), S. 46-53; M. Mitchell Waldrop, *Complexity. The Emerging Science at the Edge of Order and Chaos*, New York: Simon & Schuster 1992; Robert Axelrod, Michael D. Cohen, *Harnessing Complexity. Organizational Implications of a Scientific Frontier*, New York: Free Press 2000; Didier Sornette, *Critical Phenomena in Natural Sciences, Chaos, Fractals, Self-Organization and Disorder. Concepts and Tools*, 2. Aufl., Heidelberg: Springer 2006; Dirk Helbing (Hrsg.), *Managing Complexity. Insights, Concepts, Applications*, Heidelberg: Springer 2008; Scott E. Page, *Diversity and Complexity*, Princeton, NJ: Princeton UP 2011.
83 Siehe insbesondere Ilya Prigogine u. a., »Die Dynamik. Von Leibniz zu Lukrez«, in: dies., *Anfänge*, übers. von Heinz Wittenbrink, Berlin: Merve 1991, S. 19-62. »[...] doch daß den Geist in uns selber / Nicht ein innerer Zwang bei allen Geschäften behindert, / Und er als Opferlamm nicht zum Leiden verdammt ist, / Dies ist der Lotabweichung [clinamen] der Urelemente zu danken, / Die, so klein sie auch ist, durch den Ort und die Zeit nicht beschränkt wird«, so Lukrez, *De Rerum Natura / Von der Natur*, II, 289-293. Daraus erklärt sich auch die Formel »anything goes« bei Paul Feyerabend, *Erkenntnis für freie Menschen*, veränderte Ausgabe, Frankfurt am Main: Suhrkamp 1980, S. 97f., die nicht etwa zur Beliebigkeit aufruft, sondern dazu, innerhalb der wissenschaftlichen Forschung mit präzisen Variationen von Theorie, Methode und Messung zu experimentieren, auch wenn diese sich rational nicht begründen lassen.
84 Siehe John Stillwell, *Mathematics and Its History*, 2. Aufl., New York: Springer 2002, S. 383f. Siehe auch oben, S. 31, den Verweis auf die Möglich-

prominent gewordene imaginäre Zahl $i = \sqrt{-1}$, die zwei reelle Zahlen, +1 und −1, zur Lösung hat, wenn man es zulässt, dass diese im Zuge der Lösung zwischen den beiden Werten hin und her springt.

Der Bezug zu Spencer-Browns Lösungsvorschlag von Gleichungen zweiter Ordnung liegt auf der Hand, doch ist es uns hier wichtiger, auf eine andere Parallele hinzuweisen. Die Kulturtheorie Jurij M. Lotmans, der sich in seiner Semiotik bereits zuvor mit alternierenden und so ihre eigene Ungewissheit schaffenden und auflösenden Strukturen beschäftigt hatte, gipfelt in einer ihrer letzten Publikationen in der Idee, als kleinste Elemente einer Kultur so genannte Tropen zu begreifen:[85] Eine Trope ist »ein paralleles Paar ineinander nicht übersetzbarer, aber dennoch durch den ›Flaschenzug‹ einer Übersetzung verbundener Sprachen«. Ein Beispiel dafür wären in Russland die Sprachen der Volkskultur und der Hochkultur, die ineinander unübersetzbar sind, aber durch den Flaschenzug des Karnevals, wie ihn Michail Bachtin beschrieben hat, miteinander verbunden sind.[86]

Man kann diese Definition um einen weiteren Schritt verallgemeinern und jede Form komplex nennen, die aus zwei aufeinander nicht reduzierbaren Seiten besteht. Das gilt allgemein für Formen wie die der Unterscheidungen System/Umwelt, signifiant/signifié, Signal/Rauschen, Form/Medium, für Duale wie Oben/Unten, Rechts/Links, Gut/Böse, Roh/Gekocht, die die Anthropologie untersucht hat,[87] oder auch die so genannten binären Codes der Funktionssysteme der modernen Gesellschaft, die Luhmann

---

keit, Komplexität logisch als Einheit der Differenz von Disjunktion und Konjunktion zu denken.

85 Siehe Jurij M. Lotman, *Die Innenwelt des Denkens. Eine semiotische Theorie der Kultur*, übers. von Gabriele Leupold, Olga Radetzkaja, hrsg. und mit einem Nachwort von Susi K. Frank u. a., Frankfurt am Main: Suhrkamp 2010, Zitat: S. 10; und vgl. zum Prinzip der Alternation ders., B. A. Uspensky, »On the Semiotic Mechanism of Culture«, in: *New Literary History* 9 (1978), S. 211-232.

86 Vgl. Michail Bachtin, *Rabelais und seine Welt. Volkskultur als Gegenkultur* (1940/65), Frankfurt am Main: Suhrkamp 1995.

87 Siehe nur Claude Lévi-Strauss, *Le Cru et le Cuit. Mythologies I*, Paris: Plon

beschrieben hat: Macht/Opposition, Zahlung/Nicht-Zahlung, Wahrheit/Unwahrheit, Recht/Unrecht usw.[88] Komplex sind diese Unterscheidungen, Duale und Codes immer dann, wenn der Versuch der Bestimmung der einen Seite auf die andere Seite verweist, die als Gegenteil der ersten Seite auf diese zurückverweist, so dass man sich mit einem Widerstreit konfrontiert sieht – und nur die Wahl hat, auf einen Beobachter zuzurechnen, der offenbar mithilfe dieser Unterscheidung, dieses Duals oder dieses Codes beobachtet, obwohl der Beobachter dieses Beobachters mangels Erfahrung mit der jeweiligen Handlungspraxis nicht versteht, wie er das macht.

Komplex ist eine Unterscheidung immer dann, wenn sie für sich und für einen externen Beobachter zwei verschiedene Arten von Ungewissheiten reproduziert. Für sich, das heißt für den Beobachter, der sie als seine Unterscheidung verwendet, ist eine Unterscheidung dann komplex, wenn sie eine Außenseite mitlaufen lässt, die weder reduzierbar noch analytisch eindeutig bestimmbar noch in ihrer Wertbesetzung vorhersehbar ist, obwohl sie synthetisch ebenso wie historisch bestimmt ist.[89] Das gilt für die oben genannten Unterscheidungen, aber auch für unser kleines *a* im Zusammenhang einer Spencer-Brown-Gleichung zweiter Ordnung:

$$a = \overline{a\,\overline{}}$$

Gleichzeitig setzt der Umgang mit Unterscheidungen dieser Art die Entscheidung von Unentscheidbarkeiten durch Handlung

---

1964; Rodney Needham (Hrsg.), *Right and Left. Essays on Dual Classifications*, Chicago: Chicago UP 1973.
88 Siehe Luhmann, *Die Gesellschaft der Gesellschaft*, S. 332 ff.
89 Wir folgen damit der Definition von Nicht-Trivialität, wie sie Heinz von Foerster, »Prinzipien der Selbstorganisation im sozialen und betriebswirtschaftlichen Bereich«, in: ders., *Wissen und Gewissen*, S. 233-268, gegeben hat. Siehe auch Arthur Gill, *Introduction to the Theory of Finite-State Machines*, New York: McGraw-Hill 1962, S. 8.

voraus. Welche Handlung ein Beobachter wählt, ist für den Beobachter dieses Beobachters prinzipiell unvorhersehbar, obgleich die Selbsttrivialisierung des handelnden Beobachters im Rahmen der Selbstbindung an Gewohnheiten, Habitus, Charakter, Normen, Autoritäten und Institutionen dieses Problem zugunsten einer Vorhersehbarkeit lösen kann, die ihrerseits nicht unkonditioniert ist.

Man sieht, dass Probleme der Ungewissheit durch eine wechselseitige Implikation von Komplexität und Rekursivität sowohl gesteigert als auch gelöst werden. Das rekursive Auftreten einer komplexen Unterscheidung reproduziert deren Nichttrivialität, insofern die Bedingungen einer Lösung in einem Moment im nächsten unter Umständen nicht mehr gegeben sind; es bietet jedoch auch Chancen für die Trivialisierung der Unterscheidung, wenn und solange die Rekursivität unter identisch gehaltenen Bedingungen gegeben ist. Unsere beiden Ungewissheitskalküle des Ereignisses und des Netzwerks entfalten diese wechselseitige Implikation von Komplexität und Rekursivität. Auf ein Ereignis kann nur ein Ereignis folgen, so viel immerhin ist sicher; und dieses Ereignis kann nur innerhalb eines Netzwerks reproduziert werden, auch das ist sicher.[90] Man sieht auch, worin die Pointe der Kombination von leerer Selbstreferenz und unendlicher Rekursion besteht: Sie besteht darin, einen Beobachter denken zu können, der notwendig auf die Welt bezogen ist, um sich und anderes bestimmen zu können, ohne dadurch die Freiheit zu verlieren, sich im nächsten Moment auf anderes zu beziehen.

---

90 Ostasiatische Weisheitslehren verlassen sich auf eine intuitive Kombination dieser beiden Ungewissheiten und Gewissheiten im Rahmen von Netzwerken von Ereignissen, wenn man François Jullien, *Über die Wirksamkeit*, übers. von Gabriele Ricke und Roland Voullié, Berlin: Merve 1999, glauben kann.

Die Technik

Der Widerstreit öffnet nicht nur die Erkenntnis für das Handeln, sondern umgekehrt auch das Handeln für die Erkenntnis. Nur das Verständnis und der Entwurf von Negativsprachen, so Gotthard Günther, erschließt daher auch einen Zugang zum Verständnis und Entwurf von Technik.[91] Günther denkt dabei vornehmlich an Technologien, die Maschinentechnik und Informationstechnik miteinander kombinieren, das heißt als Steuerungstechniken auf der Grundlage von Codierung zu verstehen sind.[92] Negativsprachen kommen hier auf dem Umweg über einen Begriff des Zählens ins Spiel, der das Zählen von Leerstellen, etwas pathetisch die Operationalisierung des Nichts genannt, einschließt. Gemeint sind offenbar einerseits die Befähigung der Technik, Unentscheidbarkeitsprobleme zu lösen, indem Empfindlichkeiten gegenüber minimalen Abweichungen, Zufalls- oder Rauschgeneratoren eingebaut werden, und andererseits die Entwicklung von Verfahren, Gelegenheiten in definierten Netzwerken auszubeuten. Letzteres wäre die Ergänzung von Konditional- (wenn ..., dann ...) und Zweckprogrammen (um zu ...), wie man sie aus den Verwaltungswissenschaften kennt,[93] durch eine Kombination von beidem zugunsten von Proliferationsprogrammen (wenn nichts, dann etwas ...), die Gelegenheiten ausbeuten.[94]

---

91 Siehe wiederum Günther, »Martin Heidegger und die Weltgeschichte des Nichts«, und ders., »Identität, Gegenidentität und Negativsprache«.
92 Siehe in diesem Sinne auch Friedrich-Wilhelm Hagemeyer, *Die Entstehung von Informationskonzepten in der Nachrichtentechnik. Eine Fallstudie zur Theoriebildung in der Technik in Industrie- und Kriegsforschung*, Dissertation Freie Universität Berlin 1979.
93 Siehe nur Niklas Luhmann, *Zweckbegriff und Systemrationalität. Über die Funktion von Zwecken in sozialen Systemen* (1968), Neudruck Frankfurt am Main: Suhrkamp 1977.
94 Auch das kennt man aus der Organisationstheorie etwa dann, wenn Karriereverläufe nicht durch Karriereabsichten, sondern durch frei werdende Stellen gesteuert werden, so Harrison C. White, *Chains of Opportunity. System Models of Mobility in Organizations*, Cambridge, MA: Harvard UP 1970.

Technikbegriffe sind gegenwärtig durch eine hohe Ambivalenz, also wiederum durch eine sichere Unsicherheit, ein unnegierbares Negationspotenzial gekennzeichnet. Zum einen gilt nach wie vor, dass Techniken aller Art dadurch, dass sie funktionieren, und solange sie funktionieren die Kommunikation entlasten, wie Luhmann sagt,[95] nämlich lose Kopplungen zwischen Handlung und Erkenntnis einführen, die es erlauben, Handlungsroutinen und Erkenntnisroutinen zu befolgen, ohne jeweils wissen zu müssen, was man tut. Zum anderen jedoch wird genau das beobachtet und als Gefahr für alle anderen beschrieben, so dass der Sicherheitsgewinn der einen, gerade weil er unreflektiert zur Handlungsgrundlage gemacht wird, das Gefährdungsbewusstsein aller anderen steigert. Hochtechnologien kann man wiederum so verstehen, dass sie diese Differenz zwischen Gewinn von Sicherheit und Gefährdungsbewusstsein in die Technik wieder einführen und dort zum Element der Einbettung von Techniken in soziale Praktiken und umgekehrt werden lassen. Dadurch kommt es im Umgang mit kausal steuerbaren, aber dank komplizierter Verknüpfungen von loser und fester Kopplung zugleich undurchschaubaren Technologien zu Prozessen einer paradoxen Emotionalisierung, die ihrerseits eine höhere Sensitivität in das Verhältnis von Technik und Praxis einführen und zugleich die Störanfälligkeit erhöhen.[96] Hochtechnologien implizieren Machbarkeiten, deren technische und soziale Bedingungen nur unzureichend kontrolliert sind.[97]

Der Vorschlag von Gotthard Günther, Techniken im Rahmen von Negativsprachen zu verstehen, ist nicht unbedingt darauf angewiesen, sich jede Technik als einen Beitrag zu einer »Weltge-

---

95 Siehe Niklas Luhmann, *Soziologie des Risikos*, Berlin: de Gruyter 1991, insbes. S. 93 ff.
96 Siehe dazu Karl E. Weick, »Technology as Equivoque. Sensemaking in New Technologies«, in: Paul S. Goodman u. a. (Hrsg.), *Technology and Organizations*, San Francisco: Jossey-Bass 1990, S. 1-44; und mit einem Beispiel ders., »The Vulnerable System. An Analysis of the Tenerife Air Desaster«, in: *Journal of Management* 16 (1990), S. 571-593.
97 So auch Heinrich Popitz, *Der Aufbruch zur artifiziellen Gesellschaft. Zur Anthropologie der Technik*, Tübingen: Mohr 1995.

schichte des Nichts« vorstellen zu müssen, wie er formuliert. Weiter führt auch hier das Verständnis der Negation als Rejektion, das heißt als Ablehnung nicht zugunsten des Gegenteils, sondern zugunsten einer neuen Alternative.[98] Das schließt es nicht aus, sich die Alternative als Katastrophe vorzustellen, sei sie etwa im Rahmen terroristischer Interventionen intendiert oder im Rahmen der ungewollten Auslösung eines angesichts zu enger Kopplungen erwartbaren und somit »normalen« Unfalls nicht intendiert.[99] Hier wie dort entscheidend ist jedoch, dass Techniken und Technologien (Anwendungen von Techniken auf Techniken) nicht mehr nur im Paradigma der Kausalkette, sondern zugleich im Paradigma der Vernetzung verstanden werden. Jede Technik und erst recht jede Technologie realisiert innerhalb ihres Netzwerks immer nur selektive Kausalitäten, die in Konkurrenz und möglicher Komplementarität zu anderen stehen, die durch wie auch immer ausgelöste Rejektion und Akzeption jederzeit erreichbar sind. Es liegt auf der Hand, dass der Technikbegriff hierdurch eine Reichhaltigkeit gewinnt, die es zugleich erschwert, ihn trennscharf einzusetzen. Auch die Natur, auch das Soziale sind durch selektive, das heißt weder eindeutige noch vorhersehbare Kausalitäten gekennzeichnet, von denen es überdies immer mehr gibt, als man jeweils braucht, woraus sich wiederum ihre Selektivität reproduziert.

Diese Annäherung des Technikbegriffs an ehemals nicht-technisch verstandene Bereiche liegt in der Natur der Sache, seit wir es zum einen mit komplexen Technologien zu tun haben und zum anderen auch in Natur und Gesellschaft den Rückgriff auf Techniken als natürliche und soziale Prozesse beobachten können, drehe es sich um »Erfindungen« der Natur, wie sie die Bionik er-

---

98 Siehe mit der Idee eines Rejekts, analog zu Subjekt und Objekt, als Zusammenfassung von Negation und Disjunktion auch Henry Maurice Sheffer, »A Set of Five Independent Postulates for Boolean Algebras, with Applications to Logical Constants«, in: *Transactions of the American Mathematical Society* 14 (1913), S. 481-488, hier: S. 487.
99 Im Sinne von Charles Perrow, *Normal Accidents. Living with High-Risk Technologies*, New York: Basic Books 1984 (dt. 1988).

forscht, oder um »Technisierungen«, wie sie etwa durch Organisationen (Management im Medium der Kausalität) oder durch die Codierung von Funktionsbereichen (Geld, Macht, Recht, Wahrheit, Kunst) in die Gesellschaft eingeführt werden. Hier wie dort haben wir es mit dem Widerstreit zu tun, dass wir uns sicher in Abläufen und Verfahren bewegen, die wir zugleich nicht verstehen. Je besser wir jedoch verstehen, dass dieser Widerstreit kein Spezifikum des einen im Unterschied zum anderen Bereich ist, desto eher können wir darauf verzichten, einer Kulturkritik zu folgen, die im Anschluss an Edmund Husserl die Technik für »Einbußen an Selbstverständnis und Selbstverantwortung« verantwortlich macht.[100] Diese Einbußen sind der Preis für jede Art von Handeln und Wissen, die sich in einer Welt bewegen, die natürlich, sozial oder eben technisch komplex ist.

Ein mögliches Konzept, um unsere Navigationsfähigkeit in einer komplexen Welt zu erhöhen, ohne auf die wichtigste Errungenschaft der Technik, nämlich die Einrichtung von Kausalität, zu verzichten, ist Luhmanns Idee der Kontingenzkausalität,[101] das in deutlicher Abgrenzung von jeder Dialektik des Nichts oder auch nur Unbestimmten stattdessen von Unterbestimmtheit, das heißt von Kausalitätslücken ausgeht, die im Übrigen funktional äquiva-

---

100 So Hans Blumenberg, »Lebenswelt und Technisierung unter Aspekten der Phänomenologie« (1963), in: ders., *Wirklichkeiten in denen wir leben. Aufsätze und eine Rede*, Stuttgart: Reclam 1981, S. 7-54, Zitat: S. 41; und vgl. Edmund Husserl, *Die Krisis der europäischen Wissenschaften und die transzendentale Phänomenologie. Eine Einleitung in die phänomenologische Philosophie* (1935), 2. verb. Aufl., Hamburg: Meiner 1982. Siehe auch sehr viel vorsichtiger zur Technik als Form der Welterkundung, als Ge-stell des Bestellens *und* Kunst des Entbergens, Martin Heidegger, »Die Frage nach der Technik«, in: ders., *Vorträge und Aufsätze*, Pfullingen: Neske 1954, S. 9-40.
101 Siehe Niklas Luhmann, »Evolution und Geschichte«, in: ders., *Soziologische Aufklärung 2. Aufsätze zur Theorie der Gesellschaft*, Opladen: Westdeutscher Verlag 1975, S. 150-169, hier: S. 157 ff.; und vgl. zu diesem Konzept Rainer Schützeichel, *Sinn als Grundbegriff bei Niklas Luhmann*, Frankfurt am Main: Campus 2003, S. 153 f.; und Arnd Hoffmann, *Zufall und Kontingenz in der Geschichtstheorie*, Frankfurt am Main: Klostermann 2005, S. 128 ff.

lent auch als Überbestimmtheit beschrieben werden könnte, wenn man darunter den Verweis auf die Notwendigkeit eines selektiven Umgangs mit Kausalität versteht. Kontingenzkausalität bedeutet, dass auch kontingente Faktoren kausale Wirkung erzielen können, wenn zugleich sichergestellt ist, dass im Netzwerk, im System oder in der Form, die untersucht wird, selektive Resonanz bereitsteht, die auf Kontingenzen reagieren kann. Kontingenzkausalität kombiniert somit lose Kopplungen, wählbare feste Kopplungen (inklusive Rejektion und Akzeption) und zumindest ansatzweise eine Differenzierung der evolutionären Mechanismen Variation und Selektion, möglicherweise auch Retention (beziehungsweise Restabilisierung).

Auch hier geht es wiederum um die Kombination von Gewissheit und Ungewissheit in einem einzigen Konzept. Konzepte dieser Art beschreiben Verhältnisse unter Beobachtern, weil sie sowohl Freiheitsgrade als auch Möglichkeiten der Einschränkung von Freiheitsgraden angeben. Wir bewegen uns damit noch immer im Einzugsbereich von Negativsprachen, da die Pointe von Kombinationen dieser Art darin besteht, dass in ihnen ein Widerstreit operativ wird. Eine Technik, die der Anforderung des Einbaus von Kontingenzkausalität beziehungsweise Freiheitsgraden genügt, ist eine Technik, die sich weder auf die Magie noch auf einfache Kausalitäten verlässt, sondern sich auf Gestaltungsprozesse im Medium der Moderation von Freiheitsgraden einlässt.

In diesem Sinne hat Gotthard Günther zwischen den drei Zeitaltern einer primitiven, einer abendländischen (oder alteuropäischen) und einer planetarischen Theorie unterschieden.[102] Die primitive Theorie ist die der Magie; sie rechnet mit Serien von Ereignissen, die von Geistern aller Art jederzeit gestört werden können und somit eine maximale Anzahl von Freiheitsgraden aufwei-

---

102 So in einem Manuskript aus den 1950er Jahren Gotthard Günther, »Die Entdeckung Amerikas. Ein geschichtsmetaphysisches Problem«, in: ders., *Die amerikanische Apokalypse*, aus dem Nachlass hrsg. und eingel. von Kurt Klagenfurt, München: Profil 2000, S. 5-161, hier insbes. S. 122 ff. und 150 ff.

sen, ohne dass man eine Chance hätte, nennenswert einzugreifen. Die abendländische Theorie ist die der klassischen Wissenschaft, die sich von der Magie emanzipiert, indem sie nur noch Erklärungen im Schema von Ursache und Wirkung zulässt und somit von Serien ausgeht, die eine minimale Anzahl von Freiheitsgraden aufweisen und ebenfalls nicht nennenswert beeinflusst werden können. In beiden Fällen handelt es sich um Theorien, die das Gegenteil dessen ermöglichen, was sie behaupten, indem die Magie sich am Zaubern, Bannen, Verfluchen und Verhexen beteiligt und die kausal operierende Wissenschaft dank ihrer technischen Erfindungen kausal unvorhersehbare Prozesse auslöst. Insofern ist die dritte Theorie, die planetarische, nur die Offenlegung und Kontrolle der Prämissen der beiden ersten, indem sie von der Modierierbarkeit der Anzahl der Freiheitsgrade ausgeht, sich jedoch immer noch »magisch« vom Unberechenbaren überraschen lässt und »rational« das Berechenbare beschreibt.

So oder so haben wir es mit einem Technikverständnis zu tun, in dem die beiden Aspekte der Innovation und der Evolution nicht voneinander zu trennen sind und beide im Horizont von Bemühungen um Nachhaltigkeit wie auch eines wachsenden Gefahrenbewusstseins stehen. Damit ist auch die Technik ein Element des nichtnegierbaren Negationspotenzials, das die gegenwärtige Gesellschaft und ihre Kultur auszeichnet. Sie ist auf beiden Seiten der Rejektion und der Akzeption zu finden, ist selber komplex und somit ein Faktor, mit dem zu rechnen ist, wenn man der Nichttrivialität der Verhältnisse auf die Spur zu kommen versucht.

Eine Archäologie der Medien

Ökologien

Es ist nicht nur eine theoretische Finesse, sondern auch eine kulturelle Geste, Beobachtern eine leere Selbstreferenz und eine unendliche Rekursion zu unterstellen. Nur so ist ihre Freiheit gewahrt, nur so kann ihre Komplexität in der Gesellschaft adressiert werden, und nur so kann heuristisch offengehalten werden, wen man meint. Der Kulturbegriff ist gut geeignet, diese Geste aufzunehmen und fortzusetzen, so selten dies kulturtheoretisch explizit gewürdigt wird. Wir setzen daher in diesem Kapitel unsere Arbeit an einer Theorie des Beobachters fort, indem wir danach fragen, welche Spuren eine Pluralität und Heterogenität von Beobachtern unter sich im Kulturbegriff und seiner Theorie hinterlassen hat.

Schon in der Antike eignet dem Kulturbegriff ein ökologischer Akzent, der darin besteht, dass man im Umgang mit anderen wie sich selbst vieles einrichten, besorgen und erleichtern kann, ohne letztlich sicher sein zu können, dass sich einstellt, was man erwartet. Der Begriff der Agrikultur, *agri cultura*, verweist darauf, dass der Bauer selbstverständlich pflügen, säen und seinen Acker schützen muss, doch ob das Getreide wächst, ist zusätzlich von Wind, Wetter, vom richtigen Moment für jeden Eingriff, von der Gunst der Götter und vielfach vom sündenfreien Leben des Bauern und seiner Angehörigen abhängig. Deswegen beinhaltet der antike Kulturbegriff, abgeleitet vom lateinischen *colere*, drehen, wenden, bebauen, und *cultura*, die agrarische Tätigkeit auf einem Ackerland, immer die beiden Aspekte der Pflege und der Verehrung: Pflege der Umstände, die man unter Kontrolle hat, und Verehrung der Umstände, die man nicht unter Kontrolle hat.[1]

---

1 Siehe Wilhelm Perpeet, »Zur Wortbedeutung von ›Kultur‹«, in: Helmut Brackert, Fritz Wefelmeyer (Hrsg.), *Naturplan und Verfallskritik. Zu Be-*

Zwischen dem einen, worauf man Einfluss hat, und dem anderen, worauf man keinen Einfluss hat, zu unterscheiden, ist der Ausgangspunkt der antiken Weisheitslehre seit Epiktet, der in seinem *Handbüchlein der Moral* schreibt:[2] »Über das eine gebieten wir, über das andere nicht. Wir gebieten über unser Begreifen, unsern Antrieb zum Handeln, unser Begehren und Meiden, und, mit einem Wort, über alles, was von uns ausgeht; nicht gebieten wir über unsern Körper, unsern Besitz, unser Ansehen, unsere Machtstellung, und, mit einem Wort, über alles, was nicht von uns ausgeht.« Im Gegensatz zu eher modernen Erwartungen an Selbstkontrolle und Einfluss auf andere fährt Epiktet jedoch fort, indem er nicht etwa das Unfreie unserem Einfluss unterstellt, sondern das Freie: »Worüber wir gebieten, ist von Natur aus frei, kann nicht gehindert oder gehemmt werden; worüber wir aber nicht gebieten, ist kraftlos, abhängig, kann gehindert werden und steht unter fremden Einfluß. Denk also daran. Wenn du das von Natur aus Abhängige für frei hältst und das Fremde für dein eigen, so wird man deine Pläne durchkreuzen und du wirst klagen, die Fassung verlieren und mit Gott und der Welt hadern; hältst du aber nur das für dein Eigentum, was wirklich dir gehört, das Fremde hingegen, wie es tatsächlich ist, für fremd, dann wird niemand dich je nötigen, niemand dich hindern, du wirst niemanden schelten, niemandem die Schuld geben, nie etwas wider deinen Willen tun, du wirst keinen Feind haben, niemand wird dir schaden, denn du kannst überhaupt keinen Schaden erleiden.« Frei ist, worüber wir gebieten, denn nur das Freie tritt zu uns in ein gestaltbares Verhältnis.

Diese Lehre enthält auch der antike Kulturbegriff. Er tritt grundsätzlich im Verein mit einem Genetiv auf, kann also nur

---

griff und Geschichte der Kultur, Frankfurt am Main: Suhrkamp 1984, S. 21-28; ders., »Kulturphilosophie«, in: *Archiv für Begriffsgeschichte* 20 (1976), S. 42-99; ders., *Kulturphilosophie. Anfänge und Bedeutung*, Bonn: Bouvier 1997.

2 So Epiktet, *Handbüchlein der Moral*, griechisch/deutsch, übers. und hrsg. von Kurt Steinmann, Stuttgart: Reclam 1992, S. 5.

bestimmt werden, wenn mitgesagt wird, wem oder was die Pflege und Verehrung gelten. So nennt Cicero die Philosophie eine *cultura animi*, einen ebenso bestellenden wie respektvollen Umgang mit dem eigenen Geist, dem die Einfälle und Argumente nicht abgenötigt werden können, sondern der durch Übung und Entspannung, Konzentration und Ablenkung allenfalls in den Stand versetzt werden kann, Einfällen und Argumenten geneigt zu sein. Die Kirchenväter sprechen von der christlichen Religion als einer *cultura dolorum*, einem bestellenden und respektvollen Umgang mit den eigenen Schmerzen, um die Wahrscheinlichkeit zu erhöhen, des Trostes und der Gnade Gottes teilhaftig zu werden, die jedoch beide durch nichts erzwungen werden können.[3] Auch das griechische Wort, das am ehesten dem lateinischen *cultura* entspricht, *paideia*, bedeutet eine Art der Erziehung zur Bildung, die zum einen auf Zucht, Übung und Disziplin, zum anderen jedoch auf die Zeit verweist, über die nur die Gebildeten als die Begüterten verfügen, um diese Erziehung in ihrem Eigenrecht der Wirkung auf Körper und Geist auch sich entfalten zu lassen.[4]

Der ökologische Akzent tritt im modernen Kulturbegriff, der ohne Genetiv auf die regional und historisch unterschiedlichen Lebensformen der Menschen verweist, zurück, ohne jedoch ganz zu verschwinden, denn auch für das Verhältnis zwischen diesen Lebensformen gilt nun die Anforderung, das Verständliche im Kontext des Unverständlichen und das Vergleichbare im Kontext des Unvergleichbaren zu würdigen und zu respektieren. Der Sinn für die Differenz zwischen den Kulturen wird gesteigert, indem der Einheit des Menschen, die die Moderne seit Renaissance, Hu-

---

3 Beide Beispiele nennt Perpeet, »Kulturphilosophie«, S. 42f. Siehe eine Studie zur schwierigen Einsicht in die Notwendigkeit der Kultivierung des eigenen Glaubens Ted Chiang, »Hell Is the Absence of God«, in: ders., *Stories of Your Life and Others*, New York: Tom Doherty 2002, S. 245-279.
4 Siehe dazu Jörg Fisch, »Art. Zivilisation, Kultur«, in: Otto Brunner u. a. (Hrsg.), *Geschichtliche Grundbegriffe. Historisches Lexikon zur politisch-sozialen Sprache in Deutschland*, Bd. 7, Stuttgart: Klett-Cotta 1992, S. 679-774, hier: S. 682f. Und vgl. Werner Wilhelm Jaeger, *Paideia. Die Formung des griechischen Menschen* (1933), Berlin: de Gruyter 1989.

manismus und Aufklärung postuliert,[5] die Vielfalt der Kulturen gegenübergestellt wird, in denen diese Einheit verwirklicht wird. Der Buchdruck und seine humanistisch gestimmten Autoren, die den Druckmaschinen die neuen Inhalte liefern, lassen das regionale und historische Wissen um diese Vielfalt der Kulturen explodieren, so dass im Wissen darum, dass man lesen kann und dass auch andere gelesen haben, jeder Versuch, die eigene Lebensform als eigentlich menschenwürdige von der der Barbaren andernorts und zu früheren Zeiten abzugrenzen, unglaubwürdig wird. Der Beobachtungsfokus wird damit ausgeweitet auf ab jetzt auch so genannte andere Kulturen, zugleich jedoch verengt auf die Beobachtung von ebenfalls ab jetzt auch so genannten Menschen. Damit hat man genug zu tun. Die im Kulturbegriff steckende ökologische Differenz wird zurückgenommen auf den Unterschied zwischen den Kulturen. Bei so vielen dann doch verschiedenen Menschen, die kulturell bedingt unterschiedlich beobachten, kommen nicht-menschliche Beobachter, seien es Geister, Teufel und Götter oder Tiere, Pflanzen und Gestirne, nur noch in der Form des Aberglaubens vor.

Die Moderne begrüßt die Kultur beziehungsweise Zivilisation als jenen Naturzustand des Menschen, der ihn aus dem Unglück des Naturzustands der Tiere befreit,[6] korrigiert sich jedoch nicht einmal einhundert Jahre später, indem die (höfische) Kultur mit ihrem Zwang zur Konkurrenz um wechselseitige Anerkennung (»sich gegenseitig durch Werke [...] imponieren«) für das Unglück der Menschen verantwortlich gemacht wird und stattdessen eine (bäuerliche und kriegerische) Kultur tugendhafter Tapfer-

---

5 Siehe zur Parallelität von modernem Kultur- und Menschbegriff Raymond Williams, *Culture and Society 1780-1950*, London: Chattoo & Windus 1958 (dt. 1972), und Michel Foucault, *Die Ordnung der Dinge: Eine Archäologie der Humanwissenschaften* (1966), übers. von Ulrich Köppen, Frankfurt am Main: Suhrkamp 1974.
6 So Samuel von Pufendorf, *Über die Pflicht des Menschen und des Bürgers nach dem Gesetz der Natur* (1672), Bd. 1, Frankfurt am Main: Insel 1994; und vgl. Perpeet, »Kulturphilosophie«, S. 43; ders., »Zur Wortbedeutung von ›Kultur‹«, S. 22; Fisch, »Art. Zivilisation, Kultur«, S. 700 ff.

keit gefordert wird, in der man sagen kann, was man meint, und meinen kann, was man sagt.[7] Seither ist es der Topos schlechthin der Kulturkritik, im Namen eines möglichen Glücks der Menschen nach Umständen zu suchen, die dieses Glück fördern, und die Umstände zu kritisieren, die das Unglück bedingen. Es entsteht eine neue Berufsgruppe, in der französischen Aufklärung »philosophes« genannt, später als »Intellektuelle« bezeichnet, die sich der Unterscheidung von Glück und Unglück annimmt und ihre Klientel mit der Beobachtung überrascht, den Mut nicht zu haben, sich den eigenen Verhältnissen zu entziehen, um den eigenen Bedürfnissen besser nachkommen zu können.

Doch weder der moderne noch der anthropologische und ethnologische Kulturbegriff, der im 19. Jahrhundert damit beginnt, vergangene und fremde Völker als »Kulturen« zu beschreiben, die weit entfernt davon waren, sich selber als Kulturen zu verstehen, verzichten auf die mitlaufende ökologische Differenz. Sowohl in seiner kulturaffirmativen als auch in seiner kulturkritischen Fassung enthält das moderne Kulturverständnis Referenzen auf eine ebenso unwahrscheinliche wie plastische Differenz zwischen den körperlichen, mentalen und sozialen Zuständen und Befindlichkeiten des Menschen, die Gegenstand einer kulturellen Bildung oder auch Gegenstand einer kulturellen Dekadenz sein können.

Gebildet zu sein, heißt, Körper, Geist und Geselligkeit in einer durch Geschmack ausgezeichneten Balance halten und dies auch zeigen zu können, wobei nicht selten eine zusätzliche Referenz auf ein gottgefälliges Leben eine Rolle spielen kann, da die Bildung des Menschen letztlich dem Bild entsprechen sollte, das sich Gott von seinem Geschöpf gemacht hat.[8] Der Geschmack wird zu

---

7 So Jean-Jacques Rousseau, »Über Kunst und Wissenschaft. Discours sur les Sciences et les Arts« (1750), in: ders., *Schriften zur Kulturkritik*, eingel., übers. und hrsg. von Kurt Weigand, Hamburg: Meiner 1983, S. 1-59, Zitat S. 7.
8 Siehe zum christlichen Bildungsgedanken Hans-Georg Gadamer, *Wahrheit und Methode. Grundzüge einer philosophischen Hermeneutik* (1960), 6. Aufl., Tübingen: Mohr 1990, S. 15 ff.; und zur wechselseitigen Verschrän-

einer Kategorie, die es erlaubt, sowohl die Abhängigkeit noch der subjektivsten Äußerung von der Zustimmung beziehungsweise Ablehnung durch andere als auch die Allgemeinheit scheinbar individueller Urteile zu studieren,[9] weswegen Kant sich 1790 in der *Kritik der Urteilsktraft* darauf konzentrieren kann, das ästhetische Urteil und dessen Mitteilung sowohl voneinander zu trennen als auch aufeinander zu beziehen, um die Beobachtung dieser Abhängigkeit und dieser Allgemeinheit zu einer Theorie der Subjektivität auszubauen.

Dekadent zu sein, heißt im Gegensatz zur Pflege von Geschmack, körperlicher Lust und individuellem Verlangen hedonistisch und damit unbekümmert um die längerfristigen Folgen zu viel Gewicht gegenüber der Entwicklung des Geistes wie auch gegenüber dessen Abstimmung mit Körper und Gesellschaft beizumessen. Und so, wie in der Bildung Referenzen auf Gott mitschwingen, schwingen in der Dekadenz Referenzen auf teuflische Versuchungen mit, denen man dank eigener Schwachheiten nicht wehrhaft begegnet.

Dazu passt die anthropologische und ethnologische Beobachtung der »Naturvölker« im Hinblick auf deren Vermögen (später auch Versagen), mit der Natur in anderen Formen der Balance zu

---

kung von Kultur und Bildung Georg Bollenbeck, *Bildung und Kultur. Glanz und Elend eines deutschen Deutungsmusters*, Frankfurt am Main: Insel 1994.

9 So schreibt David Hume, »Of the Standard of Taste«, in: ders., *Four Dissertations*, London: A. Millar, 1757: »Wir neigen dazu, barbarisch zu nennen, was von unserem eigenen Geschmack und unserer Auffassung abweicht: finden jedoch den Schimpfnamen oder Vorwurf bald an uns zurückgegeben. Und die größte Arroganz und Eingebildetheit ist zumindest überrascht, wenn sie auf allen Seiten eine ähnliche Selbstsicherheit beobachtet, und hat Bedenken, inmitten eines solchen Streits der Meinung, sich positiv zu eigenen Gunsten auszusprechen. Diese Vielfalt des Geschmacks fällt noch dem sorglosesten Fragesteller auf; und doch wird man feststellen, wenn man sie untersucht, dass sie in Wirklichkeit noch größer ist als es scheint. Die Meinungen der Menschen unterscheiden sich oft in Fragen der Schönheit und Missbildung aller Art, auch wenn ihre allgemeine Rede dieselbe ist« (Übers. DB).

leben, als es den Industriegesellschaften gelingt.¹⁰ Auch hier verlegt man sich darauf, sowohl die Abhängigkeit dieser Naturvölker von Geistern, Ahnen und Hexern zu studieren, unter deren Blick sie sich glauben, wie auch die Gegebenheiten von geographischen Lagen, klimatischen Umständen, Überfluss und Mangel an Nahrung als Faktoren zu berücksichtigen, mit denen diese Völker ihre eigene Form der Auseinandersetzung entwickeln, indem sie ihr Umfeld mit Beobachtern aller Art bevölkern.

Selbst die Turbulenzen, in die der Kulturbegriff gerät, wenn er nicht mehr – wie noch im Zeitalter der Aufklärung – ein intellektuelles und »witziges« Interesse am Vergleich des Charakters der »Nationen« und des Einflusses von Klima, Kleidung, Nahrung und Genussmittel auf diesen Charakter bedient,¹¹ sondern die Nation gegen den Vergleich und dessen Kontingenzzumutungen patriotisch, mit sich identisch und unter Verweis auf unverhandelbare Werte zu verteidigen beginnt, enthalten ein mitlaufendes Wissen nicht nur um die Differenz der Beobachterperspektiven, sondern auch darum, dass sich jede dieser Perspektiven ihrerseits in ein Verhältnis zu je unterschiedlichen Beobachtern setzt, von denen man weiß, an denen man sich misst, von denen man sich absetzt und mit denen man sich fallweise auch zu akkommodieren sucht.

Und auch die Engführung der Kultur auf Kunst, die viele Beobachter verwirrt, weil unklar ist, was das moderne Interesse am

---

10 Dementsprechend kritisch (»traurig«) ist zu fragen, welche Einsichten ein Ethnologe von einem Besuch bei Naturvölkern zurückzubringen vermag, die vom Einfluss der Industriegesellschaft bereits um ihre Weisheit gebracht worden sind, so Claude Lévi-Strauss, *Traurige Tropen* (1955), übers. von Eva Moldenhauer, Frankfurt am Main: Suhrkamp 1978.
11 Siehe beispielhaft Johann Gottfried Herder, *Auch eine Philosophie der Geschichte zur Bildung der Menschheit. Beitrag zu vielen Beiträgen des Jahrhunderts*, hrsg. von Hans Dietrich Irmscher, Stuttgart: Reclam 1990. Und siehe zu einer als Philosophie der Kleidung entwickelten Philosophie der Gesellschaft Thomas Carlyle, Sartor Resartus: *Leben und Meinungen des Herrn Teufelsdröckh* (1833/4), übers. von Peter Staengle, Zürich: Manesse 1991; sowie Cornelia Bohn, »Kleidung als Kommunikationsmedium«, in: *Soziale Systeme* 6 (2000), S. 111-135.

Kulturvergleich, die ethnologische Untersuchung alter und neuer, fremder und eigener Kulturen sowie das Verständnis von Kultur als Kunst miteinander gemeinsam haben, arbeitet unserem Interesse einer Multiplizierung und Pluralisierung der Beobachter zu. Denn sie koppelt den Kulturbegriff zurück an Kants Interesse an einer Ästhetik, verstanden als Würdigung der Subjektivität einer sich mit Phänomenen der Sinnlichkeit auseinandersetzenden Verstandes- und Vernunfttätigkeit, und adressiert somit eine Wahrnehmung, die prinzipiell und unaufhebbar körperlich und mental gebunden ist und sozial, im Medium der Mitteilung von Geschmacksurteilen, zwar geregelt, aber nicht determiniert werden kann.

Wenn es die Kultur, wie wir hier vermuten, grundsätzlich mit auseinanderlaufenden Referenzen auf Körper, Geist und Gesellschaft zu tun hat, dann ist die Wahrnehmung von künstlerischen Werken, Arbeiten und Prozessen das prominente Medium schlechthin, um diese Referenzen voneinander unterscheidbar zu halten und in je unterschiedlich kultivierten Geschmacksurteilen aufeinander zu beziehen. Eine Kultur inszeniert sich auch deswegen in Bildern, Tönen, Literatur, Theater und Poesie, weil sich hier das Individuum individuell wahrnehmen kann und muss und somit jede kulturelle Balance zwischen den Referenzen auf Körper, Geist und Gesellschaft als prekär und artifiziell, aber in ausgesucht schönen, erhabenen oder stimmigen Momenten auch als gelungen, interessant, spannend und unterhaltsam darstellen kann.[12]

Das bedeutet umgekehrt nicht, dass die Kunst in der Kultur aufgeht. Ganz im Gegenteil unterliegt auch die Kultur dem ästhetischen Verdacht, dort zu viel der Balance zu behaupten, wo man zunächst einmal an Differenzen, Spannungen und Abgründen arbeiten müsste. Aber es bedeutet, dass die Kultur genau dann nicht

---

12 Siehe hierzu Dirk Baecker, »Die Ellipse der Kultur«, in: ders., *Wozu Kultur?*, S. 181-192; ders., »Die Adresse der Kunst«, in: Jürgen Fohrmann, Harro Müller (Hrsg.), *Systemtheorie der Literatur*, München: Fink 1996, S. 82-105; und ders., »Zu Funktion und Form der Kunst«, in: ders., *Wozu Gesellschaft?*, Berlin: Kulturverlag Kadmos 2007, S. 315-343.

ohne die Künste auskommen kann, wenn Individuum und Gesellschaft, Kommunikation und Bewusstsein, Körper und Geist nicht vorschnell und möglicherweise gebildet in eins gesetzt oder dekadent als einerlei behauptet werden sollen.

Wir gehen vermutlich nicht zu weit, wenn wir den Kulturbegriff gerade in der Hinsicht für prominent halten, dass er mit ökologischen Rücksichten, starken Vergleichsinteressen, Distinktionsbedürfnissen der geschmackvoll Gebildeten gegenüber den geschmacklos Dekadenten, einem kultivierten Sinn für Kunst und auch, eingebettet in all dies, einer geschärften Beobachtung der Abhängigkeit eigener körperlicher Befindlichkeiten und mentaler Zustände gleichsam per se auf Phänomene aufmerksam macht,[13] die nur durch das Zusammenspiel verschiedener komplexer Einheiten, des Körpers, der Psyche, der Gesellschaft und der natürlichen Umwelt, beschrieben und erklärt werden können. Der Kulturbegriff bewegt diese Referenzen, gewinnt aus ihnen affirmative ebenso wie kritische Konnotationen, versucht »Werte« festzuschreiben, in denen bestimmte Konstellationen von Körper, Geist und Gesellschaft gegenüber anderen präferiert werden, ist jedoch zugleich von all dem überfordert.

Der Kulturbegriff ist überfordert, wenn er für therapeutische Zwecke eingesetzt wird, wie dies seit Sigmund Freud der Fall ist, so präzise gerade hier Differenz, Konflikt und Einheit von Bewusstsein, Unbewusstem und Gesellschaft beobachtet werden und so ambivalenztolerant gerade hier der Verzicht auf Bedürfnisbefriedigung durch Sublimierungsgewinne gerechtfertigt wird, von denen man nie weiß, ob sie nicht um etwas Wesentliches betrügen.[14] Und er ist überfordert, wenn er wissenschaftlich als Funktionsbegriff eingesetzt wird, wie dies Bronislaw Malinowski,

---

13 Dafür steht vor allem das Werk von Jean-Jacques Rousseau, angefangen mit seinem *Discours sur les Sciences et les Arts* (1750) und dem Bildungsroman *Émile* (1962) bis zu seinen postum erschienen *Confessions* und *Rêveries du promeneur solitaire* (beide 1782).
14 Siehe Sigmund Freud, »Das Unbehagen in der Kultur« (1930), in: ders., *Das Unbehagen in der Kultur und andere kulturtheoretische Schriften*, Frankfurt am Main: Fischer Taschenbuch 1994, S. 29-108.

leicht entnervt von Jahrzehnten der bloßen Sammeltätigkeit der Anthropologen und Ethnologen im Feld, vorschlägt, so präzise auch hier auf eine Organisation des Verhaltens abgestellt wird, die in der Differenz von körperlichen Bedürfnissen, sozialen Institutionen und natürlichen Umwelten eher unwahrscheinlich als wahrscheinlich ist.[15] Unübertroffen ist die Markierung der Spannung innerhalb dieser Organisation, wenn Malinowski seine funktionale Verkettung der Elemente der Kultur an einer Stelle aufsprengt und den Personalbestand einer Kultur sowie den Normenhaushalt dieser Kultur in kausal unbestimmter Gleichzeitigkeit nebeneinanderstellt, so als wolle er andeuten, dass genau hier tagtäglich mit Auseinandersetzungen zu rechnen ist, die jedoch letztlich für die funktionale Stimmigkeit unverzichtbar sind (Abb. 4.1).

Die Überforderung des Kulturbegriffs durch die Vielzahl mitlaufender Referenzen auf unterschiedliche Beobachter oder Systeme ist zugleich seine Unterforderung, solange diese Referenzen nicht expliziert werden. Diffus, wie so oft beklagt wird,[16] ist der Kulturbegriff nur dann, wenn diese Unterforderung nicht korrigiert wird. Das geht nur mit den Mitteln der Kulturtheorie;[17]

---

15 Siehe Bronislaw Malinowski, »Eine wissenschaftliche Theorie der Kultur« (1941), in: ders., *Eine wissenschaftliche Theorie der Kultur und andere Aufsätze*, übers. von Fritz Levi, Frankfurt am Main: Suhrkamp 2005, S. 45-172, mit der Einladung, die Fragen zu schärfen, auf die die Feldforschung mögliche Antworten liefern kann. Siehe das Diagramm ebd., S. 90.

16 Siehe zuletzt mit dem Vorschlag, ihn abzuschaffen, Chris Hann, »Weder nach dem Revolver noch nach dem Scheckbuch, sondern nach dem Rotstift greifen. Plädoyer eines Ethnologen für die Abschaffung des Kulturbegriffs«, in: *Zeitschrift für Kulturwissenschaften* 1 (2007), S. 125-134.

17 Siehe für Versuche, die theoretische Präzision des Kulturbegriffs scharfzustellen, Alfred L. Kroeber, *The Nature of Culture*, Chicago: Chicago UP 1952, insbes. S. 118 ff.; ders., Clyde Kluckhohn, *Culture. A Critical Review of Concepts and Definitions* (1952), Reprint New York: Vintage Books 1963, insbes. S. 311 ff.; Dirk Baecker, »Art. Kultur«, in: Karlheinz Barck u. a. (Hrsg.), *Ästhetische Grundbegriffe. Historisches Wörterbuch in sieben Bänden*, Bd. 3, Stuttgart: Metzler 2001, S. 510-556; ders., *Wozu Kultur?*, 2. erw. Aufl., Berlin: Kulturverlag Kadmos 2001; verschiedene Beiträge in Dirk Baecker u. a. (Hrsg.), *Über Kultur. Theorie und Praxis der Kulturreflexion*,

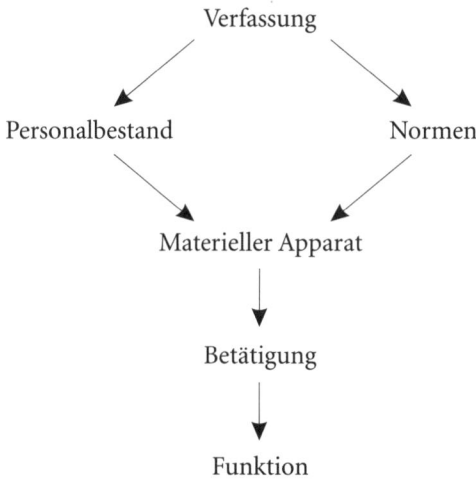

Abb. 4.1: *Malinowskis Diagramm der kulturellen Organisation des Verhaltens*

und es geht nur dann, wenn die Differenzen zwischen heterogenen Beobachterperspektiven, die den Kulturbegriff informieren, in den Begriff aufgenommen und von ihm ausgewiesen werden.

Die Diffusität ist demnach Programm. Sie ersetzt die Theorie, solange diese nicht formuliert ist. Sie darf daher auch nicht zu schnell aufgelöst werden, um die Rechengewinne, die auf die verschiedenen Referenzen und die in ihnen versteckten Beobachter verweisen, nicht zu verspielen. Wir wählen einen doppelten Zu-

---

Bielefeld: transcript 2008, insbesondere Matthias Kettner, »Kulturreflexion und die Grammatik kultureller Konflikte«, S. 17-27; Karl-Siegbert Rehberg, »Der unverzichtbare Kulturbegriff«, S. 29-43; Hans Peter Thurn, »Das Projekt ›Kultur‹ – destruktionsanalytisch betrachtet«, S. 45-68; Dirk Rustemeyer, »Philosophie als Kulturreflexion«, S. 69-95; Thomas Macho, »Tiere zweiter Ordnung. Kulturtechniken der Identität und Identifikation«, S. 99-117; und Oswald Schwemmer, »Selbstsein und Andersheit. Zum kulturellen Verhältnis von Symbol, Form und Sinn«, S. 119-135; sowie Ralf Konersmann, *Kulturelle Tatsachen*, Frankfurt am Main: Suhrkamp 2006; ders., *Kulturkritik*, Frankfurt am Main: Suhrkamp 2008.

gang. Wir formulieren den Kulturbegriff als einen Reflexionsbegriff im Sinne Kants. Und wir geben ihm eine empirische Referenz nicht auf die Bildung, die Geschichte oder das Leben, sondern auf die Gesellschaft der Menschen. Wir gehen aus von der Hypothese, dass man die Kultur als Widerstreit gegen die Gesellschaft in der Gesellschaft und insofern auch als Negativsprache und Gegenrichtung eines Doppelkreislaufs begreifen kann, deren positive Richtung die Reproduktion von Verhalten in der Gesellschaft ist, wie auch immer sie strukturell und institutionell geregelt sein mag.[18]

Symbole

Einigkeit besteht in der Kulturtheorie nur darin, dass die Kultur etwas mit Symbolen zu tun hat. Was unter einem Symbol zu verstehen ist und wie sich Symbole zu Werten verhalten, die eben-

---

18 Wir folgen damit einem allerdings nicht auf einen Doppelkreislauf zugespitzten Vorschlag von Talcott Parsons, A. L. Kroeber, »The Concepts of Culture and Social System«, in: *American Sociological Review* 23 (1958), S. 582-583, hier: S. 583, zwischen »transmitted and created content and pattern of values, ideas, and other symbolic-meaningful systems as factors in the shaping of human behavior and the artifacts produced through behavior« auf der einen Seite und »the specifically relational system of interaction among individuals and collectivities« auf der anderen Seite zu unterscheiden. Siehe auch die Unterscheidung zwischen »Organisation der Gesellschaft« einerseits und »Kultursystemen« andererseits bei Wilhelm Dilthey, *Einleitung in die Geisteswissenschaften. Versuch einer Grundlegung für das Studium der Gesellschaft und der Geschichte* (1883), Bd. 1, 5. unveränd. Aufl., *Gesammelte Schriften*, Stuttgart: Teubner 1959, S. 49 ff.; die Unterscheidung zwischen *ambiguity* und *ambage*, Interpretation und Ausweichen, im oben, Kap. 3, zitierten uncertainty calculus von Harrison C. White, *Identity and Control. A Structural Theory of Action*, Princeton, NJ: Princeton UP 1992, S. 17 ff.; sowie, noch allgemeiner, die Unterscheidung zwischen Struktur und Kultur im Traditionsbestand der Soziologie spätestens seit Pitirim A. Sorokin, *Social and Cultural Dynamics. A Study of Change in Major Systems of Art, Truth, Ethics, Law, and Social Relationships* (1937), rev. und gekürzte Fassung, New Brunswick, NJ: Transaction Books 1957.

falls einhellig mit Kultur assoziiert werden, ist dann schon wieder unklar, doch das ändert nichts daran, dass ein theoretisch kontrolliertes Kulturverständnis in der Beschreibung der Konstitution, Funktion und Leistung von Symbolen konvergiert.[19] Und fast immer steckt im Verweis auf Symbole der Verweis auf eine in ihnen bewegte, behandelte, zuweilen still gestellte Differenz, eine Komplexität, die ebenso eigensinnig ist wie sie zugleich eine Rolle in jenem eigentümlichen Ganzen der Kultur, »the complex whole«, spielt, in dem kein Aspekt nicht auf überraschende Weise mit anderen Aspekten in einer meist schwer zu durchschauenden Beziehung steht und in dem das Ganze, »the whole«, nicht etwa eine bloße Summenvorstellung ist, sondern selbst den Charakter eines Mechanismus, einer Funktion hat.

So formuliert die berühmte Definition der Kultur des Ethnologen Edward Burnett Tylor in seinem Buch *Primitive Culture* aus dem Jahr 1871: »Cultur oder Civilisation im weitesten enthnographischen Sinne ist jener Inbegriff [complex whole] von Wissen, Glauben, Kunst, Moral, Gesetz, Sitte und allen übrigen Fähigkeiten und Gewohnheiten, welche der Mensch als Glied der Gesellschaft sich angeeignet hat.«[20] Die Formel, »welche der Mensch sich *als Glied der Gesellschaft* angeeignet hat« (Hervorheb. DB), nimmt die seit Giambattista Vico maßgebend gewordene Problemstellung auf, die Zirkularität von menschlichem Handeln, Kultur und Gesellschaft in den Blick zu nehmen; und »that complex whole«

---

19 Siehe mit einer zu schnellen Beruhigung dieses Ausgangspunkts in die kulturwissenschaftliche Beschreibung »symbolischer Ordnungen«: Andreas Reckwitz, *Die Transformation der Kulturtheorien* (2000), *Studienausgabe mit neuem Nachwort*, Weilerswist: Velbrück 2006. Siehe ebd., S. 584, den für die Bestimmung des Verhältnisses von Sozial- und Kulturwissenschaften (und damit auch für unsere Idee des Doppelkreislaufs von Gesellschaft und Kultur) wichtigen Hinweis, dass nur ein Teil der sozialen Praktiken Symbole verwenden. Aber was ist dann die Außenseite der Form des Symbols?
20 So Edward Burnett Tylor, *Die Anfänge der Cultur. Untersuchungen über die Entwicklung der Mythologie, Philosophie, Religion, Kunst und Sitte* (1871), unter Mitwirkung des Verfassers ins Deutsche übertragen von J. W. Spengel und Fr. Poske, Band 1, Leipzig: Winter 1873, S. 1.

ist unter der Bedingung der Einheit (whole) einer Vielfalt (complex) das Problem, das wir im vorliegenden Text in eine am Formkalkül orientierte Kulturtheorie zu übersetzen versuchen. Deswegen ist es für uns wichtig, wenn Gregory Bateson im Anschluss an Malinowski unterstreicht, »daß fast das *Ganze* einer Kultur auf verschiedene Weisen als ein Mechanismus angesehen werden kann, um die sexuellen Bedürfnisse der Individuen zu modifizieren und zu befriedigen oder die Verhaltensnormen zu verstärken, oder um die Individuen mit Nahrung zu versorgen. Aufgrund dieser erschöpfenden Darstellung müssen wir annehmen, daß sich jede einzelne Eigenart einer Kultur bei näherer Überprüfung nicht einfach als ökonomisch, religiös oder strukturell erweist, sondern je nach dem Standpunkt, von dem wir sie betrachten, an all diesen Qualitäten teilhat.«[21] Aus ihrer Funktion und Leistung als Element eines »complex whole«, das selbst wiederum mitrechnet, beziehen die Symbole, nach deren Definition wir hier suchen, eine Qualität, die sie vermutlich nur im Rahmen eines Eigensinns, der sie unreduzierbar auf anderes macht, sicherstellen können. Als »sich bewegend zwischen einer bedeutungsvoll totalen und einer vertrauensvoll besonderen Dimension der Referenz [ranging from a significantly total to a confidently partial dimension of reference]« beschreibt Raymond Williams die Reichweite einer Kultur,[22] wenn es darum geht, deren in diesem Sinne ganz-

---

21 So Gregory Bateson, »Kulturkontakt und Schismogenese« (1935), in: ders., *Ökologie des Geistes. Anthropologische, psychologische, biologische und epistemologische Perspektiven*, übers. von Hans Günter Holl, Frankfurt am Main: Suhrkamp 1981, S. 99-113, hier: S. 101f. Zu unterstreichen ist, dass man nicht nur die funktionale Analyse Malinowskis, sondern auch die vermeintlich nicht funktional, sondern interpretierend-hermeneutisch vorgehenden Analysen von Clifford Geertz, *The Interpretation of Cultures. Selected Essays*, New York: Basic Books 1973 (dt. 1987), nur versteht, wenn man berücksichtigt, dass sie sich von diesem mitrechnenden Ganzen leiten lassen, ohne es je mit einem substanziellen Ganzen zu verwechseln. Es geht um Abhängigkeiten, nicht um teleologische Ordnungen.
22 In Raymond Williams, *The Sociology of Culture* (1981), mit einem neuen Vorwort von Bruce Robbins, Paperback Chicago: Chicago UP 1995, S. 11, Übers. DB.

heitliche Dimension ernst zu nehmen. Das Ganze wird als bedeutsam bezeichnet, während man sich auf das Besondere verlässt.[23]

Ernst Cassirer beantwortet seine Frage nach einem kulturellen Apriori der notwendigen Verknüpfung aller Erscheinungen durch einen Verweis auf die »symbolischen Formen« von Sprache, Mythos, Religion, Kunst und Wissenschaft, in denen jeweils Form und Inhalt, Elemente und Beziehungen in einem Zusammenhang stehen, obwohl und weil Symbole die Einheit einer Differenz formulieren, nämlich die Einheit der Differenz von sinnlicher Erscheinung und sinnhafter Idee.[24] Die Differenz bekommt eine Zweitfassung, indem vom Sein dieser Kultur zum einen gezeigt wird, dass es nur »im ›Tun‹ erfaßbar« ist, ihm zum anderen jedoch eine »Objektivierung« zugeschrieben wird, die damit droht, dieses Tun seines Sinns bis auf ein nur noch Mystikern erfahrbares »Nichts« zu entleeren, je »reicher« das Symbol ausgestattet ist.[25] Man sieht hier wie auch in vielen anderen Fällen, wie leicht die Kulturkritik dem Kulturbegriff in die Quere kommt beziehungsweise Erstere Letzteren erübrigt. Denn wenn es Cassirer tatsächlich darauf angekommen wäre, seine Formen in einer als »System« verstandenen Ganzheit der Kultur miteinander zu vernetzen,

---

23 Siehe noch einmal wie bereits oben, S. 99, die Unterscheidung von verum und certum bei Vico, *Die neue Wissenschaft*, S. 121.

24 So Ernst Cassirer, »Das Symbolproblem und seine Stellung im System der Philosophie« (1927), in: ders., *Schriften zur Philosophie der symbolischen Formen*, hrsg. Marion Lauschke, Hamburg: Meiner 2009, S. 93-122.

25 So Ernst Cassirer, *Philosophie der symbolischen Formen* (1923), Teil 1, Nachdruck Hamburg: Meiner 2001, S. 9 und 48f., im Kontext von ders., »Zur Logik des Symbolbegriffs« (1938), in: ders., *Gesammelte Werke, Hamburger Ausgabe*, Bd. 22: *Aufsätze und kleine Schriften 1936-1940*, hrsg. von Claus Rosenkranz, Hamburg: Meiner 2006, S. 112-139, hier zur Objektivierung: S. 118. Vgl. zu dieser Objektivierung, die als Tragödie verstanden wird, auch Georg Simmel, »Der Begriff und die Tragödie der Kultur« (1911), in: ders., *Aufsätze und Abhandlungen 1909-1918*, Bd. I, hrsg. von Rüdiger Kramme, Angela Rammstedt, *Gesamtausgabe*, Bd. 12, Frankfurt am Main: Suhrkamp 2001, S. 194-223. Und siehe ab der 2. Auflage mit der Empfehlung, eher vom symboling als vom symbol zu sprechen, Leslie A. White, *The Science of Culture. A Study of Man and Civilization* (1949), 2. Aufl., New York: Farrar, Straus & Giroux 1969, S. 22ff.

wie Michael Bösch vermutet,[26] hätte er das Problem lösen müssen, die von ihm genannten Differenzen, die die Formen jeweils motivieren, als Elemente dieses Systems zu beschreiben. Das hätte jedoch die Absicht, das Apriori der Kultur seinerseits im Vernunftvermögen des Menschen zu begründen, eher ruiniert.[27]

Es geht jedoch auch ohne die Suche nach einem Apriori. Claude Lévi-Strauss' Begriff der Kultur als »Ensemble symbolischer Systeme«, insbesondere der Systeme der Sprache, der Heiratsregeln, der Wirtschaft, der Kunst, der Wissenschaft und der Religion, legt Wert darauf, sowohl zwischen der physischen und der sozialen Realität, die in diesen Systemen vermittelt werden, als auch zwischen den Systemen eine Inkommensurabilität zu unterstellen, die sowohl die Beweglichkeit der Systeme untereinander als auch ihre Fähigkeit, fremde Elemente aufzunehmen und zu integrieren, eher steigert als gefährdet. Jedes dieser Systeme weist einen »symbolischen Nullwert« auf, der jederzeit darauf hinweist, dass das System nur unter der Bedingung der Ergänzung weiterer Inhalte reproduziert werden kann.[28] Lévi-Strauss arbeitet an einem Verständnis der »symbolischen Logik«, die diesen Systemen

---

26 Siehe Michael Bösch, *Das Netz der Kultur. Der Systembegriff in der Kulturphilosophie Ernst Cassirers*, Würzburg: Königshausen + Neumann 2004.

27 Siehe mit der Fortsetzung dieses Programms Oswald Schwemmer, *Kulturphilosophie. Eine medientheoretische Grundlegung*, Paderborn: Fink 2005; und mit der Nachfrage, ob dieses Vernunftvermögen eher logisch oder neuronal zu rekonstruieren wäre, ders., *Das Ereignis der Form. Zur Analyse des sprachlichen Denkens*, Paderborn: Fink, 2011, S. 139 ff. Vgl. zur Aufnahme und Ablösung dieses kulturphilosophischen Programms durch ein strengeres system- und formtheoretisches Vorgehen Rustemeyer, »Philosophie als Kulturreflexion«, S. 71 ff.

28 Siehe Claude Lévi-Strauss, »Einleitung in das Werk von Marcel Mauss«, in: *Marcel Mauss, Soziologie und Anthropologie*, Bd. I, übers. von Henning Ritter, Frankfurt am Main: Ullstein 1978, S. 7-41; hier zum »Nullwert«, S. 40. Siehe zum Ausbau einer Theorie der Inkommensurabilität des Symbolischen im Verhältnis zum Realen und Imaginären auch Jacques Lacan, »Psychoanalyse et cybernétique, ou de la nature du langage«, in: *Le Séminaire de Jacques Lacan*, hrsg. von Jacques-Alain Miller, Livre II: *Le moi dans la théorie de Freud et dans la technique de la psychanalyse, 1954-1955*, Paris: Le Seuil 1978, S. 339-354. Und vergleiche Slavoj Žižek, *Less Than*

zugrunde liegt und sowohl ihren Ergänzungsbedarf durch jeweils neu hinzuzunehmende Elemente als auch ihre Irreduzibilität aufeinander sicherstellt, kommt jedoch nicht weiter als bis zur Formulierung einer Unmöglichkeitsbedingung: Symbolische Systeme, wie sie die Ethnologie beschreibt, wären unter der Voraussetzung ihrer Inkommensurabilität nur dann ineinander übersetzbar, wenn sie jeweils Konstante aufweisen würden, deren Werte irrational sind,[29] das heißt nicht, so darf man diese Bedingung vielleicht übersetzen, in einem bruchlosen Verhältnis zueinander stehen. Irrationale Zahlen sind Zahlen, die eigensinnig rekursiv nur aus sich selbst bestimmt werden können, das heißt auf keine Ordnung außerhalb ihrer zurückgeführt werden können. Diese Konstanten stehen somit genau dort, wo wir sie im Anschluss an das Formkalkül ebenfalls vermuten: Sie stehen dort, wo von Beobachtern Unterscheidungen getroffen werden, die durch keine andere Beobachtung vorweggenommen werden können.

Größter Wert wird jeweils darauf gelegt, dass Symbolen nicht nur ein semantisch zu bestimmender Sinn, sondern auch eine physische Realität eignet, man denke nur an den Urtyp aller Symbole, den Buchstaben eines Alphabets. Denn dies bedeutet erstens, dass man sie empirisch nachweisen kann,[30] zweitens, dass sie eine »Bahnung« physiologischer Bedürfnisse durch Formen einer instrumentellen Betätigung und damit einer Kontrolle durch kulturelle Präferenzen leisten können,[31] und drittens – man weiß nicht, ob man darüber erschrocken oder erfreut sein soll –, dass sie auch unabhängig von ihrer Bedeutung »manipuliert«, also von Hand verändert werden können.[32]

Nothing. Hegel and the Shadow of Dialectical Materialism, New York: Verso 2012, S. 959f., der die Funktion des Symbolischen aus seiner wie immer minimalen Differenz zur Einheit, zum Einen, bestimmt, in die sich, als in diese Differenz (less than nothing), das Reale einzeichnen kann.
29 So ebd., S. 15.
30 So Malinowski, *Eine wissenschaftliche Theorie der Kultur*, S. 64.
31 Ebd., S. 160ff.
32 So, jenseits aller Kulturtheorie, Allen Newell, Herbert A. Simon, »Com-

Wenn die Kulturtheorie zuweilen eher unreflektiert von »geteilten symbolischen Systemen [shared symbolic systems]« spricht, die die Funktion und Leistung der Kultur erklären, Verhalten, Vorstellungen und Erwartungen individuell voneinander abweichender Menschen zu koordinieren, ist genau das gemeint: Der Aufruf von Symbolen ist selbst ein sinnlich anschauliches Ereignis, das erkennbar in semantischen, syntaktischen und pragmatischen Zusammenhängen steht und somit sowohl emotional als auch intellektuell, rhetorisch ebenso wie theoretisch verstanden werden kann, diese Eigenschaften jedoch auf eine Art und Weise bündelt, deren Komplexität jeden Beobachter wiederum überfordert.[33] Tatsächlich liegt die Pointe dieser Komplexität auf der Hand, wenn dieselbe Kulturtheorie den jeweils expressiven Gehalt eines Symbols unterstreicht.[34] In der Expressivität kommt eine Subjektivität zum Ausdruck, die durch die Komplexität markiert, aber nicht dechiffriert werden soll. Oder anders, die Außenseite des Symbols sind jeweils Beobachter, die adressiert werden wollen, aber sich selbst so wenig durchschauen wie sie durchschaut werden wollen. Das immerhin kann man durchschauen, wenn man sieht, dass und wie ein Symbol verwendet wird.

Was also ist ein Symbol? Ein Symbol, griechisch *symbolon* (etwas Zusammengefügtes), ist eine Zusammenfügung aus einem Bedeutungsträger und einer damit zu assoziierenden Vorstellung, die jederzeit wieder auseinanderfallen kann, griechisch *diábolon* (des Teufels, des Todes). Die Möglichkeit des Auseinanderfallens

---

puter Science as Empirical Inquiry. Symbols and Search«, in: *Communications of the ACM* 19 (1976), S. 113-126.

33 Eine Symboltheorie, die zureichen würde, dies zu beschreiben, fordern daher auch Gertrude Jaeger, Philip Selznick, »A Normative Theory of Culture«, in: *American Sociological Review* 29 (1964), S. 653-669, hier: S. 660.

34 Siehe neben Jaeger, Selznick, ebd., S. 660 ff., auch Richard A. Peterson, »Revitalizing the Culture Concept«, in: *Annual Review of Sociology* 5 (1979), S. 137-166; und Talcott Parsons u. a., »Some Fundamental Categories of the Theory of Action. A General Statement«, in: ders., Edward A. Shils (Hrsg.), *Toward a General Theory of Action*, Cambridge, MA: Harvard UP 1951, S. 3-29, hier: S. 16 ff. (shared symbolic system als Antwort auf das Problem der doppelten Kontingenz).

ist selbst ein Element, das mit den anderen zusammengefügt ist, also nicht etwa nur eine technisch auszuschließende Störung, sondern eine auch technisch einzubauende Komponente des Begriffs des Symbols und der Funktion und Leistung des Symbols. Symbolische Formen, Ordnungen und Systeme sind Formen, Ordnungen und Systeme, die auf ihre Komplexität, die Notwendigkeit der funktionalen Absicherung in einer Semantik, Syntax und Pragmatik, in die sie eingebettet sind, und ihren jeweils aktuellen und aktualisierenden Interpretationsbedarf durch Beobachter selber aufmerksam machen. In diesem Sinne sind sie Darstellungen, denen eine Anschaulichkeit eignet, die davor warnt, mit der Anschauung dessen verwechselt zu werden, was sie darstellen. Und in diesem Sinne unterscheidet sie Kant von Schemata:[35] Schemata sind Begriffe, die auf eine Anschauung verweisen, die sie zugleich (bei Kant: apriorisch) synthetisieren; Symbole sind Darstellungen, die ihre eigene Anschaulichkeit besitzen, dies jedoch so, dass sie jede andere Anschauung einklammern. Statt der Anschauung verweisen sie auf die Reflexion.[36] Und diese Reflexion ist in eins Reflexion der Symbolverwendung und Verweis auf eine unanschaulich bleibende Anschauung.

Man versteht die Sprengkraft, die in dieser Definition des Symbolischen steckt und die Hans-Georg Gadamer in seiner Lektüre des § 59 der *Kritik der Urteilskraft* unterstreicht.[37] Natürlich verleitet die Anschaulichkeit des Symbols dazu, es mit der Sache zu verwechseln und sich mit der Manipulation der Zeichen statt der Sache selber zu begnügen. Literatur, Mathematik und Kunst, aber auch die Symbolverwendung in Wirtschaft, Politik, Erziehung, Wissenschaft, Recht und Religion, von aktengebundenen oder mikropolitisch initiierten Entscheidungsabläufen in Organisationen zu schweigen, geraten in Gefahr, ihre Bindung und Kontrolle nicht mehr in einer zu verhandelnden Sache,

---

35 Siehe Immanuel Kant, *Kritik der Urteilskraft* (1790), *Werke* X, hrsg. von Wilhelm Weischedel, Frankfurt am Main: Suhrkamp 1968, hier: § 59
36 So ebd., B 255.
37 Gadamer, *Wahrheit und Methode*, S. 80f.

sondern in der gelungenen Aneinanderreihung von passenden Symbolen zu suchen. Wäre ein Buch wie dieses anders möglich? Was also, wenn die Gefahr so deutlich auf der Hand liegt, schützt Symbole vor ihrem Leerlauf, schützt den Theorieentwurf, um bei diesem Beispiel zu bleiben, vor dem sprichwörtlichen Glasperlenspiel? Genügt es, dass die Gefahr so deutlich auf der Hand liegt, dass sie nicht zu übersehen ist? Sind Symbole in ihrer reflexiven Eigenschaft ein Appell an Selbstkontrolle, weil man mit Beobachtern rechnen muss, denen es auffällt, wenn diese Kontrolle misslingt?

Das ist in der Tat unsere Vermutung. Symbole verknüpfen, bevor sie irgendetwas symbolisieren, zunächst einmal Beobachter, die in ihrem ebenso freien wie notwendigen Spiel der wechselseitigen Beobachtung jeden Grund haben, sich aufeinander einzulassen und jederzeit bereit zu sein, wieder voneinander abzulassen. Symbole diabolisieren eine Kommunikation, die es sich unter dieser Bedingung und nur unter dieser Bedingung leisten kann, von sich nicht abzulassen. Symbole sind die Wiedereinführung der Kommunikation in die Kommunikation mit dem Ergebnis, dass diese oszillierend und sich erinnernd zusätzlich zu ihrer operativen Schließung eine regulative Schließung gewinnt. Man kann, wenn man will, auf Symbole ausweichen, wenn man sich einander anschließen will; man kann aber auch, wenn man will, auf Symbole verweisen, die entweder nahelegen, eine Verknüpfung aufzulösen, oder, was auf dasselbe hinausläuft, begründen, dass man anderes zu tun hat.

In diesem Sinne fasst Luhmann Symbole als sich selber bezeichnende, das heißt die eigene Kontingenz markierende Zeichen.[38] Und in diesem Sinne kann Helmut Willke von den symbolischen Systemen des Bewusstseins, der Sprache und der Kommunika-

---

38 Siehe Luhmann, *Die Gesellschaft der Gesellschaft*, S. 319f.; und vgl. ebd., S. 235f., zur Performanz religiöser Symbole, und ders., *Die Wissenschaft der Gesellschaft*, Frankfurt am Main: Suhrkamp 1990, S. 189ff., zu Symbolen als Formen des Wiedereintritts eines Unterschieds in das Unterschiedene.

tion sprechen, die sich deswegen aneinander ankoppeln können, weil ihre wechselseitige Autonomie zugleich gewahrt ist: Resonanz und Dissonanz dieser Systeme untereinander sind nur Hand in Hand zu sichern; und genau das ermöglicht den Entwurf einer Steuerungstheorie, die Steuerung deswegen für möglich hält, weil die genannten Systeme anders den Kontakt untereinander nicht halten können.[39]

Als sich selber bezeichnende Zeichen sind Symbole eine Reflexion auf die Einheit der Differenz von Reflexion, Performanz und Sinn.[40] Sie sind sensitiv, expressiv und, in der Kombination von beidem, situativ flexibel.[41] Frei nach Charles Sanders Peirce kann man auch sagen, dass Symbole das Rotieren des Sinns zwischen Erstheit, Zweitheit und Drittheit offenlegen und als Reflexion, das heißt in der Form einer Paradoxie, stillstellen:[42] Das Symbol steht für das, wofür es steht; es steht in der Relation, in der es steht; und es ist auf die Interpretation angewiesen, an die es sich wendet. Doch während es stillsteht, sieht man, dass für jede der beiden Kategorien jede andere aufgerufen werden muss, um sie bestimmen zu können. Das ist bei jedem Zeichen der Fall, wie der Semiotiker weiß, doch das Symbol macht aus der Rotation im Universum der Sinnverweisungen seine auf einen Moment verdichtete Pointe einer rekursiven Einheit. Es ist offengelegte Oszillation und offengelegtes Gedächtnis im Medium seiner Re-

---

39 Siehe Helmut Willke, *Symbolische Systeme. Grundriss einer soziologischen Theorie*, Weilerswist: Velbrück Wissenschaft 2005, Einleitung.
40 Siehe zu Symbol als »semiotic condensor« auch Jurij M. Lotman, »Das Symbol im System der Kultur« (1990), in: ders., *Die Innenwelt des Denkens. Eine semiotische Theorie der Kultur*, übers. von Gabriele Leupold und Olga Radetzkaja, hrsg. und mit einem Nachwort von Susi K. Frank u. a., Frankfurt am Main: Suhrkamp 2010, S. 147-160.
41 So Heinz von Foerster, »From Stimulus to Symbol. The Economy of Biological Computation«, in: Gyorgy Kepes (Hrsg.), *Sign, Image, Symbol*, New York: George Braziller 1966, S. 42-61.
42 Siehe dazu Charles Sanders Peirce, *Phänomen und Logik der Zeichen* (1903), hrsg. und übers. von Helmut Pape, Frankfurt am Main: Suhrkamp 1983, S. 55 ff.; und vgl. Klaus Oehler, *Charles Sanders Peirce*, München: Beck 1993, S. 47 ff.

kursionen und Iterationen und genau deswegen handlungsorientierend und kommunikativ verwendbar.

Nur in dieser Form sind Symbole geeignet, ihre Funktion, Rolle und Leistung in einem sozialen Zusammenhang zu übernehmen, der von der Kultur nicht operational getrennt ist, sondern auf sie als Gegenkreislauf zur eigenen Reproduktion laufend Bezug nimmt. Symbole ermutigen zu einem Zeichengebrauch, der weder die Symbole mit den Dingen noch die Dinge mit sich selber verwechselt, sondern zu regulativen Zwecken ausprobiert, was man mit diesen Zeichen alles anfangen kann.[43] Das entdeckt man spätestens in der Romantik, wenn auch zunächst begrenzt auf die Kunst und die Religion.[44] Und das wird zur Grundlage nicht nur von Entwürfen eines Verständnisses von Computersprachen, sondern bereits lange zuvor, spätestens seit den alten Griechen, von einer Form von Kommunikation im Medium ihrer Möglichkeiten, die im Dreischritt von Sachbezug, Sozialbezug und Zeitbezug phatisch verfährt, das heißt Redundanzstrukturen aufbaut, die das Einpassen von Varietät unter Beobachtern, Beobachtungen und Zeithorizonten einladen und erleichtern, insofern bestimmte Netzwerkbedingungen, die die Fortsetzung desselben, die Autopoiesis, erleichtern, eingehalten werden: phatisch ist »eine Art der Rede, in der Beziehungen des Bundes [ties of union] durch einen bloßen Austausch von Worten geschaffen werden«.[45]

---

43 So noch in skeptischer, wenn nicht polemischer Akzentuierung Niklas Luhmann, »Kultur als historischer Begriff«, in: ders., *Gesellschaftsstruktur und Semantik. Studien zur Wissenssoziologie der modernen Gesellschaft*, Bd. 4, Frankfurt am Main: Suhrkamp 1995, S. 31-54, hier: S. 41f. und 53f.

44 Unter kritischer Abgrenzung des Symbols von der Allegorie. Siehe Gadamer, *Wahrheit und Methode*, S. 84ff.; und Paul de Man, »The Rhetoric of Temporality« (1971), in: ders., *Blindness and Insight. Essays in the Rhetoric of Contemporary Criticism*, 2. rev. Aufl., London: Methuen & Co. 1983, S. 187-228.

45 So Bronislaw Malinowski, »The Problem of Meaning in Primitive Languages« (1923), in: C. K. Ogden, I. A. Richards, *The Problem of Meaning. A Study of the Influence of Language upon Thought and of the Science of Symbolism*, New York: Routledge & Kegan Paul 1969, S. 296-336, hier: S. 315, Übers. DB.

Wenn Talcott Parsons vermutet hat, dass ein »geteiltes symbolisches System« im Handlungssystem als ein eigenes kulturelles System ausdifferenziert ist, das innerhalb des Systems der Human Condition auf ein telisches System verweist, in dem letzte Gründe und Werte vorgehalten werden, die von Priestern, Philosophen und Intellektuellen auf Erden zur Handlungsorientierung bereitgehalten werden,[46] so darf man diese These der Ausdifferenzierung eines eigenen Systems nicht allzu wörtlich nehmen. Parsons vertritt einen analytischen Systembegriff, der nur die These formuliert, dass der Handelnde, der in einer Situation im Widerstreit der pattern variables Orientierung sucht, zum einen unterscheiden kann, ob er Fragen der Anpassung, der Zielorientierung, der Integration oder der Werterhaltung stellt, und diese Fragen zum anderen nur in wechselseitiger Abhängigkeit voneinander, das heißt mitkonditioniert durch jede Teilantwort, beantwortet – und wenn dies der Handelnde nicht tut beziehungsweise nicht weiß, dass er es tut, dann weiß es zumindest der ihn beobachtende Soziologe. Der Begriff des Systems verweist hier demnach nicht darauf, dass etwa alle Symbole des Kultursystems untereinander in einem systematischen oder einander rekursiv reproduzierenden Zusammenhang stehen. Wir haben es noch nicht mit den selbstreferentiellen Systemen zu tun, von denen Niklas Luhmann später ausgehen wird. Sondern »System« bedeutet, dass in unserem Falle (Analoges gilt für jeden anderen Aspekt des Handlungssystems) jedes einzelne Symbol der Kultur seinen systematischen Stellenwert ausschließlich daraus bezieht, dass es seine Funktion der Werterhaltung und Konfliktregulierung nur im Zusammenhang der gleichzeitig zu erfüllenden Anpassungs-, Zielerreichungs- und Integrationsfunktion einer Handlung, *jeder* Handlung, erfüllen kann.

Insofern steht unserem Versuch, die Dopplung von kognitiver und expressiver Bedeutung in jedem Symbol, wie sie Parsons und

---

46 Siehe Parsons u. a., »Some Fundamental Categories of the Theory of Action«, S. 16.

Robert F. Bales postuliert haben,[47] nicht für die Ausdifferenzierung eines selbstreferentiellen Kultursystems in Anspruch zu nehmen, sondern auf die Analyse eines Doppelkreislaufs der Kultur in der Gesellschaft zu beziehen, nichts im Wege. Wir können das kantsche Erbe in der Theorie von Parsons, dem kulturellen System der Werterhaltung und Konfliktregulierung gegenüber dem Sozialsystem der Integration einen gewissen transzendentalen Status zuzuweisen, umstandslos streichen und stattdessen eine Kultur als Widerstreit mit der Gesellschaft in der Gesellschaft verstehen, die funktional auf den Unterschied angewiesen ist, den sie macht, gerade deswegen aber nicht transzendental, sondern empirisch verortet werden muss. Den Unterschied zwischen transzendentalem Apriori und empirischer Synthesis reformulieren wir als Widerstreit, der in der Handlung und in der Kommunikation einen Unterschied macht und fallweise gelöst werden muss, jedoch nur gelöst werden kann, wenn die Orientierung, die die Handlung und die Kommunikation sich geben, im System der Verweisungen auf vorherige und nachfolgende Hand-

---

47 Siehe Talcott Parsons, Robert F. Bales, »The Dimensions of Action-Space«, in: dies., Edward A. Shils, *Working Papers in the Theory of Action*, Glencoe, IL: Free Press 1953, S. 63-109, hier: S. 69f., etwa die Formulierung S. 70: [...] der Interaktionsprozess kann nur stabilisiert werden, wenn auf den beiden Seiten der Haltung und der Objekte von den Teilnehmern *Komplexe* von Haltungen, symbolischen Akten und Objekten mit symbolischem Bezug aufeinander aufgebaut werden, dank derer elementare Objekte der Kathexis, sekundäre Objekte des Interesses und motivationale Interessenkomponenten ihrerseits in Systemen organisiert werden. Die *Musterung* [patterning] dieser symbolischen Bezüge konstituiert die ›Struktur‹ eines Handlungssystems im strengsten Sinne des Wortes. Ferner wird deutlich, dass das, was wir unter der ›Internalisierung‹ eines kulturellen Musters [Anm.: und ebenso natürlich unter dessen ›Institutionalisierung‹] verstehen, einfach das Faktum der *Organisation* dieser elementaren motivationalen und gegenstandsbezogenen Komponenten im Sinne ihrer wechselseitigen symbolischen Referenz ist. Wenn wir also von der ›Kathexis eines Musters‹ sprechen, so ist dies eine elliptische Art und Weise, von der emotionalen ›Investition‹ des Handelnden in die Aufrechterhaltung einer bestimmten Art der Musterung dieses Orientierungssystems oder der Art und Weise der Organisation seiner eigenen motivationalen Komponenten und der Beziehung des Objektsystems auf ihn zu sprechen« (Übers. DB).

lung und Kommunikation sowie auf andere funktionale Aspekte und Erfordernisse von Handlung und Kommunikation entsprechend vernetzt wird. Das Apriori ist nur die Markierung des Verweises auf ein Früheres und jetzt nicht zur Disposition Stehendes, das man dann entweder akzeptiert oder nicht.

»Kultur ist nach all dem ein Doppel«, schreibt Luhmann, »sie dupliziert alles, was ist. Daher formuliert sie ein Problem der ›Identität‹, das sie für sich nicht lösen kann – und eben deshalb problematisiert. Was man als kulturelles Phänomen erfaßt und Vergleichen aussetzt, kann man ein zweites Mal beobachten und beschreiben, ob es sich um ein Messer, um Gott, um die Seefahrt, um einen Vertragsschluß oder die Verzierung von Gegenständen handelt.«[48] Die Kultur macht aus Dingen Zeichen für etwas anderes und aus diesen Zeichen, in der Form von Symbolen, wiederum Dinge. Daraus resultiert der häufig formulierte Eindruck, dass die Kultur des Menschen zweite Natur sei. Sie steht in einem Abstand (zuweilen auch: Abfall) von der ersten Natur, besitzt jedoch, so fürchtet und hofft man, ihre eigene Dynamik in Abhängigkeit von Versuchen individueller Beobachter, ihre Freiheitsspielräume auszuloten.

Wir gehen einen Schritt weiter und vermuten, dass die Kultur in der Gesellschaft dank ihrer Symbolverwendung als Mutter aller Doppelkreisläufe verstanden werden kann. Als Problematisierung eines Identitätsproblems (von Dingen, Zeichen und Beobachtern), das sie, so noch einmal mit Luhmann, selber nicht lösen kann, vernetzt sie sich mit der und infiziert sie die Gesellschaft mit dem von ihr nicht gelösten Problem. Man muss daher Aversionen gegenüber der Kultur, wie sie sprichwörtlich geworden sind, ebenso ernst nehmen wie ihre Affirmation, auch wenn diese oft hilflos wirkt, da sie nicht weiß, was sie affirmiert.[49]

---

48 Luhmann, »Kultur als historischer Begriff«, S. 41f. Und in einer Anmerkung, ebd., S. 42, zitiert Luhmann (nach dem Erstdruck dieses Essays in Liber 5, Le Monde, Oktober 1990) Jacques Derrida, *L'autre cap*, Paris: Minuit 1991, S. 16: »Le propre d'une culture, c'est de n'être pas identique à elle-même.«
49 Siehe auch den Versuch, die Kultur affirmativ gegen ihre Affirmation in

Wir schlagen vor, die Theoriefigur des Doppelkreislaufs dort einzusetzen, wo Luhmann vor dem Kulturbegriff eher warnt, etwa wenn er darauf hinweist, dass es »verheerende Folgen« gehabt hat, dass man spätestens im 18. Jahrhundert begonnen hat, die Kunst, ähnlich wie die Religion, *als Kultur* zu beobachten, und wenn er den Kulturbegriff, weil er die Ausarbeitung eines Begriffs der Funktion von Selbstbeschreibungen in der Gesellschaft verhindert hat, als »einen der schlimmsten Begriffe, die je gebildet worden sind«, bezeichnet.[50] Der Kulturbegriff zieht in der soziologischen Systemtheorie bei Luhmann und anderen auch deswegen diese Distanzierung auf sich, weil die Beobachtung der Gesellschaft *als Kultur*, eingebaut in deren allzu freizügig, eben »intellektuell« generalisierende Vergleichstechnik, bereits leistet, was sich auch die Systemtheorie als Leistung gerne zuschreibt: Auch die Beobachtung eines Phänomens als Kultur sieht dort Kontingenz, wo andere Identität sehen, und dort Komplexität, wo andere Selbstverständlichkeiten vermuten.[51] Der Kulturbegriff wie die Systemtheorie gehen von Kontingenzproblemen aus, die entstehen, sobald man Dinge, Menschen, Situationen untereinander vergleicht, und beide stellen auf den selektiven Umgang mit Komplexität ab.

Schutz zu nehmen, also etwa das konkret uneingelöste Versprechen einer Befriedung gegen die ideale Verklärung der Harmonie zu wenden, bei Herbert Marcuse, »Über den affirmativen Charakter der Kultur« (1937), in: ders., *Kultur und Gesellschaft 1*, Frankfurt am Main: Suhrkamp 1965, S. 56-101.

50 So in Niklas Luhmann, *Die Kunst der Gesellschaft*, Frankfurt am Main: Suhrkamp 1995, S. 341 und 398. Noch der Titel des Aufsatzes »Kultur als historischer Begriff« enthält die Konnotation, dass man die Hoffnung nicht aufgeben sollte, den Begriff eines Tages auch hinter sich lassen zu können – im Vertrauen auf ein Gedächtnis, das eben auch vergessen kann. Im Gespräch definierte Luhmann gerne: »Kultur ist das, was man im Boden findet und was dort nicht hingehört.« Eine Anspielung auf den Artefaktcharakter der Kultur. Siehe schon im Titel die Ablehnung andeutend auch Elena Esposito, »Kulturbezug und Problembezug«, in: Günter Burkart, Günter Runkel (Hrsg.), *Luhmann und die Kulturtheorie*, Frankfurt am Main: Suhrkamp 2004, S. 91-101.

51 Siehe Esposito, ebd., S. 91ff.

Der Einwand der Systemtheoretiker gegen die Kultur resultiert daraus, dass sie die Probleme nicht kontrollieren kann, die sie stellt, sondern in der Form des Sprengsatzes der »Sinnfrage« und unter Zuhilfenahme von Aufklärern, Kulturkritikern, Philosophen und Intellektuellen ungeschützt in der Gesellschaft zirkulieren lässt. Im Unterschied dazu macht die Systemtheorie unter Zuhilfenahme der Soziologie (das eben heißt: »soziologische Aufklärung«[52]) darauf aufmerksam, dass die Handelnden im Gegenstand der Forschung mit Problemen zurechtkommen müssen, von denen ihre intellektuellen Beobachter oft nur unzureichende Vorstellungen haben, und für diese Probleme unter Umständen Lösungen gefunden haben, die zunächst gewürdigt werden sollten, bevor sie auf ihre Folgeprobleme hin untersucht werden. Im Gegensatz zur Kultur kontrolliert die Systemtheorie die Vergleiche, die sie anstellt, im Gegenstand und nicht, das wäre der Vorwurf der Soziologen gegenüber den Intellektuellen, im Spiegel der Massenmedien.

Wir schlagen vor, diese Distanzierung der Systemtheorie gegenüber dem Kulturbegriff in den Begriff einzubauen und als Beleg für die Selbstähnlichkeit des Phänomens im Begriff zu nehmen. Die Kultur erhebt ihren eigenen Einwand auch gegen sich selbst. Der Systemtheorie ist dies aufgefallen, doch dies braucht nicht zur Ablehnung des Begriffs führen, sondern kann auch sein theoretisches Verständnis anreichern. Kultur, würden wir sagen, ist nur die eine Hälfte eines Doppelkreislaufs, dessen andere Hälfte ebenso ihre funktionale Berechtigung hat und zum Thema des gesellschaftlichen Selbstverständnisses gemacht werden sollte. Die Defizite des Kulturbegriffs, die darin bestehen, dass Kontingenzzumutungen sowohl überschätzt als auch unterschätzt werden, können, so Luhmann,[53] nur kompensiert werden, wenn eine Ge-

---

52 Siehe Niklas Luhmann, »Soziologische Aufklärung« (1967), in: ders., *Soziologische Aufklärung 1. Aufsätze zur Theorie sozialer Systeme*, Opladen: Westdeutscher Verlag 1970, S. 66-91.
53 Siehe Luhmann, *Die Gesellschaft der Gesellschaft*, S. 586 ff., 880 ff., 957 f. und 993. Seine Skepsis gegenüber dem Kulturbegriff führte auch Luh-

dächtnistheorie der Gesellschaft ausgearbeitet wird, die darüber Auskunft geben kann, wie Kontingenzzumutungen sowohl in Erinnerungen als auch in ein Vergessen jeweils sowohl belastender als auch befreiender Art umgesetzt werden. Denn man überschätzt diese Zumutungen, wenn man glaubt, dass eine Gesellschaft durch ihre Kulturkritik mehr als irritiert (nämlich: verändert) werden könne. Und man unterschätzt diese Zumutungen, wenn man verkennt, dass auch Irritationen dramatische Folgen haben können, eben weil Identitäten aller Art, einmal kontingent gesetzt, nicht mehr unproblematisch kommuniziert werden können.

Wir nehmen daher die diabolischen Wirkungen der Kultur nicht nur im Begriff, sondern auch in der Sache ernst, und wir tun dies, indem wir die Kultur als ein »Widerspruchsmuster« interpretieren, wie Hans Peter Thurn formuliert,[54] das sich in Symbolen realisiert, die als Einheit von Reflexion, Performanz und Sinn die Gesellschaft in ihren Doppelkreislauf von Reproduktion einerseits und Unterbrechung andererseits spalten und differenzieren. Theoretisch anspruchsvoll ist diese Denkfigur nicht zuletzt deswegen, weil nicht etwa die Handlungen und Kommuni-

---

mann nicht dazu, von seiner Untersuchung abzuraten. Im Gegenteil, im Vorwort zum Band, in dem sich der Aufsatz über die Kultur als historischen Begriff findet, liest man, dass dieser Aufsatz »nur eine knappe Skizze« sei, »und dass man der Frage weiter nachgehen sollte, was eigentlich geschieht, wenn wichtige Bereiche gesellschaftlicher Kommunikation, inclusive Religion und Philosophie, als Kultur registriert werden«. So Luhmann, »Vorwort«, in: ders., *Gesellschaftsstruktur und Semantik. Studien zur Wissenssoziologie der modernen Gesellschaft*, Bd. 4, S. 7f., hier: S. 8.

54 So in Thurn, »Das Projekt ›Kultur‹ – destruktionsanalytisch betrachtet«, S. 51; und mit vielen weiteren Anregungen im Material wie im Begriff etwa zur »Selbstdomestikation des Menschen« ders., *Soziologie der Kultur*, Stuttgart: Kohlhammer 1976 (Zitat: S. 103); zur Notwendigkeit von »Löschungscodes« ders., *Abbau von Kultur. Dekulturation*, in: Friedhelm Neidhardt u. a. (Hrsg.), *Kultur und Gesellschaft. Kölner Zeitschrift für Soziologie und Sozialpsychologie*, Sonderheft 27, Opladen: Westdeutscher Verlag 1986, S. 379-396 (Zitat: S. 388); und umfassend ders., *Kulturbegründer und Weltzerstörer. Der Mensch im Zwiespalt seiner Möglichkeiten*, Stuttgart: Metzler 1990.

kationen positiv und währenddessen die Symbole negativ zirkulieren, sondern weil *jedes einzelne Symbol* sowohl in die positive als auch in die negative Richtung weist und daher selbstähnlich der Doppelkreislauf ist, den es zugleich in Gang hält.[55]

Es ist leicht zu sehen, dass dieses Konzept der Kultur als Widerstreit in der Gesellschaft gegen die Gesellschaft einen Vorteil und einen Nachteil hat. Der Vorteil ist, dass dem diffusen Kulturbegriff ein theoretisch präziser Begriff gegenübergestellt werden kann. Und der Nachteil ist, dass die Ubiquität des kulturellen Phänomens mit diesem Konzept leider bestätigt werden muss. Es gibt nach diesem Konzept keine Sondersphäre der Kultur, ebenso wenig wie es ein eigenes System der Kultur gibt. Kultur ist überall, wo Symbole als Symbole beobachtet werden. Es gibt allerdings ausdifferenzierte Einrichtungen dieser Art von Beobachtung, nämlich Kulturvereine, Folkloreveranstaltungen und, sobald sie und nur wenn sie als Kultur beobachtet werden, religiöse Rituale, künstlerische Darbietungen, Feste aller Art. Die gute Nachricht ist, dass alle diese Einrichtungen zugleich auch andere Funktionen erfüllen als die der Kultur, insofern ihre Praxis, ihr Selbstverständnis und das Interesse, das sie erfahren, sich nicht in der Markierung von Symbolen als Symbolen erschöpfen. Die schlechte Nachricht jedoch ist, dass sie jederzeit als Kultur beobachtet werden können, ebenso wie die Kleidung, die wir tragen, die Gläser, aus denen wir trinken, die Berufe, die wir ausüben, die Reisen, die wir unternehmen, und die Hospize, die wir zu guter Letzt aufsuchen.

---

55 Unter diesem Gesichtspunkt ist eine Lektüre von Žižek, *Less Than Nothing*, instruktiv, weil es diesem gelingt, in gegenläufiger Verschränkung von immer wieder neuen Anekdoten und Theoremen zu zeigen, wie sich jede Kultur am positiven wie am negativen Stillstand hindert. Žižeks Annahme scheint zu sein, dass eine Kultur so souverän mit negativen Zahlen umgeht wie die Mathematik auch. Nur die Kulturtheorie im Sinne einer Sozialtheorie hat hier noch einen Nachholbedarf.

Medien

Eine Symbolkommunikation als phatische Kommunion zu bezeichnen, scheint ein Widerspruch in sich zu sein. Geht es bei der phatischen Kommunion, dem sprichwörtlichen Schwatz am Brunnen, nicht ganz im Gegenteil darum, keine Reflexion auf etwa verwendete Symbole aufkommen zu lassen, keinen Sinn als Sinn zu beobachten und in Frage zu stellen und keine Performanz in Anspruch zu nehmen, die aus der Situation etwas macht, was sie nicht von sich aus und ohne jede Anstrengung bereits ist? Diese Frage muss sicherlich bejaht werden. Aber sind es nicht andererseits eben die Reflexion auf den Schwatz als Symbol seiner selbst, die Beobachtung des Sinns als Sinn, den in Frage zu stellen sich nicht lohnt, und die Herstellung der Situation als eine Situation, die keiner Herstellung bedarf, die die phatische Kommunion auszeichnen? Die phatische Kommunion, deren Begriff Malinowski aus der Beobachtung »primitiver«, also scheinbar einfacher Sprachen und deren streng kontextabhängiger, gleichsam lustvoll, aber auch abstraktions- und generalisierungsaverser deiktischer oder indexikalischer Verwendung gewonnen hat,[56]

---

56 Siehe wiederum Malinowski, »The Problem of Meaning in Primitive Languages«; und vgl. zur Deixis (griechisch für »zeigen«), der sich aus dem Kontext erklärenden Bezugnahme auf Personen, Orte, Zeiten und Sachverhalte, Harald Weinrich, »Über Sprache, Leib und Gedächtnis«, in: Hans Ulrich Gumbrecht, K. Ludwig Pfeiffer (Hrsg.), *Materialität der Kommunikation*, Frankfurt am Main: Suhrkamp 1988, S. 80-93, sowie zur Untersuchung des indexikalischen Sprachgebrauchs als Problemstellung einer Ethnomethodologie, die weder in ihrem Gegenstand noch in ihren Texten objektiv kontextunabhängige Ausdrücke vorfindet, Harold Garfinkel, *Studies in Ethnomethodology* (1967), Reprint Oxford: Blackwell 1984, etwa S. 5 f. und 28 f. Eben wegen der Bedeutung indexikalischer Ausdrücke muss die Ethnomethodologie sowohl ihrem Gegenstand als auch sich selbst Reflexivität unterstellen, zu deutsch: den Widerstreit mit sich selbst. Siehe auch Jorge Fontdevila, »Indexes, Power, and Netdoms. A Multidimensional Model of Language in Social Action«, in: *Poetics* 38 (2010), S. 587-609, mit der Aussage, hier S. 605, dass die semiotische Dimension des Sinns, S, als Funktion, s, aus seiner symbolischen (sy) und indexikalischen (in) Organisation bestimmt werden könne: $S = s\,(sy, in)$. Bei Charles Sanders Peirce,

ist keine Kommunikation, die sich nicht laufend selber als das inszenieren müsste, was sie ist. Sie ist kein Rückzug auf die Hinterbühnen der Welt, mit Erving Goffman formuliert, auf denen man sich im Vertrauen auf alle Beteiligten unbekümmert gehen lassen könnte, sondern als diese Hinterbühne selber eine Vorderbühne, auf der diese Unbekümmertheit sorgsam hergestellt und wie andere Kommunikation auch vor Fehlern und Peinlichkeiten bei denen, die die Fehler begehen, wie bei denen, die sie dabei beobachten müssen, geschützt werden müssen.[57]

Die phatische Symbolkommunikation ist mit anderen Worten ein Widerspruch in sich selbst, und genau darauf kommt es an. Sie ist kein Widerspruch im Begriff, sondern einer in der Sache und wird als solcher zelebriert. Um dies genauer zu verstehen, müssen wir auf eine soziologische Entdeckung, vielleicht die einzige wirkliche Entdeckung der Soziologie im 20. Jahrhundert, aufmerksam machen, nämlich die Entdeckung der Existenz so genannter symbolischer Tauschmedien, bei Talcott Parsons, beziehungsweise symbolisch generalisierter Kommunikationsmedien, bei Niklas Luhmann.[58]

»On a New List of Categories«, in: *Proceedings of the American Academy of Arts and Sciences* 7 (1868), S. 287-298, verweisen Indizes wie Zeichen auf die Sache, während Symbolen ein allenfalls unterstellter Sachbezug, »an imputed character«, eignet. Die semiotische Dimension des Sinns, von der Fontdevila spricht, besteht daher immer daraus, Bezug zur Sache und Beweglichkeit gegenüber diesem Bezug zugleich zu gewinnen.

57 Siehe Erving Goffman, *The Presentation of Self in Everyday Life*, New York: Anchor Books 1959 (dt. 1969 unter dem nur zur Hälfte wahren Titel »Wir alle spielen Theater«), im Kontext von ders., »Embarrassment and Social Organization«, in: *American Journal of Sociology* 62 (1956), S. 264-271. »Nur zur Hälfte«? Vgl. Dirk Baecker, »Kein Theater«, in: ders., *Wozu Theater?*, Berlin: Verlag Theater der Zeit, 2012, S. 163-173.

58 Siehe Talcott Parsons, »On the Concept of Political Power«, in: *Proceedings of the American Philosophical Society* 107 (1963), S. 232-262, hier noch im technischen Anhang versteckt; die Beiträge »Some Problems of General Theory in Sociology« (1970), S. 229-269 (insbes. S. 243ff.), und »Social Structure and the Symbolic Media of Interchange« (1975), S. 204-228, in: ders., *Social Systems and the Evolution of Action Theory*, New York: Free Press 1977; die deutsche Übersetzung der einschlägigen Beiträge in ders., *Zur Theorie der sozialen Interaktionsmedien*, hrsg. von Stefan Jen-

Die Entdeckung ist ein guter Beleg für die Fruchtbarkeit nicht nur einer theoretischen Kontrolle der eigenen Begrifflichkeit, sondern auch eines diagrammatischen Vorgehens, in dem im zweidimensionalen Raumes des Blatts Papier, auf dem man arbeitet, Trennungen, Unterordnungen und Überordnungen ebenso auffallen wie Nachbarschaften, Distanzen und Ausrichtungen.[59] Jeder Strich, den man hier zieht, kann als Symbol einer noch nicht aufgedeckten Beziehung gelesen werden, so wie in Spencer-Browns Notation des Formkalküls jede Markierung einer Unterscheidung einen Beobachter symbolisiert, also: in der Form einer Unterstellung, die sich als eine Verwechslung herausstellen kann, bezeichnet. So sind auch die Kanten der Kästchen des Vierfelderschemas nicht etwa (nur) Beruhigungen des Analytikers, einigermaßen Ordnung geschaffen und alles Wesentliche im Kasten zu haben, sondern zugleich eben auch Anhaltspunkte für die Rückfrage, wer oder was im Gegenstand diese Kanten zieht und voneinander trennt, möglicherweise aber auch miteinander verknüpft, was sich rechts und links, oberhalb und unterhalb der Kanten wiederfindet.

Probleme im Gegenstand (etwa: wie schafft es die Familie, mit

---

sen, Opladen: Westdeutscher Verlag 1980; sowie ders., »A Paradigm of the Human Condition«, in: ders., *Action Theory and the Human Condition*, New York: Free Press 1978, S. 352-433, hier: S. 392 ff.; und Niklas Luhmann, »Einführende Bemerkungen zu einer Theorie symbolisch generalisierter Kommunikationsmedien« (1974), in: ders., *Soziologische Aufklärung 2. Aufsätze zur Theorie der Gesellschaft*, 2. Aufl., Opladen: Westdeutscher Verlag 1980, S. 170-192; und ders., *Die Gesellschaft der Gesellschaft*, S. 316 ff.

59 In diesem Sinne ist ein Diagramm eine Strukturaufstellung, wie sie in der Therapie Verwendung finden. Siehe Matthias Varga von Kibéd, Insa Sparrer, *Ganz im Gegenteil. Tetralemmaarbeit und andere Grundformen Systemischer Strukturaufstellungen – für Querdenker und solche, die es werden wollen*, 2., korr. Aufl., Heidelberg: Carl-Auer-Systeme 2000; und vgl. Dirk Baecker, »Therapie für Erwachsene«, in: Torsten Groth, Gerhard Stey (Hrsg.), *Potenziale der Organisationsaufstellung. Innovative Ideen und Anwendungsbereiche*, Heidelberg: Carl-Auer-Systeme 2007, S. 14-31. Und Strukturaufstellungen sind geeignete Verfahren, Orientierungen und Missverständnisse insbesondere der phatischen Kommunikation aufzudecken und zu therapieren.

Karriereoptionen des Arbeitsplatzes, der verlockenden Werbung der Konsumgüterindustrie und, angesichts von beidem, der Rebellion des Nachwuchses umzugehen?) kommen der Ausdeutung des Diagramms ebenso entgegen wie bereits vorhandene Theoriefiguren (etwa: die Gatekeeper der politischen Theorie), doch ist es letztlich auch der Verdacht, dass es nicht nur der Zufall ist, der dem Autor beim Zeichnen eines Diagramms die Feder führt, der dabei hilft, jede einzelne Markierung in einem Diagramm als ein Symbol für etwas zu halten, das dann allerdings erst noch gefunden werden muss. Als Strich auf dem Papier ist die Markierung ein Widerstreit mit sich selbst, der nur aufgelöst werden kann, wenn man entdeckt, dass ihm in der Sache etwas oder auch nichts entspricht. Im letzteren Fall löscht man die Markierung oder verwandelt sie in eine Leerstelle (der man auch einen Namen geben kann, zum Beispiel im Theater: Godot, oder in der Physik: Higgs), die man dann einer eigenen Behandlung unterziehen kann.

Luhmann übernimmt das Vierfelderschema von Parsons nicht, doch auch bei ihm wird die Theorie der Medien aus einem Theorieproblem abgeleitet und dann empirisch verifiziert. Das Theorieproblem lautet, das Zustandekommen von Kommunikation angesichts der drei Unwahrscheinlichkeitsschwellen des Verstehens, des Erreichens und des Erfolgs auch dann zu erklären, wenn die »einfachen« Verhältnisse der Kommunikation etwa in Stammesgesellschaften, in denen der Interaktionsdruck, die moralische Drohung des Entzugs von Anerkennung und für alles Weitere die Geheimnisse der Religion ausreichen, um das Zustandekommen von Kommunikation zu erklären, sowohl in stratifizierten als auch erst recht in funktional differenzierten Gesellschaften nicht mehr gegeben sind.[60] Zunächst die Schrift, dann der Buchdruck und heute zusätzlich die elektronischen Medien entziehen die Kommunikation den Zugriffen des Interaktions-

---

60 Siehe Luhmann, *Die Gesellschaft der Gesellschaft*, S. 230 ff. Und vgl. zu den drei Schwellen der Unwahrscheinlichkeit Luhmann, *Soziale Systeme*, S. 216 ff.

drucks, der Moral und der Religion und ermöglichen weiterreichende politische Kampagnen, ökonomische Pläne, erzieherische Programme, wissenschaftliche Expeditionen oder künstlerische Experimente, von denen Luhmann sich fragt, wie dazu motiviert werden kann, sich sei es handelnd, sei es erlebend an ihnen zu beteiligen. Wie kann es sein, dass jemand angesichts der Kontingenz und Komplexität der gesellschaftlichen Verhältnisse solche weiterreichende Kommunikation initiiert? Und wieso schenken ihnen ein Zweiter und ein Dritter irgendeine Art der Aufmerksamkeit, ganz zu schweigen davon, dass Erwartungen bestätigt und Erfolge sichergestellt werden können?

Man erkennt die Ableitung dieser Art von Fragen aus der Theorie daran, dass sie gestellt werden, obwohl sie praktisch bereits mannigfach gelöst sind. Denn es gibt ja diese Art der Politik, der Wirtschaft, der Erziehung, der Wissenschaft oder der Kunst, auch der Religion unter diesen Bedingungen der Kontingenz und Komplexität der Gesellschaft. Irgendwie müssen sie also das zumindest prinzipiell denkbare Problem gelöst haben, ihr Zustandekommen wahrscheinlicher zu machen, als es angesichts dieser Kontingenz und Komplexität gleichsam statistisch wäre. Man könnte die Antwort der Praxis überlassen und sich auch soziologisch interessanten anderen Fragen zuwenden, etwa der Frage, warum ein Großteil der Weltbevölkerung an diesen anspruchsvolleren Formen der Kommunikation nicht oder nicht in ausreichendem Maße oder nur selektiv (etwa: man beteiligt sich an der Wirtschaft, aber nicht an der Kunst; oder: man hat ein Erziehungssystem, aber keine demokratisierte Politik) teilnimmt. Zu vermuten ist jedoch, dass auch diese möglicherweise interessanteren Fragen nicht beantwortet werden können, wenn man nicht zuvor verstanden hat, ob und wie die Teilnahme an dieser Kommunikation gefördert (oder auch gebremst) werden kann.

Medien sind hier die Antwort. Medien machen unwahrscheinliche Kommunikation wahrscheinlich. Medien sind die theoretisch konstruierte Antwort auf ein theoretisch konstruiertes Problem. Parsons und Luhmann errechnen diese Antwort im Medium der von ihrer Theorie je unterschiedlich ausgearbeiteten und bereitgestellten Symbole. Diese Symbole, also etwa die Kante zwischen zwei Subsystemen des Handlungssystems oder die Vermutung der Unwahrscheinlichkeit jeder Kommunikation, haben ihrerseits den unterstellten Kontakt zur Praxis und werden dort empirisch überprüft. Das Forschungsdesign dafür ist nicht immer einfach, doch genügt es in vielen Fällen, als Beobachter zweiter Ordnung die einschlägige Literatur zur Kenntnis zu nehmen und auf die in ihnen enthaltenen Problemstellungen und Ergebnisse unter dem Gesichtspunkt der eigenen Fragen gegenzulesen. Die Systemtheorie variiert vielfach nur die Metadaten,[61] also die Leithypothesen, um bereits vorliegende Forschung, ergänzt durch eigene Praxiserfahrungen, soweit sie vorliegen, und das Studium der Massenmedien, die so oder so schneller sind als die soziologische Forschung,[62] anders, im Spiegel »inkongruenter Perspektiven«,[63] lesen zu können, als diese und auch der von ihr untersuchte Gegenstand sich selber verstehen.

Der Sinn der inkongruenten Perspektiven liegt auf der Hand: Die Systemtheorie interessiert sich für die Kontingenz und Komplexität der Gesellschaft jenseits der Reduktionen und damit auch für Simplifikationen dieser Kontingenz durch jede Art von Praxis, durch jede Art von Handlung, die sich dem Widerstreit nur durch eine Entscheidung für diese und gegen eine andere Alternative stellen kann. »Untergraben« werden in durchaus ökologischer Absicht die als notwendig anerkannten, aber möglicherweise gefährlichen Vereinfachungen und Selbstverständlichkeiten der Praxis – doch dies nicht in kritischer Absicht, das heißt auch

---

61 Siehe dazu ausführlicher Dirk Baecker, »Die Texte der Systemtheorie«, in: Matthias Ochs, Jochen Schweitzer (Hrsg.), *Handbuch Forschung für Systemiker*, Göttingen: Vandenhoeck & Ruprecht 2012, S. 153-186.
62 Frei nach Norbert Bolz, *Weltkommunikation*, München: Fink 2001, S. 34.
63 Das war das Stichwort in Niklas Luhmann, »Soziologische Aufklärung«, in: ders., *Soziologische Aufklärung 1. Aufsätze zur Theorie sozialer Systeme*, Opladen: Westdeutscher Verlag 1970, S. 66-91, hier: S. 67 ff., unter Verweis auf das Konzept der »perspective by planned incongruity« bei Kenneth Burke, *Permanence and Change. An Anatomy of Purpose* (1935), 3. Aufl., Berkeley: California UP 1984, S. 89 ff., der auch, ebd., S. 91, von einem »untergrabend endeavor« spricht.

nicht in Kenntnis der Adressen (Organisationen), die etwas besser machen könnten, sondern in der Absicht, das evolutionäre Potenzial der Gesellschaft eher zu erhöhen als zu vermindern. Das entspricht nicht zuletzt auch der Funktion, die die Wissenschaft in der Gesellschaft nicht unbedingt laut Parsons, der sich noch Rationalitätsgewinne versprach, sondern laut Luhmann erfüllt: nicht die Ausräumung von Ungewissheit dank objektiv überprüften und technologisch anwendbaren Wissens, sondern die Steigerung der Ungewissheit zwecks Befähigung der Beobachter zu alternativen Beobachtungen.[64]

Was also hat es mit dem »media paradigm«[65] auf sich? Was leistet es im Kontext unserer Suche nach einer paradox, weil symbolisch phatischen Kommunikation? Zunächst einmal ist entscheidend, dass Parsons und Luhmann von »symbolisch generalisierten« Tausch- beziehungsweise Kommunikationsmedien sprechen.[66] Das stellt die Verbindung zu unserer Frage nach der Rolle von Symbolen im kulturellen Gegenkreislauf der Gesellschaft her und eröffnet eine Perspektive auf die Möglichkeit, auch die Symbole von Medien, die man bisher eher als kulturfern angesehen hätte (aber im Rahmen welchen Kulturbegriffs?), etwa die der Macht, des Geldes oder des Rechts, aber auch jene der Selektivität der Erziehung, der Provokationen der Kunst oder des

---

64 So etwa Luhmann, *Soziale Systeme*, S. 449.
65 Parsons, »Some Problems of General Theory in Sociology«, S. 243.
66 Parsons, »A Paradigm of the Human Condition«, S. 395, schränkt die symbolische Generalisierung auf die Medien des Handlungssystems ein, sieht also das telische, das physiko-chemische und das System des menschlichen Organismus nicht in symbolisch vermittelten Austauschbeziehungen untereinander und mit dem Handlungssystem. Das überrascht insofern, als er diese Austauschbeziehungen ebd., S. 405ff., insbes. das Schema, S. 407, durchaus benennt, also symbolisiert. Es ist diese Theoriestelle, an der wir im vorliegenden Buch die Differenz der Beobachter einsetzen, die aus menschlicher und sozialer Perspektive beobachtet, benannt und so auch symbolisiert werden, dies jedoch derart, dass ihre Beobachtung, Benennung und Symbolisierung Spielräume für deren Eigensinn und Spielräume für andersartige, etwa nicht im Medium Sinn vermittelte Unterscheidungen vorsieht.

Protests der Sozialbewegungen, als Beiträge zum Gegenkreislauf der Kultur in der Gesellschaft in den Blick zu nehmen. Wir bewegen uns demnach unversehens aus eher supplementär wirkenden Leistungen der Gesellschaft, der Pflege ihrer Kultur, in die Zentren der Codierung ihrer Kommunikation und bekommen damit noch einmal einen anderen Sinn für den entsprechenden Stellenwert der Kultur in dieser Gesellschaft.

»Symbolisch generalisiert« soll heißen, dass Sinnverweise, die sich in bestimmten Situationen als geeignet erwiesen haben, Handlungen und Kommunikationen miteinander zu verknüpfen, also Anschlusskommunikation sicherzustellen, als diese Verweise mit dieser Leistungsfähigkeit festgehalten und damit zu Symbolen verdichtet werden, von denen man erwarten kann, dass sie auch in anderen Situationen wieder leistungsfähig sein werden. Damit werden sie aus der einen Situation heraus für andere Situationen »generalisiert«. Kant hätte von einem Ansatz zur Transzendentalisierung gesprochen,[67] wenn ihm der Blick auf das Apriori vor dem Hintergrund damals verfügbarer Theoriefiguren nicht von vornherein den Blick auf die Konstitution dann transzendent wirkender Regeln in empirischen Situationen verstellt hätte. Wir haben es jedoch nicht mit Vernunft, sondern mit Evolution zu tun. Massenhaft werden in Situationen aller Art alle möglichen Sinnverweise laufend ausprobiert, manche mit Absicht, andere eher unwillkürlich, von denen sich einige bewähren, von denen wiederum einige wenige auffallen und entsprechend festgehalten werden. Massenhaft treten jedoch auch immer wieder neue Situationen auf, in denen die gewonnenen Symbole entweder nicht aufgerufen werden, nicht so aufgerufen werden, wie sie sich zuvor bewährt haben, oder auch aus Gründen versagen, die schwer zu erkennen sind.

Die Generalisierung der Symbole hat es nicht mit generalisierten Situationen zu tun. Die Situationen bleiben spezifisch, stehen in je anderen Kontexten, haben es mit anderen Aspekten des-

---

[67] Und Parsons, ebd., S. 400 ff., bezieht seine Theoriearbeit auf die Problemstellungen von Kant.

selben Sachverhalts, mit anderen Betroffenen, mit einem anderen Zeitdruck zu tun, so dass dieselben Symbole unter Umständen nicht mehr greifen. Die generalisierten Symbole müssen jeweils respezifiziert werden, und vermutlich sind die erfolgreichen Symbole jene, die Hinweise für ihre Respezifizierung bereits mitbringen und daher entsprechend sensitiv mit situativen Differenzen umgehen. Wir könnten in allen evolutionär erfolgreichen Fällen von symbolisch generalisiert respezifizierbaren Medien sprechen, wenn dies nicht das sprachliche Ungetüm auf die Spitze treiben würde und wir riskieren würden, damit kein Symbol bereitzustellen, dass eine Chance hat, in anderen Situationen (Situationen des Universitätsseminars, Situationen der Arbeit an Texten) auf eine Bereitschaft zur Wiederverwendung zu stoßen.

Parsons orientiert sich für sein Medienverständnis an der Sprache, dem Geld und der Macht und probiert es an allen Kanten aus, die er in seinem Vierfelderschema generieren kann. Prominent geworden sind die Medien Einfluss, Anerkennung, Affekt und Intelligenz.[68] Luhmann verabschiedet sich von den Kanten des Handlungssystems und erst recht von den drei anderen Systemen der Human Condition, entwirft eine offene Liste möglicher Funktionssysteme der Gesellschaft (neben Interaktionen und Organisationen) und versteht seine symbolisch generalisierten Kommunikationsmedien als Medien, die innerhalb eines Funktionssystems die Schwelle der Unwahrscheinlichkeit der Kommunikation in diesem System senken und so einen Beitrag zur Autopoiesis des Systems leisten. Durchgeführt hat er eine entsprechende Analyse für die Funktionssysteme Politik, Wirtschaft, Wissenschaft, Recht, Religion, Kunst und Erziehung mit ihren jeweiligen Medien Macht, Geld, Wahrheit, Recht, Glauben, Schönheit/Stimmigkeit und Kind/Lebenslauf/Karriere. Das müssen wir hier nicht referieren.[69] Aufschlussreich ist, dass es in Luhmanns

---

[68] Siehe vor allem Parsons, »Social Structure and the Symbolic Media of Interchange«.

[69] Siehe Luhmann, »Einführende Bemerkungen zu einer Theorie symbolisch generalisierter Kommunikationsmedien«; ders., *Die Gesellschaft der Ge-*

Theorieaufbau auch Funktionssysteme, so die Medizin und den Sport, gibt, in denen die Ausdifferenzierung von Kommunikationsmedien bisher nicht beobachtet werden konnte. Dies hat, vermutet Luhmann, seinen Grund darin, dass die Kommunikation dieser Systeme in den Personenbestand, mit dem sie es in ihren Umwelten zu tun haben, eingreift, um dort Effekte zu erzielen, die die Anschlusskommunikation leiten.[70] Systemgrenzenüberschreitende Effekte können jedoch, so Luhmann im Gegensatz zu Parsons, nicht medialisiert werden. Für diese Vermutung spricht auch, dass es etwa für die Erziehung, die ebenfalls Effekte in den an ihr beteiligten Personen (an den Schülern absichtlich, an den Lehrern eher unabsichtlich) auslösen will, nicht einfach ist, ein Medium zu identifizieren. Schon Parsons hatte es mit dem Problem zu tun, dass uns die Sprache nicht überall dort ein Wort zur Verfügung stellt, wo wir theoriegeleitet nach etwas suchen, das etwas leistet. Im Fall der Erziehung, die das Beste will und doch die Selektion durchführt, ist dies erst recht der Fall. Deswegen kam hier das Kind ebenso in Frage wie der Lebenslauf oder, wie Parsons zumindest für den Fall der höheren Erziehung postulierte, die Intelligenz.[71] Ähnliches gilt im Fall der Religion,

---

sellschaft, S. 316 ff.; und die einschlägigen Kapitel in ders., *Die Wirtschaft der Gesellschaft*, Frankfurt am Main: Suhrkamp 1988; ders., *Die Wissenschaft der Gesellschaft*, Frankfurt am Main: Suhrkamp 1990; ders., *Die Kunst der Gesellschaft*, Frankfurt am Main: Suhrkamp 1995; ders., *Die Politik der Gesellschaft*, hrsg. von André Kieserling, Frankfurt am Main: Suhrkamp 2000; ders. *Die Religion der Gesellschaft*, hrsg. von André Kieserling, Frankfurt am Main: Suhrkamp 2000; ders., *Das Erziehungssystem der Gesellschaft*, hrsg. von Dieter Lenzen, Frankfurt am Main: Suhrkamp 2002; sowie die knappe Zusammenfassung in ders., *Ökologische Kommunikation. Kann die moderne Gesellschaft sich auf ökologische Gefährdungen einstellen?*, Opladen: Westdeutscher Verlag 1986, S. 75 ff. und 89 ff.

70 Siehe für den Fall des Medizinsystems Dirk Baecker, »Zur Krankenbehandlung ins Krankenhaus«, in: ders., *Wozu Gesellschaft?*, Berlin: Kulturverlag Kadmos 2007, S. 237-266.

71 Siehe zu dieser Diskussion auch Dirk Baecker, »Erziehung im Medium der Intelligenz«, in: ders., *Wozu Gesellschaft?*, S. 267-314; und Jochen Kade, »Erziehung als pädagogische Kommunikation«, in: Dieter Lenzen (Hrsg.), *Irritationen des Erziehungssystems. Pädagogische Resonanzen auf Niklas*

wenn und insofern diese als Form der Kommunikation mit Gott verstanden wird.

Luhmann übernimmt von Parsons die Funktionsbestimmung von Medien. Medien erhöhen die Wahrscheinlichkeit der Teilnahme an entsprechend ausgewiesener Kommunikation, indem sie mit positiven Symbolen zu dieser Kommunikation motivieren und in denselben Symbolen ebenso wie in den sie begleitenden Negativsymbolen die Selektivität der Kommunikation unterstreichen, das heißt die Motivation dadurch sicherstellen, dass die Bedingungen respezifiziert werden, unter denen es angezeigt sein kann, einen anderen Typ von Kommunikation zu wählen.[72] Medien motivieren dadurch zur Kommunikation, dass sie anzeigen, dass sie gleichzeitig nur spezifische und nicht weitere Ansprüche stellen. Der Machthaber will, trotz und mit Machiavelli, nicht auch noch geliebt werden. Wer zahlt, erhebt keine Ansprüche darauf, den Verkäufer zu erziehen. Wer erzieht, appelliert an die Einsicht der Schüler, nicht an ihre Bereitschaft, sich zu unterwerfen. Wer liebt, muss nicht auch noch zahlen. Und wer nach der Wahrheit forscht, muss sich keine Gedanken um die Affekte machen, die seine Entdeckungen auslösen. Die Beispiele machen auf

---

Luhmann, Frankfurt am Main: Suhrkamp 2003, S. 199-232; ders., »Lebenslauf – Netzwerk – Selbstpädagogisierung. Zum Zusammenhang von Medienentwicklung und institutioneller Strukturbildung bei der Ausdifferenzierung eines Funktionssystems für Erziehung«, in: Yvonne Ehrenspeck, Dieter Lenzen (Hrsg.), *Beobachtungen des Erziehungssystems*, Wiesbaden: VS Verlag für Sozialwissenschaften 2006, S. 13-25.

72 Parsons, »Social Structure and the Symbolic Media of Interchange«, hier: S. 220 ff., ging so weit, den evolutionären Erfolg der Ausdifferenzierung dieser Motivations- und Selektionsfunktion der Medien dafür verantwortlich zu machen, dass sich Einflussgruppen ausdifferenzieren, die politische Macht, kulturelles Prestige, sozialen Protest oder auch massenmediale Prominenz verwalten und auf dieser Grundlage die Umstellung der Gesellschaft von den Schichten der traditionellen Gesellschaft auf die Funktionssysteme der modernen Gesellschaft absichern. Das heißt nicht, dass es nicht zu neuen und zur Kontinuierung von alten Ungleichheiten kommt, aber es heißt, dass sich die Mobilitätsbedingungen (Aufstieg und Abstieg) der modernen Gesellschaft von den Kontrollmechanismen der traditionellen Gesellschaft abkoppeln.

den entscheidenden Punkt aufmerksam: So sicher ist das jeweils nicht.[73] Die Selektivität und damit die Motivation sind allenfalls prekär, das heißt immer nur unter laufender Rücksichtnahme auf die Gesellschaft auf der Außenseite der jeweiligen Form des Mediums gesichert.

Und genau das ist der für unser kulturtheoretisches Interesse an den Medien entscheidende Punkt. Unter Berücksichtigung der Kanten des Handlungssystems und der Unwahrscheinlichkeitsschwellen der Kommunikation stellen wir die Frage, wie die Symbole von Medien sicherstellen, dass man sich an den Kommunikationen der Gesellschaft sowohl beteiligen als auch von ihnen Abstand nehmen und *für beides* kulturelle Motive ins Feld führen kann. Der Begriff der phatischen Kommunion erweist sich hier als hilfreich. Phatische Kommunion hat darin ihre Pointe, dass sie nicht intentional, sondern kontextuell gesteuert ist. Man kann dann auch *intendieren*, sich an Kommunikation zu beteiligen, aber nötig ist die Intention allenfalls, wenn es darum geht, Rückfragen zu beantworten und Rechtfertigungen für eine Teilnahme, eine Art der Teilnahme oder auch eine Ablehnung zu finden. Das heißt, der Kontext wirkt operativ, die Intention regulativ. Es liegt auf der Hand, dass diese Begriffslage unserem Interesse an einer Form entgegenkommt, in dem die Zurechnungen von Beobachtungen auf Beobachter ein Element der Form sind, das nicht darauf angewiesen ist, die Korrektheit der Zurechnung im Beobachter überprüfen zu können. Wie auch? Man hätte es in jedem Fall nur wieder mit einer Beobachtung zu tun. Ob Be-

---

73 Siehe auch die detailliertere Diskussion in Dirk Baecker, »Beobachtung mit Medien« (2002), in: ders., *Wozu Soziologie?*, Berlin: Kulturverlag Kadmos 2004, S. 257-272; ders., »Geldfunktionen und Medienkonkurrenz«, in: ders. (Hrsg.), *Viele Gelder*, Berlin: Kulturverlag Kadmos 2003, S. 12-30; ders., »Medienforschung«, in: Alexander Roesler, Stefan Münker (Hrsg.), *Was ist ein Medium?*, Frankfurt am Main: Suhrkamp 2008, S. 131-143; ders., »Ein Medium kommt selten allein«, in: Marc Jongen u. a. (Hrsg.), *Die Vermessung des Ungeheuren. Philosophie nach Peter Sloterdijk*, München: Fink 2009, S. 388-399; ders., »Soziologie der Medien«, in: Claus Pias u. a. (Hrsg.), *Soziale Medien – Neue Massen?*, i. Vorb.

obachter tatsächlich intendieren, was ihnen zugeschrieben wird, kann demnach ebenso offen bleiben wie jede andere Charakteristik der Beobachter, solange man nur daran festhält, dass es die Beobachter sind, die unter Rückgriff auf ihre leere Selbstreferenz in unendlicher Rekursion ihre Beobachtungen treffen, und niemand sonst.

Der Ausgangspunkt unserer Argumentation von einem phatischen Typ der Kommunion verschiebt unsere Beschreibung der Rolle der Symbole in den Medien gegenüber den Ausgangspunkten von Parsons und Luhmann in einer wichtigen Hinsicht. Für uns sind nicht die Verknüpfung zwischen den Aspekten der Handlung sowie die Beteiligung an der Kommunikation unwahrscheinlich und daher von den Medien sicherzustellen, sondern die Ablehnung von Kommunikation und hier insbesondere die reflektierte und damit begründbare und wählbare Distanznahme gegenüber der Kommunikation. Nichts ist leichter, wenn man die entsprechenden Symbole mitbedient, als sich am sprichwörtlichen Schwatz am Brunnen zu beteiligen. Man braucht nur dem Kontext nachzugeben. Aber wie schafft man es, sich wieder seinem Tagesgeschäft oder auch nur anderen Interessen zuzuwenden? Wie schafft man es, mit einem freundlichen Gruß am Brunnen vorbeizugehen und sich gar nicht erst am Schwatz zu beteiligen?

Man kennt diese Fragestellung aus neueren schwarmtheoretischen Überlegungen, die nicht nur nach Ansteckungsdynamiken zwischen Handlungs- und Kommunikationsereignissen fragen, sondern auch danach, wie man sich gegen die Ansteckung gleichsam impfen kann, und hier wie dort negative und positive Rückkopplungen, die Verstärkung von Schwankungen (Amplifikation von Fluktuationen) und wechselseitig tolerante, das heißt fehlerfreundliche Interaktionen unterstellen.[74] Nicht nur für den

---

74 Siehe zum einen Rückgriffe auf Gabriel Tarde, *Monadologie et sociologie* (1893), Reprint Le Plessis-Robinson: Institut Synthélabo 1999 (dt. 2008); ders., *Les lois de l'imitation. Étude sociologique*, 2. Aufl., Paris: Alcan 1895 (dt. 2009); Gustave Le Bon, *Psychologie des Foules*, Paris: Alcan 1895; und mit dem Vorschlag, eher auf Publika als auf Massen zu achten, skeptisch gegenüber Le Bon, Gabriel Tarde, *L'opinion et la foule* (1901), Reprint

Schwatz am Brunnen, sondern auch für die politische Entscheidungsfindung, die Dynamik einer Marktentwicklung, die Attraktivität massenmedialer Themen, die Stimmungsschwankungen einer Schulklasse, den Protest einer sozialen Bewegung, die Sprachspiele einer Familie, die Erregung religiöser Ergriffenheit oder das Spannungsmanagement in Hollywoodfilmen oder bei Sportveranstaltungen gilt, dass es jeweils leichter ist, mitzumachen als nicht mitzumachen.[75] Unser Argument ist, dass eine Gesellschaft dies nicht riskieren kann. So sehr sie auf die Attraktivität phatischer Kommunion setzen muss, um Koordinationseffekte erzielen zu können, so sehr muss sie schon wegen der Konkurrenz verschiedener Kommunikationsangebote untereinander darauf Wert legen, dass man sich aus der einen Kommunikation ausklinken und einer anderen anschließen kann, ganz zu schweigen davon, dass es nicht nur in den Märkten der Wirtschaft Gründe genug gibt, auf die Bildung von Blasen zu achten, die man nicht als Letzter verlassen können sollte.[76]

Die Symbole der Tausch- und Kommunikationsmedien, so unsere These, stellen sicher, dass es ebenso attraktiv ist, sich auf eine entsprechend ausgezeichnete Handlung und Kommunikation einzulassen, wie von ihr abzulassen. Das ist ihr Widerstreit. Kommunikationsmedien katalysieren Schwärme ambivalenter Kommunikation. Auch das ist gefährlich, wie man an der für sich selbst

---

Paris: PUF 1989; und zum anderen Eric Bonabeau u. a., *Swarm Intelligence. From Natural to Artificial Systems*, New York: Oxford UP 1999; und vgl. Dirk Baecker, »Ansteckung, und was man gegen sie tun kann«, in: Stephan A. Jansen u. a. (Hrsg.), *Positive Distanz? Multidisziplinäre Annäherungen an den wahren Abstand und das Abstandwahren in Theorie und Praxis*, Wiesbaden: Springer VS 2012, S. 109-117.

75 Siehe für eine Fallstudie Dirk Baecker, »The Hitler Swarm«, erscheint in: *Thesis Eleven* 117 (2013).

76 Siehe dazu Didier Sornette, *Why Stock Markets Crash. Critical Events in Complex Financial Systems*, Princeton, NJ: Princeton UP 2003; Yannick Malevergne, Didier Sornette, *Extreme Financial Risks. From Dependence to Risk Management*, Berlin: Springer 2006; Didier Sornette, »Nurturing Breakthroughs. Lessons from Complexity Theory«, in: *Journal of Economic Interaction and Coordination* 3 (2008), S. 165-181.

nicht mehr verständlichen und nachvollziehbaren Kommunikation der modernen Gesellschaft, von der nächsten Gesellschaft zu schweigen, sehen kann, aber es ist nicht so gefährlich, wie auf den Widerstreit und die Ambivalenz zu verzichten.[77] Es kommt auch nicht nur darauf an, Vorkehrungen dafür zu treffen, dass angesichts der Attraktivität der einen Kommunikation die Attraktivität einer anderen Kommunikation nicht aus den Augen verloren wird, sondern entscheidend sind zwei andere Funktionen des immer mitlaufenden Widerstreits. Erstens kann dank des Widerstreits in jeder Kommunikation, sobald ein Symbol aufgerufen wird, beobachtet und entschieden werden, ob man so weitermachen will oder nicht. Zwar sind alle Kommunikationen mit Strukturen ausgestattet, die es ihr mit der laufenden Überwindung des Problems der doppelten Kontingenz auch erlauben, andere Aussetzer, Misshelligkeiten und Verzögerungsmomente meist schneller auszugleichen, als sie auftreten oder zumindest Aufmerksamkeit finden können, doch muss auch das beobachtet und zur Not oder bei Bedarf gegen die Kommunikation eingewendet werden können.[78] Und zweitens kann der Widerstreit

---

77 Deswegen greift Michael Tomasello, *The Cultural Origins of Human Cognition*, Cambridge, MA: Harvard UP 1999; ders., *Origins of Human Communication*, Cambridge, MA: MIT Press 2008, um ein Erhebliches zu kurz, wenn er die wechselseitige Aufmerksamkeit und Kooperationsbereitschaft als entscheidende evolutionäre Vorteile »menschlicher« Kommunikation begreift. Wäre nur das der Fall, wäre die Menschheit in den von ihr in den einfachen Gesellschaften bereits vielfach ausgelösten »crises sacrificielles« à la René Girard, *La violence et le sacré*, Paris: Grasset 1972 (dt. 1987), längst untergegangen. Vor diesem Schicksal schützen uns unsere Bereitschaft und Fähigkeit, ohne Angabe von Gründen (»I would prefer not to«, so Melvilles Scrivener Bartleby) wegzulaufen, wie Maren Lehmann, *Mit Individualität rechnen. Karriere als Organisationsproblem*, Weilerswist: Velbrück Wissenschaft 2011, in einer Reihe historischer Studien gezeigt hat, aber eben auch: die Kultur. – Die oben erwähnte »nächste« Gesellschaft ist die Gesellschaft der elektronischen Medien im Unterschied zur »modernen« Gesellschaft als Form des Umgangs mit den Folgen der Einführung des Buchdrucks.
78 Nichts ist für die Reproduktion eines Systems wichtiger als der Einbau einer »delay function«, das weiß man spätestens dank der Kommunika-

nicht nur gegen die eine zugunsten einer anderen Kommunikation eingewendet, sondern auch zum Einwand gegen die Gesellschaft schlechthin generalisiert werden und dort in der Form der Kulturkritik einerseits symbolisch für beliebige Zwecke vorgehalten wie auch als Teil der Gesellschaft seinerseits dem Einwand ausgesetzt und so isoliert werden.[79]

Diese kulturelle Funktion im Doppelkreislauf der Gesellschaft können die Medien nur erfüllen, wenn sie paradox motivieren und selegieren, also sowohl Gründe liefern, Kommunikation anzunehmen wie sie abzulehnen. Schauen wir uns dies für einige Fälle an und berücksichtigen wir dabei zusätzlich die in der Literatur gängige Unterscheidung zwischen Verbreitungsmedien und Erfolgsmedien der Kommunikation. Spätestens jetzt ist überdies darauf hinzuweisen, dass die Medien nicht nur von der Soziologie, sondern auch von den Geschichts- und Literaturwissenschaften entdeckt wurden, die sich daraufhin nicht ohne Zögern zu den Kultur- und Medienwissenschaften entwickelten.[80] Der

---

tionstheorie, siehe etwa Donald M. MacKay, »Communication and Meaning – A Functional Approach«, in: F. C. S. Northrop, Helen H. Livingston (Hrsg.), *Cross Cultural Understanding. Epistemology in Anthropology*, New York: Harper & Row 1964, S. 162-179, hier: S. 177, der den wiederum ambivalenten Vorteil dieser Funktionen darin sieht, dass sie es erschweren, ein System stabil zu halten. Vgl. auch Joseph Vogl, *Über das Zaudern*, Berlin: diaphanes 2007. Und ders., *Kalkül und Leidenschaft. Poetik des ökonomischen Menschen*, München: sequenzia 2002.

79 Das Dilemma der Kulturkritik, von Rousseau eingestanden *und* ausgebeutet, ist, dass sie den Kritiker als Teil der Kultur, die er kritisiert, mitkritisieren muss und so dem Verdacht unterliegt, die falschen Gründe für eine richtige Kritik zu haben. Siehe dazu auch Theodor W. Adorno, »Kulturkritik und Gesellschaft« (1951), in: ders., *Prismen. Kulturkritik und Gesellschaft*, Frankfurt am Main: Suhrkamp 1955, S. 7-31.

80 Siehe für die Initialzündung Harold A. Innis, *The Bias of Communication*, Toronto: Toronto UP 1951; Marshall McLuhan, *The Gutenberg Galaxy. The Making of Typographic Man*, Toronto: Toronto UP 1962 (dt. 1968); ders., *Understanding Media. The Extensions of Man*, New York: McGraw-Hill 1964 (dt. 1968 unter dem Titel »Die magischen Kanäle«); ders., Quentin Fiore, *The Medium is the Massage. An Inventory of Effects* (1967), Reprint Corte Madera, CA: Gingko 2001; ders., Eric McLuhan, *Laws of Media. The New Science*, Toronto: Toronto UP 1988; Eric A. Havelock, *Preface to Plato*,

Ausgangspunkt war hier ein vom Computer, vom Fernsehen und vom Film ausgelöstes Interesse an der »medialen« Prägung der Gesellschaft durch jeweils vorherrschende Verbreitungsmedien der Kommunikation. Man wendete sich den durch die Einführung der Schrift und des Buchdrucks ausgelösten Medienumbrüchen zu,[81] um auch die Folgen der Einführung von Photographie, Telegraph, Phonograph, Film, Fernsehen, Computer und Internet besser beobachten und verstehen zu können.

Und zunächst unabhängig davon wurden die Medien ein drittes Mal von der Zeitungs- und Publizistikwissenschaft entdeckt, die sich daraufhin ebenfalls zu Medienwissenschaften erklären, sich jedoch vornehmlich auf die Untersuchung der so genannten Massenmedien Zeitung, Rundfunk und Fernsehen, dann auch Internet konzentrieren.[82]

Oxford: Blackwell 1963; Jack Goody, Ian Watt, »The Consequences of Literacy«, in: *Comparative Studies in Society and History* 5 (1963), S. 304-345; Walter J. Ong, *Rhetoric, Romance, and Technology. Studies in the Interaction of Expression and Culture*, Ithaca, NY: Cornell UP 1971; ders., *Interfaces of the Word. Studies in the Evolution of Consciousness and Culture, Ithaca*, New York: Cornell UP 1977. Und vgl. programmatisch Friedrich A. Kittler (Hrsg.), *Austreibung des Geistes aus den Geisteswissenschaften*, Paderborn: UTB 1992; sowie paradigmatisch ders., *Aufschreibesysteme 1800/1900*, München: Fink 1985; und ders., *Grammophon Film Typewriter*, Berlin: Brinkmann & Bose 1986.

81 Siehe auch Elisabeth L. Eisenstein, *The Printing Press as an Agent of Change. Communication and Cultural Transformations in Early-Modern Europe*, 2 Bde., Cambridge: Cambridge UP 1979; und Michael Giesecke, *Der Buchdruck in der frühen Neuzeit. Eine historische Fallstudie über die Durchsetzung neuer Informations- und Kommunikationstechnologien*, Frankfurt am Main: Suhrkamp 1991; ders., *Die Entdeckung der kommunikativen Welt. Studien zur vergleichenden Mediengeschichte*, Frankfurt am Main: Suhrkamp 2006.

82 Siehe hierzu die ersten Anregungen bei Walter Lippman, *Public Opinion*, New York: MacMillan 1922; und die daran anschließenden Fragen zur Meinungsführerschaft bei Paul F. Lazarsfeld u. a., *The People's Choice. How the Voter Makes Up His Mind in a Presidential Campaign*, New York: Duell, Sloane, and Pearce 1944; und Elihu Katz, Paul Fr. Lazarsfeld, *Personal Influence. The Part Played by People in the Flow of Mass Communication*, Glencoe, IL: Free Press 1960.

Wir haben es demnach mit Verbreitungsmedien, Erfolgsmedien und Massenmedien zu tun. Ein allgemein geteilter Medienbegriff fehlt hier genauso wie ein geteilter Kulturbegriff in den Kulturwissenschaften, zumal man zuweilen von der Neuartigkeit der Phänomene, mit denen man es zu tun bekommt, wenn man Kommunikationen im Medium der Photographie, des Fernsehens, des Internets oder neuerdings der Sozialen Medien untersucht, so beeindruckt ist, dass man eine Vor- oder Nachverständigung auf die Frage, von welcher Theorie oder welchem Begriff sich die eigene Forschung leiten lässt, und somit auch auf die Frage, auf welche Frage die Forschung eine Antwort geben kann, eher für schädlich, weil die Sache verstellend hält. Das können wir zugeben, und wir können auch mit Gilles Deleuze darauf hinweisen, dass man es der Philosophie überlassen könne, neue Begriffe zu schaffen (und der Kunst: neue Anschauung), doch dann wird es umso wichtiger, die Wissenschaft daran zu erinnern, dass sie gehalten ist, neue Funktionen zu identifizieren.[83] Ich schlage vor, den Beitrag der Medien zum Doppelkreislauf der Gesellschaft als diese Funktion anzunehmen und daran auch die Arbeit am Begriff und an der Theorie der Medien zu orientieren.

Schauen wir uns zunächst die Verbreitungsmedien an. Die Sprache, die Schrift, der Buchdruck und das Internet motivieren und selegieren paradox, weil die Attraktivität einer Kommunikation in diesen Medien immer mit einer Außenseite rechnet, die bei Bedarf mindestens genauso attraktiv ist.[84] Wer spricht, muss auch schweigen können. Wer schreibt, muss wissen, wor-

---

83 So Gilles Deleuze, *Pourparlers. 1972-1990*, Paris: Ed. de Minuits 1990 (dt. 1993), S. 178 f. Der Kunst wird die Aufgabe (Funktion?) zugewiesen, *neue* Anschauung zu schaffen. Ginge es nur um Anschauung, müsste man wohl eher die Massenmedien nennen. Und es gilt, dass »die Funktion der Funktion [...] die Funktion (ist)«, so Luhmann, *Die Gesellschaft der Gesellschaft*, S. 1125, mit der Vermutung, dass Funktionen eher als »Kritik« ein robuster Eigenwert der rekursiven Operation der Gesellschaft unter den Bedingungen der Beobachtung zweiter Ordnung sind.
84 Siehe hierzu auch Niklas Luhmann, Peter Fuchs, *Reden und Schweigen*, Frankfurt am Main: Suhrkamp 1989.

über und worüber nicht, und das muss man jeweils mitlesen können, so sehr kabbalistische Techniken der Andeutung dessen, was nicht ausgesprochen werden darf, sich jeweils nur in bestimmten religiösen beziehungsweise religioiden Zusammenhängen bewähren. Wer Bücher druckt, muss auch hier mitlesen lassen können, dass er um die Differenz zu den alten Schriften, um die Differenz zum Gespräch mit dem Leser oder auch um die eigene verdächtige Unsichtbarkeit hinter dem Text weiß, so sehr dann auch hier literarische Figuren der Reverenz vor dem Leser oder der mitvorgeführten Selbstreflexion (und ihrer zweifelhaften Ergebnisse) eine Angelegenheit literarischer Moden (Romantik, Postmoderne) sein können. Und eine Kommunikation im Internet, etwa über E-Mail, so genannte Soziale Medien, Videokonferenzen oder elaborierte Zusammenhänge der verteilten Arbeit an Dokumenten, Programmen oder Spielen, ist nahezu undenkbar ohne mitlaufende Hinweise, dass man auch anders könnte, die Vorzüge des Mediums jedoch zu schätzen weiß.

In jedem dieser Fälle handelt es sich um Oszillationen zwischen Innenseite und Außenseite der Form mit einer großen Bandbreite an Möglichkeiten, diese Oszillation nur anzudeuten, auszubauen, auch zeitlich die Aufenthalte auf der einen oder der anderen Seite unterschiedlich zu gestalten (man denke an eine Unterhaltung in Friesland oder an Professoren, die reden, weil sie nicht schreiben können, und umgekehrt) oder auch mitzuinszenieren. In jedem Fall, das ist der entscheidende Punkt, wird die Oszillation mitkommuniziert, und sie wird mitkommuniziert, nicht um die Kommunikation aufzuheben, sondern zugunsten der Bestätigung der Erinnerung daran, dass beides möglich ist, die Kommunikation in diesem und in jenem Medium.

Diese Mitkommunikation der eingeschlossenen und ausgeschlossenen Möglichkeiten beruht darauf, dass das Medium, das verwendet wird, für einen Moment selber zum Symbol gemacht wird, zum Symbol der Möglichkeiten, die mit dem Medium einhergehen, und damit auch zum Symbol der Möglichkeiten, die damit nicht erreichbar sind. Jurgen Ruesch und Gregory Bateson haben in einer der ersten Auseinandersetzungen mit Claude E.

Shannons und Warren Weavers mathematischer Kommunikationstheorie darauf hingewiesen, dass es keine Kommunikation ohne eine Metakommunikation gibt, das heißt keine Kommunikation, die nicht laufend auch darauf hinweist, dass kommuniziert wird und dass dies mit strukturellen Erwartungen, Erinnerungen und Versprechungen verbunden ist.[85] Die Symbolkommunikation ist eine Form des Wiedereintritts der Unterscheidung zwischen Kommunikation und Metakommunikation in die Kommunikation. Man spricht für einen Moment Sprache oder lässt das Schweigen reden, man schreibt Schrift oder die Unmöglichkeit eines Buchstabens, druckt Buchdruck und sein Gegenteil,[86] postet die Unmöglichkeit eines Postings, oder was immer. Das ist nicht selbst Metakommunikation, sondern wiederum auf Metakommunikation angewiesen. Aber es ist die Möglichkeit der Ausbeutung der Metakommunikation im Vertrauen auf auch diese wieder begleitende Metakommunikation auf der Seite der Kommunikation.

Im Übrigen ist das Raffinement, das in diesen Fällen mündlich, schriftlich oder elektronisch an den Tag gelegt werden kann, einer der besten Belege dafür, dass Kommunikation nicht intentional, sondern kontextuell gesteuert wird. Eine Kommunikation des Symbols als Symbol in der Form der Wiedereinführung der Unterscheidung zwischen Metakommunikation und Kommunikation auf Seiten der Kommunikation (auf Seiten der Metakommunikation scheint mir eher unmöglich zu sein), kann man nicht bewusst wollen. Man kann sie nur passieren lassen und das Vergnügen des eigenen Bewusstseins daran beobachten, dass es gelingt, wenn es gelingt.

---

85 Siehe Jurgen Ruesch, Gregory Bateson, *Communication. The Social Matrix of Psychiatry* (1951), Reprint New York: Norton 1987 (dt. 1995), etwa S. 209 ff.

86 Man denke nur an die Experimente mit verschiedenen, jeweils semantisch aussagekräftigen (oder nicht?) Kommatalängen, leeren und schwarzen Seiten, Aufbau und Verletzung von Spannungsbögen usw. in Lawrence Sternes *Tristram Shandy* (und an das Verdienst des Haffmans Verlags in den 1980er Jahren in Zürich, dies wieder lesbar zu machen).

Diese Art der Symbolkommunikation in den Verbreitungsmedien lebt davon, dass das Symbol in dem Moment, in dem es kommuniziert ist, gegenläufig positiv und negativ konnotiert ist. Man mag sprechen und mag es nicht. Man sucht die Schrift und leidet unter ihrem Ungenügen oder auch, das alte Problem des Namens, an ihrer Deutlichkeit und Eindeutigkeit.[87] Man schätzt den Buchdruck und die Verlässlichkeit, mit der identische Exemplare von Büchern massenhaft ihr Publikum finden, und beklagt zugleich, dass man die Leser nie zu sehen bekommt, so oder so nur auf zerstreutes Publikum trifft und in keinem Falle korrekt verstanden wird.[88] Und ein international aufgestelltes Unternehmen weiß es zu schätzen, dass es Teams von Leuten zusammenstellen kann, die über mehrere Kontinente und Zeitzonen verteilt arbeiten, ahnt jedoch zugleich, dass bestimmte Formen wechselseitiger Anregung und gemeinsamer Entwicklung, auch bestimmte Formen ertragreicher Konflikte, so nicht realisiert werden können. Das Symbol des gewählten Verbreitungsmediums, wie kurz auch immer es angespielt wird, führt diese Gegenläufigkeit der positiven und negativen Wertung der Kommunikation allen Beteiligten vor Augen, aktualisiert den Widerstreit und frischt so sowohl die Bereitschaft als auch die Notwendigkeit zu erkennbarem Handeln, das heißt zur Reinszenierung der beteiligten Beobachter inklusive ihrer individuellen Intransparenz, der nächste Widerstreit, so auf, dass die Kommunikation lebendig gehalten werden kann.

Mit den so genannten Erfolgsmedien, etwa Einfluss, Affekt, Intelligenz in der Konzeption von Parsons und Wahrheit, Recht, Geld, Macht, Schönheit/Stimmigkeit, Liebe, Glauben und Selektion-für-einen-Lebenslauf in der Konzeption von Luhmann, steht

---

87 Namen sind wie Henkel, sagte George Spencer-Brown während seines Vortrags in Heidelberg im Frühjahr 1994, an denen man Personen aufhängen kann.
88 Sehr schön dazu das Vorwort in Friedrich Wilhelm Josef Schelling, *Vom Ich als Princip der Philosophie oder über das Unbedingte im menschlichen Wissen* (1795), *Werke* 2, hrsg. von Hartmut Buchner, Jörg Jantzen, Stuttgart: Fromann-Holzboog 1980, S. 67-175.

es ähnlich. Wir verzichten darauf, jeden Fall einzeln durchzuspielen. Es genügt, darauf hinzuweisen, dass jedes dieser Medien eine reichhaltige Reflexionsgeschichte sowohl seiner Affirmation als auch seiner Kritik hinter sich hat und dass es keine Theorie dieser Medien gibt, die nicht auf die Ambivalenz aufmerksam macht, auf die man sich einlässt, wenn man sich auf ein solches Medium einlässt.[89] Und auch hier ist es wesentlich, dass wir nicht nur in diesen Medien kommunizieren können, sondern dass wir sie auch benennen, bezeichnen, thematisieren und mit all dem symbolisieren können, um sie für den Moment stillzustellen, in ihrem Widerstreit zu beleuchten und dann zu entscheiden, ob wir auf ihrer Spur bleiben, eine andere wählen oder die eine Spur mit einer anderen kombinieren, die erste verdeckend, versteckend oder auch unterstreichend.

Erfolgsmedien verdanken ihren Erfolg dem Erfolg ihrer Symbole. Der Einfluss ist auf Autoritätssymbole, der Affekt auf Spontaneitätssymbole, die Intelligenz auf die sprichwörtlich hochgezogenen Augenbrauen angewiesen. Keine Wahrheit funktioniert wissenschaftlich, die nicht mit den Symbolen methodischer und theoretischer Validität ausgestattet ist. Kein Recht kommt ohne das Symbol der blinden Gerechtigkeit aus, obwohl kein Recht funktionieren würde, wenn es für seine eigenen Fälle und Argumente blind wäre. Kein Geld würde angenommen, würde nicht eine Notenbank symbolisch dafür geradestehen, dass man es im Notfall zumindest bei ihr gegen – Devisen vermutlich – eintauschen könnte. Keine Macht kann darauf verzichten, ab und an

---

89 Siehe zum Beispiel die Studie zum Umgang mit Schönheit und zur Frage, wie sehr man vom Einfluss der Werbung frei wäre und unbefangen mit Leuten kommunizieren würde, wenn man dank eines minimalen Eingriffs ins Gehirn die Unterscheidung schön/hässlich nicht mehr treffen könnte (und müsste, so die Annahme), von Ted Chiang, »Liking What You See. A Documentary«, in: ders., *Stories of Your Life and Others*, S. 281-311. Inklusive des Einwandes: Was würden wir verlieren, wenn wir keine Chance mehr hätten, unsere eigene Unterscheidungen zu unterscheiden und je nach Situation anzuwenden oder einzuklammern? Siehe dazu auch Dirk Baecker, »Männer und Frauen im Netzwerk der Hierarchie«, in: ders., *Wozu Soziologie?*, S. 236-256.

die Waffen der Ausübung einer physischen Gewalt vorzuzeigen, mit denen sie ansonsten umso subtiler droht, je mehr die Möglichkeit ihrer Ausübung von allen Beteiligten in ihr Handeln längst »eingepreist« ist. Keine Schönheit eines Kunstwerks könnte wirken, fände nicht ein Kommentar die passenden Symbole seiner Erläuterung. Keine Liebe würde halten, würde nicht ihre Haltung in unscheinbaren Gesten laufend symbolisiert. Kein Glaube wäre sich seiner sicher, würde Gott nicht doch hier und da ein Zeichen senden (oder würde man nicht zumindest auf eines warten), das symbolisiert, dass er noch da ist. Und keine Erziehung wäre erfolgreich, fänden nicht Schüler und Lehrer Mittel und Wege, die in Aussicht gestellten Karrieremöglichkeiten bereits in der Schule durch Lob, Versprechen und Warnung zu symbolisieren.

Jedes Medium ist auf Symbole angewiesen, die das Medium jedoch nicht symbolisieren, sondern selbst sind. Die Medien verdanken ihre Performativität ihren Symbolen, obwohl die Symbole nicht wirken würden, wären sie nicht in die Medien eingebettet. An jedem der Symbole kann der Doppelkreislauf ansetzen und das, was man gerade noch gepriesen hat, verurteilen. Die Symbole verraten das Medium, wenn man so will, und wie immer, wenn man auf einen Verrat aufmerksam wird, steht man anschließend vor der Wahl, ob man weiter mitmachen will oder nicht. An diesen Symbolen des Mediums orientiert sich auch die Symbolisierung des Mediums auf der kulturellen Ebene der Gesellschaft. Die dicken Mauern der Banken, die wehenden Fahnen der Regierung und die allwöchentlichen roten Rosen des Liebhabers wecken den Verdacht, dass man es möglicherweise nur noch mit Symbolen zu tun hat – und dann erst beobachtet man das Medium selber, in welcher stellvertretenden Semantik auch immer,[90] und entscheidet sich für sie oder gegen sie.

Es liegt auf der Hand, dass all dies auch für die Massenmedien gilt, also für jene Medien, denen wir unser Wissen über die Welt

---

90 Denn erkennen kann man die Medien nur an ihren Effekten, so Elena Esposito, »Was man von den unsichtbaren Medien sehen kann«, in: *Soziale Systeme* 12 (2006), S. 54-78.

verdanken. »Was wir über unsere Gesellschaft, ja über die Welt, in der wir leben, wissen, wissen wir durch die Massenmedien. [...] Andererseits wissen wir so viel über die Massenmedien, daß wir diesen Quellen nicht trauen können.«[91] Entscheidend ist hier die Formulierung: »durch die Massenmedien«, nicht etwa: »von den Massenmedien«. Denn die Formulierung macht klar, dass wir nicht umhinkommen, beim Lesen der Zeitung, Anhören einer Rundfunksendung oder Anschauen einer Fernsehsendung eben auch die Zeitung, das Rundfunkgerät und das Fernsehgerät zu sehen. Wir sehen damit nicht nur die Rahmung der Kommunikation, sondern wir sehen ihre Fabrikation, die Art und Weise der Motivation ihrer Selektivität. Wir sind dem Medium, solange wir können, immer einen Schritt voraus, insofern wir uns auf das »Prinzip der zuverlässigen Überraschung« verlassen,[92] im Zweifel den Artikel neben dem Artikel, die Sendung nach der Sendung oder auf dem anderen Kanal für interessanter zu halten und so zu glauben, wir selbst würden die Selektion vornehmen und nicht die jeweilige Redaktion. Und natürlich wissen wir, dass die Redaktionen genau damit ihrerseits rechnen und mindestens so viel Aufwand in die Gestaltung wie in die Platzierung ihrer Sendungen investieren, um uns einen Switch nahezulegen, der zum Mehr vom Selben führt.

Auch hier haben wir es zusätzlich zum Medium mit den Symbolen und der Symbolisierung des Medium zu tun und jeweils die Wahl, auf einer der drei Ebenen der Kommunikation der Massenmedien, den Nachrichten, der Werbung oder der Unterhaltung, der Sendung zu folgen, auf die verwendeten Symbole je nach Bedarf affirmativ oder kritisch zu achten oder das Medium selbst als Symbol einer in dieser Gesellschaft zu begrüßenden oder ab-

---

91 So Niklas Luhmann, *Die Realität der Massenmedien*, 2. erw. Aufl., Opladen: Westdeutscher Verlag 1996, S. 9.
92 Vgl. Klaus Schönbach, »Das Prinzip der zuverlässigen Überraschung. Bürgerjournalismus und die Zukunft der traditionellen Nachrichtenmedien«, in: Bernhard Pörksen u. a. (Hrsg.), *Paradoxien des Journalismus: Theorie – Empirie – Praxis. Festschrift für Siegfried Weischenberg*, Wiesbaden: VS Verlag für Sozialwissenschaften 2008, S. 503-512.

zulehnenden Form der Kommunikation zu nehmen. Mediengestalter (im Fall der Massenmedien) wissen, dass wir immer auf allen drei Ebenen wachsam sind, und achten daher auf deren Abstimmung; und wir wissen es auch. Anders wären Sendungen, die ihre Faszination daraus gewinnen, dass sie zusätzlich dieses geteilte Wissen mitvorführen und daraus den Spaß an jenen Albernheiten gewinnen, den sie präsentieren, nicht möglich.[93]

Wir können auch davon sprechen, dass die Verbreitungsmedien, Erfolgsmedien und Massenmedien Mittel und Wege finden müssen, sich in der Gesellschaft, in der sie auftreten, selber zu kultivieren. Sie müssen sich mit Selbstnegationen, mit Chancen der Rejektion, aufladen, um aus dem damit gewonnenen Widerstreit ihre kommunikative Glaubwürdigkeit und damit ihre gesellschaftliche Funktionalität zu gewinnen. Zwei Voraussetzungen sind für diese Funktionalität zu erfüllen, und diese beiden Voraussetzungen informieren den Medienbegriff, den wir hier verwenden.

Erstens darf das Medium nicht dinglich, sondern muss medial vorliegen. Es muss vermitteln und sich nicht selber dem Blick aufdrängen. Nur daraus bezieht es seine kontextuelle, in der Insektenforschung sagt man auch: stigmergetische,[94] das heißt seine Energie aus Zeichen (*stigmata*, griech. für Zeichen, aber auch Stiche) gewinnende Wirkung. Man kann die Liebe, den Glauben, die Macht, die Intelligenz oder den Rundfunk nicht als solche kommunizieren, sondern muss es stattdessen mit Liebesbeweisen, frommen Gesten, spezifischen und deswegen auch für den Machthaber riskanten Drohungen (denn es könnte sein, dass man ihnen gegebenenfalls keine Taten folgen lassen kann), klugen Sprü-

---

[93] Siehe dazu exemplarisch Walter van Rossum, *Meine Sonntage mit »Sabine Christiansen«. Wie das Palaver uns reagiert*, Köln: Kiepenheuer & Witsch 2004.

[94] So Pierre-P. Grassé, »La Reconstruction du nid et les Coordinations Inter-Individuelles chez *Bellicositermes Natalensis et Cubitermes sp.* La théorie de la Stigmergie. Essai d'interprétation du Comportement des Termites Constructeurs«, in: *Insectes Sociaux* 6 (1959), S. 41-82; und vgl. die Diskussion in *Artificial Life* 5, no. 2 (1999).

chen und guten Sendungen versuchen. Der Vorteil daraus ist, dass die einzelnen Formen misslingen können, ohne dass deswegen auch das Medium mehr als nötig in Misskredit gerät (was nicht heißen soll, dass eine Drohung, die scheitert, ein ganzes Machtgebäude zusammenbrechen lässt und auf Jahre keine Kommunikation im Medium der Macht mehr zulässt, oder ein Liebesbeweis, der sich als geheuchelt erweist, einen auf immer an der Liebe verzweifeln lässt). Es ist im Gegenteil sogar eher so, dass das Medium gestärkt aus dem Scheitern einer Form herausgeht, weil man am negativen Beispiel lernt, was man vom positiven Beispiel hätte (man vergleiche dazu die hin und her wogende Debatte um den Euro in der Folge der Staatsschuldenkrise seit 2009/2010).

Der Medienbegriff, der diese Voraussetzung am besten beschreibt, ist Fritz Heiders aus der Unterscheidung des Mediums vom Ding gewonnene Begriff.[95] Medien werden hier als lose Kopplungen von Elementen vorgestellt, deren feste Kopplung dann Ding heißt beziehungsweise, wenn man den Begriff über die von Heider beschriebenen Wahrnehmungsmedien Licht, Schall, taktile Oberfläche usw. hinaus verallgemeinert: Form.[96] Wir hören im Medium des Schalls, und wir sehen im Medium des Lichts, ohne, wenn wir nicht besondere Vorkehrungen treffen oder John Cage zu Hilfe rufen, auch den Schall zu hören (im Medium seiner Differenz: Stille) oder das Licht zu sehen (im Medium seiner Differenz: Schatten). Genau so kann man sich auch die Verbreitungsmedien, Erfolgsmedien und Massenmedien vorstellen: als Mengen lose gekoppelter Elemente, die ebenso kontextuell wie vage, weil nicht direkt adressierbar, bestimmte Formen von Kommunikation schon deswegen attraktiv machen, weil diese Möglichkeitenmenge als Menge von Möglichkeiten attraktiv ist.

---

95 Siehe Fritz Heider, *Ding und Medium* (1926), Nachdruck Berlin: Kulturverlag Kadmos 2005.
96 So der Vorschlag von Niklas Luhmann, »Das Medium der Kunst«, in: *Delfin* 4, Heft VII (1986), S. 6-15 (wieder abgedruckt in: ders., *Schriften zu Kunst und Literatur*, hrsg. von Niels Werber, Frankfurt am Main: Suhrkamp 2008); oder ders., *Erkenntnis als Konstruktion*, Bern: Benteli 1988, S. 33 ff.

Diese Vorstellung ist, das muss man zugeben, von größter Unanschaulichkeit. Wir kennen aus der Statistik die Vorstellung einer homogenen Menge gleichartiger, im Begriff der Menge gleichartig gemachter Elemente, aber wir kennen nicht die Vorstellung einer losen Kopplung von Elementen, die als diese Kopplung Dinge oder Formen tragen kann. Die Vorstellung erinnert an Claude Lévi-Strauss' Bastler, der in der Lage ist, sich im Durcheinander seiner Werkstatt oder sonstigen Umgebung umzuschauen und sich von den Dingen, die dort unverbunden und nutzlos herumliegen, anregen lässt, den einen oder anderen nützlichen Gegenstand aus ihnen zu machen.[97] Vielleicht können wir uns unsere Beobachter als Bastler dieser Art vorstellen, die sich dann allerdings vom Ingenieur, dem Gegenbild bei Lévi-Strauss, nicht allzu sehr, nämlich nur durch den Grad an Planung und Systematik, vielleicht auch durch das Ausmaß, in dem Ingenieure aus ihren Fehlern lernen, Bastler sich jedoch einfach umstellen, unterscheiden würden. Aber das ist nur eine Hilfsvorstellung und wird den physikalischen, semantischen und pragmatischen Formen des Wechsels zwischen verschiedenen Aggregatzuständen der Medien und der Dinge beziehungsweise Formen nicht gerecht.

Man fühlt sich auch an Karl E. Weicks Hinweis erinnert, der nicht zufällig den lange vergessenen Aufsatz von Fritz Heider wieder ausgegraben hat, dass nicht die intendierten Ziele, sondern die verwendeten Mittel eine Organisation integrieren.[98] Auch hier

---

97 Siehe Claude Lévi-Strauss, *Das wilde Denken* (1962), übers. von Hans Naumann, 3. Aufl., Frankfurt am Main: Suhrkamp 1979, S. 29 ff.
98 So Karl E. Weick, *The Social Psychology of Organizing*, 2. Aufl., Reading, MA: Addison-Wesley 1979, S. 89 ff. et passim; und zum Ausbau des Konzepts der losen Kopplung auch unter Verweis auf Robert B. Glassman, »Persistence and Loose Coupling in Living Systems«, in: *Behavioral Science* 18 (1973), S. 83-98 (lose Kopplung als Sicherung von Unabhängigkeit trotz Abhängigkeit, man könnte auch sagen: als Gewinn von Unabhängigkeit aus Abhängigkeit, und umgekehrt); Karl E. Weick, »Educational Organizations as Loosely Coupled Systems«, in: *Administrative Science Quarterly* 21 (1976), S. 1-19; sowie Michael D. Cohen u. a., »A Garbage Can Model of Organizational Choice«, in: *Administrative Science Quarterly* 17 (1972), S. 1-25.

geht es darum, sich eine Organisation als eine lose Kopplung von Leuten, Technologien, Abteilungen, Produkten und Publikumsbeziehungen vorzustellen und nicht linear als Arbeitsfluss und hierarchisch als Ordnung, um dann zu unterstreichen, dass die lose Kopplung zur Überraschung des Managements wesentlich mehr Teilnahmebereitschaft motiviert als die festen Kopplungen des Arbeitsflusses und der Hierarchie. Man will dabei sein, wenn innovative Produkte entwickelt werden, interessante Menschen miteinander arbeiten, Untertanen schikaniert werden können, Menschen geholfen wird, Theater gespielt wird, Studierende mit Wissenschaft in Berührung kommen oder was auch immer, und will sich seinen Spaß und die daraus resultierende Motivation nicht durch Manager verderben lassen, die aufregende Prozesse durch zu erreichende Ziele verlangweilen. Auch in diesem Fall einer mit dem Medienbegriff arbeitenden Organisationstheorie landet man in unanschaulichen Problemstellungen, woraus sich erklären mag, dass Heiders Medienbegriff weder die Organisationstheorie noch die Medienwissenschaften besonders weitreichend anregen konnte.

Zu dieser Unanschaulichkeit trägt bei, dass eine Gesellschaft Mittel und Wege finden muss, die lose Kopplung der Elemente, aus denen Medien bestehen, ebenso sicherzustellen wie ihre Verknüpfung zur festen Kopplung in Formen. Wie macht sie das? Einen Hinweis gibt die von Luhmann herausgearbeitete Ereignishaftigkeit der Kommunikation.[99] Liebesbeweise, Drohungen, fromme Gesten, ja sogar wissenschaftliche Thesen treten ereignishaft auf und verschwinden wieder. Wenn sich niemand an sie erinnert, bleiben sie verschwunden. Und wenn man sich erinnert, können sie nicht in ihrer alten Qualität aufgerufen werden (sie können allenfalls beschworen werden, und das weckt erst recht den Verdacht, wenn man nicht gute Gründe hat, gerade der Beschwörung, etwa weil sie sich als alternativlos darstellt, zu glauben), sondern müssen neu riskiert werden und werden auch neuerlich wieder verschwinden. Luhmann kann deswegen for-

---

99 Siehe Luhmann, *Soziale Systeme*, S. 70 ff.

mulieren, dass Formen der Kommunikation in ihr Medium »zerfallen«. Und so können sie vage erinnert werden und kontextuell neue Wirkung entfalten. Wir fügen dieser Eigenschaft der Ereignishaftigkeit jeder Kommunikation und daher auch der Kommunikation in unseren drei Arten von Medien die kulturelle Symbolisierung der Medien hinzu und formulieren die These, dass auch der in die Symbole eingebaute Widerstreit von Kultur und Gesellschaft dazu beiträgt, dass die Medien Instabilität und Unbestimmtheit gewinnen und so gleichsam aus den in ihr zur Wirkung gebrachten Differenzen von positiver und negativer Wertung zerfallen und jeweils neu kombiniert werden können.

Die zweite Eigenschaft, die Medien befähigt, in der Gesellschaft im beschriebenen Sinne kultiviert werden zu können, ist nach der losen Kopplung die Sinndifferenz von Aktualität und Potenzialität, die ebenfalls von Luhmann beschrieben und analytisch fruchtbar gemacht wurde.[100] Diese dank der immanenten Unruhe des Sinns jeder Sinnverwendung zugrunde liegende Differenz bedeutet, dass es unmöglich ist, bei einer (aktuellen) Sinnverwendung nicht an eine (potenziell) auch mögliche andere Sinnverwendung zu denken, sie zu unterstellen oder auch sie auszuprobieren.[101] Entsprechend dem Faszinosum der Philosophie Jacques Derridas bedeutet dies, dass das Abwesende im Anwesenden als Abwesendes anwesend ist und alles Interesse der Frage gelten muss, wie diese Differenz, so paradox sie scheint, in der

---

100 Siehe ebd., S. 92 ff.; und ders., Sinn als soziologischer Begriff, a. a. O. (1971), S. 32 ff.; und vgl. Klaus Oehler, »Das Zeichen als dynamisches Ereignis«, in: ders., *Sachen und Zeichen. Zur Philosophie des Pragmatismus*, Frankfurt am Main: Klostermann 1995, S. 94-101, zur Semiosis im Übergang von Potenzialität zu Aktualität.

101 Mit dem Beispiel von Talcott Parsons, »Some Theoretical Considerations Bearing on the Field of Medical Sociology«, in: ders., *Social Structure and Personality*, New York: Free Press 1964, S. 325-358, hier: S. 330: Ärzte müssen sicherstellen, dass ihre Untersuchung des Körpers des Patienten nicht mit der Anbahnung einer intimen Beziehung verwechselt wird, weil genau das körperlich naheliegt, aber sinnhaft nicht ferner liegen könnte.

Situation behandelt werden kann.[102] Die Differenz der Aktualität zur Potenzialität ist in der Sprache des Formkalküls von Spencer-Brown die Differenz der markierten zur unmarkierten Seite einer Unterscheidung, und auch hier ist, wie wir wissen, die entscheidende Frage spätestens mit dem Wiedereintritt der Unterscheidung in die Unterscheidung, wie die eine Seite die andere informiert und wie auf der Innenseite, auf der Anschlüsse weiterer Operationen vorgenommen werden können, zu erkennen gegeben werden kann, welche Außenseite wie auf Abstand gehalten beziehungsweise berücksichtigt wird.

Medien ermöglichen dank ihrer losen Kopplung und dank ihrer zwischen Aktualität und Potenzialität oszillierenden Unruhe die Kultivierung sowohl der Symbole als auch der Symbolisierung der Medien. Medien, so können wir dies auch formulieren, sind bloß technisch nicht zu haben, das heißt weder linear noch eindeutig noch kausal. Sie sind nur in ihrem eigenen, im Widerstreit oszillierenden Gedächtnis zu haben. Wie wir wissen, ist auch das eine Technik.

Überschüsse

Eine Kultur, so eine Vermutung von Niklas Luhmann, die ihn allerdings skeptisch werden lässt »im Hinblick auf die Möglichkeiten einer Theorie der Kultur«,[103] kann man sich vielleicht als etwas vorstellen, was »im Zusammenwirken aller Kommunikationsmedien – der Sprache, der Verbreitungsmedien und der symbolisch generalisierten Kommunikationsmedien – kondensiert [...]. Kondensierung soll dabei heißen, daß der jeweils benutzte Sinn durch Wiederbenutzung in verschiedenen Situationen einerseits derselbe bleibt (denn sonst läge keine Wiederbe-

---

102 Siehe Jacques Derrida, »Die différance« (1967), in: ders., *Die différance. Ausgewählte Texte*, hrsg. von Peter Engelmann, Stuttgart: Reclam 2004, S. 110-149, nicht zufällig auch unter dem Stichwort der »medialen Form«.
103 So Luhmann, *Die Gesellschaft der Gesellschaft*, S. 410.

nutzung vor), sich aber andererseits konfirmiert und dabei mit Bedeutungen anreichert, die nicht mehr auf eine Formel gebracht werden können. Das legt die Vermutung nahe, daß der Verweisungsüberschuß von Sinn selbst ein Resultat der Kondensierung und Konfimierung von Sinn ist und daß Kommunikation diejenige Operation ist, die sich damit ihr eigenes Medium schafft.«[104] Die Skepsis gegenüber den Möglichkeiten einer Kultur resultiert daraus, dass man sich schwer vorstellen kann, wie dieser Überschuss als Überschuss, als laufend mitproduzierte Potenzialität, als Implikation unausgeschöpfter Möglichkeit der Negation, als uneingelöstes Versprechen und ebenso wenig aktualisierte Drohung, als unbestimmte Erwartung oder auch nur als »information overload«[105] theoretisch begriffen werden kann.

Das Stichwort der Kondensierung verweist bei Luhmann auf die Begrifflichkeit von Spencer-Browns Formkalkül. Kondensation ist dort als Errechnung eines oder einiger weniger aus vielen rekursiv und iterativ wiederholten Unterscheidungen bestimmt. Wenn wir von Rekursion und Iteration sprechen, ist ein Teil des Problems bereits bestimmt. Rekursionen und Iterationen sind keine bloßen Wiederholungen desselben, sondern Wiederholungen von Unterscheidungen, die unter jeweils anderen Umständen dennoch als dieselben gelten. Die Wiederholung schafft eine Differenz, die in der Wiederholung zugleich bestätigt und geleugnet wird. Man kennt das Problem aus der Psychoanalyse Freuds und den daran anschließenden Überlegungen von Deleuze.[106] Das ist

---

104 Ebd., S. 409.
105 Unter diesem Stichwort fand das Problem weniger in die wissenschaftliche Literatur als vielmehr in aktuelle Formen der Kulturkritik seit Alvin Toffler, *Future Shock*, New York: Random 1970, Eingang. Mit der Kategorie des information overflow arbeitet Michel Callon, »An Essay on Framing and Overflowing. Economic Externalities Revisited by Sociology«, in: ders. (Hrsg.), *The Laws of the Markets*, Oxford: Blackwell 1998, S. 244-269.
106 Siehe Sigmund Freud, »Erinnern, Wiederholen und Durcharbeiten« (1914), in: ders., *Zur Dynamik der Übertragung. Behandlungstechnische Schriften*, eingel. von Hermann Argelander, Frankfurt am Main: Fischer

der Widerstreit auf der kleinsten Ebene der Unterscheidung. Luhmanns These im hier nicht genannten, nicht wiederholten Anschluss an die Psychoanalyse und die Philosophie ist, dass die Wiederholung als Wiederholung nicht etwa auch den Widerstreit laufend reaktualisiert, sondern ihn im Gegenteil, je reibungsloser die Wiederholung läuft und Rekursionen und Iterationen auf dasselbe vor- und zurückgreifen zu können glauben, vergisst und die wenigen Momente, in denen er vielleicht doch auf sich aufmerksam macht, verdrängt. An die Stelle der Unwahrscheinlichkeit der Wiederholung tritt ihre Wahrscheinlichkeit, und dies um den Preis der Absorption aller sachlichen, sozialen, zeitlichen und situativen Differenz.

Auch das kennt man wie schon die Idee der losen Kopplung aus der Organisationstheorie, für die James G. March und Herbert A. Simon das Theorem der Ungewissheitsabsorption entwickelt haben, dem gemäß der Anschluss von Entscheidungen an vorherige Entscheidungen nur möglich ist, wenn die Ungewissheit, unter der die jeweils vorherige Entscheidung getroffen wurde, von der folgenden Entscheidung nicht etwa wiederaufgegriffen (thematisiert) wird, sondern stattdessen das jeweilige Ergebnis der vorherigen Entscheidung als Prämisse der folgenden Entscheidung akzeptiert wird – eine Regel, die Organisation ermöglicht und die unter spezifizierbaren Bedingungen (etwa: Entscheidungen, die sich auf strategische Prämissen berufen) aufgehoben wird.[107]

Man versteht vor diesem Hintergrund die These von der Kultur als der zweiten Natur des Menschen inklusive des in dieser These mitformulierten Glücks und Unglücks, je nach Temperament, zur ersten Natur, das heißt zur dramatischen Unwahrscheinlichkeit der Reproduktion von Unterscheidungen, wieder zurückzufin-

---

Taschenbuch 1992, S. 85-95; und Gilles Deleuze, *Différence et répétition*, Paris: PUF 1968 (dt. 1992, 1997).

107 Siehe James G. March, Herbert A. Simon, *Organizations* (1958), 2. Aufl., Cambridge, MA: Blackwell 1993, S. 186 ff.; und im Anschluss daran Niklas Luhmann, *Funktionen und Folgen formaler Organisation* (1964), 4. Aufl. mit einem Epilog 1994, Berlin: Duncker & Humblot 1995; ders., *Organisation und Entscheidung*, Opladen: Westdeutscher Verlag 2000.

den.[108] Die Skepsis gegenüber den Möglichkeiten einer Theorie der Kultur, die Luhmann formuliert, erklärt sich aus den Schwierigkeiten, eine Theorie zu formulieren, die zusammen mit den Rekursionen und Iterationen von Unterscheidungen auch jeweils die Widerstände oder auch nur Abweichungen, das Rauschen, die Reibungen, den Schmutz, das Gelächter, die Verzweiflung, die Gewalt thematisiert, auf die der Moment der Wiederholung trifft und die die Wiederholung auslöst, wenn sie auf ihren Identitäten und Identifikationen beharrt. Und in der Tat, wie kann man diese Einheit der Differenz von Reproduktion und Widerstand formulieren?[109]

Elegant ist der Ausweg, den Mary Douglas im präzisen Anschluss an Praktiken und Semantiken in Stammesgesellschaften gefunden hat, wenn sie darauf hinweist, dass sich eine Kultur häufig durch Reinheitsgebote und Tabuisierungen des Unreinen auszeichnet und so, in unserer Sprache, den Widerstreit und Widerspruch adressiert und zugleich auf Abstand hält.[110] Allerdings kann dieser Ausweg in der Evolution menschlicher Gesellschaften über die Stammesgesellschaften hinaus nicht kontinuiert werden, weil er zu sehr an körperliche Evidenzen gebunden ist und somit den Widerstreit in den Medien der Schrift, des Buchdrucks und der elektronischen Medien sehr zum Unglück von fundamentalistischen Bewegungen, die es seither und immer wieder

---

108 Vgl. Thomas Macho, »Tiere zweiter Ordnung. Kulturtechniken der Identität und Identifikation«.
109 Siehe zur Wahrnehmung des Problems auch die Beiträge in Albrecht Koschorke, Cornelia Vismann (Hrsg.), *Widerstände der Systemtheorie. Kulturtheoretische Analysen zum Werk von Niklas Luhmann*, Berlin: Akademie Verlag 1999; außerdem Urs Stäheli, *Sinnzusammenbrüche. Eine dekonstruktive Lektüre von Niklas Luhmanns Systemtheorie*, Weilerswist: Velbrück Wissenschaft 2000; Friedrich Balke, »Tristes Tropiques. Systems Theory and the Literary Scene«, in: *Soziale Systeme* 8 (2002), S. 27-37; sowie die Beiträge in Ludwig Jäger, Georg Stanitzek (Hrsg.), *Transkribieren. Medien/Lektüre*, München: Fink 2002; und Albrecht Kümmel, Erhard Schüttpelz (Hrsg.), *Signale der Störung*, München: Fink 2003.
110 Siehe Mary Douglas, *Purity and Danger. An Analysis of Concepts of Pollution and Taboo*, New York: Praeger 1966 (dt. 1974).

dennoch versuchen, Reinheitsgebote aufzustellen, nicht adressieren kann. Douglas formuliert ihre eigene Kulturtheorie denn auch nicht in der Terminologie von Schmutz und Reinheit, sondern gibt dem Widerstreit, ohne ihn, soweit ich das überblicke, so zu nennen, die Fassung einer doppelten Ordnung der Individuen in einer Gesellschaft, nämlich der Ordnung einer Gruppenzugehörigkeit (group) und der Ordnung einer sozialen Differenzierung (grid), die nichts anderes ist als eine Ordnung von Individualisierungschancen, die im Einklang, aber auch im Widerspruch zu Gruppenzugehörigkeiten stehen können.[111]

Dementsprechend kann auch hier nur ein Zählen und Ordnen, eine Buchführung des Sozialen (social accounting) stattfinden, das mit Widersprüchen, Ambiguitäten, rechnet und sie ausbeutet, während sie eine Ordnung zu schaffen versucht, die ephemer und temporär, aber auch institutionell und autoritär sein mag, je nachdem wie ernst sie es jetzt zunehmend metaphorisch beziehungsweise symbolisch mit der Schaffung von Reinheit und dem Fernhalten von Schmutz meint. »[...] wir wissen, dass viele soziale Situationen voller Zweideutigkeit sind: jedes Individuum hat einen Spielraum, um fehlzuleiten, umzuleiten und sogar neu zu deuten. [...] Wenn Individuen miteinander handeln [transact], sind Einheiten der Kultur ihr Tauschmedium. Ihre Auseinandersetzung dreht sich um Normen und Werte, darum, wie städtisches Leben geführt und gerechtfertigt, wie das Leben auf dem Land unterstützt werden sollte, und dies gemäß dieser Liste urbaner und jener Liste ländlicher Werte.«[112] Dass die Symboli-

---

111 So Mary Douglas, *Natural Symbols. Explorations in Cosmology* (1970), 2. korr. Aufl., New York: Pantheon 1982, S. 54 ff.; dies., »Cultural Bias« (1978), in: dies., *In the Active Voice*, London: Routledge & Kegan Paul 1982, S. 183-354, hier: S. 190 ff.
112 So Douglas, »Cultural Bias«, S. 188 f., Übers. DB. Siehe auch die Formulierung im Anschluss an Pierre Bourdieu: »Was ist Kultur? Ich verstehe sie als einen ständigen Streit [ongoing argument] um die Richtigkeit einer Entscheidung. Bourdieu folgend verstehe ich eine Hochkultur als einen Streit um Geschmack und niedrige Kultur als einen Streit um Moral.« So dies., »A Typology of Cultures«, in: Max Haller u. a. (Hrsg.), *Kul-*

sierung von Reinheit diese nicht weniger ernst zu nehmen versteht, unterstreicht auch Harrison C. White, wenn er eine seiner drei Disziplinen der Orientierung in Netzwerken, die Arena, auf das Problem der Bewertung von Reinheitsstandards bezieht (neben dem Interface, in dem es um die Qualität des Outputs geht, und dem Council, in dem Prestigefragen verhandelt werden).[113] Ein kultivierter Umgang miteinander schließt sein eigenes Gegenteil nicht aus, sondern ein, was Douglas wie folgt beschreibt: »In dieser Aushandlungsaktivität zwingt jedermann Kultur seinen Mitmenschen in den Rachen [forcing culture down the throats of his fellow-men].«[114]

Das löst jedoch noch nicht unser Problem einer Theorie der Überschüsse. Doch die Anschlussthese von Luhmann bringt uns möglicherweise ein Stück weiter. Er vermutet, dass Kommunikation diejenige Operation ist, die sich in diesen Überschüssen ihr eigenes Medium schafft. Oszillierend zwischen dem Ja und dem Nein der Sprache, zwischen dem Ausnutzen von Chancen der Verbreitungsmedien und der Beobachtung, dass jedes Verbreitungsmedium nicht leistet, was ein anderes leisten könnte, zwischen der Positivwertung und der Negativwertung der Erfolgsmedien und ihrer Ausdifferenzierung in der Gesellschaft sowie zwischen der Orientierung an den Massenmedien und dem generalisierten Manipulationsverdacht, ist jede Kommunikation, was sie ist, indem sie in den losen Kopplungen der durch diese Oszillation produzierten Elemente ihre feste Kopplung einer Form realisiert. Und wohlgemerkt, die These ist nicht, dass die Kommunikation es jeweils mit einem dieser Widerstreite zu tun hat. Sie hat es zugleich mit allen zu tun, so dass man sich die Kommunikation nur als hochgradig nervöse Operation im Medium ihrer eigenen Irritabilität vorstellen kann.

Eine soziologische Theorie der Gesellschaft und ihrer Kultur

---

tur und Gesellschaft, Verhandlungen des 24. Deutschen Soziologentags, Zürich 1988, Frankfurt am Main: Campus 1989, S. 85-97, hier: S. 89, Übers. DB.

113 Siehe White, *Identity and Control*, S. 16 und 30 ff.
114 So Douglas, »Cultural Bias«, S. 189, Übers. DB.

setzt hier an. Denn diese Nervosität und Irritabilität sind die Außenseite und der Raum aller Unterscheidungen, die von einer Kommunikation, von *jeder* Kommunikation getroffen werden. Und das heißt umgekehrt, dass die Kommunikation und *jede* Kommunikation auf ihre Bezeichnungen hin untersucht werden kann, die sie im Rahmen von Formen trifft, die durch diese Außenseite und durch diesen Raum, in dem sie operativ realisiert werden, gekennzeichnet werden. Gegen jeden ersten Anschein hat man es hier mit einem durchaus für Zwecke der empirischen Forschung geeigneten Konzept zu tun, wenn es denn gelingt, die positive ebenso wie negative Sensibilität einzelner kommunikativer Akte durch Sequenzanalysen, Tiefeninterviews, ein multimediales Mapping von Tonfällen, Gesichtsausdrücken, Körperhaltungen, Zuwendung und Abwendung, Anwesenheit und Abwesenheit und durch mitlaufende Hypothesen über in der Kommunikation verschwiegene Relevanzstrukturen der Außenseite und des Raums der Unterscheidung nachzuzeichnen.[115]

---

[115] Angesichts dieser Anforderungen an die empirische Sozialforschung kann man skeptisch sein, ob sie ihnen gewachsen ist, so etwa Luhmann, *Die Gesellschaft der Gesellschaft*, S. 36 ff. Andererseits gibt es durchaus methodologische Ansätze, die sich mehr oder minder direkt dem Problem stellen, so vor allem Barney G. Glaser, Anselm Strauss, *The Discovery of Grounded Theory. Strategies for Qualitative Research*, New Brunswick, NJ: Aldine 1967; Juliet Corbin, Anselm Strauss, *Basics of Qualitative Research. Techniques and Procedures for Developing Grounded Theory*, 3. Aufl., London: Sage 2008; am Beispiel: Ulrich Oevermann, *Strukturprobleme supervisorischer Praxis. Eine objektiv hermeneutische Sequenzanalyse zur Überprüfung der Professionalisierungstheorie*, 3. Aufl., Frankfurt am Main: Humanities Online 2010; Ralf Bohnsack, *Rekonstruktive Sozialforschung. Einführung in Methodologie und Praxis qualitativer Forschung*, Opladen: Leske und Budrich 1991, 8. Aufl. 2010; ders., *Qualitative Bild- und Videointerpretation. Die dokumentarische Methode*, Opladen: Budrich 2009, 2. Aufl. 2011; Werner Vogd, *Systemtheorie und rekonstruktive Sozialforschung. Eine empirische Versöhnung unterschiedlicher theoretischer Perspektiven*, Opladen: Budrich 2005. Siehe auch aus konversationsanalytischer Perspektive Harvey Sacks, *Lectures on Conversation* (1992), hrsg. von Gail Jefferson, mit einer Einführung von Emmanuel A. Schegloff, Reprint Oxford: Blackwell 1995; und generell zum Problem des methodologischen Umgangs mit Tex-

In der Ausarbeitung eines theoretischen Ansatzes zur Beschreibung des Beitrags der Kultur zum Doppelkreislauf der Gesellschaft plädieren wir für eine Archäologie der Medien, wenn Archäologie hier heißen darf, für jedes Ereignis einer Kommunikation, eines Handelns oder Erlebens, nach rekursiven und iterativen Vor- und Rückgriffen fragen zu können, die das jeweilige Ereignis in eine Struktur, mit Gotthard Günther können wir auch sagen: in ein Morphogramm einbetten, das in einem Kenogramm fundiert ist und in dem Positivsprachen und Negativsprachen miteinander verschaltet werden, die jedes Ereignis als Produzent und Lösung eines Widerstreits verständlich machen.[116] So zügig dies theoretisch zu formulieren ist, so »endlos«, um noch einmal Freud zu zitieren,[117] ist vermutlich die Analyse in jedem Einzelfall. Wir schlagen hier auch deshalb eine Archäologie der Medien vor, weil theoretisch wie empirisch immer nur Einzelbohrungen möglich sind, um der Konstitution kultureller Phänomene auf die Spur zu kommen, und man dabei jeweils in Kauf nehmen muss, dass man bei einer anders oder woanders ansetzenden Grabung zu anderen Ergebnissen käme.[118]

---

turen (statt Grenzen), Anwesenheiten und Abwesenheiten John Law, *After Method. Mess in Social Science Research*, London: Routledge 2004.

116 Siehe hierzu Anregungen bei Foucault, *Die Ordnung der Dinge*; und ders., *L'archéologie du savoir*, Paris: Gallimard 1969 (dt. 1997). Nicht von einem System der Irritabilität, sondern von einem System der Akzeptabilität, in das eine Archäologie der Positivitäten und eine Genealogie der Singularitäten eingezeichnet werden können, spricht auch ders., *Was ist Kritik?*, übers. von Walter Seitter, Berlin: Merve 1992, S. 34 ff.

117 So Sigmund Freud, »Die endliche und unendliche Analyse« (1937), in: ders., *Zur Dynamik der Übertragung. Behandlungstechnische Schriften*, eingel. von Hermann Argelander, Frankfurt am Main: Fischer Taschenbuch 1992, S. 129-168.

118 Siehe in diesem Sinne auch Thomas Götzelt, »Trümmer, Tropen, Traditionen. Zeichenformen in der Geschichte der Archäologie«, in: *Zeitschrift für Semiotik* 28 (2006), S. 105-122. Und siehe zum Interesse an »Spuren« Sybille Krämer, »Das Medium als Spur und Apparat«, in: dies., *Medien, Computer, Realität. Wirklichkeitsvorstellungen und neue Medien*, Frankfurt am Main: Suhrkamp 1998, S. 73-94; Ludwig Jäger, »Die Sprachvergessenheit der Medientheorie. Ein Plädoyer für das Medium Spra-

Luhmann hat auf seine eigene Skepsis gegenüber den Möglichkeiten einer Theorie der Kultur mit nicht weniger als drei Vorschlägen reagiert. Inzwischen ahnen wir, dass die Skepsis nichts anderes ist als die selbstähnliche Abbildung des Widerstreits der Kultur im Kulturtheoretiker, so dass wir uns diese drei Vorschläge genauer anschauen und auch den Versuch machen können, sie zusammenzuführen. Der erste Vorschlag ist der einer Theorie der Kulturformen, der zweite formuliert die Kultur als Wertmedium, und der dritte beschreibt die Kultur als Gedächtnis der Gesellschaft.

Die Theorie der Kulturform entwirft eine Theorie der Medienepochen der Gesellschaft. Die Theorie des Wertmediums reagiert auf die Beobachtung, dass Werte ebenso lose gekoppelt vorliegen wie symbolisch generalisierte Kommunikationsmedien und eine ähnliche Akzeptabilität, Irritabilität und Reflexivität aufweisen wie diese und dennoch in ihrem Durchgriff auf Motivation und Selektion von Handlung, Erleben und Kommunikation hinter anderen Medien zurückstehen. Und die Theorie der Kultur als Gedächtnis der Gesellschaft bietet eine mit den Ansprüchen der soziologischen Theorie der Gesellschaft abgestimmte Formulierung für die vielfach geäußerte Beobachtung, dass Kultur etwas mit Tradierung von Verhalten, Semantik und Wissen zu tun hat, offenbar jedoch höchst selektiv tradiert, vieles vergisst und manche Traditionen erst im Nachhinein erfindet, weil sie so besser zur jeweiligen Gegenwart passen.[119]

Unsere Frage lautet, welchen Beitrag diese drei Vorschläge leisten können, um angesichts des Problems, dass eine Kultur in der Form von Überschüssen vorliegt, aus denen sich nicht nur die Selektionen der Kultur bedienen, sondern die darüber hinaus als

---

che«, in: Werner Kallmeyer (Hrsg.), *Sprache und neue Medien*, Berlin: de Gruyter 2000, S. 9-30, zur »Spurtheorie des Geistes«; und für einen Überblick und Hinweise auf »Baustellen« dieser Art von Archivarbeit Petra Gehring, »Epoche der Archäologien«, in: *Philosophische Rundschau* 59 (2012), S. 3-25.
119 Siehe die Diskussion im Anschluss an Eric Hobsbawm, Terence Ranger (Hrsg.), *The Invention of Tradition*, Cambridge: Cambridge UP 1984.

Überschüsse gleichsam einen Generaleinwand gegen die Selektivität der Gesellschaft zu generieren erlauben, eine mögliche Theorie der Kultur zu formulieren. Das Problem der Selektivität kennt man, seit es Kulturvergleiche gibt und seit man zunächst mit intellektuellem Vergnügen, dann mit patriotischer Emphase und schließlich mit ökologischen Sorgen der einen Kultur ihre im Vergleich mit einer anderen Kultur beschränkte Sichtweise vorgehalten hat.[120] Das Problem der Selektivität als Generaleinwand kennt man zumindest in der Form einer Theorie der Kultur, die diese zunächst von außen, dann auch »reflexiv« von innen an der Art und Weise misst, ob und wie sie mit Überraschungen umgehen kann.[121] Luhmanns drei Vorschläge laufen ähnlich wie bei Mary Douglas darauf hinaus, die Kultur als bewertenden und diese Bewertungen im Zeitablauf korrigierenden (erinnernden, vergessenden, verändernden) Umgang mit Überraschungen unter der Einschränkung zu formulieren, dass Kultur und Gesellschaft nicht nur bestimmte Überraschungen, sondern auch einen bestimmten Umgang mit Überraschungen gegenüber anderen Überraschungen und einem anderen Umgang präferieren.

Einfacher gesagt: Eine Kultur stellt bewertete Bewertungen von möglichen Selektionen aus einem Überschuss von Selektionen bereit, wobei ihre Bewertungen in der Regel so quer zu den Selektionen der Gesellschaft stehen wie eine Negativsprache zu einer Positivsprache. Letzteres gilt auch im Fall einer affirmativen Kultur, da diese dort positive Selektionen möglicher Alternativen negativ bewertend festhält, wo die Gesellschaft in Folgesituationen mög-

---

120 Siehe neben den bereits genannten Texten von Mary Douglas auch dies., *Risk and Blame. Essays in Cultural Theory*, London: Routledge 1992; sowie Michael Thompson u. a., *Cultural Theory*, Boulder, CO: Westview Press 1990.
121 So Douglas, »A Typology of Cultures«, insbes. S. 91 ff., mit dem Hinweis darauf, dass die Blindheit unserer eigenen Kultur darin bestehen könnte, hierarchische Lösungen im Umgang mit längst erkannten ökologischen Selbstgefährdungen nicht mehr zuzulassen beziehungsweise fundamentalistischen, um nicht zu sagen: patriarchalischen Protestbewegungen in der Gesellschaft zu überlassen.

licherweise eher Flexibilität, das heißt den Austausch der einen Selektion gegen eine andere präferiert. Die Kultur feiert (noch), was die Gesellschaft (schon nicht mehr) gebrauchen kann. Die Negativsprache kann sich negativ gegen eine Positivsprache stellen, wenn diese Positivsprache ihre eigenen Negationschancen nutzt und für einen Wechsel der Folgeoperation optiert.

Drei Unterscheidungen organisieren Luhmanns drei Vorschläge. Seine Theorie der Kulturform unterscheidet Vergleich und Kontrolle, seine Theorie des Wertmediums Erleben und Orientierung, seine Theorie des Gedächtnisses Vergessen und Erinnern. Vergleich und Kontrolle veranschaulicht Luhmann an den Problemen des Auftretens disruptiver Verbreitungsmedien der Kommunikation, wie vor allem der Schrift, des Buchdrucks und des Computers, die die bisherigen Differenzierungsformen der Gesellschaft mit einem neuen Überschusssinn überfordern und daher abgelehnt werden müssen, um dann selektiv zugelassen und ebenso selektiv auch positiv bewertet werden zu können. Wie auch ein Großteil der gegenwärtigen Kulturwissenschaften, wenn auch zur steten Verwunderung der Sozialwissenschaften, die keinen Medienbegriff haben, der Geisteswissenschaften, die eine mangelnde Differenzierung beklagen,[122] und der Geschichtswissenschaften, deren Quellen eine andere Sprache sprechen, unterscheidet auch Luhmann zwischen vier und nur vier Medienepochen der Gesellschaft, der tribalen, der antiken, der modernen und der postmodernen oder, wie wir lieber sagen: nächsten Gesellschaft.[123]

---

122 Siehe etwa Ludwig Jäger, »Der Schriftmythos. Zu den Grenzen der Literalitätshypothese«, in: ders., Erika Linz (Hrsg.), *Medialität und Mentalität. Theoretische und empirische Studien zum Verhältnis von Sprache, Subjektivität und Kognition*, München: Fink 2004, S. 324-342.
123 Siehe die Literaturangaben oben, Fußnote 80, sowie Luhmann, *Die Gesellschaft der Gesellschaft*, S. 410 ff. Das Stichwort der nächsten Gesellschaft wurde eingeführt von Peter Drucker, »The Next Society. A Survey of the Near Future«, in: *The Economist*, November 3rd, 2001 (wiederabgedruckt in: ders., *Managing in the Next Society*, New York: St. Martin's Griffin 2003, S. 233-299).

Das müssen wir hier im Einzelnen nicht referieren.[124] Wichtig ist, dass Luhmann auf die Schrift, den Buchdruck und den Computer an dieser Stelle nur exemplarisch eingeht. Man müsste die Sprache ergänzen und auch ihre Einführung als Überforderung der vorherigen Differenzierungsform der Gesellschaft, also der Urhorden unter den Menschenaffen, begreifen und möglicherweise so von Grenzen als Kulturform der tribalen Gesellschaft sprechen, wie Luhmann mit Aristoteles vom telos als Kulturform der antiken und mit Descartes vom unruhigen Gleichgewicht der modernen Gesellschaft spricht. Man müsste sich überlegen, ob es gegenwärtig bereits deutlichere Anzeichen als zu Luhmanns Zeiten gibt, um die Kulturform der Gesellschaft im Umgang mit einem Überschusssinn zu beschreiben, den die Computer und ihre Netzwerke im Medium der Elektrizität, das heißt der elektronischen Verrechnung, Verschaltung, Speicherung und Programmierung erzeugen. Man müsste die These der epochalen Einschnitte im Anschluss an das Auftreten von neuen Verbreitungsmedien der Kommunikation mit anderen Stressereignissen der Menschheitsgeschichte vergleichen.[125] Und man müsste dieselbe Frage

---

124 Siehe jedoch Dirk Baecker, »Niklas Luhmann in der Gesellschaft der Computer« (2001), in: ders., *Wozu Soziologie?*, S. 125-149; ders., »Communication With Computers, or How Next Society Calls for an Understanding of Form«, in: *Soziale Systeme* 13 (2007), S. 409-420; ders., *Studien zur nächsten Gesellschaft*, Frankfurt am Main: Suhrkamp 2007; und ders., »The Network Synthesis of Social Action, Part I: Towards a Sociological Theory of Next Society«, und »Part II: Understanding Catjects«, in: *Cybernetics and Human Knowing* 14, no. 4 (2007), S. 9-42, und 15, no. 1 (2008), S. 45-65.
125 Siehe dazu Anregungen und Warnungen seit Jacob Burckhardt, *Weltgeschichtliche Betrachtungen* (1870), hrsg. von Rudolf Marx, Stuttgart: Kröner 1978, mit dem Akzent auf »Krisen« als beschleunigten Prozessen; Oswald Spengler, *Der Untergang des Abendlandes* (1918), Nachdruck München: dtv 1983, mit einer Zyklentheorie der Kultur; Arnold J. Toynbee, *A Study of History*, gekürzt von D. C. Somervell, New York: Oxford UP 1947-1957 (dt. *Der Gang der Weltgeschichte. Wachstum und Zerfall der Zivilisationen. 1949-1958*), mit dem Konzept von challenge and response; Jared Diamond, *Guns, Germs and Steel. The Fates of Human Societies*, London: Jonathan Cape 1997, mit dem Akzent auf positiven Rückkopp-

als Frage nach den Kulturformen stellen, die im Umgang mit den symbolisch generalisierten Kommunikationsmedien Macht, Geld, Liebe, Kunst, Recht, Wahrheit und Glauben auch dort den Überschuss ihres Sinns symbolisieren, gegen diese insgesamt und gegen jede einzelne ihrer Selektionen wenden, um umgekehrt und im Gegenzug nach Möglichkeiten zu suchen, die eine oder andere Selektion dennoch positiv zu bewerten.

Damit ist ein Forschungsprogramm entworfen, das über die Rekonstruktion jahrhundertealter und bekannter Diskurse der Macht-, Geld-, Rechts- und Wahrheitskritik, der Warnung vor der Liebe, vor der Kunst und vor dem Glauben hinausgeht und zum einen Bezüge zwischen diesen Kritiken und Warnungen herstellt und zum anderen am Leitfaden der Unterscheidung von Vergleich und Kontrolle diese Kritik und die Praxis, die ihr jeweils entspricht oder von ihr abweicht, in den Kontext der Optionalisierung eines Wechsels zwischen den Medien und damit auch der Medienkonkurrenz stellt und diese Optionalisierung wiederum als Beitrag zur Ausdifferenzierung, nämlich Begrenzung der Reichweite eines Mediums, begreift. Das können wir hier nicht leisten, aber es wäre eine Form der empirischen Entfaltung

---

lungen aus Technologien. Siehe zu einer expliziten Stresstheorie der Kultur Heiner Mühlmann, *Die Natur der Kulturen. Entwurf einer kulturgenetischen Theorie*, Wien: Springer 1996, mit der These der Entstehung des ästhetischen ebenso wie politischen Decorums der europäischen Kultur aus dem Stressereignis des militärischen Sieges der Griechen gegen die Perser, den man nicht mehr individuellen Helden (Achill), sondern den in der Phalanx kämpfenden Hopliten (gemeinsam siegen oder untergehen) verdankte. Wenn man mit John W. Meyer, *Weltkultur. Wie die westlichen Prinzipien die Welt durchdringen*, übers. von Barbara Kuchler, hrsg. von Georg Krücken, Frankfurt am Main: Suhrkamp 2005, S. 160f., annimmt, dass der kulturgenetische Code Europas aus einer Kombination von Monotheismus (Jerusalem), streitbarer Wahrheit (Athen) und einem zwischen Zentrum und Peripherie unterscheidenden Machtkalkül (Rom) besteht, kann man auch annehmen, dass möglicherweise dieser Code durch das Stresserlebnis der Völkerwanderung gestärkt wurde und in dieser Form bis heute der europäischen Ambivalenzkultur (im Medium der Ablehnung der Ausländerfeindlichkeit) im Umgang mit Phänomenen der Vielfalt in der Bevölkerung zugrunde liegt.

einer Kulturtheorie in der Form einer Archäologie der Medien, die auch deswegen eine Archäologie wäre, weil man nie weiß, in welchen Tiefenschichten der Ausgrabung man auf welche Querbezüge stößt,[126] und weil man nur weiß, dass das Morphogramm der kulturellen Bewertung eines Phänomens immer zum Greifen nah ist und doch im nächsten Moment wieder im Überschuss der Möglichkeiten verschwimmt.

Die Ausgangsfrage der Anwendung der Unterscheidung von Vergleich und Kontrolle ist immer dieselbe. Welche Formen der Ablehnung und konditionierten Annahme von Kommunikation sind geeignet, auch im jeweiligen Überschusssinn die Möglichkeiten der Kommunikation untereinander vergleichen – was immer auch heißt: wechseln – und im Hinblick auf ihre Voraussetzungen, auf die man sich andernfalls einlässt, ohne um ihren Erwartungsgehalt zu wissen, und auf ihre Folgen hin kontrollieren zu können? Diese Frage kann nicht beantwortet werden, ohne sich jeweils im Detail anzuschauen, welche Erwartungsstrukturen im jeweiligen Gegenstand unter welchen Bedingungen zu finden sind, welche Probleme damit wie gelöst werden und welche Konfliktbereitschaften gegenüber Gegenständen in der Nachbarschaft ohnehin bestehen, und die entsprechenden Befunde mit der Typik einer neu auftretenden Kommunikation, ihren Agenten und Beobachtern, ihren Gelegenheiten und ihren Einschränkungen, ihrer Bindung an Interessen, Leidenschaften und Machtpositionen jeweils abzugleichen. Genau das wollen wir unter einer Archäologie der Medien verstehen: eine Analyse der Irritation sozialer Phänomene durch vertraute und unvertraute Beobachter in einer jeweils spezifisch historischen und regionalen, um nicht zu sagen: singulären Situation.

Werte entstehen, wenn auch nur für einen Moment im Zuge von Vergleich und Kontrolle Wiederholbarkeiten sichtbar werden, die als Ausbildung von Präferenzen festgehalten werden, die, wie Luhmann sagt, das Erleben leiten und damit auch der Orientie-

---

126 Siehe für einige Anregungen Michael Thompson, *Rubbish Theory. The Creation and Destruction of Value*, Oxford: Oxford UP 1979 (dt. 1981).

rung dienen, aber gegenüber möglichem Handeln nur konditioniert, nur im Modus einer Unterstellung, die auch scheitern kann, zum Ausdruck kommen. Letztlich geht es bei Werten darum, fallweise das Richtige vom Falschen unterscheiden zu können und diese Unterscheidung lernbereit, das heißt flexibel handhaben zu können.[127] Der Rückbezug der Werte auf das Erleben der Gesellschaft stellt diese zudem für eine andere Wahrnehmung des Überschusssinns der Gesellschaft frei, als es die Orientierung der Handlung vermöchte. Das Erleben kann sich auf eine Potenzialität richten, die von jeder Aktualität sofort diskontiert würde. In diesem Sinne ist das Erleben freier als das Handeln, aber auch als Differenz zum Handeln in der Lage, die Orientierung am Erleben von der Orientierung des Handelns zu unterscheiden. Anders gesagt, wenn das Erleben an der Ausgestaltung einer Negativsprache arbeitet, läuft der Hinweis darauf, dass man nur transjunktional,[128] durch Abwertung und Neubewertung, zum Handeln kommt, immer mit. Dass daraus ein resignativer Umgang mit Kultur resultiert, ist eine Begleiterscheinung, die für ihre Ausdifferenzierung und ihre Isolation gleichermaßen in Anspruch genommen werden kann.

Werte nehmen den Widerstreit der Kultur so selbstähnlich auf

---

127 Siehe Luhmann, *Die Gesellschaft der Gesellschaft*, S. 340 ff. und 408 f.; und unter Bezug auf Kultur als Themenvorrat der Gesellschaft ders., *Soziale Systeme*, S. 224 f.; sowie zur Unterscheidung korrekt/inkorrekt im Kontext variationsbereiter pattern variables: Talcott Parsons, »Culture and Social System Revisited« (1972), in: Louis Schneider, Charles M. Bonjean (Hrsg.), *The Idea of Culture in the Social Sciences*, Cambridge: Cambridge UP 1973, S. 33-46.
128 Ein Begriff von Gotthard Günther, »Cybernetic Ontology and Transjunctional Operations«, in: ders., *Beiträge zur Grundlegung einer operationsfähigen Dialektik*, Bd. 1, Hamburg: Meiner 1976, S. 249-328, hier: S. 278 ff., zur Möglichkeit einer Logik distribuierter Systeme im Anschluss an Heinz von Foersters Prinzip des »order from noise«. Siehe Heinz von Foerster, »Über selbstorganisierende Systeme und ihre Umwelten«, in: ders., *Wissen und Gewissen. Versuch einer Brücke*, übers. von Wolfram K. Köck, hrsg. von Siegfried J. Schmidt, Frankfurt am Main: Suhrkamp 1993, S. 211-232.

wie Symbole. Ihren normativen Status verdanken sie der Gegenüberstellung mit der Faktizität der in Positivsprachen beschriebenen Welt, die ihnen keine andere Möglichkeit lässt, als sich kontrafaktisch und somit normativ zu positionieren. Und sie verdanken sie der Gegenreaktion der Positivsprachen, die Werte nur unter der Bedingung zu akzeptieren bereit sind, dass diese sich normativ zur Realität quer stellen und in dieser Form Anlass und Ansatzpunkte geben, bei Bedarf gegen andere Werte abgewogen oder auch als unrealistisch abgelehnt zu werden. In dieser doppelten Absicherung können Werte trotz und wegen ihres bloßen Unterstellungscharakters kontinuiert werden, und in dieser doppelten Absicherung kann man es selbst unter den dynamischen Bedingungen der modernen Gesellschaft und den turbulenten Bedingungen der nächsten Gesellschaft riskieren, nach wie vor die Unterscheidung zwischen falsch und richtig, falschem und richtigem Handeln, falschem und richtigem Themengebrauch zu treffen, sofern nur diese Konzession an Werte ihrerseits mit der Konzession belohnt wird, dass man bereit ist, zu lernen und unter gegebenen Umständen das für richtig zu halten, was man gestern für falsch hielt, und umgekehrt.

Hält man zusätzlich zu Vergleich und Kontrolle sowie der normativen oder auch nur präferentiellen Bewertung der Ergebnisse von Vergleich und Kontrolle auch die Zeitstruktur des Widerstreits der Kultur in der Gesellschaft fest, landet man drittens und abschließend bei Luhmanns Theorie der Kultur als Gedächtnis der Gesellschaft.[129] Wenn Vergleich, Kontrolle und Bewertung nicht nur zur Oszillation der Kommunikation, sondern auch zum Vergessen von Überschusssinn und zur Erinnerung an Selektionen im Überschusssinn beitragen, entstehen Identifikationen, die ihre Identitäten für selbstverständlich halten (weil ihr jeweils konditionierender Kontext vergessen wurde) und gegenüber allem

---

129 So Luhmann, *Die Gesellschaft der Gesellschaft*, S. 586ff. Und vgl. Elena Esposito, *Soziales Vergessen. Formen und Medien des Gedächtnisses der Gesellschaft*, übers. von Alessandra Corti, Frankfurt am Main: Suhrkamp 2002.

anderen amplifizieren. Je mehr man damit rechnen muss, dass das Vergessen miterinnert wird (was nicht immer der Fall ist) und dass die Selektionsleistung für notwendig gehalten wird, desto mehr Emphase wird in das Gedächtnis investiert. In diesem Sinne ermöglicht die Kultur das Erinnern und Vergessen in einem Widerstreit gegen die Gesellschaft, der als dieser Widerstreit, wie die Gedächtnistheorie gerne annimmt,[130] die Bahnung des Erinnerns und die Anlässe des Vergessens gleicherweise liefert.

Nimmt man die drei Unterscheidungen von Vergleich und Kontrolle, Erleben und Orientierung sowie Erinnern und Vergessen als Formen des Umgangs mit dem Überschusssinn der Gesellschaft, wie er durch das »Zusammenwirken aller Kommunikationsmedien« produziert wird, zusammen, so landet man beim Vorschlag einer Kulturanalyse, die an Werten ansetzt und deren Rekurrenz im Kontext einer variationsfreundlichen Redundanz in Tabellen abträgt, die laut Alfred L. Kroeber und Clyde Kluckhohn nicht mehr in Dualen, Oppositionen oder binären Codes, sondern mindestens drei- oder vierwertig rechnen können.[131] Es ist unsere Vermutung, dass der Formkalkül von Spencer-Brown für die Weiterentwicklung dieses kulturtheoretischen Programms einige Anhaltspunkte liefern kann.

---

130 Seit Friedrich Nietzsche, *Zur Genealogie der Moral. Eine Streitschrift* (1887), Frankfurt am Main: Insel 1991, S. 51, seinerseits die »allerälteste (leider auch allerlängste) Psychologie auf Erden« zitierend. Siehe auch Dirk Baecker, »Das Gedächtnis der Wirtschaft«, in: ders. u. a. (Hrsg.), *Theorie als Passion. Niklas Luhmann zum 60. Geburtstag*, Frankfurt am Main: Suhrkamp 1987, S. 519-546, hier zum »Schmerz« der Knappheit.
131 So Kroeber, Kluckhohn, *Culture*, S. 331. Bereits Tylor, *Primitive Culture*, S. 9, schlägt einen »test of recurrence« vor, um herauszufinden, welche Werte als Werte einer Kultur ihre Uniformität trotz Vielfalt der Situationen und ihre Orientierung eines freien Willens trotz dieser Uniformität behaupten können. Die Anforderungen von Redundanz im Kontext von Varietät behandeln Robert Anderson, »Reduction of Variants as a Measure of Cultural Integration«, in: Gertrude E. Dole, Robert L. Carneiro (Hrsg.), *Essays in the Science of Culture in Honor of Leslie A. White*, New York: Crowell 1960, S. 50-62; und Elisabeth Colson, »A Redundancy of Actors«, in: Fredrik Barth (Hrsg.), *Scale and Social Organization*, Oslo: Universitetsforlaget 1978, S. 150-162.

Das Ganze der Gesellschaft

Ergänzungen

Wir wissen immer noch nicht, wer die Beobachter sind, von denen dieses Buch handelt. Und wir ahnen, dass wir es in diesem Buch auch nicht mehr erfahren. Es kann sich um Menschen handeln, um Milieus, Cliquen, Organisationen, Netzwerke, soziale Systeme oder auch um Körper, Immunsysteme, Gehirne, Bewusstsein, Bakterien, intelligente Maschinen oder evolutionäre Algorithmen. Dieses Buch handelt von ihnen, indem es von den Spielräumen ihrer Vernetzung, Verschränkung, Verknotung, Vermeidung und Trennung handelt. Und es handelt von ihnen, indem es dafür plädiert, vor jeder Bezeichnung eines Beobachters als Beobachter von der Unterscheidung der Beobachter zu handeln und wegen dieser Unterscheidung offenzuhalten, wer unterschieden wird. Eben das nennen wir Form.

Die hier in Theorie überführte kulturelle Geste, im Zweifel dem Respekt vor unbekannten Beobachtern vor ihrer Benennung den Vorzug zu geben, wird man im Fall eines empirischen Forschungsprojekts aufgeben müssen, schon um die eigene Position und deren Beschränkung offenzulegen und selber zum Gegenstand des Forschungsprojekts machen zu können, aber als Ausgangspunkt einer Theoriebildung ist die Geste unverzichtbar. Sie erlaubt es uns, Theoriefiguren aufzugreifen und weiterzuentwickeln, die auf einer Netzwerkebene formuliert sind und deren Komplexität einzufangen versuchen, ohne sich für diesen Schritt damit aufhalten zu müssen, zu fragen, welches Bewusstsein, welches Gehirn, welcher Körper, welche Familie, welche Politik, welche Kunst oder welcher Schwarm hier noch mitkommen. Die Unbekanntheit der Beobachter garantiert uns die Komplexität jeder unserer Unterscheidungen, so wie das Individuum laut Niklas Luhmann der modernen Gesellschaft die Unbekanntheit ihrer Zukunft zugleich garantiert und symbolisiert.¹ Die Beobachter sind die Black Boxes, in die jede noch so gelungene Beschreibung von Verhältnissen, eine White Box, bei jeder näheren Betrachtung auseinanderfällt.² Vor dem ontologischen Bedürfnis früherer Zeiten, dass Ross und Reiter benannt sehen wollte und das von einer objektivistischen Wissenschaft noch immer bedient wird (als ginge es darum, sicherzustellen, dass dem Steuereintreiber kein potenzieller Steuerzahler entgeht), schützen uns die beiden Begriffe der Emergenz und der Rekursion. Der Begriff der Emergenz hält fest, dass die Eigenschaften der Beobachtung von Beobachtungen, die eine Gesellschaft und ihre Kultur (und umgekehrt) auszeichnen, so oder so nicht auf Eigenschaften der Beobachter zurückgerechnet werden können,³ die sich an ihnen aus offenbleibenden Gründen beteiligen. Und der Begriff der Rekursion hält fest, dass diese Emergenz zu mehr oder minder stabilen Eigenwerten führt, die von den sich beteiligenden Beobachtern laufend daraufhin geprüft werden können, ob eine Beteiligung an ihnen immer noch als attraktiv gelten kann.⁴

Es mag sein, dass wir mit unserer Doppelfigur der leeren Selbstreferenz der Beobachter und der unendlichen Rekursion, in die ihre Beobachtungen von Beobachtungen verstrickt sind, letztlich nur einen christlichen Gedanken reformuliert haben, der darauf hinausläuft, die Seelen und Gott sich selbst zu überlassen, aber es mag auch sein, dass dieser christliche Gedanke nur die Refor-

---

1 So Niklas Luhmann, *Die Gesellschaft der Gesellschaft*, Frankfurt am Main: Suhrkamp 1997, S. 1019.
2 So Ranulph Glanville, »Inside Every White Box Are Two Black Boxes Trying To Get Out«, in: *Behavioral Science* 27 (1982), S. 1-11.
3 Siehe John H. Holland, *Emergence. From Chaos to Order*, Reading, MA: Addison-Wesley 1998. Wenn Holland ebd., S. 4, allerdings formuliert, »the crucial step is to extract the regularities from incidental and irrelevant details«, halten wir dem die Relevanz der alles andere als zufälligen, aber unbekannten Details entgegen.
4 Siehe zur Frage nach dem Beobachter, die weder gestellt noch beantwortet werden kann, auch Luhmann, *Die Gesellschaft der Gesellschaft*, S. 1081f., und ebd., S. 1109ff., seine Beschreibung einer rekursiven Ordnung der Beobachtung zweiter Ordnung.

mulierung einer alten Weisheit ist, die immer schon die Konsequenz der Orientierung des Menschen in ökologischen Verhältnissen ist, deren Nachbarschaftslogiken an keiner Stelle auf ein System des Ganzen hochgerechnet werden können, obwohl auf unbestimmte, nur fallweise bestimmbare Art und Weise das Ganze immer mitspielt.[5]

Wir sind auf dem Umweg über ein Formkalkül, das die Algebra variabler Beobachtungen unter der Voraussetzung einer Arithmetik konstanter Beobachter demonstriert, die Philosophie des deutschen Idealismus, die den christlichen Gedanken bisher am konsequentesten in Theorie, in die Theorie der Subjektivität, übersetzt, und die Frage danach, wie Negationen zu verstehen sind, die in einem System der Negativität operative Effekte haben und als Symbole entfaltet werden, zu einer Kulturtheorie der Gesellschaft gelangt, die diese als Widerstreit und Negativsprache in der Gesellschaft begreift. Unter anderem können wir vor diesem Hintergrund auch noch einmal zu einer der ältesten Fragen der Kulturtheorie im Streit zwischen Ethnologie, Anthropologie und Soziologie Stellung nehmen, nämlich zu der Frage, ob eine Gesellschaft eine Kultur hat oder ist. Wenig überraschend, da wir hier entlang der Linien einer soziologischen Theorie formulieren, plädieren wir für die Annahme, dass eine Gesellschaft eine Kultur hat *und nicht ist*. Im Rahmen des Formkalküls sind wir gewarnt, dass der kursiv gesetzte Teil des vorigen Satzes so relevant ist wie der nicht kursiv gesetzte, und müssen ab sofort annehmen,

---

5 Und es mag überdies sein, dass sich die Religionen dieser Welt in diesem Punkt der Adressierung nur für sich selbst bestimmter Seelen und eines unbekannten, mindestens aber unberechenbaren Gottes einig sind. Das zu beurteilen, müssen wir den Religionswissenschaften überlassen. Ein Beleg dafür könnte sein, dass es Max Weber in seinen religionssoziologischen Studien durchgängig gelingt, jede Religion als ein Prämiensystem zu beschreiben, anhand dessen sich weder abgezählte noch benannte Gläubige auf dem Umweg über unerreichbare Götter in ihre Lebensverhältnisse verwickeln. Siehe Max Weber, *Gesammelte Aufsätze zur Religionssoziologie (1920/21)*, 3 Bde., hrsg. von Marianne Weber, Nachdruck Tübingen: Mohr 1988, etwa Bd. 1, S. 58, 102f. und 235, Bd. 2, S. 120f., 236, Bd. 3. S. 357.

dass der Umstand, dass eine Gesellschaft keine Kultur *ist*, die Art und Weise informiert, wie sie eine Kultur *hat*. Der Widerstreit der Kultur nimmt die Form des Einwandes gegen die Gesellschaft an, nicht mit ihrer Kultur identisch zu sein. Und dieser Einwand ist in der Gesellschaft und *als* Gesellschaft wirksam.[6]

Ebenso interessant ist die Frage, ob es Fälle gibt, in denen die Gesellschaft sich mit ihrer Kultur verwechselt. Vor dem Hintergrund eines Konzepts der Kultur als Widerstreit enthält diese Frage keine Anspielung auf folkloristische Rituale, die in ihrer Reinszenierung von Identität und Authentizität niemand in der Gesellschaft mit dieser verwechselt, sondern die weiter reichende Frage, ob es Gesellschaften gibt, die sich als Negativsprache ihrer selbst reproduzieren und keine Positivsprache kennen, dank derer reproduziert werden kann, wogegen die Kultur in allen anderen Fällen ja nur der Einwand ist. Die Mayas nach der Eroberung ihres Landes durch die Spanier kommen einem in den Sinn,[7] und man könnte im Nachhinein Antonin Artauds genauen Sinn dafür bewundern, nach Mexiko zu reisen, um dort jene »marge de vide« zu studieren, die seiner Ansicht nach das Zentrum jeder Kultur definiert.[8] Man versteht allerdings auch, dass es Artaud nach seiner Rückkehr nicht gelungen ist, die europäische Gesellschaft über ein Theater der Grausamkeit in ihre eigene Negativsprache zu transformieren. Das konnten die Nationalsozialisten besser.

Wir verstehen demnach, dass die Kultur als Widerstreit in der Gesellschaft gegen die Gesellschaft jene doppelte Schließung realisiert, die nach einer Einsicht von Luhmann nicht irgendwie, sondern nur über den Einbau einer kontrollierten Negation realisiert

---

6 Siehe mit dieser Vermutung bereits Dirk Baecker, »Der Einwand der Kultur«, in: ders., *Wozu Kultur?*, 2., erw. Aufl., Berlin: Kulturverlag Kadmos 2001, S. 98-111.
7 Ich erinnere mich an das Buch von Salvador de Madariaga, *Hernan Cortés. Der Eroberer Mexikos* (1941), übers. von Helmut Lindemann, Stuttgart: DVA 1958, das mich als Jugendlichen beeindruckt hat.
8 So Antonin Artaud, *Messages révolutionnaires, Œuvres complètes*, Bd. 8, Paris: Gallimard 1980, S. 137-264, hier: S. 226.

werden kann.⁹ An dieser Formulierung ist jedes Detail wichtig. Die Negation muss in etwas anderes, nämlich in die einfache operative Schließung der Gesellschaft eingebaut werden, und sie muss dort kontrolliert werden. Von wem? Von der Gesellschaft. Nur unter diesen Bedingungen können wir von einem Doppelkreislauf der Gesellschaft sprechen, in dem die Kultur nur einen der beiden »Kreisläufe« besetzt. Die Kultur konditioniert eine Gesellschaft, von der sie ihrerseits konditioniert wird. Ohne diesen Zirkel und ohne die Komplexität der Differenz der beiden Black Boxes, die an ihm teilnehmen, geht es nicht.

Umso wichtiger ist es auch und gerade im Rahmen einer Kulturtheorie, einige Aussagen über jene Gesellschaft zu treffen, die an der Konditionierung der Kultur, gegen deren Einwand auch an dieser Stelle, teilhat. In unserem Formkalkül kommt sie vermutlich zweimal vor, zum einen als ein weiterer Beobachter, der mit seinen Unterscheidungen auf den Feldern der Syntax, Semantik und Pragmatik von Unterscheidungen Beobachtungen vorhält, auf die sich andere Beobachter im Modus der Beobachtung zweiter Ordnung beziehen können, und zum anderen als eine der möglichen empirischen Referenzen für das, was wir auf der Außenseite jeder unserer Formen als deren unendliche Rekursion beschrieben haben. Kann man beide Bestimmungen zusammenziehen und formulieren, dass die Gesellschaft eine der empirischen Stellvertreterfiguren für die leere Selbstreferenz der unendlichen Rekursion ist? Und was heißt hier »ist«?

Wir greifen auf eine weitere Traditionsfigur der Philosophie und Sozialtheorie, den Begriff des Ganzen, zurück, um genauer einzukreisen, was es heißt, die Gesellschaft auf der Außenseite jeder Form zu platzieren, und bei dieser Gelegenheit die aristotelische Versuchung zu adressieren, das Ganze als umfassendes und damit jedes seiner Teile ordnendes Ganzes zu verstehen. Wir arbeiten im Rahmen der hier vorgestellten Kulturtheorie nicht an einem kosmologischen, sondern an einem ökologischen Weltbild,

---

9 So Niklas Luhmann, *Soziale Systeme. Grundriß einer allgemeinen Theorie*, Frankfurt am Main: Suhrkamp 1984, S. 602f.

in dem für ein umfassendes Ganzes kein Platz ist. Das bedeutet jedoch nicht, dass wir uns von dieser Denkfigur verabschieden müssten. Es genügt, sie entsprechend umzuformulieren. Interessanterweise konditioniert dieses umformulierte Ganze, als Außenseite jeder Form, dann auch die Vorstellungen, die wir uns bei allem Respekt vor ihrer Leerstelle von einzelnen Beobachtern machen können.

Zunächst allerdings müssen wir unsere Rede von Form im Kontext eines Ganzen der Gesellschaft qualifizieren. Sobald wir eine Vorstellung über die Außenseite einer Form entwickeln, in unserem Falle die empirische Auslegung dieser Außenseite als Gesellschaft, haben wir es nur noch mit einer entsprechend spezifizierten Form zu tun. Denn die Benennung der Außenseite trifft eine weitere Unterscheidung, die die unmarkierte Seite der Unterscheidung nicht löscht, sondern innerhalb der Form um eine weitere Stelle nach rechts rückt. Das Ganze der Gesellschaft ist ein Ganzes im Kontext eines unbekannten weiteren Ganzen, für das im Rahmen unserer Vorstellungen ebenfalls gilt, dass es ein nicht kosmologisch, sondern ökologisch qualifiziertes Ganzes ist. Um diese Spezifikation der Form mit der Bezeichnung ihrer Außenseite als Gesellschaft festzuhalten, sprechen wir hier und im Folgenden von einer sozialen Form. Soziale Formen sind alle Formen, die sich mit einer wie immer bestimmten Referenz auf Gesellschaft reproduzieren. Und genau das schränkt ein, was wir uns unter den Beobachtern vorstellen können, von denen dieses Buch handelt. Sie müssen irgendwie an Gesellschaft teilnehmen können; andernfalls rutschen sie auf die unbestimmte Außenseite der Form.

Wie also kann man sich ein ökologisch qualifiziertes Ganzes vorstellen? Erfreulicherweise wurde diese Frage in der Soziologie, in der Logik und in der Philosophie an jeweils einschlägig zentralen Gelenkstellen der entsprechenden Überlegungen bereits adressiert und auch hinreichend beantwortet. Schon Auguste Comte hält für die von ihm begründete Soziologie fest, dass das Ganze eine Denkfigur ist, die den Analytiker davor bewahrt, einen Untersuchungsgegenstand, für den er sich interessiert, vorschnell zu isolieren und damit der Verknüpfungen zu berauben, die ihn definieren. Sein Ausdruck dafür ist, dass die Soziologie sich nicht auf einzelne Beobachtungen einlassen, sondern nach Gesetzen suchen solle. Diese Gesetze sind jedoch in Formulierungen, die an Kants Synthesis im Schema von Progressus und Regressus ebenso erinnern wie an Hegels reflexive Form, nichts anderes als Vernetzungen des einzelnen Phänomens mit Voraufgehendem und Nachfolgendem sowie mit Gleichzeitigem.[10] Nicht mehr vom Teil zum Ganzen oder umgekehrt geht der Gang der wissenschaftlichen Forschung, sondern vom Bekannten zum Unbekannten: »Es gibt in Wahrheit nur eine logische Regel, die tatsächlich für alle Erörterungen gilt, nämlich die, vom Bekannten zum Unbekannten fortzuschreiten. Nach dieser Regel hat man ebenso vom Zusammengesetzten zum Einfachen wie umgekehrt fortzuschreiten, je nachdem das eine bekannter und zugänglicher ist als das andere.«[11] Das Ganze verliert jeden substanziellen Charakter und wird zur heuristischen Regel, keiner Isolation über den Weg zu trauen beziehungsweise bei jeder Grenzziehung auf beide Seiten der Grenze zu achten.

Auch Gottlob Freges einschlägige Überlegungen zur Verneinung hatten wir bereits zitiert. Hier ist deswegen nur noch einmal darauf hinzuweisen, dass er im Anschluss an seine Überlegungen zur Verneinung jeden Gedanken für die Zwecke der Logik als eine Vorstellung begreift, die aus zwei Teilen zusammengesetzt ist, aus einem ungesättigten und damit ergänzungsbedürftigen Teil und dem Gedanken selber: »Wir können nicht verneinen ohne etwas, was wir verneinen, und dieses ist ein Gedanke. Dadurch, daß der Gedanke den ungesättigten Teil sättigt oder, wie man auch sagen kann, den ergänzungsbedürftigen Teil ergänzt, wird der Zusam-

---

10 Wir hatten auf Comtes Idee einer orthogonalen Verknüpfung von Dynamik und Statik oben, S. 184, bereits hingewiesen. Siehe zur Idee des Ganzen als Korrekturfigur isolierter und damit »nutzloser« Beobachtungen Auguste Comte, *Die Soziologie. Die positive Philosophie im Auszug (1830/42)*, hrsg. von Friedrich Blaschke, Stuttgart: Kröner 1933, S. 101 ff.
11 Ebd., S. 89.

menhalt des Ganzen bewirkt. Und die Vermutung liegt nahe, daß im Logischen überhaupt die Fügung zu einem Ganzen immer dadurch geschehe, daß ein Ungesättigtes gesättigt werde.«[12] Die Sättigung, das versteht sich, kann ihrerseits verneint werden und muss dann als wiederum Ungesättigtes zur Sättigung ergänzt werden. Die Figur des Ganzen bezeichnet auch hier nicht mehr das Ganze, das wie immer approximativ unendlich irgendwann erreicht werden kann, um die Welt zur Welt zu schließen, sondern die Operation der Ergänzung, die jeden einzelnen Gedanken über die Möglichkeit seiner Verneinung auf andere Gedanken verweist.

Nicht anders formuliert schließlich auch Martin Heidegger für eine nach wie vor metaphysische Philosophie. Auch hier ist das Ganze der Hinweis auf die Ergänzungsbedürftigkeit alles Seienden nicht etwa, um es in einen Logos, in eine Ratio, in die Vernunft oder in den sich selbst entfaltenden Geist einzufügen, sondern um es zu öffnen für »das Geschehen des Waltens der Welt«.[13] Dieses Walten der Welt ist seinerseits unabschließbar und endlos, solange wir Anlass haben, von ihr zu reden, so dass das »Geschehen« nichts anderes ist als die Bewegung der Beobachter im Medium ihrer Beobachtungen.

Diese Ideen eines ökologischen Ganzen, die letztlich die Idee der Welt als die eines ungreifbaren Horizonts formulieren, der Orientierung gibt, ohne etwas anderes zu sein als genau das, was innerhalb einer grundsätzlich beschränkten Perspektive Orientierung geben kann und aus einer anderen Perspektive eine andere Orientierung gibt, schränkt ein, was wir uns unter Beobachtern vorstellen können. Wenn das Ganze die je situative, regionale oder temporäre Sättigung des Ergänzungsbedürftigen ist, dann

---

12 Siehe Gottlob Frege, »Logische Untersuchungen – Dritter Teil. Gedankengefüge« (1923-26), in: ders., *Logische Untersuchungen*, hrsg. und eingel. von Günter Patzig, 5. Aufl., Göttingen: Vandenhoeck & Ruprecht 2003, S. 85-107, hier: S. 86. Und siehe oben, S. 144.
13 So Martin Heidegger, *Die Grundbegriffe der Metaphysik. Welt – Endlichkeit – Einsamkeit* (1929/30), Frankfurt am Main: Klostermann 1983, §§ 73 und 74, hier: S. 510.

sind die Beobachter das Ergänzungsbedürftige. Nichts anderes ist damit gesagt, wenn Beobachter durch ihre leere Selbstreferenz gekennzeichnet werden. Aber jetzt können wir genauer sagen, dass Beobachter eine ergänzungsbedürftige Geschlossenheit aufweisen. Die Schließung ist nur ein Ausdruck für ihre Selbstreferenz; die Ergänzungsbedürftigkeit ergibt sich aus der Leere der Selbstreferenz; und ein Beobachter ist man nur, wenn man Beobachtungen anstellt, worauf andere Beobachter nur gewartet haben.

Wir werden uns natürlich hüten, zu überprüfen, welche Beobachter diesem Suchraster entsprechen. Wir bleiben bei unserer Geste und Theorie des kulturellen Respekts. Im Hinblick auf künftige Forschungsprogramme müssen wir uns jedoch zumindest der Plausibilität von Überlegungen dieser Art vergewissern. Wir formulieren unsere Theorie nicht im aseptischen Raum der Abstraktion, sondern innerhalb eines irritablen Formkalküls, das der Forschung nur dann zugrunde gelegt werden kann, wenn man annehmen kann, dass seiner theoretisch begründeten Irritabilität ein empirischer Sachverhalt nicht ganz entgeht. Und in der Tat können wir feststellen, dass es in der Literatur hinreichende Anregungen gibt, um mit dem Konzept eines gödelschen Beobachters zu arbeiten, dem außer Gott, der sich selbst genügt, aber inklusive des Teufels, für den diese Selbstgenügsamkeit nicht der Fall ist, manche Vorstellungen, die wir uns von Organismen, Körpern, vom Gehirn, vom Bewusstsein, von sozialen Systemen, darunter der Gesellschaft, und künstlich intelligenten Maschinen machen, schon jetzt entsprechen. Wir referieren diese Vorstellungen hier auch deswegen, um anzudeuten, wie man sich die umfangreiche Literatur zu diesen Themen erschließen kann, ohne die Objektivierung mitvollziehen zu müssen, die in dieser Literatur die herrschende Geste ist.

Für *Organismen* ist uns bereits bekannt, dass die Leitfrage der Beschreibung ihres Lebens seit Platon lautet, wie sie Öffnung und Schließung miteinander kombinieren.[14] Für den *Körper* hat Hel-

---

14 Siehe oben, S. 76.

muth Plessner darauf hingewiesen, dass er nur unter Einbezug seiner Grenze verstanden werden kann, die seine »Positionalität« definiert, indem sie ein »über ihn Hinaus«, »ihm Entgegen« und »in ihn Hinein« bestimmt, die die »Komplikationen« ausmachen, die ihn lebendig sein lassen.[15] Die *Gehirn*forschung kämpft mit entsprechenden Überlegungen, seit ihr Johannes Müller mit seinem Gesetz der spezifischen Sinnesenergien das Kuckucksei der operationalen Geschlossenheit ins Nest gelegt hat. Immerhin können wir jedoch einer psychologisch reflektierten Bestandsaufnahme der Gehirnforschung folgen, wie sie Chris Frith vorlegt, der darauf hinweist, dass die Befunde der Neurophysiologie, vielfältig wie sie sind, unter der Annahme sortiert werden können, dass neuronale Systeme im Schematismus von Vorhersage und Korrektur operieren, also eigene Leistungen in den Kontext von Erwartungen stellen, die bestätigt oder enttäuscht wiederum nur durch eigene Leistungen in neue Leistungen übersetzt werden können.[16]

Für das *Bewusstsein* ist seit Edmund Husserl bekannt, dass man sich zwar Intentionen vorstellen kann, die sich nicht auf etwas ihnen Vorliegendes richten, diese Vorstellung es jedoch mit dem Problem zu tun bekäme, selbst bereits den Gegenbeleg zu liefern.[17] Es gibt im Bewusstsein nur Vorstellungen über etwas,

---

15 So Helmuth Plessner, *Die Stufen des Organischen und der Mensch. Einleitung in die philosophische Anthropologie* (1928), 2. um Vorwort, Nachtrag und Register erw. Aufl., Berlin: Duncker & Humblot 1965, S. xxf., 103ff. und 129f.
16 So Chris Frith, *Making Up the Mind. How the Brain Creates Our Mental Worlds*, London: Blackwell 2007. Und vgl. mit einem Appell zur überfälligen Öffnung der Gehirnforschung für Theorien und Methoden, die mit mehr als einer einzigen Systemreferenz (der des Gehirns) arbeiten, Werner Vogd, *Gehirn und Gesellschaft*, Weilerswist: Velbrück 2010. Vogd verweist auf die beiden im Titel seines Buches genannten Referenzen und ergänzt das Bewusstsein, das auf der Grundlage der Unruhe des Gehirns eine »Antwort auf nicht beherrschbare soziale Verhältnisse« ist, so ebd., S. 366. In der Tat, vielleicht lernt ja auch die Gehirnforschung es noch, bis zwei, vielleicht sogar drei zu zählen.
17 Siehe nur Edmund Husserl, *Ideen zu einer reinen Phänomenologie und*

wie jede Meditation bestätigen kann, der es gelingt, alle Vorstellung dem Vorstellen selber zu widmen.[18] *Soziale Systeme* sind in Niklas Luhmanns Konzeption per se ergänzungsbedürftig, da sie ihre Selbstreferenz nur in fremdreferentiellen Bezügen entfalten können und sich ohne die spezifische Umwelt komplexer, gedächtnisfähiger und überraschungsfähiger Einheiten wie Menschen und möglicherweise demnächst auch Maschinen nicht reproduzieren können.[19] Und die Entwicklung *künstlicher Intelligenz* hängt nach allem, was man hört, gegenwärtig an der etwa von der Robotik beschriebenen Schwelle, Maschinen in eine physische Umwelt einzubetten, um Einschränkungen zu gewinnen, an denen sich die Integration von Hardware und Software operational orientieren kann.[20]

---

phänomenologischen Philosophie. Erstes Buch. Allgemeine Einführung in die Phänomenologie (1913/30), *Husserliana* Bd. 3, hrsg. von Walter Biemel, Den Haag: Nijhoff 1950, etwa S. 74 ff. Und vgl. Niklas Luhmann, »Die Autopoiesis des Bewußtseins«, in: *Soziale Welt* 36 (1985), S. 402-446.

18 Die Meditation als einen Modus der Erfahrung von »Ichlosigkeit« in einer unendlich reichen Welt und damit als Modus der Kognitionsforschung empfehlen auch Francisco J. Varela u. a., *Der Mittlere Weg der Erkenntnis. Die Beziehung von Ich und Welt in der Kognitionswissenschaft, – der Brückenschlag zwischen wissenschaftlicher Theorie und menschlicher Erfahrung*, übers. von Hans Günter Holl, Bern: Scherz 1992, etwa S. 89 ff. und 195 ff.

19 So Luhmann, *Soziale Systeme*. Und siehe aus therapeutischer Sicht Fritz B. Simon, *Meine Psychose, mein Fahrrad und ich. Zur Selbstorganisation der Verrücktheit*, Heidelberg: Carl Auer 1991.

20 Man ist vorsichtig geworden. Die Fähigkeit, Symbole zu manipulieren, wie sie Alan Newell, Herbert A. Simon, »Computer Science as Empirical Inquiry. Symbols and Search«, in: *Communications of the ACM* 19 (1976), S. 113-126, beschrieben haben, genügt nicht, wenn es um die Ausdifferenzierung künstlicher Intelligenz geht. Das Mindeste, aber bereits Überfordernde wäre die Aufladung der Symbole mit einem nur von der Maschine aufzulösenden Widerstreit. Das wäre jedoch der Schritt in eine Welt nicht-trivialer Maschinen, die gegenwärtig weder technisch noch sozial vorstellbar sind, trotz Ray Kurzweil, *The Age of Spiritual Machines. When Computers Exceed Human Intelligence*, New York: Penguin 1999. Aber auch wir müssen vorsichtig sein, weil die Entwicklung in den Computerwissenschaften schon aus Gründen paradigmatischer Unsicherheiten mehr als unübersichtlich ist. Siehe zu Embedded Systems Thomas

Schließlich konzipieren wir *Gesellschaft* hier nicht nur als die jede soziale Form zu einem Ganzen ergänzende Form, sondern selbst als Beobachter. Die Gesellschaft ist das immer mitlaufende Dritte, während alle anderen Beobachter auch einmal abwesend sein können. »Il existe un tiers avant l'autre«, schreibt Michel Serres.[21] »Comme dirait Zénon, je dois passer par un milieu avant d'arriver au bout.« Die Gesellschaft ist dieses immer präsente und nie greifbare, nie objektivierbare Milieu. Die Sozialtheorien von Adam Smith über Friedrich Schleiermacher[22] und Karl Marx bis zu Gabriel Tarde, Max Weber und Georg Simmel haben sich zu Recht dagegen gewehrt, einen Gesellschaftsbegriff mitzuführen, der auch nur in die Nähe der Gefahr einer Substantialisierung dieser Gesellschaft führt, und stattdessen von Geselligkeit, Menschlichkeit, Assoziationen und Prozessen der Vergesellschaftung gesprochen.[23] Niklas Luhmann hat jeden substanziellen Begriff der Gesellschaft durch einen operationalen Begriff ersetzt, der sich ausschließlich darauf bezieht, dass in allen sozialen Situationen ein Wissen von der Gleichzeitigkeit anderer sozialer Situationen

---

A. Henzinger, Joseph Sifakis, »The Discipline of Embedded Systems Design«, in: *Computer* 40, Heft 10 (Oktober 2007), S. 32-40. Bei Joseph Sifakis, »A Vision for Computer Science. The System Perspective«, in: *Central European Journal of Computer Science* 1 (2011), S. 108-116, hier: S. 109, liest man: »In contrast to programs and algorithms, systems are reactive; that is, they continuously interact with an external environment. Their inputs are stimuli that trigger state changes and computation of outputs that may modify the state of their environment. System behavior can be modeled as a relation between histories of inputs and histories of outputs. Systems are, in general, non-terminating and non-deterministic.«

21 Michel Serres, *Le parasite*, Paris: Le Grasset 1980, S. 85.
22 Gemeint ist: Friedrich Schleiermacher, »Versuch einer Theorie des geselligen Betragens« (1798/99), in: ders., *Texte zur Pädagogik. Kommentierte Studienausgabe*, Bd. 1, hrsg. von Michael Winkler, Jens Brachmann, Frankfurt am Main: Suhrkamp 2000, S. 15-35.
23 Siehe exemplarisch Hartmann Tyrell, »Max Webers Soziologie – eine Soziologie ohne ›Gesellschaft‹«, in: Gerhard Wagner, Heinz Zipprian (Hrsg.), *Max Webers Wissenschaftslehre*, Frankfurt am Main: Suhrkamp 1993, S. 390-414. Vgl. auch Theodor W. Adorno, »Gesellschaft« (1965), in: ders., *Soziologische Schriften I*, Frankfurt am Main: Suhrkamp 1972, S. 9-19.

und daher auch von andernorts und wie auch immer realisierbaren Möglichkeiten mitläuft, das als Wissen von der Form in der Form jeden einzelnen Wert der Form, Konstanten ebenso wie Variablen, unter einen Vergleichs- und Kontingenzdruck setzt, ganz zu schweigen von der Komplexität des Wissens um die Gleichzeitigkeit alles anderen.[24] Gesellschaft ist, wenn man weiß, dass man beobachtet wird, und zugleich weiß, dass die Beobachtungen dieses Beobachters nur dank der eigenen Beobachtungen dieses Beobachters eine Rolle spielen. Mit Anspielung auf Lacan könnte man sagen, dass die Gesellschaft die Koinzidenz des Imaginären, Symbolischen und Realen im Nullpunkt aller ihrer Möglichkeiten ist. Imaginär ist jedes Bild von ihr, symbolisch ist jedes Wissen von ihrem Widerstreit, und real ist das, was passiert, ohne anders als imaginär und symbolisch gefasst werden zu können.[25]

Das Ganze der Gesellschaft, so können wir wie immer vorläufig sagen, ist der Moment einer Kommunikation, die auf ein Innen und ein Außen einer sozialen Situation verweist und so die Form und die Totalität der Gesellschaft als Motiv für und Einwand gegen jede ihrer Kommunikationen aktualisiert.

Intrigen

Das Wissen der Beobachter hat die Struktur des Verdachts. Der Verdacht rechnet Beobachtungen auf Beobachter zurück und er rechnet damit, getäuscht zu werden, wie auch damit, sich bereitwillig auf Täuschungen einzulassen, mit denen man leben kann. Jede Systematisierung des Wissens ist wie in der Wissenssoziolo-

---

24 So Luhmann, *Die Gesellschaft der Gesellschaft*. Und vgl. Dirk Baecker, »Die Natur der Gesellschaft«, in: ders., *Wozu Gesellschaft?*, Berlin: Kulturverlag Kadmos 2007, S. 10-28.
25 Siehe Jacques Lacan, »Psychoanalyse et cybernétique, ou de la nature du langage«, in: *Le Séminaire de Jacques Lacan. Texte établi par Jacques-Alain Miller, Livre* II. *Le moi dans la théorie de Freud et dans la technique de la psychoanalyse, 1954-1955*, Paris: Le Seuil 1978, S. 339-354; und vgl. Dietmar Kamper, *Zur Soziologie der Imagination*, München: Hanser 1986.

gie nur eine Systematisierung des Verdachts im Hinblick auf ein Wo, Was, Wie, Warum und Wann,[26] die Frage nach dem Wer als organisierende Leerstelle des Ganzen sorgsam umkreisend und vermeidend.[27] Auch die Philosophie kann sich nach Kants Dekonstruktion der Metaphysik nur noch mit dem inkonsistenten System der logisch-antinomischen Verknüpfung aller ontologischen Irrtümer beschäftigen, hat aber mit Hegel eine Einsicht in das Absolute einer Negativität gewonnen, die es ihr erlaubt, innerhalb dieses Systems immer wieder neuen Verweisungen nachzugehen, begleitet vom Gelächter derer, die es auch nicht besser wissen.[28]

Das Ganze der Gesellschaft ist nur eine andere Formulierung für diese Negativität. Wir haben gesehen, dass sie sich als kultureller und kultivierender Einwand gegen jede positive Bestimmung erneuert, sobald diese Bestimmung gefunden ist. Man kann den Einwand selber bejahen und zelebrieren, wie es die Kulturkritik seit Rousseau praktiziert, das ändert jedoch nichts daran, dass bereits im nächsten Moment dem Verdacht nachgegeben werden

---

26 Siehe zur Entwicklung der Wissenssoziologie aus einem »context of mistrust« Robert K. Merton, *The Sociology of Knowledge* (1945), ders., *Social Theory and Social Structure*, rev. und erw. Aufl., New York: Free Press 1968, S. 510-542, Zitat: S. 511, und ebd., S. 514 f., zum Wo der Lokalisierung, Was der Analyse, Wie der funktionalen, symbolischen, organismischen oder ambivalenten Relation, Warum der Attribution manifester und latenter Funktionen und Wann des entweder historischen oder generellen Zeitbezugs des Verdachts.

27 Nico Stehr, Reiner Grundmann, *Expertenwissen. Die Kultur und die Macht von Experten, Beratern und Ratgebern*, Weilerswist: Velbrück Wissenschaft 2010, führen als Antwort auf die Frage nach dem Wer den Experten ein, die Symbolfigur schlechthin eines Verdachts des Nichtwissens, die sich nur selber, nämlich durch andere Experten, heilen kann. Siehe auch Nico Stehr, *Knowledge Societies*, London: Sage 1994, zu einer Gesellschaft, die sich in den Plural setzen muss, um die Universalisierbarkeit des Verdachts zu invisibilisieren. Irgendwo wird man es schon wissen. Punktgenau auch Laurie Anderson, »Only An Expert«, auf: dies., *Homeland*, New York: Nonesuch 2010.

28 So Markus Gabriel, Slavoj Žižek, *Mythology, Madness, and Laughter. Subjectivity in German Idealism*, London: Continuum 2009, hier: die Einleitung.

muss, sich doch auf diese oder jene Beobachtung positiv einlassen zu müssen. Man kann die eigenen Widerstände wiederum als Symptom und Symbol des Widerstreits in der Sache auslegen, analysieren, wiederholen und vergessen,[29] aber auch das ändert nichts daran, dass die Negativität ebenso auf sich selber angewandt werden muss und man nicht etwa am Widerstand die Sache selbst hat.[30]

Die Tradition spricht spätestens seit Aristoteles von Intrigen, wenn es darum geht, Spiele zu beschreiben, in denen Beobachtern Beobachtungen und Beobachtungen Beobachter untergeschmuggelt werden, um so eine bestimmte Wirklichkeit und deren Wahrheit zu behaupten und ein Wissen festzuhalten, mit dem sich weiterarbeiten lässt. Historiker begreifen ihre eigene Geschichtsschreibung als eine Intrige meist mit offenem Anfang und Ende, um in der Geschichte Intrigen auf die Spur zu kommen, für die dasselbe gilt.[31] Literaturwissenschaftler analysieren die Dichtung im Drama, im Roman oder im Gedicht als eine »activité productrice d'intrigues«, um Handlungsstrukturen, deren Plots und deren Szenarien zu beschreiben, die erzählt werden müssen, um begriffen werden zu können.[32]

---

29 Noch einmal im Sinne von Sigmund Freud, »Erinnern, Wiederholen und Durcharbeiten« (1914), in: ders., *Zur Dynamik der Übertragung. Behandlungstechnische Schriften*, eingel. von Hermann Argelander, Frankfurt am Main: Fischer Taschenbuch 1992, S. 85-95.

30 Walter Benjamin, »Der destruktive Charakter« (1931), in: ders., *Denkbilder*, Frankfurt am Main: Suhrkamp 1974, S. 96-98, hat ebendiesen Charakter als einen beschrieben, der sich die Welt »ungeheuer [...] vereinfacht«, indem er sie »auf ihre Zerstörungswürdigkeit« prüft (S. 97) und sich so überall einen Weg schafft, selbst wenn dieser nirgendwo hinführt. Siehe für eine zivile, mit den Positivsprachen des Alltags abgestimmte, allerdings auch auf einen Alltag angewiesene Variante Heinrich Lützeler, *Philosophie des Kölner Humors* (1954), Bonn: Bouvier 1999.

31 So Paul Veyne, *Comment on écrit l'histoire. Essai d'épistemologie* (1971), Paris: Seuil 1978, S. 45 ff. und 111 ff. Und vgl. Dirk Baecker, »Anfang und Ende in der Geschichtsschreibung«, in: Bernhard Dotzler (Hrsg.), *Technopathologien*, München: Fink 1992, S. 59-86.

32 Siehe umfassend Peter von Matt, *Die Intrige. Theorie und Praxis der Hinterlist* (2006), München: dtv 2008, unter anderem im Anschluss an Paul

Seit Aristoteles geht es bei einer Intrige um ein Wiedererkennen (anagnórisis), das entweder Wendungen in der Sache (peripéteia) oder dem Wiedererkennen von Personen (Ödipus erkennt in seiner Frau seine Mutter) geschuldet ist und in der Tragödie Leid (páthos), in einer Komödie jedoch Lust als Zeichen des Umschlags von Unkenntnis in Kenntnis auslöst.[33] Wir können diesen Begriff übernehmen und in das Formkalkül Spencer-Browns einführen, indem wir die Peripetie vornehmlich als algebraisches Spiel mit den Variablen der Form und die Anagnorisis als arithmetisches Spiel mit den Konstanten der Form begreifen. Leid und Lust treten auf, wenn Beobachter nicht mehr umhinkommen, sich für genau diesen Moment mit ihrer Beobachtung zu identifizieren.

Zugleich verwenden wir den Begriff des Spiels, um die Struktur des Wiedererkennens im Sinne von Gregory Bateson als Wiedereinführung des Rahmens einer Situation in die Situation und Vorführung dieses Rahmen als Zeichen und Symbol seiner selbst auffassen zu können.[34] Wir machen uns dabei zunutze, dass

---

Ricœur, *Temps et récit*, Bd. 1, Paris: Seuil, 1983, S. 55 ff., Zitat: S. 58. Und vgl. Richard J. Utz, *Soziologie der Intrige. Der geheime Streit in der Triade, empirisch untersucht an drei historischen Fällen*, Berlin: Duncker & Humblot 1997.

33 Aristoteles, *Poetik*, griechisch/deutsch, übers. und hrsg. von Manfred Fuhrmann, Stuttgart: Reclam 1982, Kapitel 11, spricht in diesem Abschnitt nur von Tragödien, und er verwendet auch nicht den Begriff der Intrige, sondern stellt Peripetie (Wendung, Umschlag), Anagnorisis und Pathos unvermittelt als Formen des Knüpfens und der Wiederauflösung eines Knotens, ebd., Kapitel 16-18, nebeneinander.

34 So Gregory Bateson, »Eine Theorie des Spiels und der Phantasie« (1955), in: ders., *Ökologie des Geistes. Anthropologische, psychologische, biologische und epistemologische Aspekte*, übers. von Hans Günter Holl, Frankfurt am Main: Suhrkamp 1981, S. 241-261; ders., »The Message ›This is a Play‹«, in: Bertram Schaffner (Hrsg.), *Group Processes. Transactions of the Second Conference, October 1955, Princeton*, New York: Josia Macy, jr., Foundation 1956, S. 145-242. Und vgl. Dirk Baecker, »Das Spiel mit der Form«, in: ders., *Probleme der Form*, Frankfurt am Main: Suhrkamp 1993, S. 148-158.

Spiele die in jeder Kommunikation mitlaufende Metakommunikation explizit werden lassen und so die Kommunikation zu ihrer Funktion quer stellen und zum Thema ihrer selbst werden lassen.[35] Das erlaubt es, den Fluss des Geschehens anzuhalten oder zumindest zu verzögern und praktisch, wenn auch nicht unbedingt theoretisch ein Wissen von der Situation in der Situation zu generieren. Mit Symbolen haben die Spiele demnach gemeinsam, dass sie aus Unterscheidungen Zeichen machen, doch im Fall der Spiele verweist das Zeichen nicht in die beiden gegenläufigen Richtungen des Doppelkreislaufs, sondern in allen drei Dimensionen des Sinns auf rekursiv und iterativ brauchbare, erwartbare oder auch nur vorführbare Anschlüsse.[36]

Intrigen sind insofern Spiele, als sie Situationen erzeugen, in denen diese über sich etwas erfahren, was sie vorher nicht wussten. In dem Moment, in dem das Thema entsprechend variiert wird, kippt die Funktion der Situation in ihre eigene Unbestimmtheit, obwohl es das Kennzeichen einer gelungenen Intrige ist, für diese Unbestimmtheit mit einer Lösung aufzuwarten. Wie Erving Goffmans Rahmenanalyse oder John Gumperz' Diskurstheorie unterstreicht auch Bateson die doppelte Schwierigkeit eines Spiels,

---

35 Siehe zur Unterscheidung von Funktion und Thema als einer Art Metacode aller Kommunikation Luhmann, *Die Gesellschaft der Gesellschaft*, S. 77f.

36 Wir haben bereits mehrfach zwischen Rekursionen und Iterationen unterschieden, ohne diesen Unterschied zu erläutern. Tatsächlich spielt dieser Unterschied im Rahmen einer Theorie rekursiver Funktionen, auf die wir uns im Sinne von Heinz von Foerster, *Wissen und Gewissen. Versuch einer Brücke*, übers. von Wolfram K. Köck, hrsg. von Siegfried J. Schmidt, Frankfurt am Main: Suhrkamp 1993, hier durchgängig berufen, auch keine Rolle. Dennoch gibt es in der Literatur zuweilen die Auffassung, dass Rekursionen auf eine identische Art und Weise wiederholen, während Iterationen dabei Veränderungen, Verschiebungen, Verzerrungen erfahren. Diese Auffassung teilen wir nicht. Die Theorie rekursiver Funktionen ist eine Theorie nichtlinearer Funktionen. Siehe mit einem rekursiv-nichtlinearen Verständnis von Iterabilität auch Jacques Derrida, »Unterwegs zu einer Ethik der Diskussion« (1988), in: ders., *Die différance. Ausgewählte Texte*, hrsg. von Peter Engelmann, Stuttgart: Reclam 2004, S. 279-333.

die darin liegt, erstens Anhaltspunkte in einer Situation so aufzugreifen, dass sie markiert, für ihre Reinterpretation geöffnet oder vor ihr geschützt werden können, und diese Anhaltspunkte zweitens in die Situation wieder hineinzugeben, um das Spiel weiterspielen oder variieren zu können.[37] Man wird vermuten dürfen, dass diese Spiele nur gespielt werden können, wenn Beobachter sich durch ihre Beobachtungen kenntlich machen und für sich und für andere Bindungen eingehen, die in der Situation für die Situationen einen Anker darstellen, der ein Thema andeutet, eine Funktion entwirft (aber auch: hat) und so mögliche Anschlüsse organisiert.[38] Und man wird zudem vermuten dürfen, dass hier von allen Seiten mit Täuschungen gerechnet wird, so dass ein besonderes Raffinement entwickelt werden muss, sowohl täuschen zu können als auch auf Täuschungen nicht hereinzufallen, ganz zu schweigen von Spielen, in denen man sich auf Täuschungen einlässt, um selber zu täuschen, und dies von allen Beteiligten durchschaut wird.

Wir haben es hier mit Spielen zu tun, die insofern rationale Spiele im Sinne der ökonomischen Theorie sind, als auch die Rationalität nicht nur eine ihrer Intrigen ist, mit denen man sich selbst und das Gegenüber über das Thema und die Funktion der Situation beruhigen kann, sondern zugleich auch ein Sortierschema, um mögliche eigene Absichten vom Einsatz und die Züge des anderen von dessen Absichten zu unterscheiden. »Interessen können nicht lügen« ist die fast schon etwas verzweifelte Maxime einer nicht mehr an den Leidenschaften Gleichgestellter, sondern

---

37 Siehe Erving Goffman, *Frame Analysis. An Essay on the Organization of Experience*, Cambridge, MA: Harvard UP 1974, S. 48 ff., 156 ff. et passim, zu keys, keyings, rekeyings und fabrications; Peter Auer, »Introduction. John Gumperz' Approach to Contextualization«, in: Peter Auer, Aldo di Luzio (Hrsg.), *The Contextualization of Language*, Amsterdam: Benjamins 1992, S. 1-37, hier: S. 24 ff., zu cues; und Bateson, »The Message ›This is a Play‹«, S. 160, zum playing for keeps.
38 Im Sinne von Jon Elster, *Ulysses Unbound. Studies in Rationality, Precommitment, and Constraints*, Cambridge: Cambridge UP 2000, insbes. S. 270 ff.

an der Heterogenität unbekannter Mitspieler orientierten und deswegen »liberalen« Sozialtheorie,[39] doch genau darauf, Interessen vorzutäuschen und ihre Vortäuschung zu durchschauen, konzentrieren sich dann alle pragmatischen Sozialkalküle.[40]

Die ökonomische Spieltheorie ist daher nur dann informativ, wenn sie die Rationalitätsannahme nicht unter ihren Prämissen der Beschreibung der auch von ihr im Übrigen als undurchschaubar gesetzten Akteure aufzählt, sondern zum Einsatz und Gegenstand von Spielen macht, denen es an Rationalität, das heißt an einer strategisch klugen Orientierung eigener Züge an den Zügen des Gegenübers, auch fehlen kann.[41] Unter dieser Voraussetzung einer Einklammerung der Rationalitätsannahme können wir einen der zentralen Begriffe der Spieltheorie von Oskar Morgenstern und John von Neumann aufgreifen und Spiele primär als

---

39 Siehe J. A. W. Gunn, »›Interest Will Not Lie‹. A Seventeenth-Century Political Maxim«, in: *Journal of the History of Ideas* 29 (1968), S. 551-564; und vgl. Albert O. Hischman, *The Passions and the Interests. Political Arguments for Capitalism Before its Triumph*, Princeton, NJ: Princeton UP 1977 (dt. 1980).

40 Ebenfalls von Erving Goffman, »On Cooling the Mark Out. Some Aspects of Adaptation to Failure«, in: *Psychiatry. Journal of Interpersonal Relations* 15 (1952), S. 451-463, hier: S. 453, stammt die Vermutung, dass elaborierte Confidence Games in den meisten Gesellschaften eher selten sind, der Vorgang des Cooling the Mark Out, das heißt der Beruhigung des Betrogenen darüber, immerhin etwas gelernt zu haben, jedoch als »one theme in a very basic social story« gelten dürfe. Confidence Games sind Trickbetrügereien, in denen der Betrogene nicht merkt, dass er betrogen wurde. Eine Variante ist der Auftritt eines zweiten Betrügers, der den Betrogenen, um ihn vom Gang zur Polizei oder vom Aufruhr abzuhalten, »abkühlt«, indem er ihm erklärt, er würde sich nur lächerlich machen und habe etwas gelernt, was er jetzt anderen voraushat. Der Betrogene wird so auch noch um den Betrug betrogen. Siehe auch die entsprechende Studie von Herman Melville, *The Confidence-Man. His Masquerade* (1857), hrsg. von Hershel Parker, New York: Norton 1971.

41 Siehe hierzu vor allem Nigel Howard, *Paradoxes of Rationality. Theory of Metagames and Political Behavior*, Cambridge, MA: MIT Press 1971, ausgehend von Situationen, in denen es objektiv unmöglich ist, dass beide oder alle beteiligten Akteure rationale Strategien wählen, und mit dem Plädoyer für die Umstellung der Spieltheorie von einer Betrachtung von Zahlen (payoffs, Auszahlungen) auf jene von Relationen.

Partitionierungen beschreiben, das heißt mengentheoretisch formuliert als Versuche der Disjunktion, Konjunktion und Negation der Elemente eines Spiels untereinander. Spiele können spieltheoretisch beschrieben werden, wenn diese Partitionierungen ähnlich wie in unseren Begriffen der Komplexität, der Trope und natürlich der Form bekannte und unbekannte Elemente aufeinander unreduzierbar miteinander kombinieren. Es gilt dann für jede Menge, Ω, von Objekten irgendeiner Art: »Eine Zerlegung [partition] ist ein System von paarweise einander ausschließenden Informationsganzheiten – über ein unbekanntes Element von Ω – von denen keine in sich selbst widerspruchsvoll ist. Mit anderen Worten: Eine Zerlegung ist eine vorläufige Anzeige, die aussagt, wieviel Information später über ein – sonst unbekanntes – Element von Ω gegeben wird. Die tatsächliche Information wird durch eine Zerlegung aber nicht gegeben.«[42] Eine Partitionierung ist nicht selber bereits die Information, sondern als Unterscheidung das Suchraster, das zum einen markiert, dass wesentliche, für wesentlich gehaltenen Informationen fehlen, und zum anderen den Rahmen definiert, in den sich im Zuge der weiteren Züge des Spiels diese Information eintragen kann, wenn sie denn kommt. Mit anderen Worten, »eine Zerlegung in Ω [ist] ein *Informationsschema* [...]«. Wir brauchen nur Ω als eine Menge von Beobachtern inklusive ihrer Beobachter zu lesen, um eine Formulierung zu haben, die sich auch im Rahmen des Formkalküls interpretieren lässt.

Nur unter der Voraussetzung der Relationierung bekannter und unbekannter Information lässt sich schließlich die Entscheidung von von Neumann und Morgenstern verstehen, für Spiele nicht außerhalb der Spiele nach Lösungen zu suchen, sondern sie selbst als ihre Lösungen zu begreifen.[43] Dafür jedoch gibt es zwei mögliche Formen (wenn wir hier die Varianten von Zwei-Per-

---

42 Siehe John von Neumann, Oskar Morgenstern, *Spieltheorie und wirtschaftliches Verhalten* (1944/47), übers. von M. Leppig, 2. Aufl., Würzburg: Physica 1967, S. 60ff., hier: S. 67.
43 Ebd., S. 33.

sonen- und Mehr-Personen-, von Nullsummen- und Nichtnullsummenspielen einmal außen vor lassen), zum einen die strategische Entfaltung eines Spiels anhand der Regeln, die es definiert, und zum anderen die Orientierung an Verhaltensstandards, wie sie den etablierten Ordnungen der Gesellschaft entsprechen.[44] Wie schon im Fall der Unterscheidung performativer von konstatierenden Aussagen, die seit John L. Austin die Linguistik beschäftigt, wird man auch im Fall der Unterscheidung strategischer Spiele und etablierter Ordnungen von einer jederzeit kollabierenden Unterscheidung ausgehen können, die nur in dieser Form in der Lage ist, Situationen durch ihren Widerstreit zu strukturieren, Handlungen zu erzwingen und so jene paradoxe Orientierung zu schaffen, die erforderlich ist, damit das Spiel gespielt werden kann und will.[45] Krisenspiele sind geeignet, die wechselseitige Abstimmung von strategischen und etablierten Spielen in Routinen zu unterbrechen und in die Spiele die von ihnen ausgebeutete Paradoxie, nur zu wissen, wie es weitergeht, wenn niemand weiß, wie es weitergeht, wieder einzuführen und erneut fruchtbar werden zu lassen.[46]

Intrigen sind Spiele, die sich mit dem Spielen des Spiels nicht begnügen. Sie erzeugen ihre eigenen Krisen, um neue Partitionie-

---

44 Siehe zu games of strategy ebd., S. 11 ff., und zu standards of behavior beziehungsweise established orders of society ebd., S. 40 f.

45 Wenn mich mein Eindruck nicht täuscht, ist es der mathematischen Spieltheorie trotz des frühen Hinweises auf das Sherlock Holmes/Moriarty-Paradox noch nicht gelungen, mit Paradoxien dieser Art auch mathematisch umzugehen. Siehe Oskar Morgenstern, »Vollkommene Voraussicht und wirtschaftliches Gleichgewicht«, in: *Zeitschrift für Nationalökonomie* 6 (1935), S. 337-357, hier: S. 344. Eric A. Leifer, *Actors as Observers. A Theory of Skill in Social Relationships*, New York: Garland 1991, empfiehlt auch deswegen, ganz zu schweigen von unsicheren Techniken und offenen Bewertungen, die Umstellung der Grundannahmen der Spieltheorie von Rationalität auf Geschick (skill).

46 So Michael Hutter, *Die Gestaltung von Property Rights als Mittel gesellschaftlich-wirtschaftlicher Allokation*, Göttingen: Vandenhoek & Ruprecht 1979, S. 194 ff., mit dem Vorschlag, daran einen paradoxiefähigen Spielbegriff zu knüpfen.

rungen einzuführen, an die sich neue Beobachtungen oder neue Beobachter anschließen können. Intrigen sind in diesem Sinne Einmischungen, die entweder Neues dort einführen, wo man seiner bisher nicht bedarf (auch Innovation genannt), oder Vertrautes und Bewährtes dort entfernen, wo man nicht auf sie verzichten zu können glaubt (auch Revolution genannt). Beide Formen der Einmischung verwirren die Beteiligten, verwickeln sie in eine nun veränderte Form und bringen sie damit in einige Verlegenheit (Intrige, lat. intricare: verwickeln, verwirren, in Verlegenheit bringen), die wiederum für die Organisation nahezulegender Anschlüsse genutzt werden kann. Deswegen unterscheiden Intrigenmodelle sinnvollerweise zwischen Intriganten, Intrigenopfer und Intrigenvollstrecker, wobei zu Letzterem auch Ort, Zeit, Szene, Utensilien, Verkleidungen und anderes gehören können,[47] ohne damit ausschließen zu wollen, dass diese Rollen als Gegenstand weiterer Intrigen in der Intrige auch getauscht werden können.

Als Innovation oder Revolution macht die Intrige eine Situation welcher Sozialstruktur, Zeithorizonte und Sachverhalte auch immer mit ihrer eigenen Wahrheit bekannt. Das genau ist Anagnorisis. Diese Vorstellung können wir übernehmen, wenn wir annehmen, dass in der Potenzialität einer Situation ebenso viel Wahrheit enthalten ist wie in ihrer Aktualität. Man wird nicht

---

47 So Utz, *Soziologie der Intrige*, S. 20ff.; und von Matt, *Die Intrige*, S. 33ff. und 118ff. Siehe im Übrigen mit vielen Anregungen zur Theorie und Praxis der List nicht zufällig im Kontext antiker Weisheitslehren und der modernen Ästhetik auch Marcel Detienne, Jean-Pierre Vernant, *Ruses de l'intelligence. La mètis des Grecs*, Paris: Flammarion 1974; Gerhart Schröder, *Logos und List. Zur Entwicklung der Ästhetik in der frühen Neuzeit*, Frankfurt am Main: Athenäum 1985; François Jullien, *Über die Wirksamkeit*, übers. von Gabriele Ricke, Ronald Voullié, Berlin: Merve 1999; Harro von Senger, »Die List im chinesischen und im abendländischen Denken. Zur allgemeinen Einführung«, in: ders. (Hrsg.), *Die List*, Frankfurt am Main: Suhrkamp 1999, S. 9-49; ders., *Strategeme. Lebens- und Überlebenslisten aus drei Jahrtausenden*, 2 Bde., Bern: Scherz 1988-2003; Hugo Steger, »List – ein kommunikativer Hochseilakt zwischen Natur und Kultur«, in: Harro von Senger (Hrsg.), *Die List*, S. 321-344.

fehlgehen, wenn man die Wahrheit, die hier aufgedeckt wird, als eine umstrittene Wahrheit bezeichnet, die ihrerseits weitere Spiele mit der Wahrheit erwarten lässt. Man kann aber auch annehmen, dass das Ganze der Gesellschaft dafür in Anspruch genommen werden muss,[48] wenn in jeweils konkreten Situationen eine Innovation oder Revolution initiiert werden soll.

So können wir Intrigen zu jener Ökologie der Spiele zählen, die das Ganze einer Gesellschaft beschreiben, in der Beobachter versuchen, ihre Nische zu besetzen und weitere Beobachter zu gewinnen, die als ein Publikum zitiert werden oder auf die fallweise auch Führungsansprüche adressiert werden können, mit denen man Dritte binden kann, die sich Ordnungsgewinne erhoffen. Das wäre der Minimalkalkül einer Gesellschaft, in der Beobachter unter Beobachtern sich auf Spiele und Intrigen einlassen.[49]

Autopoiesis

Spiele im Allgemeinen und Intrigen im Besonderen können nur fallweise, nur am konkreten Beispiel analysiert werden. Sie erfordern außerdem, wenn man sie untersucht, die Explikation der eigenen Beobachterposition und damit die Beteiligung an einem Spiel oder die Initiierung einer Intrige. Man wird sich auch dabei auf das Ganze der Gesellschaft verlassen können, das einschränkend eingreift, sobald es in diesen Spielen und Intrigen zu mehr als nur einem ersten Zug kommt. Und man wird sich darauf ver-

---

48 Dieses Ganze der Gesellschaft ist für uns der Rejektionswert, der es erlaubt, die Entscheidung abzulehnen, ob wir es mit diabolischen Intrigen zu tun haben oder nicht vielleicht doch mit Spielen der göttlichen Vorsehung. Siehe zu diesen beiden Möglichkeiten von Matt, *Die Intrige*, S. 228 ff. und 236 ff.
49 Und so formuliert von Norton E. Long, »The Local Community as an Ecology of Games«, in: *American Journal of Sociology* 64 (1958), S. 251-261, im Anschluss an eine Stadtsoziologie, die sich selber zu Recht auch als Gesellschaftstheorie verstanden hat, etwa bei Robert E. Park u. a., *The City* (1925), Reprint, eingel. von Morris Janowitz, Chicago: Chicago UP 1967.

lassen können, dass auch die Negationen, die man einspielt, im selben Moment, in dem sie relativiert werden, auch zur Kultivierung von etwas beitragen.

Wir geben der Figur des Ganzen der Gesellschaft abschließend noch einmal einen anderen Namen als den der absoluten, also losgelöst ungreifbaren Negativität, um genauer untersuchen zu können, wie jedes Spiel mit diesem Ganzen sein Spiel treibt und dieses Ganze seinerseits sich mit jedem Spiel reproduziert. Wir greifen Humberto R. Maturanas und Francisco J. Varelas Begriff der Autopoiesis und Niklas Luhmanns Idee einer Autopoiesis der Gesellschaft auf und postulieren die Reproduktion der Gesellschaft als autopoietisches System im Medium ihrer Spiele.[50] Wir verzichten auf jede Annahme über die Differenzierungsform der Gesellschaft, wie sie Luhmann für die tribale, antike und moderne Gesellschaft beschrieben hat, und halten uns stattdessen an die Frage, welches Spiel innerhalb dieser Autopoiesis neben anderen Spielen einen rekursiven Eigenwert gewinnt.

---

50 Siehe zum Begriff der Autopoiesis Francisco J. Varela u. a., »Autopoiesis. The Organization of Living Systems, Its Characterization and a Model«, in: *BioSystems* 5 (1974), S. 187-196; Humberto R. Maturana, Francisco J. Varela, *Autopoiesis and Cognition. The Realization of the Living*, Dordrecht: Reidel 1980; Humberto R. Maturana, »Autopoiesis«, in: Milan Zeleny (Hrsg.), *Autopoiesis. A Theory of Living Organizations*, New York: North-Holland 1981, S. 21-32; sowie Niklas Luhmann, »Autopoiesis, Handlung und kommunikative Verständigung«, in: *Zeitschrift für Soziologie* 11 (1982), S. 366-379; ders., *Die Gesellschaft der Gesellschaft*, S. 92 ff.; und vgl. zum Streit um die Übertragbarkeit des Konzepts von lebenden auf soziale Systeme Marianne Krüll u. a., »Kreuzverhör – Fragen an Heinz von Foerster, Niklas Luhmann und Francisco Varela«, in: Fritz B. Simon (Hrsg.), *Lebende Systeme. Wirklichkeitskonstruktionen in der systemischen Therapie*, Heidelberg: Springer 1988, S. 95-107; John Mingers, »The Problems of Social Autopoiesis«, in: *International Journal of General Systems* 21 (1992), S. 229-236; und ders., »Can Social Systems Be Autopoietic? Assessing Luhmann's Social Theory«, in: *Sociological Review* 50 (2002) 278-299. Wir gehen im Text davon aus, dass sich Analogieschlüsse zwischen lebenden und sozialen Systemen in der Tat verbieten, damit jedoch eine Begriffsbildung nicht ausgeschlossen ist, wenn sie auf der Ebene einer allgemeinen Theorie operational geschlossener Systeme kontrolliert wird.

Diese Zurücknahme der Gesellschaftstheorie auf einen Stand vor der Beschreibung spezifischer Formen ihrer Differenzierung hat ihrerseits ihren Grund darin, dass es, wie bereits angedeutet, Gründe geben mag, mit der Einführung der Elektrizität und der neuen Verbreitungsmedien Computer und Internet von einem Ende der modernen Gesellschaft und einem Übergang in eine »nächste« Gesellschaft zu sprechen, doch lassen wir auch diese Überlegung hier auf sich beruhen. Sie müsste entweder ausführlicher diskutiert werden oder, besser noch, als Theorie der nächsten Gesellschaft gleich ausgeführt werden. Uns genügt es hier, die im Begriff der Autopoiesis steckende Idee des Netzwerks aufzugreifen, um darin bereits einen möglichen Anschluss an eine solche Theorie der nächsten Gesellschaft zu sehen, die nicht zufällig hier und da bereits als Theorie einer Netzwerkgesellschaft vorgeschlagen worden ist.[51] Möglicherweise kann man Spiele als Differenzierungsform der nächsten Gesellschaft im Netzwerk ihrer Spiele verstehen. Und möglicherweise sind die Vorstellungen eines Flow, die hier und da formuliert werden,[52] um zu beschreiben,

---

51 Siehe nur Manuel Castells, *The Rise of the Network Society*, Oxford: Blackwell 1996; Jan van Dijk, *The Network Society. Social Aspects of New Media* (1999), 2. Aufl. London: Sage 2006; Dirk Baecker, »Network Society«, in: Niels Overgaard Lehmann u. a. (Hrsg.), *The Concept of the Network Society. Post-Ontological Reflections*, Copenhagen: Samsfundslitteratur Press 2007, S. 95-112; und zu einem soziologisch ausgereiften Netzwerkbegriff Harrison C. White, *Identity and Control. A Structural Theory of Action*, Princeton, NJ: Princeton UP 1992, 2. Aufl. 2008; ders., »Network Switchings and Bayesian Forks. Reconstructing the Social and Behavioral Sciences«, in: *Social Research* 62 (1995), S. 1035-1063; und ders., »Social Networks Can Resolve Actor Paradoxes in Economics and in Psychology«, in: *Journal of Institutional and Theoretical Economics* 151 (1995), S. 58-74; sowie zur Vorstellung einer Heterarchie von Formen in der Autopoiesis der Gesellschaft Athanasios Karafillidis, *Soziale Formen. Fortführung eines soziologischen Programms*, Bielefeld: transcript 2010, S. 342ff.
52 Siehe Mihaly Csikszentmihalyi, Stith Bennett, »An Exploratory Model of Play«, in: *American Anthropologist* 73 (1971), S. 45-58; Mihaly Csikszentmihaly, *Creativity. Flow and the Psychology of Discovery and Invention*, New York: HarperCollins 1996 (dt. 1997); Wallace Chafe, *Discourse, Consciousness, and Time. The Flow and Displacement of Conscious Experience*

wie Akteure sich an Spielen beteiligen und zwischen ihnen wechseln, ein Ansatzpunkt, um Luhmanns offene Frage zu beantworten, welche Kulturform in der nächsten Gesellschaft geeignet sein könnte, das Erbe der Kulturformen Grenze, Teloi und unruhige Gleichgewichte der Stammesgesellschaft, aristokratischen Gesellschaft und modernen Gesellschaft anzutreten. Aber auch diese Frage lassen wir hier auf sich beruhen.

Maturana schreibt in seiner berühmten Definition, deren rekursive Formulierung selbstähnlich der Logik gehorcht, die auch dem Gegenstand unterstellt wird: »Es gibt eine Klasse dynamischer Systeme, die – als Einheiten – verwirklicht werden als Netzwerke der Produktion (und Auflösung) von Bestandteilen, welche (a) duch ihre Interaktionen in rekursiver Weise an der Verwirklichung des Netzwerks der Produktion (und Auflösung) der Bestandteile mitwirken, das sie selbst erzeugt, und welche (b) durch die Festlegung seiner Grenzen ebendieses Netzwerk der Reproduktion (und Auflösung) von Bestandteilen als eine Einheit in dem Raum konstituieren, den sie bestimmen und in dem sie existieren.«[53] Diese Formulierung erlaubt es uns, der Idee (im Sinne Kants und Hegels) nachzugehen, dass jedes Spiel, dessen Form wir als Eigenwert der Reproduktion von Gesellschaft aufzeigen können, diese Bedingung nur erfüllt, wenn es auf das Netzwerk der Gesellschaft zurückgreift und sich in diesem positiv- und negativsprachlich ausdifferenziert. – Erläutern sollten wir, dass die »Organisation«, von der Maturana spricht, die Organisation der operationalen Geschlossenheit selber ist, das heißt die zirkuläre

---

in Speaking and Writing, Chicago, IL: Chicago UP 1994, hier: S. 53 ff.; und zum nicht untypischen Beispiel von Börsenhändlern vor Reuters- und Bloomberg-Bildschirmen Karin Knorr Cetina, »From Pipes to Scopes. The Flow Architecture of Financial Markets«, in: *Distinktion* 7 (2003), S. 7-23; dies., »How Are Markets Global? The Architecture of a Flow World«, in: dies., Alex Preda (Hrsg.), *The Sociology of Financial Markets*, Oxford: Oxford UP 2005, S. 38-61.

53 So Humberto R. Maturana, *Biologie der Realität*, übers. von Wolfram K. Köck, Frankfurt am Main: Suhrkamp 1998, S. 106. Und vgl. Maturana, »Autopoiesis«, S. 21 f.

Reproduktion eines Systems beziehungsweise einer Form in dem Moment, in dem diese in leerer Selbstreferenz und unendlicher Rekursion immer wieder auf sich selbst zurückkommt. Diese Reproduktion ist nicht-linear und nicht-trivial; und nur deswegen bewährt und reproduziert sich die Leere der Selbstreferenz. Und erläutern sollten wir überdies, dass die unendliche Rekursion immer sowohl von der Produktion als auch von der Auflösung des Systems handelt, in dem sie sich verwirklicht; das System oszilliert in der Leere der Selbstreferenz.[54]

Wir müssen den Begriff des Systems hier einklammern beziehungsweise zwischen den beiden prominenten Möglichkeiten des Systems als Organismus-mit-Umwelt bei W. Ross Ashby und des Systems als System-im-Unterschied-zu-einer-Umwelt bei Niklas Luhmann unentschieden und den Widerstreit durchaus begrüßend oszillieren lassen,[55] um unserem Formbegriff treu bleiben zu können, der mit seiner Unterscheidung von Innenseite und Außenseite der Form die Grenzziehung der Form variabilisiert und stattdessen auf die Dopplung von leerer Selbstreferenz und unendlicher Rekursion abstellt. Wir vollziehen damit einen Abstraktionsschritt über den Systembegriff hinaus, der jetzt zu einem Fall möglicher anderer Formen (neben System/Umwelt vor

---

54 So wie sich auch das Bewusstsein nur dank des Blicks des Anderen seinen eigenen Tod vorstellen kann, wie Jean-Paul Sartre, *Das Sein und das Nichts. Versuch einer phänomenologischen Ontologie*, übers. von Hans Schöneberg, Traugott König, Reinbek b. Hamburg: Rowohlt 1991, S. 914ff., feststellt.
55 Siehe W. Ross Ashby, »Principles of Self-Organization« (1961), in: ders., *Mechanisms of Intelligence. Ross Ashby's Writings on Cybernetics*, hrsg. von Roger Conant, Seaside, CA: Intersystems 1981, S. 51-74; und Luhmann, *Soziale Systeme*; und vgl. Dirk Baecker, »Die Umwelt als Element des Systems«, in: ders. (Hrsg.), *Schlüsselwerke der Systemtheorie*, Wiesbaden: VS Verlag für Sozialwissenschaften 2005, S. 55-63. Siehe auch Peter Fuchs, »Autopoiesis, Mikrodiversität, Interaktion«, in: Oliver Jahraus, Nina Ort (Hrsg.), *Bewußtsein – Kommunikation – Zeichen. Wechselwirkung zwischen Luhmannscher Systemtheorie und Peircescher Zeichentheorie*, Tübingen: Niemeyer 2001, S. 49-56, hier: S. 51, mit dem Vorschlag, Systeme weder als Objekte noch als Subjekte, sondern als »Unjekte« in konditionierter Koproduktion zu begreifen.

allem Variation/Selektion, signifiant/signifié und Redundanz/Varietät) wird, und können diesen Schritt naturgemäß nicht begrifflich ableiten, sondern nur als Idee einführen und sich in der Sache einer Beschreibung bewähren lassen.

Wenn wir alle diese Vorsichtsmaßnahmen ergriffen haben, können wir festhalten, dass sich Spiele als Formen im Netzwerk weiterer Formen reproduzieren und dazu auf den Einbau eines Widerstreits in die eigene Form angewiesen sind, da sie andernfalls dem Grundproblem von Netzwerken nicht gerecht werden können, laufend nicht mit sicheren, sondern mit unsicheren Verknüpfungen konfrontiert zu sein. Hatte man sich in der Ausarbeitung eines Verständnisses autopoietischer Systeme vornehmlich auf ein Verständnis von operationaler Geschlossenheit und struktureller Kopplung konzentriert, so verschieben wir hier den Akzent auf die Aufmerksamkeit für Netzwerke.[56] Mit Maturana bedeutet dies, dass wir den Akzent auf Netzwerke in Netzwerken legen, die Elemente produzieren, die dieselben Netzwerke, das heißt mal diese und mal jene, reproduzieren und von Fall zu Fall voneinander unterscheiden. Und mit Harrison C. White bedeutet das, dass wir das Netzwerk selber, jedes einzelne, als einen Ungewissheitskalkül der Möglichkeit sowohl von Verknüpfungen als auch des Verlusts von Verknüpfungen im Medium sowohl von Ausweichaktionen als auch von Reinterpretationen verstehen.[57] Wir modellieren diesen Ungewissheitskalkül als Formkalkül.

Die einfachste Formulierung für diesen Kalkül ist die Einladung an den Beobachter, jede Beobachtung a, die ihn interessiert, im Rahmen der Form

---

56 Siehe auch Dirk Baecker, »A Calculus for Autopoiesis«, erscheint in: Dirk Baecker, Birger P. Priddat (Hrsg.), *Ökonomie der Werte. Festschrift für Michael Hutter*, Marburg: Metropolis im Druck; und vgl. Niklas Luhmann, »Probleme mit operativer Schließung«, in: ders., *Soziologische Aufklärung 6. Die Soziologie und der Mensch*, Opladen: Westdeutscher Verlag 1995, S. 12-24.
57 So White, *Identity and Control*, S. 17 ff.

$$a = \overline{a}\,|$$

zu lesen. Liest man *a* von links nach rechts, stößt man auf seine Gesellschaft. Liest man es von rechts nach links, analysiert man seine Kultur. Im ersten Fall wird es positivsprachlich, im zweiten Fall negativsprachlich gezählt, jeweils bereit, es anzunehmen und zu wiederholen oder es abzulehnen und unter Bedingungen zu setzen. Liest man die Form im Hinblick auf die Tiefe des Raumes, in der *a* steht, identifiziert man dessen Ordnung. Dass es an der Stelle auftaucht, an der es auftaucht, verdankt es einer Intrige. Und wie es sich mit dem unmarked state auf der anderen Seite seiner Unterscheidung austauscht, ist ein Element seines Spiels.

Jede Aussage, *p*, die ein Beobachter über seine Beobachtung, *a*, trifft, hat ihrerseits die Form

$$p = \overline{p}\,|$$

Und sollte sich der Beobachter für sich selbst, *o*, interessieren, bekommt er es mit der Form

$$o = \overline{o}\,|$$

zu tun.

Spencer-Browns Einladung, »triff eine Unterscheidung«,[58] können wir daher wie folgt unterstreichen und erweitern:

Triff eine Unterscheidung.
Beobachte ihre Form.
Arbeite an ihrer Unruhe.
Wisse dein Nichtwissen.

---

58 *Gesetze der Form* (1997), S. 3.

Abbildungsverzeichnis

Abb. 1.1: George Spencer-Browns Zerstörung einer Unterscheidung durch einen Tunnel unter ihrer Fläche.
Abb. 2.1: Claude E. Shannons Korrektursystem der Kommunikation mit Beobachter.
Abb. 2.2: Heinz von Foersters »doppelte Schließung der nervösen und hormonalen Kausalkette«.
Abb. 2.3: Ein Möbius-Band.
Abb. 2.4: Eine (Fritz) Kleinsche Flasche.
Abb. 3.1: Das General Paradigm der Human Condition.
Abb. 3.2: Das Handlungssystem im General Paradigm der Human Condition.
Abb. 3.3: Das General Paradigm der Human Condition, ausgearbeitet.
Abb. 4.1: Malinowskis Diagramm der kulturellen Organisation des Verhaltens.

Sachregister

Abduktion 52
Ästhetik 108, 142, 150, 163, 206
Aggregat 104 ff.
Anagnorisis 289, 295
Anschauung 217
Ansteckung 240 f.
Archäologie 264, 270
Aussagen, konstatierende u. performative 50, 294
Autopoiesis 125, 296 ff.
Autorität 98

Begriff 84, 90 ff., 99 ff., 119, 120 f., 150, 229
Beobachter 17 ff., 27 f., 35 ff., 42 f., 48 f., 51, 63 f., 66 ff., 72 ff., 78, 101, 104 f., 107 f., 113, 120 ff., 130 ff., 150 ff., 162 f., 170, 178 ff., 184 f., 199, 208 f., 239, 254, 274 ff., 279, 282, 285, 286 ff., 293, 296, 302
Bewusstsein 65, 78 f., 100, 124, 283 f.
Bildung 203 f.
böse 90, 107 f., 148

Dekadenz 203 f., 207
Dekonstruktion 27
Denken 80 f., 87, 90 f., 93 f., 114, 151
Diagramm 171 f., 230 f.
Dialektik 86 f., 92, 94 f., 120, 141 f., 148, 150, 152, 161, 163
Disjunktion 17, 30, 34, 37, 40, 293
Doppelkreislauf 156 ff., 162, 167, 210, 222 ff., 243, 245, 250, 290

doppelte Kontingenz 174, 176
Dynamik 184

Emergenz 275
Ereignis 183 ff., 192, 255, 264
Erinnern, und Vergessen 67, 185, 266 f., 272 f.
Erleben, und Orientierung 175, 267, 270 ff.
Erweiterung 38, 72
Evaluation 153
Evolution 160, 198, 234 f.

Form 17 f., 20 ff., 39, 44 f., 52, 70, 76, 87, 91 f., 93 f., 96 f., 101 f., 115, 140, 141 f., 190, 253 f., 274, 278 f.
Form, soziale 279, 285
Forschung, empirische 171, 263
Freiheit, und Notwendigkeit 84 f., 87 ff., 101, 105, 107, 163 f.
Freiheitsgrade 197 f.
Funktion 59 ff., 67, 135, 161, 167 ff., 173 f., 183, 207 f., 211, 245
Funktion, und Thema 290 f.

Ganze, das 144, 211 f., 278 ff., 287, 296 f.
Gattung 94 f.
Gedächtnis 60 f., 185 f., 219, 257, 265, 272 f.
Gehirn, Neurophysiologie 130, 283
Generalisierung 188, 235 f.
Generierung 34
Geschmack 108 f., 203 f., 206 f.

Gesellschaft 17, 210, 255, 276 ff., 285 f.
gewiss, certum 99, 213
Glauben 87, 159
Gott 78, 85, 104, 107 f., 203 f., 275 f., 282

Handlung 18, 161 ff., 178 ff., 221 ff.
Hierarchie, kybernetische 186 f.

Idealismus 78, 85, 106, 121, 126 f., 276
Idee 85, 90, 96, 102 ff., 121 f.
Ideologiekritik 27
imaginärer Zustand 52 ff., 59 f.
Implikation 29 ff., 143 ff.
Information 61, 130, 134, 293
Innovation 198, 295
Institution 157 f.
Integration 34 f., 173, 178 f.
Intellektuelle 203, 225
Intelligenz, künstliche 284
Intention 70, 239, 283
Intrige 288 ff., 294 ff.
Ironie 110
irritabel, Irritation 107, 131, 137, 188, 226, 262 f., 270, 282
Iteration 37, 258 f., 290

Kalkül 31, 43, 52, 70 f., 74 f., 140
Kausalität 103 f., 195 ff.
Körper 203 f., 206 f., 282 f.
Kognitionswissenschaften 172
Kommunikation 131 f., 134, 160, 231 f., 238 ff., 246 f., 255, 262 f., 286
Komplexität 17, 151, 187 ff., 216, 224
Konjunktion 17, 29, 31, 40, 293

Konstante 20, 27, 36, 46 f., 49, 215, 289
Kontext 151, 228, 239 f., 252 f.
Kontingenzkausalität 196 f.
Kontrolle, s. Vergleich, und Kontrolle
kreativ, Kreativität 42, 53, 136
Krise 294
Kultur, -begriff 17, 98, 199 ff., 257 ff., 273
Kulturform einer Medienepoche 265 ff., 299
Kulturkritik 98, 196, 203, 213, 226, 243, 287
Kunst 53, 85, 97, 110 f., 205 f., 220, 245

Leere, Leerstelle 22, 29, 50, 53, 61, 76 f., 88, 91, 136, 141, 152, 192 f., 231, 275, 287, 300
Limitationalität 155
Logik 28 ff., 57, 85, 92 f., 143, 150, 280

Magie 197 f.
Materialismus 47 f., 112
Materie 101 f.
Mathematik 22, 53, 139
Medien 228 ff.
– Erfolgsmedien 248 ff.
– Massenmedien 250 ff.
– Verbreitungsmedien 245 ff.
Medium 17, 76, 119, 237, 246, 250 f., 252 f.
Meinung 119
Metadaten 233
Metakommunikation 247, 290
Modifikation 98 f., 114 f.
Modulation 61 f., 67
Mythos 27

Name 70, 248
Nation 205
Natur, natürlich 78, 103, 122, 181f.
Negation, Negativität 28ff., 33f., 89, 93, 113, 140f., 143ff., 148ff., 160f., 227, 262f., 276ff., 287f.
Negativsprache 149, 164, 186, 193f., 210, 264, 276f.
Nervosität 262f.
Netzwerk 183ff., 262, 298ff.
Nichts 22, 26f., 29f., 50, 95, 196
Nichtwissen 17, 302
Null, Nullwert 146f., 152, 214

Ökologie 142, 199ff., 276, 279, 281, 296
Ontologie, Ontogenetik 68, 136, 162ff.
Operator, Operand 28f., 59
Ordnung, s. Zahl, und Ordnung
Organisation 254f., 259
Organismus 76, 124f., 131ff., 181, 282, 300
Oszillation 34, 43, 45, 51, 55ff., 67, 164, 186, 219, 246, 257

Paradoxie 19, 49, 51f., 65, 78, 107, 120, 136, 155, 162, 294
Parasit 185
partition 293
pattern variables 167ff., 173, 221
Peripetie 289
phatische Kommunion 220, 228f., 239ff.
Philosophie 77f., 84ff., 93, 101, 120f., 126f., 142f., 201, 203, 245, 281, 287

Positivsprache 149f., 160, 264, 272, 288
Programm, Konditional-, Zweck- und Proliferations- 193

Qualität (Qual, Quelle, inqualieren) 148, 156

Rationalität 234, 292, 294
Raum 17f., 23, 38, 45, 58, 64ff., 71, 83, 263
Reentry, Wiedereintritt 51f., 61f., 86, 151, 177, 247
Reflexion, Reflexivität 31ff., 43, 86, 101f., 217, 226, 228
Reflexionsbegriff 101f., 149f., 163f., 210
Reflexionsgeschichte 149, 152, 160f., 177, 186
Reinheit 260ff.
Rekursion, Rekursivität 120, 127ff., 135ff., 141, 153, 187ff., 258f., 275, 290, 299f.
Religion 76, 78, 83ff., 107f., 201, 220, 276
Revolution 47f., 116, 142, 295f.
Roman 110f.
Romantik 109ff., 220, 246

Sätze, der Identität, des Widerspruchs und des ausgeschlossenen Dritten 153f.
Sätze, der Paradoxie, der Ambivalenz und der Kontrolle 155f.
Schemata 217
Schließung, Schluss 88, 92, 123, 218, 282
Schließung, doppelte 137ff., 277f.
Schwarm 129, 240

Seele 76, 103f., 115, 154, 275
Selbstreferenz 49, 76f., 120, 127ff., 134, 141, 275
Sinn, aktuell u. potentiell 64, 119, 153, 157, 219, 225, 228f., 235, 256ff.
Sinndimensionen, sachlich, zeitlich, sozial 64ff., 184, 290
Skepsis, skeptische Methode 96, 99ff.
sozial, -e Beziehung 184ff.
Soziologie 47, 135, 142, 171, 184, 225, 229, 279f.
Spiel 53, 289ff., 296ff.
Spieltheorie 174, 292, 294
Sprache 24, 30f., 113ff., 142, 245, 262
Staffelung 39
Statik 184, 280
Subjekt, -ivität 31, 47f., 57, 78ff., 83f., 88ff., 103, 106ff., 113, 124, 149, 163, 204, 206, 276
Subversion 61, 67, 71, 143
Symbol, -isierung 179ff., 187f., 210ff., 228ff., 284, 286
System 92f., 96, 120ff., 135ff., 141, 165ff., 178ff., 214ff., 218f., 221, 300
System, soziales 284
Systemtheorie 224f., 233

Technik, Technologie 158f., 193ff.
Teilung 17f., 38f., 41
Teufel 86, 204, 216, 226, 282
Thema 290f.
Theorie 27, 38, 87, 197f., 209, 232, 274, 282
Tod 91, 216

Trennung 38ff., 50, 70f., 171, 230, 274
Trope 190, 293
Tunnel 55f., 58f., 67
Turbulenz 67
Turing-Maschine 49, 127

Übergang 57, 87
Überschuss 257ff.
Umwelt 130f., 134f., 175ff., 190, 237, 284, 300
Unbestimmtheit 51, 140, 153, 164, 168, 290
Ungewissheit 178ff., 197, 234
Ungewissheitsabsorption 259
Universität 87
Unsicherheit 48, 188, 194
Unterscheidungen 17ff., 62ff., 81f., 87f., 106, 124ff., 140, 147, 190f., 258ff., 263, 274, 279, 290

Variable 24ff., 44f., 47ff., 51, 56, 59f., 104, 289
Verdacht 250, 262, 286f.
Verdeckung 36
Vergleich, und Kontrolle 267ff.
Vernunft 76, 80, 85ff., 100ff., 108ff., 235
verrückt 65, 89, 158

Wahrheit 36, 84ff., 99, 295f.
Werte 207, 210f., 265, 270ff.
Widerstreit 101, 147, 148ff., 161ff., 178ff., 193, 210, 221f., 231, 241f., 256f., 259ff.
Wiedereintritt, s. Reentry
Wiederholung 21, 49ff., 136, 188, 258ff.

Wissen 17 ff., 43, 51 f., 70, 92, 112, 250 f., 286 f.
Wissenschaft 69, 87, 93 f., 104, 198, 234, 245, 280
Wissenschaftslehre 79 ff.
Witz 111 ff., 205

Zahl, und Ordnung 24 f., 41, 74, 95, 261
Zeichen 22 f., 29, 33, 37, 217 ff., 223, 290
Zeit 19, 53 ff., 64 ff., 96, 102 f., 220